위대한 시성
두보(杜甫)의
삶과 시

시인 생평

김두근 지음

시인생평

위대한 시성 두보(杜甫)의 삶과 시

明文堂

서 문

　대대로 중국문학사에서 찬란한 명성을 지닌 시인은 마치 여름밤 은하의 별무리처럼 수도 없이 많다. 그럼에도 불구하고 당(唐)나라 시대에 이르러 두보(杜甫)라는 한 시인에 대해서 우리가 최고의 시인으로 추앙시키는 것은 무슨 이유때문인가?
　시라는 것은 참으로 지독한 어떠한 물질로 생각하지 않을 수 없다. 이것은 예사로움의 슬픔과 일반적인 절망의 수준으로는 결코 그 말들을 허락하지 않는다. 즉 이것은 삶의 극도에 이를 만큼의 슬픔의 체험과 어떠한 아픔이 있어야 비로소 천하명성의 구절로 대가되어지든지 혹은 미증유의 위대한 시인의 칭호를 달게끔 한다. 때문에 두보가 중국최고의 시인이 되었다는 것은 그만큼 그의 삶이 간단치 않은 흐름이었다는 것을 말하는 것이 된다.
　그의 삶에서 어떠한 고초가 따라지고 무서리가 치기 시작한 것은 대개 그의 나이 서른 중반에 이르렀을 때 젊은 시절을 고향 낙양에서 보내고 관직을 갖기 위하여 장안에 갔을 때부터 시작되었다. 그러나 누군가 말했듯이 시인이나 작가가 되는 소질이 배양되는 것은 유년기의 생활이 절대적으로 영향을 미친다는 말에 이의를 달 수 없다면, 그의 젊은 시절도 어떠한 관측을 해 보지 않을 수는 없는 문제이다. 여러 기록에 의하면 그는 네 살때 어머니를 잃고 고모아래서 성장했다고들 하고 있다. 이러한 사실은 결국 그는 어린 시절부터 어떠한 시적 질료가 될 수 있는 슬픔의 요소가 스스로의 몸 속에서 키 자람을 하고 있었다는 것을 알 수 있다. 이러한 어린 시절은 그의 나이가 이십대로 접어들어 삼십대 중반에 이르기까지 옛 오(吳)나라와 월(越)나라, 제(齊)나라와 조(趙)나라, 그리고 양(梁)나라와 송(宋)나라에 걸쳐 십년간을 유력으로 보내게 된다. 결국 그의 어린 시절과 유력으로 보낸 청년기는 어떠한 특이한 가정이력속에서 일어난 일탈감과 그리고 세상천지를 돌아보는 자유적 심성이 광대무변한 산악과 들판처럼 형성되어 있었다는 것을 알 수 있다. 이것은 그가 후에 관직을 버리고 죽음에 이르기까지 유랑의 삶으로 일관하며 장엄한 시인인생을 보내는데 거의 확고부동한 인성적 결정체를 이루었다고 할 수 밖에 없는 과정이었다.

　그러나 위대한 시인이 되는데는 그저 세상 떠돌아다니기 좋아하는 것만으로는 불가능한 것이고, 이 위에서 어떠한 새로운 본질이 겹겹이 더해져야 가능해지는 것이었다. 이것은 바로 그가 장안으로 가 관직을 갖기 위하여 보낸 십년간의 세월이 다시 중요한 역할을 하였다. 다 아는 사실이지만 그는 사대부 가정출신이었다. 진대(陳代)의 장군 두예(杜預)는 문무에 걸출한 그의 십 삼대 조상이었고, 할아버지 두심언(杜審言)은 나이 스물세살에 당당히 진사에 합격하여 궁중에서 높은 관직을 하였으며, 당시 수문관사학사(修文館四學士)로 불리어질 만큼 시에도 빼어난 사람이었다. 이러한 가정이력은 그로 하여 무슨 평인이나 혹은 농인으로 살아가기에는 불가능하게 하는 것이었다. 그러나 그는 장안십년의 관직모색의 기간 동안 이루 헤아릴 수 없는 가난과 치욕을 견디며 관직을 얻기 위하여 노력하였지만 모든 것이 허사가 된 가운데서 목숨을 지탱하였다. 그러나 가슴 아픈 말이지만 이러한 끝간데 없는 곤고한 생활 속에서 위대한 시인으로써 함양되어야 할 사상의 확대가 또한 이루어졌다. 그가 만년에 이르러 기주(蘷州)에서 한 해 동안 농사를 지은 끝에 수확한 벼를 탈곡하기 위하여 타작 마당을 닦다가 개미굴이 파헤쳐지는 일이 일어나자 미물의 개미들에 대한 연민의 마음을 금치 못하였다. 그만큼 장안십년의 관직 모색시기의 어려운 생활은 세상에 살고 존재하는 것에 대한 모든 동정심과 관심을 확대시켜 더 없이 넓고 깊은 시적정취의 세계를 형성하게 하였다. 결국 이 시기는 이전의 유청년에 이어 시인 심리의 또 다른 겹층이 이루어진 것이었고, 또한 이 시기부터 그의 시의 위대성이 점차적으로 나타나기 시작하였다.

장안 십년의 모진 고생 끝에 그의 나이 마흔 넷에 마침내 관직을 받게 되고, 얼마 있지 않아 지금의 북경땅인 당시 범양(范陽)절도사로 있었던 안녹산(安祿山)이 양귀비(楊貴妃)의 친척오빠였으며 재상이었던 양국충(楊國忠)을 토벌한다는 취지를 내세워 미증유의 대전쟁을 일으키고 낙양을 한 달만에 함락시키며 장안을 향하여 진격하자 그는 장안을 떠나 가족이 있는 부주(鄜州)에 가 있다가 장안외곽에서 숙종이 행재소를 차리고 즉위하였다는 소식을 듣고 위험을 무릅쓰고 영무(靈武)로 향하다가 중도에서 반군에 붙잡혀 장안으로 압송되어 억류생활을 하게 된다. 적 치하에 갇혀 있는 이 특이한 생활은 시인으로써 그로 하여금 다시 색다른 경험을 하게 하였고, 이 특이한 상황에 맞추어 그는 마침내 시인 감정의 절대성과 위대성을 드러내게 되는데, 이른바 "봄이 와도 봄 같지 않다(春來不似春)"와 같은 강렬한 현실주의 정신을 드러내는 것이었다. 본문에서도 인용이 되었지만 전체적으로 그의 시의 결정점을 파악한다는 측면에서 중요고비에서 지어진 시들을 이 서문에서 한 수씩 들어보기로 한다. 다음의 시는 바로 그때 억류시절에 지어진 시이다.

  나라는 깨어져도 산하는 그대로 남아 있고
  성에는 봄이와 초목이 깊어지는 구나
  시절을 슬퍼하게 되니 꽃이 피어도 눈물 흘리게 되고
  가족과 이별을 한스러워하니 새 소리에도 마음이 놀란다
  전쟁이 계속해서 석달이나 이어지니
  집에서 온 편지가 만금처럼 여겨진다
  國破山河在   城春草木深
  感時花濺淚   恨別鳥驚心
  烽火連三月   家書抵萬金

그리고 얼마 있지 않아 숙종의 행재소가 있는 곳을 가기 위하여 장안을 탈출하여 그 대가로 행재소에서 좌습유(左拾遺)라는 관직을 받게 된다. 좌습유라는 것은 임금의 조칙을 정리 수정하고 또한 자신의 의견을 제시할 수 있는 간관의 직종이었다. 즉 왕의 곁에서 일을 보는 사람이었다는 것이다. 이러한 생활의 경험은 그의 시인인생에서 다시 어떠한 중대한 경험을 하게 하는 것이었다. 시라는 것은 결코 시인심리의 단순구조위에서 시심이 생성되는 것이 아니고 시인의 마음속에 여러 복합구조, 이런 저런 다양한 갈등구조가 층층이 대립 모순되어지는 심리지층이 형성되어져야 비로소 시의 유광이 풍부하게 용솟음친다고 할 수 있다면, 좌습유라는 관직을 통해서 경험한 임금곁에서의 생활은 후에 그가 관직을 버리고 비참한 생활로 빠져들어 유랑의 신분이 되는 것과 극명한 갈등구조를 이루어 시심을 분출시키는 역동적인 역할로 작용하게 된다.

  장안이 수복되고 그 역시 수복된 장안에서 좌습유의 직책을 그대로 수행하지만 이전에 재상에서 실각된 방관(房琯)을 변호하다 숙종에게 미움을 싼 것이 화근이 되어, 결국 지방으로 좌천되고 여기서 몇 달동안 관직을 수행하다 얽매인 생활과 당시의 어지러운 시국현상에서 벗어나고자 사직을 하고 마침내 진주(秦州)로 가 은거할 생각을 하게 되며, 사십대후반에 이른 이 시기부터 본격적인 시인생활로 접어들게 된다.

  진주시기부터 확실히 그의 시는 어떠한 격조를 달리한다. 마치 수고에 갇힌 물이 수문이 열리자마자 장엄하게 쏟아져 내리듯이 시를 씀에 있어서 어떠한 좌고우면할 필요 없이 그의 목청이 바로 전달되어진다는 것이다. 현실에서 완전히 벗어났다는 자유의식과 그리고 한 편으로는 멀리 이향을 향하여 떠나, 알 수 없는 자기 삶의 어떠한 본격적인 미궁속으로 빠져드는 것에 대한 의식무의식적 생각이 작용하면서 강렬하게 시심이 솟아나게 된 현상이었다고 할 수 있을 것이다. 그리하여 여기서 〈秦州雜詩二十首〉, 〈月夜憶舍弟〉같은 명작들이 쓰여진다.

  진주에서 몇 달을 머물다 은거의 뜻이 제대로 이루어지지 않자 동곡(同

谷)현령의 편지를 받고 험산준령을 넘어 동곡으로 향한다. 그러나 막상 동곡에 도착해보니 동곡현령은 자기의 은거를 도와줄 그러한 사람이 아니었고, 여기서 그는 극도의 절망감에 빠지게 되고, 스스로의 생활은 겨울산에 올라 도토리를 줍거나 눈밭을 헤치고 호미들고 약초를 캐는 최악의 삶으로 치닫게 된다. 이 최악의 삶속에서 지어진 것이 바로 천지진동의 〈同谷七歌〉라는 일곱편의 연작시였다. 동곡칠가는 그야말로 목숨의 절망이 끝간데 없이 간 상황에서 사람이 낼 수 있는 최후의 울부짖음과 같은 소리였다. 다음의 시는 바로 그 동곡칠가의 세 번째 시이다.

동생들 있긴 있어도 아주 멀리 있음이여!
셋 아우들 중에 누가 몸이 좀 낫나
동으로 기러기 날고 무수리 또 뒤따르는데
어찌하면 나를 보내어 너희들 곁에 있게 할 수 있는가?
오호라 세 번째 노래, 그 노래 세 번 부르니
너희들 어디에서 형의 죽은 뼈를 거둘수 있다 말인가?
有弟有弟在遠方　　三人各瘦何人强
東飛駕鵝後鶖鶬　　安得送我置汝旁
嗚呼三歌兮歌三發　　汝歸何處收兄骨

그리고 한 달만에 다시 동곡을 떠나 또 첩첩한 험산준령을 넘어 사천성도(四川成都)에 이르게 된다. 여기에 이르러서는 주위에 조력자들이 생겨나고 당시 성도주위에서 관직을 수행하고 있던 고적(高適)과 엄무(嚴武)

같은 사람의 도움을 받아 성도성밖 서쪽 물가 완화계(浣花溪)에 터를 잡고 마침내 정착의 초당을 지어 일단의 전원생활을 하게 된다. 그러나 그에게 한 곳에 머무른다는 정착의 의미는 어떠한 대단한 것으로 다가오지 않았다. 그것은 그것 나름대로 어떠한 고착된 삶의 가난과 궁핍, 그리고 한 곳에 머무름으로 인해서 일어나는 풍물에 대한 식상감으로 그를 늘 어떠한 다른 곳으로의 이거를 부채질 하였다. 더불어 성도에서 한 이년을 머물다 그의 삶의 도움자이자 사천절도사로 있었던 엄무가 장안으로 돌아가게 되자 그 역시 성도를 떠나 재주(梓州)등지를 돌아다니며 삶을 모색하다가 엄무가 다시 사천으로 온다는 소식을 듣고 그 역시 성도의 완화계로 돌아오게 된다. 이 때 엄무에 의해서 조정에 관직천거의 표가 올라가고 절도사 참모직이라는 비교적 높은 관직과 비어대가 조정으로부터 하사된다. 그러나 막부직을 수행한지 몇 달이 지나 직무에 대한 갈등과 엄무와의 관계역시 나빠져 더 이상 엄무의 도움을 기대할 수 없다는 판단을 하여 마침내 완전히 성도를 떠나 남방의 형초(荊楚)땅으로 가기 위하여 길을 나선다. 여러 지역을 경유하여 운안(雲安)에서 악화된 병을 요양하기 위하여 반년동안 머무르다 그의 문학인생에서 어쩌면 가장 절정적인 시기라고 할 수 있는 기주생활로 접어들게 된다. 여기서 그는 기주도독 백무림(柏茂林)이 증여한 과수원과 공전을 경작하며 일종의 농업인 생활을 하게 되면서 모내기를 하고 벼베기를 하는 등으로 또 다른 삶을 경험하게 되면서, 이년이 채 안되는 생활속에서 그의 시의 삼분의 일이 여기에서 쓰여지고 또한 수다한 명작들이 탄생하게 된다. 이 시기에 그의 시의 절정을 이루고 있는 시는 아무래도 〈登高〉나 〈秋興八首〉가 될 듯 싶다. 그러나 추흥팔수 이전에 그의 감정을 극치의 상황으로 끌어올려 놓은 것은 기주도착 그 다음해 여름 무렵에 동생 두관이 장안에서 그를 만나기 위하여 기주로 오고 있다는 편지를 받고 부터였다. 전쟁에 흩어진 동생 두관을 몇 년만에 만나게 된다는 기쁨에 그는 매일 강가에 나가 일종의 망부석이 되어 동생이 도착하기를 초조하게 기다린다. 비록 그의 시에서 잘 알려져 있지 않은 시이지만 아래의 그때 지은 시를 보면 그가 얼마나 동생을 애타게 기다렸는지 그 심정을 알 수 있다.

    너를 기다리다가 까마귀와 까치에 성을 내고
    너의 편지를 던져 할미새 더러 읽어 보게 하였다
    나뭇가지의 까치 요란히 짖으며 날아가지 아니하니
    오던 길 위에서 위험스러움은 이미 지났는가 보다
    강가 누각에서 너를 기다리다 눈 가리는 포구의 버들이 짜증나고
    돛배가 거쳐 올 역과 정자들을 세어 보았노라
    만나서는 응당 십년동안의 이별의 일 얘기하게 될 것이니
    시름으로 죽을 것 같다가 다시 살아나게 되는 구나
       待爾嗔烏鵲   拋書示鶺鴒
       枝間喜不去   原上急曾經
       江閣嫌津柳   風帆數驛亭
       應論十年事   愁絶始惺惺

우리가 그의 시가 왜 위대해졌는지를 판단하는데 있어서는 그리 어렵지 않다. 그러나 그 무엇보다도 그의 위대성을 가져온 이유는 시인으로써 본질적인 감정의 요소에서 다른 어떠한 시인들보다 차원을 달리하는 깊이와 폭을 가진데 있다고 해야 할 것이다.

기주에서 농사를 지으며 그의 평생에 처음으로 알곡도 가져보고 생활은 그런대로 궁핍하지 않았다고 할 수 있었지만 그러나 이것이 전부가 될 수 없었다. 즉 점점 더 병은 심해져가고 만년의 나이에 따라 여러 수심이 일어나 그를 더 이상 여기에 머물수 없게 하였던 것이다.

이 이후의 그의 삶은 참으로 다 약술하기 힘들 정도로 그야말로 배를 타고 떠돌아다니는 과정이었고, 또한 누구 한 사람 그를 도와주는 사람도 없었다. 그리하여 뭍에 올라 정착의 삶을 사는 대신 강가에 배를 묶고 선상 생활을 하다가 결국 호남(湖南)의 땅 담주(潭州)와 악주(岳州)사이에서 죽어도 고향에서 죽겠다는 생각으로 한겨울 북상의 물길위에서 마지막 목숨이 지게된다.

이러한 대략의 상황을 짚어본 가운데서 그가 중국시사에서 가장 위대한 시인이 되었고 또한 우리가 그렇게 추앙시킬 수밖에 없는 이유가 어느정도는 설명이 되었다고 생각한다. 다시 한 번 어떠한 비유적 방식으로 그의 시의 내력을 설명해보면, 설사 그 강의 발원이 처음에는 무슨 골짜기 숲풀의 한 잎 빗방울로 타내린 실계천에 불과하였을지라도 가면 갈수록 큰 강을 형성할 수 있는 중요 지류들이 사방에서 본류에 합세하여 마지막까지 거대 강의 흐름을 메마름없이 유지하였다는데 있을 것이다.

필자가 두보의 전 생애에 대해서 글을 써 보고 싶어 했던 것은 박사논문시절 대만학자 간명용(簡明勇)이 지은 〈두보칠율연구여전주(杜甫七律研究與箋注)〉라는 책 뒤에 쓰여진 네 다섯쪽 분량의 두보연보를 보고 부터였다. 물론 이러한 연보는 두보의 역주본 어떠한 책에서도 흔히 볼수 있는 것이다. 두보의 생애가 이만큼 알려져 있는 이상 이것을 바탕으로 전체적으로 소설적 구성을 한 번 해 볼 수 있지 않겠나 하는 것이 발단이었다. 그러나 막상 글을 시작해보니 보통일이 아니었다. 모든 근거가 있고 시기별 장소별로 이미 수천건의 논문과 저서가 나와 그의 삶과 시들은 이미 정설이 되어 있고 나름대로 새로이 쓴다고 하여도 그것 역시 일반성을 벗어나지 못할 정도인데 이것을 무시하고 창작적인 글을 쓴다는 것은 애초부터 무리였던 것이다. 그러나 전체적으로 보면 필자 역시 적지 않은 시를 써 본 입장에서 이 상황에서 두보는 이러한 심정이지 않았을까 하는 그러한 방식으로 쓰여지게 되었으며, 그 시를 이해하려면 그 시를 쓴 시인과 또한 그 시대상황을 잘 이해하여야 비로소 온전한 시의 이해가 가능하다면 본 필자의 글은 그러한 역할을 할 수 있다는데 가치를 부여하고 싶다. 물론 여러저서와 논문에서 흔히 볼수 있는 어느정도의 일반성은 피할 수 없었지만 말이다.

 이 글을 최종적으로 마무리할 무렵이 되어서는, 그동안 글을 쓰면서 쌓여온 두보의 수심이 나에게 모두 전가되었는지 나 역시 건강이 나빠지고 정신적으로 우울해져 어쩔줄 모르는 상황이 되었다. 그러나 아직 병을 얻어 몸져 누울 나이가 아니기에 떨치고 일어날 수 있을 것이라 생각되며, 우리 모든 시의 선조인 두보공 역시 시와 마음의 성인이었던 만큼 세상을 증오하게 하거나 시의 후예들에게 악령으로 깃들지 않을 것임을 알며, 이상의 글로 이 책의 서문으로 삼으며, 명문당 사장님과 전무님께 특별한 감사의 말을 올린다.

목 차

● 전 기

· 시인의 江 / 024
· 시인의 탄생 / 025
· 어려서 어머니를 잃은 고아적 슬픔의 유년기를 갖다 / 027
· 어린시절의 문학 배양의 환경 / 030
· 세상의 유력을 통한 문학적 시각의 확대를 하다 / 032
· 청년기의 여행이 그의 인생 일대에 미친 영향의 지대함 / 035
· 진사 실패로 삶의 쓰린 경험을 맛보고
  산동(山東)의 태산을 보러 나서다 / 037
· 천재시인 이백(李白)과의 기적적인 만남을 통해 함께 여행하며
  술에 취해 가을날 한 이불속에서 잠자다 / 044
· 이백과 절친한 가운데서도 서로 달랐던 문학과 삶의 방향 / 052
· 큰 꿈을 갖고 장안행을 하지만 다시 진사의 실패와 관직를 받기 위한 여러
  노력에도 불구 모두 수포로 돌아가고 절망적인 생활을 지속하다 / 055
· 고생의 삶을 통한 사상의 지대한 확대를 가져오다 / 065
· 양귀비(楊貴妃)가 궁에 들기 시작하면서
  나라가 점차적으로 기울어져가기 시작하다 / 068

- 현종에게 〈三大禮賦〉를 지어 올려 마침내 궁궐에서 문사시험을
  받았으나 여전히 관직획득의 뜻을 이루지 못하다 / 070
- 잠참(岑參), 고적(高適)등의 유명한 변새시인들과 함께
  중양절 명절날 자은사(慈恩寺)탑에 올라 다른 사람과 달리
  오히려 나라의 변란을 예언한 슬픈 시를 짓다 / 076
- 재상 이임보(李林甫)의 사위였던 종제 두위(杜位)의 집에서
  한 해의 마지막 날을 보내다 / 080
- 장안정착의 희망의 기미가 보이자 낙양의 가족을 데려와
  함께 살게 되지만 대기근으로 다시 봉선(奉先)으로 가족을 옮기고
  혼자 장안생활을 지속하다 / 082
- 다시 현종에게 더할 나위없는 간곡함으로 〈조부(雕賦)〉를 지어 바치고
  위견소(韋見素)의 힘에 입어 마침내 장안십년의 모진 고생 끝에
  관직을 얻다 / 086
- 안녹산(安祿山) 재상에 오르지 못하자 거사를 본격화하다 / 090
- 한 겨울에 봉선의 가족을 향한 길에서 새벽에 여산(廬山)의 왕의 행재소를
  지나다가 전쟁전야에 향락에 젖어 있는 연회의 음악소리를 듣고 괴로워하다.
  그리고 봉선에 이르러 어린아이가 굶어죽었다는 사실을 알게 되다. / 092
- 안녹산 마침내 거병을 하여 대전쟁이 시작되고
  한달만에 낙양(洛陽)이 점령되다. / 098
- 봉선북쪽의 백수(白水)에 피난지를 물색해놓고
  장안으로 돌아와 관직에 복귀하다. / 102
- 장안의 최후의 보루 동관(潼關)마저 안녹산의 반군에 함락되자
  급히 봉선으로 돌아가 피난준비를 하여 백수의 외가댁에 머물다. / 105

- 당 현종 전쟁을 피해 사천(四川)으로 몽진 하다.
  몽진의 중도에서 양씨 일가 모두 멸족되고 양귀비 역시 자살하다. / 108
- 백수를 떠나 부주(鄜州)로 피난을 하다. / 112
- 태자 이형(李亨)이 영무(靈武)에서 행재소를 차리고
  숙종으로 즉위하다. / 117
- 부주를 떠나 행재소로 향하다가 반군에 붙잡혀
  장안으로 압송되고, 억류 생활속에서 나라와 가족을 생각하는
  더할나위없는 빼어난 시를 쓰다. / 119
- 반란군 내부에 분열이 일어나 아들 안경서(安慶緒)가
  아버지 안녹산을 죽이다. / 125
- 목숨을 걸고 위험한 탈출의 대가로 좌습유(左拾遺)라는 관직을 받다. / 127
- 좌습유관직 보름만에 파직된 방관(房琯)을 변호하다
  숙종의 미움을 싸게 되고 삼사(三司)의 가혹한 심문을 받게되다. / 133
- 수복된 장안 궁궐에 두 왕이 존재하는 모호한 정치상황이 되다. / 145
- 행복한 생활을 꿈꾸며 일가족을 부주에서 장안으로 옮기다. / 147
- 좌습유에 복직하여 꿈 같은 짧은 궁궐 생활을 하다. / 150
- 환관 이보국(李輔國)의 전횡이 본격화되고
  관직에 대한 갈등심이 극에 이르다. / 153
- 궁궐내에 일대 권력 숙청이 자행되고 그 역시 지방으로 좌천되다. / 158
- 장안을 한 번 떠난 후 두 번 다시 장안을 찾지 않다. / 160
- 화주(華州)의 좌천지에서 직무에 대한 극도의 역정을 내다. / 163

· 업성(鄴城)전투에서 육십만 관군이 대패하여
  다시 나라가 위기에 빠지다. / 167
· 관직을 완전히 벗어 던지고
  자유와 유랑의 본격적인 시인생활로 접어들다. / 169

• 후기

· 중원을 떠나 살곳을 찾아 중국 서북지역인 진주(秦州)에서
  정착하기 위하여 애쓰다. / 176
· 정착할 집터를 찾기 위해 두좌(杜佐), 찬공(贊公)과 함께
  진주의 여러 이곳저곳을 다니다. / 182
· 정착에 실패하여 진주를 떠날 준비를 하다. / 185
· 동곡(同谷)현령의 초청장을 받고 진주에서 동곡에 이르는
  수많은 험산준령을 넘어 시월에 동곡에 도착하고,
  이르는 곳마다 모두 시를 지어 남기다. / 192
· 동곡현령에 속았다는 것을 알고 더할 나위 없는 절망과 어려워진 생활에
  기인한 천지진동의 〈同谷七歌〉를 짓고 한 달만에 동곡을 떠나
  성도(成都)를 향하여 다시 첩첩한 험산준령을 넘고,
  때와 장소마다 모두 시를 지어 남기다. / 201

- 성도에 도착하여 성도성밖 완화계(浣花溪) 물가에 숙원이었던
  정착의 꿈을 이루고 전원생활에 들어가다. / 217
- 생활의 조력자 엄무(嚴武)가 장안으로 돌아가자 면주(綿州)까지
  그를 환송하러 나갔다가 초당에 돌아오지 않고
  재주(梓州) 등지를 떠돌며 생활을 모색하다. / 236
- 가족을 다시 성도에서 재주로 옮기다. / 241
- 방관(房琯)을 추모하기 위하여 낭주(閬州)로 가다가 자신의 몸이 비에 젖자
  오히려 행군길에서 비에 젖을 관군의 깃발과 병사들을 걱정하다. / 251
- 재주에서 다시 가족을 낭주로 옮겨 남방으로 내려갈 준비를 하고
  있다가 엄무가 다시 사천절도사로 온다는 소식을 듣고
  성도초당으로 돌아오게 되다. / 254
- 엄무의 천거로 관직을 받아 막부에 들지만 일에 심한 회의를 느끼게 되고,
  엄무와의 갈등으로 가까스로 죽음을 피하다. / 262
- 더 이상 엄무에게 의지할 수 없다는 것을 알고
  단호히 성도초당을 떠나다. / 272
- 배를 타고 남방으로 길을 나서 가주(嘉州), 융주(戎州), 유주(渝州), 충주(忠州)에 도착하여 사찰에 머물며 사찰벽에 다시 괴로운 심정을 적다. / 275
- 운안(雲安)에서 반년동안 머물며 깊어진 병을 요양하다. / 290
- 기주(夔州)생활에 접어들어 일 년에 네 번이나 거처를 옮기고
  기주도독 백무림(柏茂林)이 증여한 귤밭과 공전을 가꾸며
  직접 농사일을 하게 되다. / 293
- 동생 두관이 장안에서 기주로 오고 있다는 편지를 받고
  매일 물가에 나가 초조하게 동생을 기다리다. / 309

- 수확철이 되어 논에 나가 벼 베기를 하고
  난생 처음으로 곳간에 알곡을 채우고 먹을 양식을 충분히 갖다.   / 315
- 채 이년이 안 되는 기주생활속에서 바쁜 농사일과 함께
  그의 시의 삼분의 일이 여기에서 지어지는
  그의 문학인생중 가장 의미있는 시기를 보내다.   / 322
- 기주생활도 버리고 다시 배를 타고
  강릉(江陵)으로 향할 생각을 하다.   / 331
- 종제 두위에게 의지할 생각을 하며
  동생 두관과 함께 강릉에서 아름다운 전원생활을 꿈꾸다.   / 334
- 강릉에서 정착을 시도하나 아무도 도와주는 사람이 없어
  더없이 절박한 상황에 빠지다.   / 340
- 생활의 막막함을 하소연하며 다시 강릉을 떠나다.   / 346
- 강릉을 떠나 공안(公安)에 머무나 얼마있지 않아
  새벽에 다시 공안을 떠나다.   / 350
- 악주(岳州)에 이르러 말로만 들어왔던
  그 유명한 동정호(洞庭湖)를 보게되며, 그러나 동정호를 보며
  신세한탄으로 슬픔의 눈물을 금치 못하게 되다.   / 353
- 형주(衡州)자사를 하고 있던 옛 친구 위지진(韋之晉)에게 의탁하기 위하여
  다시 희망을 갖고 형주를 향하여 배를 몰다.   / 358
- 담주(潭州)에서 잠시 머무르고 다시 상강(湘江)을 거슬러가 형주에 도착하
  지만 오히려 형주자사 위지진이 담주자사로 전근을 하게 되고 얼마가지
  않아 위지진이 담주에서 죽게되고, 담주로 되돌아와 물가의 배위에서 정박
  한 생활을 하는 가운데 소환(蘇渙)과 교제를 하게 되다.   / 364

· 삶에서 마지막 해인 59세의 새해를 배위에서 맞이하게 되고,
  늦봄에 젊었던 옛 낙양땅에서 보았던 명창 이구년(李龜年)과
  뜻밖에 재회를 하게 되다.   / 371
· 인생유력의 한 생을 마치고 회향의 배 안에서
  최후의 시를 쓴 후 타향의 강물위에서 목숨이 지다.   / 375

전기

시인의 江

　시인 강 하나의 일생은 얼마나 고단한가? 발원에서 시작한 탄생의 마음은 어느만큼의 많은 인생의 산과 들을 지나야 비로소 석양이 지는 황해의 바다로 흘러들 수 있는가?
　그 흐름의 시인 강은 언제나 눈물 빛 서러움이 아롱질정도로 결코 순탄한 것이 아니었다. 흐르다 보니 운명의 산과 들이 나서고 그리하여 어쩔 수 없이 불운한 자신의 운명을 손잡고 먼 천리순례의 길을 돌아들다 보니, 한참이나 북상하기도 하였고 혹은 아주 멀리 고향을 떠나 남하하여 흘렀다. 그러다 보니 어디 본래의 마음으로 돌아가고자 하는 그리움과 수심이 그칠날이 없었다.
　시인 강은 왜 그렇게 곡절을 다하여 이리저리 흘러야 할지 몰랐다. 아마도 그것은 운명인듯했다. 그래서 흐르다 돌아보이고 다시 흐르다 돌부리 산부리에 받혀 이리 저리 바람처럼 떠 돌다 보니, 자기의 운명이 무엇인지에 대하여 늘 생각에 잠겨 있지 않은 적이 없었다. 평야지를 만나 다소 마음 풀린 듯 흐를 때나 아니면 거센 협곡을 만나 황급하게 흐를 때나 모두 마찬가지였다. 그 슬프고 힘든 붉은 수심의 생각들속에 늘 혼탁하게 실려 흐르던 것들이 날라져 그 인생의 중하류엔 군데군데 마음의 모래섬이 쌓인 시를 이루어 지나는 곳마다 아픈 흔적을 남겼고, 결국 그것은 위대함과 불멸의 시인 강이 되어 영원토록 유유히 흐르게 되었다.

시인의 탄생

　그는 서기 712년 중국의 북쪽땅인 하남(河南) 공현(鞏縣)의 황하 중하류 땅에서 태어났다. 장장 오천킬로를 흘러온 강이 거슬러 가는 지역, 그러나 그의 태생지의 고향은 무슨 태산과 같은 거대한 산악이 위엄스럽게 자리잡고 있었던 곳도 아니었다. 그저 낮고 이름 없는 산과 구릉지의 촌락일 뿐이었다. 평범했던 모태가 한 위대한 영혼을 내어 놓았던 것이다.
　아버지 두한(杜閑)의 관직은 낮았다. 그러나 할아버지 두심언(杜審言)의 관직은 중종시절에 원외랑이라는 높은 벼슬을 했을 뿐만 아니라, 당시의 시단에 이름을 떨쳤을 정도로 조야에 명성 있는 사람이었다. 할아버지의 명성이 직계의 아버지에 이어지는 것이 아니고 한 대를 걸러 그에게 다시 나타나 그가 유명한 시인이 된 것을 보면 죽은 사람이 그 복제된 모습으로 환생하는데는 한 오십년이 걸리는 것인지도 몰랐다. 어쨌든 그는 할아버지를 평생토록 숭앙하였고, 그가 관직을 나아가려고 애썼을 때나 혹은 다른 사람을 만났을 때는 언제나 할아버지를 내 세워 그의 신분을 우선적으로 주지시켰다. 뿐만 아니라 그가 자긍해마지 않는 선대는 또 한 사람이 있었다. 바로 진나라때의 13대 할아버지 두예(杜預)였다. 두예는 장군으로도 명성을 떨친 문무에 걸출한 인물이었다.
　어쨌든 대대로 관직이 끊이지 않고 일관된 사대부의 혈통은 그로 하여금 태생적인 유인으로 만들었고, 계급적으로는 평인이 될 수 없는 어떤 귀족관념을 가지게 하였다. 그러나 이 귀족관념 혹은 사대부관념이 바로 그를 위대한 시인이 되게 하였다고 할 수는 없었다. 사실 시인과 귀족관념은 상반된다고 할 수 있었다. 귀족이라는 말이 고관대작을 하고 그 봉록으로 잘 먹고 잘 입는다는 뜻으로 말한다면 이러한 생활방식을 가진 사람은 결코 시인이 소유하는 어떠한 특이한 예술적인 정서를 마음속에 자라게 할 수 없는 것이었다.

그러나 그는 그렇지 않았다. 사대부적인 사상속에서, 그가 평생당한 가난과 불우, 남에게 의지하여 살아가야 하는 삶은 훨씬 더 큰 좌절과 절망으로 안겨지고, 그 슬픔은 거지가 느끼는 한 끼 동량이 잘 안 되는 슬픔과는 엄청난 차이를 낼 수 있었다. 슬픈 일이지만, 그는 하늘을 나는 가을 기러기 한 마리나 바람에 몸을 뒤집어 나는 제비 한 마리, 돌쩌귀 사이에서 우는 귀뚜라미나, 여름밤 하늘로 날아드는 반딧불이나 정자가에 피어있는 꽃 한 송이에도 눈물을 흘린 사람이었다. 그만큼 그는 다른 사람 다른 사물에 대하여 애정과 관심을 충만히 가진 사람이었다. 이러한 마음을 가질 수 있었다는 것은 사대부의 신분으로 한 생을 살아오면서 수없이 경험한 삶의 고통과 한으로 인하여 만들어진 것이었다.

어려서 어머니를 잃은
고아적 슬픔의 유년기를 갖다

 세상의 단 하나뿐인 위대한 시인, 중국 당대의 가장 유명한 시인이자, 중국 시문학사를 통하여 가장 시적 성취가 뛰어난 시인이라는 운명이 그에게 주어져 있었다면 그 운명은 태어나 처음부터 그 당사자와 함께 동행하며 그대로 살아가기를 조정하는 지도 몰랐다. 그에게 이 운명이 시작된 것은 아주 어린 나이였다. 그는 일생을 통하여 어머니가 없었다. 그의 어머니는 그에게 얼굴도 익혀주지 않고 세상을 떠났다. 조실모친의 이 사건은 그로 하여금 이후에 어떠한 방랑과 유랑의 마음, 그리고 남에게 기탁하는 삶의 방식을 그의 어린 가슴에 심어놓은 씨앗이었다. 어디 하나의 장소에 오래 머물지 못하고 늘 모처를 향하여 떠나야 한다는 것은 어딘가에 있을 어머니를 만나기 위하여 찾아 나선 그러한 심리의 일단의 작용일 수 있었다. 즉 그의 마음속엔 고아의 슬픔이 태어나면서 자라기 시작했고, 이 마음은 스스로가 스스로를 가련하게 여기며, 이러한 자신의 처지를 다른 사람에게 호소하기 위한 강력한 시적인 마음을 불러일으키는 지반을 구성하는 원인이 되었다.
 어머니가 죽자 그는 낙양 건춘문(建春門) 인풍리(仁風里)에 사는 둘째 고모의 댁으로 갔다. 그가 태어나 첫 번째로 살기를 옮긴 것이다. 건춘문의 고모댁은 그가 태어난 곳 보다 다소 사람의 왕래가 많고 한 길 주변이어서 어떠한 색다른 이거감과 호기심을 주었다. 그는 여기에서 새로운 사물을 바라보는 어떠한 안목감이 그의 눈에 처음으로 들기 시작하였다. 고모집 한 켠에 놓여 있는 검은 모직에 싸여있는 서궤며, 마루에 오르는 섬돌이며, 쟁반에 깎아 놓은 흰 밤들이며, 부드럽고 유들유들한 빛나는 오월의 미나리줄기이며, 심지어 한길가에 가끔씩 지나가는 상여무리에 혀를 차며 탄식하는 고모님의 슬픈 외마디 소리조차 그는 이 유년의 새로운 환경에서 모두 기억하였다. 이러한 것들은 그가 이후의 시 쓰기에서 모두 결정적인 형상으로 작용될 수 있는 중요한 역할을 하는 최초시기의 기억들이었다.

그러나 무엇보다 그의 마음 자리에 깊이 남아있었던 것은 고모의 어질고 자애로운 마음이었다. 어려서 제 어미를 잃은 아이에 대한 불쌍한 마음이 고모로 하여금 동정과 연민의 눈길을 가지고 그를 자라게 하였고 그는 친어머니나 다름없었다. 그는 이러한 고모의 보살핌을 통하여 혈족의 중요성을 또한 알게 되었으며 후에 어떠한 문제가 있을 때마다 친족에게 특이한 마음을 갖게 하는 인성을 가지게 하였다.

몇 해를 고모댁에서 보낸 그는 다시 아버지를 따라 집으로 돌아왔다. 친가에 돌아와 보니 이미 그 분위기는 달랐다. 아버지는 계모를 맞아 있었다. 전처가 남긴 아이들을 모두 키워야 하는 계모는 때로 어린 아이들에게 구박을 하였다. 이것은 그의 마음속에 또 하나의 어떠한 감정을 주입시키는 것이 되었다. 즐거웠던 마음의 심리지층위에 그의 평생의 시의 풍격이 되었던 침울돈좌의 심리지층이 또 하나 만들어진 것이다. 즉 갑자기 마음이 절망적으로 꺾인다는 것이었다. 다소 어두울 수 밖에 없었던 계모아래서의 생활은 그로 하여금 또한 밖으로의 생활에 대한 동경심을 키우는 게 되었다. 즉 가정을 벗어나고픈 어떠한 자유적인 발상이 그의 마음속에서 자라고 있었던 것이다.

본래 하남의 낙양땅이라는 곳은 문풍이 서린 고장이었다. 일찍이 진나라때 좌사(左思)라는 사람이 삼도부(三都賦)를 짓자 사람들의 인기를 얻어 낙양의 종이값이 올랐다는 고사가 전해지는 곳이고, 죽림칠현(竹林七

賢)과 건안칠자(建安七子)의 활동무대 또한 이 곳이었다. 뿐만 아니라 역대 왕조가 대대로 낙양을 도읍으로 정했을 만큼 그 풍토 또한 여느 지역과는 다른 어떠한 점이 있었다. 이것은 그의 고향으로써의 낙양이 그에게 유무형으로 매겨준 무언가가 컸다는 것을 의미하며, 타지를 떠 돌면서도 이곳에 대한 사향이 늘 시적정서에 작용되었다.

어린시절 문학적 배양의 환경

　나이 일곱이 되자 그는 마침내 글짓기를 하기 시작했다. 이것은 그의 가풍에 영향 받은 매우 자연스런 생활방향이었다. 그의 조부 두심언은 초당시절의 유명한 시인으로 나이 스물세살에 진사에 당당히 합격하여 관직을 시작하였고, 후에 측천무후(則天武后)의 부름을 받아 입궁하였으며, 그 관직 또한 매우 높았다. 아버지 두한(杜閑)도 비록 낮은 관직이었지만 사대부의 계통을 이었다. 이러한 사대부의 가계는 그로 하여금 일찍부터 글을 짓고 문사를 닦기 위한 충분한 배경이 되었고 가계에 대한 자긍심으로 가득차 있던 그에게 문사를 통한 관직의 꿈은 어릴 때부터 확고하였다.
　그 나이에 비록 할아버지 두심언이 남긴 율시들을 이해할 수 없지만 그는 그러한 이전의 글들을 대한다는 것만으로도 기뻤다. 그 속에서는 어떠한 형언하지 못할 그리운 정과 향수 가득한 마음이 배어 있다는 것을 느꼈다. 가로 세로로 꼭꼭 줄 맞추어 나란히 지어져 있는 시구들은 신기할 정도였다. 그 뜻을 알기 전에 그 모양에 대한 미감부터 그의 마음속 깊이 박히게 되었다. 그에게 이것을 안다는 것 자체가 학식과 덕망 등 모든 것을 대변할 수 있는 것 처럼 느끼게 했다. 결국 유년시절의 이러한 율시의 체험은 그로 하여금 훗날에 율시의 대가가 되는 결정적 스승이 되었다.
　시문을 닦는 날들이 쌓여가고 율시의 모양뿐만 아니고 그 작법도 점점 익혀가고 의미까지 이해하게 되자 그는 그 시들이 지니고 있는 정감에 이끌려 스스로의 서궤 앞에 시구들을 붙여놓고 상시로 느끼기 까지 하였다. 그 구절들을 읽을 때마다 마치 이전의 할아버지가 살았던 때의 분위기가 고스란히 전해지는 것 같았다. 지금은 비록 옛날이 되었지만 그 글 속에는 엄연히 그 시절에 할아버지가 살았던 햇빛과 바람과 부정할 수 없는 현실이 있는 그대로 나타나 있는 것 이었다. 사라진 지난날들이 글에 의해서 이렇게 생생하게 훗날의 사람에게 남겨진다는 사실에 어떤 표현못할 숭고한 전율이 그의 몸속을 지나가는 것도 같았다. 그는 할아버지 두심언을 보지 못했고 그 모습을 알지 못했다. 할아버지는 그가 태어나기 이전에 이미 세상을 떠난 사람이었다. 그러나 그럼에도 불구하고 시문을 통하여 연결되어진다는 사실이 그에게는 경악과도 같은 신기함과 문사의 위대함으로 다가온 것이다.

그래도 어린 탓에 뜻을 이해하지 못하는 구절이 있는가 하면 읽어도 분명하게 느낌이 오지 않은 구절이 있음은 어쩔 수 없었다. 그럼에도 그 가운데서도 마음속에 뚜렷하게 의미로 다가오는 구절도 있었다. 그러한 구절들은 대개가 표현이 모호하고 불투명한 구절이 아니라 현실과 직접적인 관련을 갖고 있는 구절이었다. 바로 여기서 그의 평생의 시적가치로 여겨져온 현실주의적 심미안이 형성되었다. 중국의 시선 이백(李白)이 처음부터 낭만의 길로 갔다면 그는 처음부터 현실에 눈을 떴고 현실에 기반을 둔 표현이 최고의 가치로 여겨진 것이다.

세상의 유력을 통한 문학적 시각의 확대를 하다

그의 나이 열 넷에 이르자 그는 마침내 한묵장(翰墨場)을 드나들기 시작했다. 한묵장이란 여러사람들이 모여서 글을 짓는 곳이라는 뜻으로, 마침내 이곳을 통하여 글 쓰는 사람들과의 교류가 시작된 것이다. 이미 이때 그는 율시 짓는 법 정도는 모두 완습한 상태였다. 조부 두심언을 비롯한 이전대 혹은 당대의 여러 수많은 시인들의 시도 풍부하고 다양하게 읽은 상태가 되었다. 이러한 독파의 결과로 그의 시 짓기는 이미 상당한 수준에 이르러 자못 그 발해내는 구절들이 사람들을 경탄하게 할 정도였다. 신동의 찬사를 받을 정도가 된 것이다. 이 정도가 되자 입소문은 쉽게 퍼져나갔고, 그를 직접 만나 재능을 한 번 보고자 하는 사람도 생겨났고, 그와의 교유를 원하는 사람도 있었다. 그러나 사실 이때쯤에 발해 낸 시들은 어쩌면 치기어린 수준의 어린 시절에 누구나 한 번쯤 있을 수 있는 자기 과시의 그러한 유희적인 것에 머물러 있었는지 몰랐다. 특히 그의 일생의 주된 정조였던 현실주의를 보았을 때 더욱 그러하였다. 현실주의는 현실의 경험위에서 비로소 진실된 시구가 쓰여지게 마련이었다. 그러나 지금의 그는 아직 현실경험을 하지 않은 상태에서 그저 이전 사람들의 구절들에 감복한 나머지 그 구절들을 외운상태의 수준일 것이었다. 이것은 그의 나이 스물네살 때 낙양의 공거(貢擧)에서 불합격하고, 또한 그 십년이후에 다시 장안의 진사시험에서 실패한 것과도 여전히 관계있는 것이었다. 물론 두 번째의 진사시험은 재상 이임보(李

林甫)가 개입하여 모든 응시자들을 불합격시킨 것에 관계되지는 말이다. 뿐만 아니라 그의 시의 역량이 마음껏 발휘되었을 때는 본격적이 생활체험이 시작되고 나서 이러한 체험적 사실과 그의 감성이 완전히 하나가 된 안녹산(安祿山)과 사사명(史思明)의 변란전후(變亂前後)의 시기, 즉 그의 나이가 상당히 들고 난 사십대 중반이후라고 보면, 이 모든 것이 그의 현실주의와 관련되고 있다는 사실은 분명하였다.

그러나 훌륭한 시인의 조건은 단지 낭만적이거나 혹은 다만 사실주의 거나 현실주의거나 오직 하나의 주의일 수는 없는 문제였고, 기본적으로 어떠한 탄성을 발해낼 수 있는 구변이 있어야 함은 물론이며, 이러한 면이 어린 시절의 그에게도 천재적인 시인 이백에 못지 않은 구석이 있었다는 것은 분명하였다.

일찌감치 문사의 능력을 드러내자 주위 가족들의 그에 대한 기대 역시 점차적으로 커 갔다. 아버지 두한은 어린 시절부터 그의 독서를 독려하였음은 물론이고 소년이 된 그가 더욱더 실질적인 재능을 드러내자, 두심언의 유업을 능히 계승할 인물이 될 것임을 기대하였다. 뿐만 아니라 어린 시절에 그를 입양하다시피 하여 양육하였던 낙양 건춘문의 둘째 고모와 일가를 둘러싼 모든 혈육들도 그렇게 생각하였다. 아버지 두한과 가족들은 그의 성공을 위해서라면 무엇이라도 해 줄 그러한 마음이었다. 두한 역시 관직을 갖고 있었지만 부친 두심언에 비하면 형편없는 미관말직이라 가세가 점점 기울어져 가는 판에 그를 통하여 다시 가정을 부활시킬 것을 꿈 꾼 것이었다. 그리하여 아버지 두한은 그의 교육을 위하여 첫 번째로 집을 낙양성 가까이로 이사하였다. 하남 언성에서 좀 더 대도와 가까운 곳으로 옮겨 그에게 더 넓고 큰 세상을 견문시키고자 한 것이었다. 일종의 맹모삼천이었다. 그리고 그 당시의 자녀 교육의 중요한 또 한가지 방법은 천금을 쥐어주어 전국의 산천을 마음껏 주유하게 하고 널리 사람을 교유하게하는 것이었다.

그리하여 아버지 두한은 그의 나이 스물이 되자 그로 하여금 옛 오나라와 월나라 땅을 여행하게 하였다. 지금의 중국 남동부 해안지역인 강소(江蘇), 절강(浙江)지역이었다. 이 지역을 첫 여행지로 삼은 것은 두보의 또 다른 고모가 그 곳에 살고 있었고 숙부 역시 그 곳에 살고 있어 기식을 맡길 장소가 있었기 때문이었다.

청년기의 여행이
그의 일생일대에 미친 영향의 지대함

 오나라와 월나라땅을 향한 그의 첫 번째 여행지였던, 절강 회계(會稽)의 그의 다섯 번째 고모는 낙양땅에서 아주 먼 길을 온 친정조카를 반가이 맞았다. 사실 친정 조카에 대한 느낌은 그 자신의 친 아들 이상의 어떠한 친숙함이 느껴지는 관계였다. 고모의 품에 안기자 그는 다시 이전 아주 유년시절의 낙양 건춘문에 있었던 고모에게 키워졌던 그러한 따뜻함이 새로이 묻어났다.
 이 첫 번째의 집을 떠난 먼 여행이 그에게 의미해주는 바는 적지 않았다. 우선적으로 어떠한 옥죄인 기분, 또한 늘 있어왔던 무료한 분위기속에서 일단 벗어나게 됨으로써 상당한 기분적인 전환감을 그에게 맛보게 하였다는 것이다. 뿐만 아니라 낯선 여행지가 비록 물 건너 산 건너 아주 먼 하늘 밖이라도 혈육이 뿌리를 내리고 사는 곳이라 결코 이향감을 갖지 않는, 애초의 출발의 즐거움과 도착의 유쾌함이 연속되었다는 것이다. 또한 아직은 가정형편이 그리 궁핍한 지경까지 몰리기 전이라 아버지 두한에게서 받은 노자돈도 여행을 할 만큼 충분하였다. 그러므로 자칫 여행의 과정에서 있을 어떠한 수심스러운 구석이 없는 그야말로 즐겁고 부담이 되지 않는 여행이었다. 그러나 이 첫 번째의 여행이 그에게 준 가장 중대한 의미는 위의 이러한 여러 여행조건이 모두 순조로워 하나의 여행벽을 키우는 단초 혹은 출발선과 같은 그러한 것이 되어 버렸다는 것이다. 현실에 집착하는 것이 아니라 현실의 묶인 틀을 늘 벗어던지고 싶은 그러한 마음이 기본적으로 그에게 형성되었다는 것이다. 그러나 만약에 이러한 여러 여행조건이 갖추어지지 않은 궁핍과 가난의 상황이라면 그것은 곧 여행이 아니라 유랑이 되는 것이며, 먹을 것을 향하여 굶주린 짐승처럼 세상을 여기저기 떠돌아다니는 행위밖에 되지 않는 것이었다. 결국 그의 만년은 그러했던 여행인 셈이었다.

그가 본 회계의 땅은 신기하고 아름다웠다. 고향 낙양에서 한참이나 남하한 곳이라 그 멀어진 이역의 거리만큼 사람의 생김새가 달랐고 산물이 달랐다. 그것은 마치 중국 대륙을 서에서 동으로 수만리나 걸쳐 있으면서 남과 북에 위치하고 있는 두 큰 강이 만들어내고 있는 풍토의 차이와도 같았다. 남방의 유자빛 잎사귀처럼 싱그러운 얼굴을 한 여인들의 모습은 모두가 피부색이 흰 미인들이었고, 오나라와 월나라의 도읍지답게 어디를 가나 붉은 전각의 옛 유적지가 사람을 맞이하고 있었다. 특히 월왕 구천(句踐)의 묘를 참배할 때는 마치 지난날의 역사가 눈에 보이는 듯 하였다. 월왕 구천은 오왕 부차(夫差)에게 전쟁에 패배한 원수를 갚기 위해, 오나라에 사신을 파견하면서 미인 서시(西施)도 함께 동반시켜 오왕 부차에게 바치도록 하였다. 오왕 부차는 서시를 보자마자 미모에 빠져 정사를 소홀히 하게 되었고, 이 틈을 이용하여 월왕 구천은 오천의 정병으로 오나라의 칠십만 대군을 격파하여 마침내 원수를 갚았다. 그러나 지금 구천은 무덤이 되어 모든 사라진 세월을 뒤로 하고 있었고 지난날 전장의 들끓던 피의 아우성들은 단지 무덤가를 불고 있는 솔바람 소리로 남아 있어 무상한 세월감이 그의 가슴을 채워왔다.

진사에서 삶의 쓰린 맛을 처음으로 경험하고
태산을 보러 나서다

　낙양을 떠나 강소, 절강땅에서 여행한 것도 벌써 사년이라는 세월이 흘렀다. 그러나 이 오랜기간 동안 그저 마음껏 다니면서 산수나 풍물만을 관상한 것은 아니었다. 그에게 여행이라는 것은 새로운 느낌으로 새로운 세상을 만나는 과정이었고, 그 느낌들은 모두가 시로 쓰여졌다. 그러나 이 때에 쓰여진 시들은 남겨야 한다거나 보관을 통하여 후세에 전할 그런 생각은 하지 않았다. 그는 시 짓기에서 만큼은 완벽한 성격을 가진 사람이었다. 모든 생활이 다소 현실감이 떨어지고 지나치게 이상적이며, 무언가의 중심을 벗어나 밖으로 도는 듯 하였지만 시 짓기에서만은 일침의 피를 허용하지 않는 듯 한 결벽성을 가지고 있었다. 때문에 그의 생각으로는 아직은 그의 시가 마음에 흡족함으로 다가오기 까지는 거리가 있어 굳이 미완성작을 남겨야 할 필요가 없다고 생각한 것이다. 그러나 이 보다 더 중요한 것은 이 시기에 그가 쓴 시들은 모두가 어떠한 목적의 차원에서 쓴 시이기 때문에 더더욱 그러하였다. 즉 진사시험을 준비하기 위한 차원에서의 습작이었다는 것이다. 그에게 늘 정신적 신으로 작용한 것은 할아버지 두심언이었다.
　당시 과거의 급제 나이는 대중 없었는데, 맹교(孟郊)와 같이 늦은 사람은 갖은 고생을 다한 끝에 마흔이 넘어서 비로소 그 뜻을 이루기도 한 것에 비하면, 그의 할아버지 두심언처럼 실로 이십대 초반의 나이로 어렵디 어려운 관문을 보란듯이 통과한다는 것은 어떤 천재적이고 영웅적인 만인의 기대와 부러움을 한 몸에 받는 것이었다. 그러므로 그의 할아버지가 이러했다는 것은 당연히 그의 본 받을 대상이 되었고 그도 이러한 것을 달성하기 위하여 진력했다는 것은 의심의 여지가 없었다. 그러니까 그의 나이 스물네살이 되던 해, 낙양에서 있을 정기적인 과거시험인 공거에 응시하는 것을 모든 생활의 목표로 두었다. 공거라는 의미는 재능 있는 시골 자재를 뽑아 서울로 올린다는 의미이지만 그 자체가 관직을 나아가기 위한 한 수단이었다. 그 자신의 생각으로는 강소, 절강에서의 사년여의 여행동안 많은 견문을 넓혔고 또한 족히 수백편에 이르는 실제창작을 통하여 시의 공력도 한껏 드높아져 합격은 문제없을 것이며 조부 두심언을 계승하는데 어떤 여부가 없다고 여겼다. 그는 그만큼 자신에 차 있었다.

그러나 몇 년간의 오월의 여행을 마치고 막상 낙양으로 돌아와 응시해 보니 상황은 그의 생각과는 달랐다. 과거장에서 시제를 받아드니 평소의 자신감보다는 우선적으로 어떤 부담감이 그의 필끝을 무디게 하여왔다. 합격에 대한 현실적인 강렬한 집념이 오히려 그로 하여금 재능의 발휘를 막아선 것이다. 결국 이 요인은 그의 성격에서 상당히 비롯되었다. 그는 이백처럼 모든 것을 초탈초월하여 거리낌없이 사방팔방으로 시상이 확대되고 마치 붉은 저녁놀이 일어나는 듯한 낭만적이고 화려한 개활성의 마음을 지닌 사람이 아니었다. 꼼꼼하게 한 글자 한 글자를 다듬어 나가는 그의 치밀한 현실주의적인 작법이 오히려 다른 사람들에게 문재를 유감없이 보여주는데는 불리하였고, 그다지 문사가 뛰어난 사람이 아니라는 인상을 주게 된다는 것이었다.

그의 기대와 포부는 하늘 같았지만 결과적으로 낙방이었다. 낙방의 결과를 보자 갑자기 어두운 절망감이 그의 눈앞을 찾아왔다. 그러나 이것은 세상살이의 험난함이 청년시절의 그에게 처음으로 맛보게 해준 슬픔이자 이후의 모든 절망과 슬픔을 불러오는 첫 순서 혹은 서막에 불과할 따름이었다.

참담한 결과에도 불구하고 그러나 그는 좌절하지 않았다. 비록 이 첫 번의 진사가 실패하여 그의 조부 두심언과 같은 영웅이 되지 못하였다고 할지라도 스스로의 시 짓기 재능이 있는 한, 때가 언젠가는 그를 기다리고 있을 것이라는 자위의 마음이 절망속에서도 다시 희망을 향하여 발걸음을 옮기게 한 것이다. 그러나 한편으론 그의 마음에 또 이러한 생각들이 일어났다. 바로 그것은 진사시험 자체에 대한 회의였다. 아무리 문재가 구름을 뚫고 하늘에 치솟는 탁월함이 있어도 오랫동안 재능을 갈고 닦아온 수많은 전국의 인재들이 구름같이 모여들어 경쟁을 하는 이러한 관리선발 방식속에서는 그리 쉽게 관문을 통과하기는 쉽지 않다는 어떠한 직감이 그에게 찾아 온 것이다. 이러한 그의 생각은 또 다른 어떤 모색을 그로 하여금 하게 하였다. 즉 사람의 교유를 더욱 넓혀야 한다는 것이었다. 자신의 재능만 믿고 세상일에 도전한다는 것은 어리석은 짓이며, 결국 힘이 있는 닻줄이 되어 사람을 끌어가는 것은 그 무엇도 아닌 역시 사람이라는 것이었다. 즉 당시에 관리가 되는 길은 진사라는 시험 제도가 있었지만 이 외에 유명인사나 권세가들에게 자기의 문집을 전달하여 그 재능을 알려 천거를 통하는 방식도 있었다. 이렇게 하려면 우선적으로 사람을 알아야 한다는 것은 전제적인 사항이었다.

그는 다시 여행을 좀 더 하기를 결정하였다. 목표로 했던 것이 수포로 돌아간 이상 답답한 절망감을 해소해줄 어떠한 마땅한 출구도 없었을 뿐더러 여행으로 좀 더 세상을 관상하고 그러한 가운데 사람과의 교유의 폭을 넓혀 사회진출에 도움이 되게하는데 주안점을 둘 생각이었다. 그러한 가운데 아버지 두한이 황하하류의 지금의 산동(山東)땅에서 관직을 수행하고 있었다. 그러므로 옛 제나라와 조나라 땅이 되는 것이며, 이곳을 다시 여행하기로 마음 먹은 것이다. 결국 이번에도 지난번의 강소, 절강을 여행할 때처럼 지인이 있는 곳을 여행하기로 마음먹은 것이다. 이것은 그만큼 혈친에 대하여 그가 가지고 있는 중요성과 애틋함을 보여주는 것이며, 아무도 없는 무풍지대라는 곳은 그만큼 그에게 줄 어떠한 철저한 타향의식의 공포스러움에 대해 우선적으로 위압감과 두려움을 느끼고 있었다는 것이다. 그만큼 고향의식과 연고 의식이 강한 사람이 또한 그였다.

낙양 공거의 낙방길로 바로 산동에 그가 온 것을 본 아버지 두한은 별 말이 없었다. 그 말없음의 속에는 자식에 대한 어떠한 실망감이 담겨져 있는 것이 틀림없었다. 그러나 아버지 두한은 그에게 어떠한 특별한 인상을 남겨주고 있지 않을 정도로 부자지간이면서도 또한 서로간에 어떠한 서먹한 느낌이 있는 것도 어쩔 수 없었다. 그것은 아버지와 그의 유년시절의 따로살기의 생활 때문에 그러하였다. 즉 그의 친모 최씨가 일찍 죽자 아버지는 그를 고모댁으로 가 살게 하였고, 이후에 그를 데리고 와 함께 살기도 하였지만 연년생으로 태어난 여러 아이들을 모두 양육시켜야 하는 계모와 아이들간의 관계가 아무래도 정상적일 수 없었고 이 사이에서 아버지는 아이들에 대한 어떠한 다소의 왜곡된 생각을 가지고 있었다. 또한 그의 입장에서 보면 더 친숙했던 얼굴은 아버지보다 차라리 고모와 고모부들의 모습이었다.

그러나 아버지는 아버지였고, 그를 현의 관사에 머물게 하고는 하고자 하는 여행을 마음껏 하도록 하였다.

산동 땅에서 그가 처음으로 달려간 곳은 바로 태산이었다. 태산은 중국 오악중의 하나로 옥황산(玉皇山)으로도 불리며 또한 여러 봉우리 가운데 주봉은 옥황봉으로 불리고 도교의 발생지인데다 역대 왕들이 국가를 건설하고 나라의 태평을 알리는 제사의식을 지내는 곳이기도 하였다. 그만큼 신성한 산으로 비록 높이가 천오백여미터 정도에 불과하지만 광활한 평원가운데에 서 있어 실제적인 높이보다 엄청나게 높아 보이는 산이다. 이러한 산의 위용을 본 그가 시심이 마음속에서 일어나지 않을 수 없었다.

말로만 듣던 태산은 어떠한 모습인가?
제나라와 노나라 땅에 푸르름 끝이 없구나
언젠가 마땅히 저 산 꼭대기에 올라
뭇산이 적음을 한 번 보리라
岱宗夫如何　　齊魯靑未了
會當凌絶頂　　一覽衆山小

청년기의 그의 이 시는 그야말로 호연지기의 뜻이 담겨 있었다. 첫 구절의 "태산은 어떠한 모습인가?"라고 한 것은 유명한 산수에 대한 그의 유람욕구가 젊었을 적부터 매우 컸다는 것을 보여주며, 산 꼭대기에 올라 뭇산이 적음을 한 번 보리라고 한 것 역시 그러한 모습을 보여준 것이었다. 이것은 결국 후에 안녹산이 전쟁을 일으켜 나라가 붕괴됨에 따라 그의 삶도 그 속으로 휘말려 들어가 비참한 생활에 접어들어 세상천지를 유랑하게 되지만, 한편으로 그 자신의 마음 역시 명산대천의 전국의 산수를 돌아보고 싶은 마음 매우 강하게 있음을 충분히 보여주는 것이었다.

그리고 위의 시에서 보면, 그의 시의 진면목이 아직은 나타나지 않고 있는 상태였다. 본격적인 생활체험에 들지 않았기 때문이었다. 그러나 이러한 짧은 구절에서도 알 수 있는 것은 시각이 매우 크고 광활한 측면을 지니고 있다는 것은 충분히 보여주고 있다는 것이었다. 그 시라는 것이 그 시인 마음의 소산이라고 볼 때 그의 흉금은 더 없이 넓어 위대한 시인이 될 수 있는 어떤 면모는 보여주고 있다는 것이었다.

중만년에 접어들어 본격적인 그의 모습을 보여주기 직전의 어떠한 싹수적인 면은 그가 이때 이 지역을 여행하면서 은사 장개(張玠)를 찾아다니며 시간을 보냈던 시에서도 역시 드러나고 있다.

봄 산에 동반자 없이 홀로 장개를 찾아 가는데

쿵쿵 벌목하는 소리 멈추어지니 산은 더욱 조용해지네
사이길 남은 추위에 얼음과 눈을 밟고서
석문에 해 기울쯤 비로소 은자의 숲에 이르렀네
욕심없이 사니 밤에 별과 은하수의 빛을 깨닫게 되고
속세를 멀리하니 아침에 사슴이 노는 것 보게 되네
술에 취하여 흥이 오르니 나갈 곳을 알지 못하겠고
은자를 대하니 마치 물위에 뜬 빈 배처럼 마음 비워지는구나

春山無伴獨相求　伐木丁丁山更幽
澗道餘寒歷氷雪　石門斜日到林丘
不貪夜識金銀氣　遠害朝看麋鹿遊
乘興杳然迷出處　對君疑是泛虛舟

이렇게 젊은 시절에 쓴 그의 시는 마치 폭풍과 파도가 몰려오기전의 아직은 조용한 바다와 같은 모습이었다. 그러나 그러한 가운데서도 구구절절이 그가 추구하고 있는 어떠한 현실을 중시하는 시의 방향, 그리고 속세를 벗어난 자유로움을 추구하는 생활방식등이 마치 표면적으로는 그리 동요하고 있지 않은 가운데서도 이면적으로 물살이 쉼 없이 꿈틀 거리고 있는 모습과 다름없었다.

그리고 위의 시에서 또 다른 방향에서 그의 시를 관찰할 수 있는 것은 형식상의 어떠한 중대한 변화가 싹트기 시작하고 있었다는 것이다. 즉 위의 시는 일곱자 여덟줄의 시, 다시말해 칠언율시이다. 칠언율시는 당시에 그리 흔한 형식이 아니었다. 일반적으로 다섯자 여덟줄의 시가 당시에는 보편화되다시피하였다. 결론적으로, 이 칠언율시는 그에 이르러 마침내 본격적으로 지어지고 그가 이 형식에서 크게 성공하자 마침내 후대는 이 형식이 주류를 이루게 되고 결국은 시가 산문체로 흘러가는 하나의 결정적인 역할을 하여 이 점에서도 중국시의 방향에 대해서 중대한 역할을 하였다고 할 수 있었다.

어쨌든 아직은 서른이 안된 청년기에 접어든 그의 생활은 이때 여러 친구들을 사귀고 그리고 장개와 만나 술잔을 기울이며 생활의 정취를 탐하는 등으로 성인으로써의 그에 걸맞는 생활을 만끽하고 무르익어가는 듯한 인성의 모습을 보이기 시작했다.

천재시인 이백과의 기적적인 만남을 통해
함께 여행을 하며 가을날 한 이불 속에서 잠자다

산동지역에서의 몇 년간의 여행을 마치고 그는 다시 낙양으로 돌아왔다. 이번을 포함한 두 차례에 걸친 긴 여행은 벌써 그의 나이를 삼십줄에 넣고 있었다. 여행중에 있을 때는 외물에 마음이 사로잡혀 세월가는 것도 대수롭지 않게 여기고 있었지만 고향에 돌아와보니 스스로의 나이가 주는 중압감이 그로하여 초조한 마음이 들게 하였다. 뿐만 아니라 오랜 외유로 인하여 이전의 거처지는 낡고 형편없이 허름해져 몸 들여놓기도 마땅하지 않았다. 그래서 그는 옛집이 있었던 하남 언성으로부터 이십여리 떨어진 수양산(首陽山) 아래에 일종의 토굴이라고 할 수 있는 육혼산장(陸渾山莊)을 지었다. 집이 완성되자 그는 먼 선대이며 십삼대 조상인 두예께 제를 올렸다. 선대의 정신을 기린다는 것은 또한 그만한 유업을 계승하겠다는 자신의 맹세와 다짐이 담겨있기도 하였다.

그리고 이때 그는 한 여자를 만났다. 성이 楊氏였다. 비록 화려한 미색을 지닌 여인은 아니었지만 순수하고 아량있는 마음을 지닌 여성이었다. 시인에게 여자가 중요하다면 그는 그러한 여자를 만났고, 어쩌면 이 또한 그의 운명이 그에게 선택해준 여자라고 할 수 있었다. 실로 그의 아내의 그러한 순수한 마음이 없었다면 그는 그가 하고 싶은대로 세상을 나 돌아 다니며 시를 쓸 수가 없었을 것이다. 즉 평범한 조강지처의 아내가 남편을 한 위대한 시인으로 만든 것이었다.

그러나 그 역시 아내의 순수 못지않게 한 여자 밖에 모르는 사람이었다. 이백처럼 네 번이나 결혼을 하고 술 마음껏 마시고 툭하면 기녀의 집에 투숙하는 그러한 사람이 아니었다. 이후의 그의 연회시에서 기녀가 자리에 불려져와 함께 술을 마셨던 시가 몇 수 있다. 그는 그 시들속에서 제 몸에 꼭 맞는 옷을 입고 술 자리 흥을 돋우는 아름다운 몸매의 여자들을 등장시키고 있다. 그러나 그저 그 뿐이었고, 시를 쓰는 사람으로 그것도 하나의 관찰의 대상이 될 뿐이었지 여자들의 미색에 빠져 깊이 사랑을 했다거나 그로인하여 늙어가고 몸 커져 가는 아내를 비교하여 추하다고 생각한 적은 없었다.

 이렇게 아내를 맞이하고 생활의 어떠한 새로운 태동이 있는 가운데 낙양 건춘문에 살던 둘째 고모가 세상을 떠났다는 소식이 들려왔다. 실로 슬픈 일이었다. 둘째 고모는 친어머니가 없는 그를 위하여 어머니의 역할을 해 준 사람으로 그의 유년시절에 자애로운 미소와 따뜻한 손길을 남겨준 사람이었다. 더욱이 둘째 고모의 의기가 없었다면 그는 이미 어려서 죽었을지 몰랐다. 즉 그가 고모의 손길속에서 자라던 시절, 고모에게는 그와 나이가 비슷한 친 자식이 하나 있었다. 그런데 그 한해의 여름은 오랜 장맛비가 줄곧 내려 이 비들은 천장을 뚫고 흘러내려 두 아이가 자는 방의 침상을 모두 적셨다. 비와 습기가 서린 방은 눅눅하게 곰팡이가 피고 이 음험한 분위기를 타고 풍토병이 찾아와 두 아이들을 감염시킨 것이었다. 병질에 내성이 없는 어린 아이들인지라 이 병은 급성으로 발전하였고, 두 아이를 동시에 구할 수 없는 그런 절박한 상황에까지 이르렀다. 그러나 고모는 자기의 친아이를 버리고 그의 목숨을 구하는 것을 택하였다. 사실 이것은 전설속에나 나올 법한 이야기이지만 실제였다. 그러므로 고모는 이 세상에 그를 남겨준 사람이었기에 그 슬픔은 더 할 나위 없었다. 고모의 죽음에 슬픔을 억제하지 못한 그는 직접 묘지명을 썼다.

당나라에 의로운 고모가 있었다
有唐義姑

　결혼과 고모의 죽음, 이 일련의 사건들은 그를 둘러싼 주위환경이, 보이지 않는 가운데서도 어떠한 중대한 모종의 변화가 빠르게 진행되고 있다는 것을 보여준 일들이었다. 즉 지금까지 그의 삶은 누군가에 의해서 태어나지고 또한 누군가에 의해서 보호받고 양육되었으며, 또 누군가가 주는 돈을 가지고 오랫동안 마음대로 여행을 하였다. 그러나 지금은 그 자신이 누군가를 태생시켜야하고 또한 자기의 보위자들이 차츰 세상을 떠나기 시작하는 그러한 상황으로 바뀌어져 가고 있다는 것이었다. 이렇게 되자 사회진출에 대한 그의 마음은 더욱더 조급해지기 시작했다. 두 차례에 걸친 여행으로 보낸 구년여의 시간이 마치 허송세월처럼 느껴지고 부질없이 설치고 돌아다닌 일들처럼 생각되어졌다.
　그런 상황에서 그의 마음은 벌써 장안을 향하고 있었다. 즉 관직을 얻으려면 아무래도 권세가들이 모여 사는 곳이 사람 접하기에도 좋고 여러 모로 보고 듣고 하는 것도 차원이 다를 수 있기 때문이었다. 그러한 모색을 하고 있는 가운데 뜻밖의 어떠한 희소식이 그를 찾아왔다. 이백이 장안을 떠나 낙양을 향하여 오고 있다는 것이었다. 당시 이백의 문명은 이미 세상에 널리 퍼져 있는 상황이었다. 이백은 아예 진사와 같은 그러한 격식을 갖춘 관리 선발방식에는 안중에도 없었다. 또한 그의 꿈은 능히 왕의 스승이 되는 것이었다. 그는 오직 자기 문사의 뛰어남을 세상에 널리 알리고 그 떨쳐진 이름을 앞세워 하루아침에 하늘에 오르는 것이 그의 꿈이었다. 이러한 그의 생각은 실제적으로 그렇게 되었다. 이백도 비록 처음에 장안에 왔을 때는 종남산(終南山)에 은거하며 유명인사들과 교유하고, 일이 뜻대로 되지 않아 장안을 떠나 절강지역에 가서 도사 오균(吳筠)과 함께 은거하기도 했지만 결국은 그의 시 구절에서 표현하고 있는대로 임금의 부름을 받고, 하늘을 우러러 크게 웃으며, 대문을 나선다는 그러한 즐거운 상황에 놓이게 되었다. 그러나 입궁을 하고 나서가 문제였다. 한림공봉(翰林供奉)의 관직을 받은 그는 천자를 배알하는 가운데서도 그 호기로움은 결코 꺾이지 않았다. 환관 고력사(高力士)에게 자기의 신발을 벗기게 하고 벼룩을 받쳐들게 까지 하였다. 이러한 방자한 생활은 결국 채 일년이 가지 못하여 양귀비(楊貴妃)와 고력사등의 참언에 못 이겨, 천금을 하사받고 전원으로 다시 돌아오는 전락의 신세가 되었다.

두보 그는 비록 낙양에 있었지만 이러한 이백의 사실들을 모두 알고 있었다. 그만큼 그는 장안상황에 귀를 열고 있었으며, 이것은 그의 관직에 관한 지대한 관심을 반증하는 것이었다. 그런 와중에 이백이 여행차 낙양에 온다는 소식을 들은 것이다. 이백과의 교유도 할 겸 여러모로 장안상황을 실제 들을 수 있는 좋은 기회였다.

이백은 그 보다 열 살 위의 사람이었다. 처음 본 이백의 인상은 생각했던 그러한 화려함 보다는 여독이 쌓여서 인지, 아니면 사금환산(賜金還山)을 당한 축출당한 사람의 어쩔 수 없이 얼굴 표정에 드러나는 비감한 마음 때문인지 어떠한 괴이한 느낌은 들지 않았다. 그러나 이러한 낯선 사람끼리의 첫 인상과는 반대로 서로간에 몇 마디의 대화가 오고가자 마자 마치 극성을 가진 쇠붙이가 서로 끌어당기듯이 둘은 공감의 마음을 느끼게 되었다. 그로부터 두 사람은 마치 오랜 지기처럼 절친한 관계로 변하였다. 그러자 이백은 그에게 함께 여행을 할 것을 제안하였고, 그 또한 새로운 풍물을 보는데는 남 다른 신기감과 흥을 가지고 있었던 탓이라 거절할 이유가 없었다.

그리하여 그는 장안으로 가고자하는 마음을 접고 다시 이백과의 여행을 시작하였다. 이 두 사람의 만남은 사실 견우와 직녀의 만남 못지 않은 의미를 지녔다. 동시대 십년의 터울을 두고 태어난 두 사람은 실로 수많은 중국 시인들 가운데 그 성좌의 빛이 가장 빛나는 광채를 지니고 있다는 사실을 부정할 사람은 아무도 없었다. 그만큼 그들은 시를 통하여 중국 오천년 문학사에서 가장 이름난 사람들이었고, 때문에 이 두 사람이 이렇게 만났다는 것은 어떠한 운명적임을 빼고는 달리 설명할 방법이 없었다.

그러나 두 사람의 사상과 이념, 시 지음의 태도, 시 형식의 선호, 그리고 사생활방식 등에 대해서는 사뭇 달랐다. 두보 그 자신이 평하였다시피 이백은 술 한말에 시 백편이라고 할 정도로 그야말로 전형적인 천재 시인이었다. 이백은 시상을 찾아내기 위하여 좌고우면하지 않았다. 그의 영감은 마치 벼락이 피뢰침을 듯 빠른 속도로 그의 뇌리를 거쳐 입으로 발설되어져 나왔다. 그 표현력 역시 타의 추종과 일반의 상상을 뛰어넘는 파격과 대담성으로 실로 귀신이 흐느낄 정도였다. 반면에 그의 시 지음은 신중하였다. 마치 외양이 거친 평석에 수없는 정과 끌질을 통하여 깎고 다듬은 끝에 최후의 영롱한 결정체를 남기는 것과 같았다. 때문에 이러한 그의 시 지음의 태도에 대하여 이백은 마치 밥알이 착 달라붙듯한다라고 그를 조롱하듯했다. 그러나 이백의 속 마음은 자기보다 열 살이 어린 연하의 친구가 그 같은 완벽한 작시태도와 진지한 구절을 찾기 위하여 피와 살을 말리며 끝까지 고민하는 모습에 대견스러워하지 않을 수 없었다.

만나자 마자 형제애와 같은 우정을 느낀 둘은 서로 손 잡고 옛 양(梁)나라와 송(宋)나라 땅을 유람하며 가을이면 한 이불 덮고 잠을 잤다. 이러한 그들의 서로 친애하는 정신은 사실 여러 다른 사람과의 교유와는 아주 다른 것이었다. 즉 그들은 같은 마음을 가진 이른바 동족적인 마음이었고 서로간에 무슨 허황된 자존심을 부린다거나하는 그러한 것이 아닌 시인과 시인의 만남이었다. 그들 둘은 똑 같이 관직에서 불우하였다. 그 불우의 원인은 무엇보다 관직에 있는 사람들과의 교제의 문제였다.

특히 이백은 이른바 눈썹을 오므리고 허리를 꺾어 조아리는 태도를 관직 높은 사람들에게 보이지 않았다. 오히려 그들을 조롱하였고 결국 참언을 받아 쫓겨나는 신세가 되었다. 두보 그 역시 사람들과의 관계에서 늘 마음 상하였고, 몇 차례 관직을 받아 일시적으로 기분이 좋았음을 감추지 못하였지만 결국 사람들과의 관계가 좋지 않아 마음 상함을 어쩔 수 없었고 그것이 사직의 원인이 되었다. 결국 시인은 시인들외에 만날 사람이 없다는 것이었다.

그러한 그들의 같은 마음은 함께 진탕하게 술을 마시거나 이상을 추구하는데서도 그 취미가 비슷하였다. 즉 연단을 제조 복용하여 신선이 된다는 믿음을 가지고 여행중에 도사 화개군(華蓋君)을 찾아 왕옥산(王屋山)으로 간 것이 바로 그러하였다. 특히 이백은 장안에서 축출된 후의 상황이라 마음 깊은 곳에서 밀려드는 허전함과 비감을 어찌하지 못하고 이러한 취생몽사와 같은 일을 필사적으로 추구하여 어떠한 심적인 공허감에서 탈출하려고 안간힘을 쓰고 있는 상태였다. 그 또한 이백의 꾐에 빠진데다 어려웠던 장안생활에 대한 이백의 실제체험을 들은 상태라 여러모로 불투명한 앞날이 은근히 걱정되어 신선이 될 수 있다는 믿음에 한 껏 부풀어 있었다.

왕옥산은 지금의 섬서성(陝西城) 황하강가에 있는 곳으로 도사들이 연단을 제조하여 먹고 신선이 되어 하늘로 날아갔다는 전설이 있는 곳이었다. 그러한 전설이 서린 곳 답게 그곳은 매우 깊은 산중이었고, 또한 그 넓은 황하를 건너야 비로소 갈 수 있는 곳이었다.

그들 두 사람이 큰 꿈을 품고 강배에 올랐을 때는 가을이 깊어 가는 시점이라 강 바람은 이미 심상치않게 일고 있었다. 그러나 화개군을 만나야 한다는 집념은 이러한 악조건도 불사하게 하였고, 기다렸다가 좋은 날을 받아 가야한다는 마음은 들지도 않았다. 배가 점점 강 한가운데를 향하여 나아가자 기슭을 떠나면서 그래도 그리 심하지 않았던 바람은 매우 거세게 불기 시작하였다. 누런 흙탕의 물보라를 날리며 이리저리 풍향을 바꾸며 뱃머리를 때리는 바람은 배의 항진을 가로막고 조각배는 어찌 할 수 없이 격하게 흔들리기만 했다. 마치 황하의 붉은 물살속에 그들 둘을 삼켜 버리겠다는 위협 같았다. 어쩌면 이렇게 거세게 풍향치며 순조롭지 않게 부는 바람은 어떠한 암시로 불고 있었는지 몰랐다. 무엇보다 부질없는 짓을 추구하고 있다는 그들에 대한 저주 아니면 도사 화개군을 만나고 싶어도 만날 수 없는, 뜻하는 바가 제대로 이루어지질 않을 어떤 불길한 예언으로 바람들이 그렇게 고난을 안기는지 몰랐다. 이러한 격랑의 뱃길 속에서 두 사람의 간은 이미 하얗게 질려 있었지만 경험많은 뱃사공은 그렇지 않았다. 마치 한 두 번의 삿대질이 아니라는 듯 격랑이 일어나면 일어 날 수록 더욱 거세게 노질을 하였다. 흔들릴수록 나아가는 힘에 의해서 배의 전복을 극복하는 오랜 동안의 경험이었다.

  아슬아슬한 죽음의 고비는 다행히도 무사하게 그들을 기슭에 닿게 하였다. 그러나 문제의 공포는 지금부터였다. 기슭에서 바라보는 왕옥산의 모습은 온통 짙푸른 솔숲에 싸인데다가 어떠한 공포스러움을 내 뿜는 음기가 형언할 수 없을 정도로 그들의 마음을 꺾어왔다. 마치 천척의 이무기가 또아리를 틀고 있을 것 같기도 하였고, 범과 이리가 그들을 기다리며 바위틈에서 웅크리고 있을 것 같기도 하였다. 숲속으로 사람이 다닌 인적의 길은 좁게 나 있었지만 삐죽 삐죽 바위가 튀어나오고, 꺾이고 파여진 길을 따라 산으로 오르는 길은 마치 황천을 찾아가는 길 못지 않게 적멸한 느낌이 짙게 서려 있었다. 사람들속에서 기고만장하기만 했던 이백 역시 깊은 산이 자아내고 있는 어떠한 공포스러움에 짓눌린 탓인지 긴장이 서린 얼굴표정을 감추지 못하고 있었다. 어쩌면 이백은 그보다 더 간담이 적고 자신의 목숨의 안위에 대해서 특이한 민감성을 가진 두보의 긴장된 모습에 덩달아 그렇게 하얗게 질려지는 것 같기도 하였다. 어쨌든 그들의 공포감은 그들로 하여금 한 마디의 말도 입 봉하게 할 정도로 절대적으로 그들의 마음을 닿아 걸게 할 정도였다.

그래도 그러한 무서움을 감수하고 그들이 올라야 할 마음속의 무언가는 있었고, 화개군의 거처에 이르러 가는 느낌은 좀 더 인적이 뚜렷해진 숲길처럼 다가왔다.

그러나 마침내 화개군의 거처지에 당도했을 때 화개군은 없었고 검은 산 빛에 취한 듯한 도인의 모습을 한 그의 제자가 나타나 두 사람을 맞았다. 화개군은 이미 죽었다는 것이다. 그 말을 듣는 순간 두 사람의 표정은 참담함을 감추지 못하고 무너져 내렸다. 연단 제조의 희망이 한 순간에 절망이 되어 사라져 버린 것이었다. 화개군이 도를 닦았던 방은 굳게 자물쇠가 채워져 있었고, 문을 풀어 도인의 방을 보여주자 그가 머물렀던 자리는 정적에 싸인 채 마치 신선이 되어 하늘로 날아가 버린 후인 듯 어떠한 흔적도 보이지 않았다. 설렁한 마당 구석에는 연단을 찧던 방아가 내 버려진 세월인 듯 흩어져 있었고, 거처의 구석구석에는 마치 죽은 화개군의 혼령이 불현듯 나타나 그들을 사로잡아올 것 같은 무서움이 서려 있었다.

이백과 절친한 가운데서도
서로 달랐던 문학과 삶의 방향

　도사 화개군을 만나지 못한 실망감은 이백이나 그나 모두 마찬가지였다. 어쩌면 어리석기만해 보이는 이러한 장생불사의 신선의 추구는 사실 그들만의 문제가 아니었고, 당시 사회의 전반적인 풍조가 그러했다. 즉 당조가 열린 이후 현종의 집권전반기에 이르는 이 시기는 역사상 유례없는 국가의 흥성 시기였다. 이러한 태평성대를 타고 사람들은 누구나 다 영원불사의 환상적인 삶을 추구하였고 이것이 도교의 극성스런 발전을 가져오게 하였다.
　화개군을 만나지 못한 실망감은 두 사람이 동일하였지만 그러나 이 실망감이 그들 두 사람에게 결정지워준 심리 방향은 확연하게 다른 결과를 나타내었다. 마치 그들 자신의 문학방향이 서로 다른 것과 같았다. 즉 두보 그 자신은 이러한 지나친 추구가 결코 바람직하지 않다는 것이며, 또한 신선이 된다는 것은 허무맹랑한 소리라는 것이었고, 이것은 화개군이 죽은 사실로 미루어보아도 그러한 일은 현실적으로 있을 수 없다는 생각이었다. 반면에 이백은 여기서 좌절하지 않았다. 그는 이후에 다시 어떠한 도사를 만나서 도록을 받아 연단제조에 몰두하여 신선이 되기를 포기하지 않았다.
　낙양땅에서 두 사람이 만나 교유를 시작한 것도 일년이 되었다. 이 일년동안 늘 같이 있었던 것은 물론 아니었다. 때로 헤어져 각자의 여행을 하다가 다시 만나기도 하였다. 여행과정에서 겪은 이런일 저런일은 그들의 관계를 더욱 깊게 하였고 훗날에 두고두고 서로에 대한 그리움을 접지 못하는 이유가 되었다. 때로 시인 고적(高適)이 그들의 여행에 동행하기도 하였지만 세상의 여러 산과 강 앞에 손잡고 형제처럼 느끼며 나선 것은 그들 두 사람이었다. 여행의 대부분을 동행한다는 것은 사실 서로간의 마음이 일치하고 한결같은 믿음을 주고 받지 않고서는 불가능한 일이었다. 그러나 그들 둘은 그러하였다, 그만큼 서로간에 우정이 막역하였고 깊었다는 것을 설명하는 것이었다.

그들 두 사람이 여행을 마치고 이별이 된 장소는 산동 땅 연주(兗州)였다. 두보 그 자신으로 보아서는 더 이상의 여행을 지속할 수가 없었다. 살아가야 할 현실적인 문제가 그의 면전에 대두되어 있었고 이백과의 아름다운 만남과 즐거운 여행이 늘 그렇게 스스로를 유지해 줄 수 없다고 판단되었기 때문이다. 때문에 이백과의 만남을 통한 이번의 세 번째 여행은 일년으로 족해 할 수 밖에 없었다. 그러나 비록 짧은 여행이었지만 이백과의 만남은 진실로 그 자신으로 보아서나 중국문학사의 의미에서 보나 큰 의미를 지녔다하지 않을 수 없었다. 하지만 그들이 헤어질때는 결코 더 이상 영원한 이별이 될 것이라고는 생각 하지 않았다. 또 만날 수 있을 것이라고 생각했다. 그러나 이러한 생각은 그들 스스로의 머리로만의 생각이었다. 그러나 정작 그들에게 중요한 것은 머리가 아니라 위대한 감성을 솟구쳐 올리는 시인의 가슴이 더 중요하였다. 그들의 가슴은 언제나 머리를 앞서 나아가고 있었고, 어떤 절제할 수 없는 슬픈 이별의 육감이 그들 몸을 지배하였다. 이에 이백이 시를 써 두 사람의 이별의 감정을 유감없이 드러냈다.

언제쯤 다시 이곳 석문의 길에서 만나
다시 술 단지 열어 마음껏 취할 수 있을까?
가을 파도가 사수에 떨어지고
바다의 푸른 빛깔은 쓸쓸히 조래산을 비추는구나

어지럽게 떠돌아다니며 서로 먼길 각자 떠나려 하니
손에 든 술잔이나 한잔 더 드세
何時石文路　重有金樽開
秋波落泗水　海色明徂來
飛蓬各自遠　且盡手中杯

　이 몇 구절만 읽어 보아도 이백이 천재적인 시인임은 인정하지 않을 수 없는 것이었다. 시인이란 결국 열정적인 감정을 가진 사람이라고 할 때 이별에 앞서 일어나는 감정을 이렇게 강렬하게 즉석에서 지어낼 수 있다는 것은 이백이 아니고서는 불가능한 일이었다. 후대에 이르러 사람들이 이백을 누르고 두보를 올리는 경향은 어떠한 타고난 천부적인 면을 가지고 그렇게 평가하는 것이 아니었다. 한 사람은 현실이 아닌 낭만을 중시했고, 또 한 사람은 낭만이 아닌 현실을 중시했다. 결과적으로 낭만을 중시했던 이백은 생활 현실에 대한 끈질긴 집착과 추구에 있어 부족함을 드러냈고, 시적 성취에 있어서도 그만한 항구성과 일관성을 가지지 못했다. 반면 두보 그는 생활 현실에서 느낀 감정을 더할 나위 없이 절박하고 사실적으로 표현해 내었으며 언제 어디서라도 그 자신이 몸을 두는 곳이면 시를 썼고, 죽기 전날 까지도 시를 썼다. 이것이 결국 두 사람 사이의 차이였다.
　이때 이백은 사실 그를 보내고 싶지 않았다. 함께 더 여행을 하고 싶었다. 그러나 장안으로 가야한다는 두보의 말을 듣고 어쩔 수 없이 맞이한 이별에 슬픔을 감추지 못하고 시 한수를 지어 두보를 보낸 것이었다. 그가 장안생활의 어려움을 이미 겪은 탓에 두보의 떠나는 뒷 모습을 보는 것은 더한 슬픔으로 밀려왔다.

큰 꿈을 갖고 장안행을 하지만
다시 진사의 실패와 관직을 받기 위한
여러노력에도 불구하고
모두 수포로 돌아가고 절망적인 생활을 지속하다

두보 그는 다시 낙양으로 돌아왔다. 집에 돌아 왔을 때 아내는 여전히 변함없이 그를 기다리고 있었다. 여타의 여편네 같았으면 남편의 방자한 여행생활에 불평불만을 쏟아낼 법도 하였지만 그의 아내는 그렇지 않았다. 더 더욱이나 아내를 맞이하자마자 이백이 온다는 소식을 듣고 집을 나가 여행을 떠난 것은 아내에 대한 실례였다. 오히려 아내의 그러한 어떠한 감정도 드러내지 않는 무감한 모습에 그 자신이 도리어 일면의 짜증스런 감정도 있었지만 그러나 그러한 감정이 결코 아내에 대한 미움이나 증오같은 것으로 발전하지는 않았고, 오히려 아내의 순종에 대한 동정심 혹은 신뢰성의 방향으로 진전되어 갔다.

그러나 상황은 또 아내를 떠나야 할 판이었다. 그는 여행에서 돌아오자 마자 장안길을 준비하였다. 아무것도 한 것 없이 그저 여행으로 보낸 세월이 장장 십년이 되었고, 이 세월은 그의 나이를 서른 중반에 올려놓고 있었기에 사실 초조한 마음이 그의 길을 재촉하고 있었다. 한편으로 장안생활에 대한 두려움이 그를 찾아왔다. 관직을 찾기 위하여 떠나는 길이 장안이지만 과연 그것이 스스로의 마음만큼 쉽게 이루어질 수 있는가의 문제였다. 그러나 이러한 불안한 예감은 스스로의 마음속에 가지고 있는 문사에 대한 어떠한 자신감으로 위로하였다. 즉 상황이 아무리 어려울지라도 그의 탁월한 시 지음의 재능이 있는 한 쉽게 누군가 그를 위하여 천거에 힘써 주고 그리하여 보란 듯이 제 자리를 가질 수 있을 것이라는 생각이었다. 생각해보니 지금까지 그가 지은 시는 천 수가 될 정도였다. 이러한 다작의 경험은 그로 하여금 시 지음에 대한 도의 경지에까지 이르게 하였다. 습작기의 초창기에는 어떻게 시를 지어야 할지 한 제목을 두고 며칠이나 고심하였고, 어떻게 하면 시를 잘 지을지에 대하여 온갖 연구와 궁리를 다하였다. 그러나 모든 방법을 다 써 보았지만 시라는 것은 하루아침에 도가 터지는 것이 아니었고, 밥이나 국을 뜨기 위하여 때마다 수저를 드는 것처럼 시시각각으로 가능한 그런 것도 아니었다. 그러나 지금에 이르러 천수 습작의 경험은 이러한 것을 감히 가능하게 하였다. 언제 어디서나 어떠한 제목이 그의 필끝 앞에 주어져도 시는 쓰여지고 감정은 활화산처럼 살아났다. 할아버지 두심언이 그의 시의 우상이었지만 그러나 지금 이 정도가 되고보니 꼭히 누가 우상스레 여겨진다거나 그러한 것도 아니었다. 사람들은 모두 그 나름의 시 세계가 있었으며 그는 이러한 모든 것을 종합하여 더 탁월하고 광범위한 시 세계를 열 수 있을 것 같았으며 이러한 그의 능력은 쉽게 사람들의 인정을 얻을 수 있을 것이라고 생각하였다. 바로 이러한 긍정적인 생각이 장안을 향한 어떤 절제할 수 없는 불안감이 무성히 일어나는 가운데서도 그를 스스로 자위하게 한 것이었다.

 아내를 남기고 황하의 물길을 북쪽으로 거슬러 장안에 도착하니 장안은 역시 천자의 궁궐이 있는 도시답게 화려하였다. 아득한 성곽 안팎으로 깊은 가을에 창연하게 물든 나뭇잎들은 져 내리기 시작하고 길은 마치 바둑판처럼 딱딱 구획되어져 있었고, 그 길 따라 귀족들이 모여 사는 붉은 대문의 집들이 즐비하게 늘려 있었다. 그리고 곡강(曲江)가에서 바라보이는 천자의 궁궐은 마치 무지개처럼 서 있었다. 이러한 장안의 화려한 첫 모습은 그로 하여금 어떠한 신분적인 격차감을 우선적으로 느끼게 하였고, 상류사회로의 진입에 대한 만만치 않은 현실적인 장벽감으로 다가왔다.

그런데 장안에 도착하여 미쳐 삶을 잡아가기도 전에 아버지 두한이 세상을 떠났다는 소식이 낙양에서 전해졌다. 유력으로 보낸 젊은 날이 그에게는 그래도 인생의 즐거운 시절이었고, 장안생활의 시작이 비참한 생활로 들어서는 문이었다면 이 비참함을 본격화해온 것은 바로 아버지의 죽음이었다. 아버지는 비록 보잘 것 없는 관직에 있었지만 그의 생활의 조력자였다. 평소 그와 아버지사이에는 가정상황상 어떤 표현못할 냉기가 있었음을 부정할 수 없었지만 그러나 아버지는 아버지였고, 그가 무엇을 하고자 할 때는 늘 말없이 돈을 내 밀었었다. 그러나 지금은 이제 그러한 아버지마저 없게 되어 생활이 더욱 난감상황에 빠진 것이었다.

그러나 그가 장안에 온 그 다음해에 그의 삶을 목표로 할 고무적인 일 하나가 생겼다. 바로 현종의 칙령이 내려져 전국의 재주 있는 자 와 글 잘 짓는 자를 뽑는 진사가 장안에서 시행되어진다는 것이었다. 이번의 진사시험은 늘 관례대로 시행되어지는 정식의 시험이 아니었다. 그러니까 조정에서 특별히 인재를 필요로 할 때, 그때그때 때에 맞추어 뽑아쓰는 비상적인 관리선발이었다. 현종이 왜 이렇게 갑자기 이런 칙령을 내렸는지는 정확히 알 수 없었지만 아마도 현종의 생각에는 마치 제갈량(諸葛亮)같이 비록 재주 있으나 한적한 전원에서 논이나 밭을 갈고 있는 그런 사람을 조정에 등용시키기 위한 것이었으리라, 아니면 그가 양옥환 즉 양귀비를 만나기 전에 공고를 통하여 전국에 걸쳐있는 빼어난 미모를 지닌 여인들을 물색해본 것 처럼 그러한 한 실례를 과거시험에서도 유사하게 착안해본 것인지도 몰랐다.

특례의 진사시험이 있다는 소식을 그 누구보다도 빨리 전해들은 그는 여기에 모든 것을 걸었다. 진사시험이라는 것이 사실 쉽게 이루어지는 것이 아니라고 해도 그러나 만약 급제만 하면 이것은 모든 것을 단번에 해결해주는 것이었다. 앉은뱅이 운명은 한 순간에 뛰어올라 하늘에 이르고, 궁핍과 고통속에서 핍박받았던 생활의 정체가 일시에 광활한 평원처럼 펼쳐져 운명이 급전되는 것이었다.

　예상대로 재주를 갈고닦은 전국의 인재들이 구름같이 모여들어 이 시험이 치루어졌고, 그 역시 십년전의 낙양에서 있었던 한 번의 실패를 거울삼아 결연히 이 시험에 응하였다. 그러나 불행하게도 또 낙방이었다. 그 실패의 주된 이유는 바로 이러하였다. 즉 당시 재상 이임보는 막상 진사를 치루어 본 결과 훌륭한 인재가 없다고 현종에게 참언을 하여 지원자 모두를 불합격시킨 것이었다.

　이임보라는 사람은 전형적인 간신의 모습을 하고 있었던 사람으로 이른바 "입에는 꿀을 바르고 배에는 칼을 품었다(口蜜腹劍)"고 일컬어질 정도로 모략에 능한 사람이었고, 당조의 쇠퇴는 그의 재상등극과도 관계가 있었다. 즉 그가 등장하기 전까지 당조는 그야말로 태평성세를 이루었지만 그가 등장한 이후 현종은 그에게 정사를 일임하다시피 하여, 조정에는 그를 따르고 추종하는 자들만 득실거리고, 그리고 변경 개척에서는 이족(異族)의 장군들이 더 용맹하고 뛰어나다는 간언을 현종에게 하여 안녹산 같은 사람들이 절도사로 임명되어 결국 후에 전쟁을 일으키는 화근을 제공하였다. 문헌의 기록에 의하면, 당시 그가 자신의 서재에서 무언가 골똘하게 생각하고 있으면, 그 다음은 바로 누군가 주살되거나 유배를 당하는 꼴을 당하여 다들 그의 위세에 벌벌떨었다고 할 수 있을 정도로 권력을 한 손에 쥐고 있었던 사람이었다.

　그가 이번에 응시생 모두를 낙방시킨것도 조정에서의 자기의 권위가 훼손되는 것을 우려하여 취한 조치였다. 즉 이러한 방식을 통하여 훌륭한 인재를 뽑아 놓으면 후에 자기의 권력에 도전해오는 사람이 생긴다는 우려를 하였던 것이다. 그러나 이임보와 같은 권력을 농단하고 간신의 행위를 일삼으며 자신의 구변에 능한 사람은 어느 시대 어느 곳에서나 있을 수 있는 사항이었다.

　어쨌든 다시 낙마한 그의 절망은 이만저만이 아니었다. 이임보의 그러한 전원낙방 처리라는 선비들의 뜻을 몰살시키는 농간이 없었다고 하더라도 성공할 수 있었을 지는 보증될 수 없었지만, 사실이 그렇게 되었다는 것을 알고는 모든 불운의 원인이 이임보에게 돌려져 생각되어졌다. 더욱이 독서가 만권을 독파하였고, 천수의 시를 썼으며, 스스로의 글이 양웅(揚雄)이나 조식(曹植)에 비견하다고 자부했던 그로써는 이임보에 대한 가슴 맺힌 한은 더 말할 나위 없었다.

그러나 이번의 실패는 그에게 다시 한 번 어떠한 마음을 갖게 하였다. 즉 진사시험을 통한 관직 진출 방식에 대한 회의 였다. 낙양에서 있은 진사후에도 그렇게 생각했던 것처럼 아무리 스스로의 글짓기 능력이 뛰어나다고 하더라도 세상천지의 재주 있는 자들이 모두 모여드는 가운데서 당당히 영광을 차지하기란 사실 천길 구름사다리를 타고 하늘 끝에 올라가는 것 보다 더 어렵다는 어떠한 비절한 난망감이 다시 들게 한 것이었다. 설사 합격의 영광을 차지한다고 하더라도 그것은 실력 이상의 어떠한 천운이 따르지 않고는 불가능한 것이었다. 결국 그는 더 이상 앞으로의 어떠한 진사시험에도 응하지 않을 것이라 결심하였고 실제적으로 이 방식에는 더 이상 기대를 걸지도 않았고 시도해보지도 않았다.

이제 그의 마음속에 관직 진출을 위하여 남은 방법이라고는 권세가들을 통한 천거의 방식 밖에 없었다. 즉 기득권 세력과 관련을 맺어 그 힘으로 관직을 얻는 것이었다. 이 방식은 어쩌면 훨씬 더 자기의 문사능력을 실제적이고 직접적으로 드러내 보일 수 있는 것이었다. 그에 대한 준비는 이미 나름대로 꾸준히 다져오고 있는 상황이었다. 즉 세상을 돌아다니면서 널리 사람을 교제하여 발을 넓혔고, 또한 시 쓰기에 있어서도 짧은 시형식인 오언율시보다는 긴 형식인 칠언율시와 배율을 익히는 것이었다. 그리하여 그는 낙양에서의 첫 번째 진사 실패 후 스물다섯의 나이에 처음으로 칠언율시를 짓기 시작했다. 칠언율시는 당시에 짓는 사람이 희귀할 정도로 비교적 어려운 시 형식이었지만 그의 출세 욕구는 이러한 어려움 정도는 쉽게 극복할 정도였다. 그리고 배율 창작도 이즈음부터 본격화 되었다. 특히 배율이라는 것은 문장의 길이에 있어서 한정이 없는 것으로, 이 시 형식은 그만큼 문사의 역량을 십분 발휘하게 하여줄 수 있는 특점을 가지고 있었다. 그러나 이렇게 관직을 구걸하는 간알시(干謁詩)는 보아주는 사람에 대한 상당한 배려와 심도 있는 여러 가지 고려를 요구하였다. 배율의 형식이 아무리 제한이 없다고 하더라도 너무 길어버리면 상대로 하여금 오히려 지루한 느낌을 주게 됨으로 적절한 선에서 글 읽기를 보기 좋게 마칠 수 있을 정도로 해주어야 했다. 그의 생각으로는 20韻 정도, 즉 40句 정도가 바로 그러한 기준점이라고 판단하였다. 그리고 무엇보다 내용상의 문제가 중요하였다. 즉 얼마나 상대방에게 효과적으로 뜻을 호소 있게 전달하여 자기가 바라는 바를 달성할 수 있는가의 문제였다. 그러기 위해서는 자기가 누구인지 분명히 밝히는 것이 중요할 것 같았다. 이를 위해서는 무엇보다 글의 서두에 조부 두심언의 손자임을 내 세워 신분적으로 그들 권세가들과 격차가 없다는 것을 보여주거나 아니면 그들보다 더 우월했던 명가출신임을 증명시켜 우선적으로 강력한 인상을 주는 것이다. 조부 두심언은 관직의 높이에 있어서나 당시 수문관사학사(修文館四學士)라는 명칭을 받을 정도로 시명에 있어서나 당대인이라면 모를 사람이 없었기 때문이었다. 그리고 나서는 최대한 자신을 낮추어 스스로의 진실함과 겸손을 상대방에게 보여주고 이와 아울러 표현을 할 수 있는 한 최고로 상대방을 극찬하여 그들의 마음을 움직여야 했다. 배율을 쓰는 과정에서, 그는 이러한 스스로 정해놓은 몇 가지 원칙을 미리 머릿속에서 담아둔 채 글들을 전개해나갔다.

그렇디면 또 다른 문제는 과연 누구에게 천거시를 올리느냐 였다. 그의 머릿속에서 첫 번째로 꼽히는 사람은 바로 위제(韋濟)였다. 위제는 당시 좌승상의 위치에 있었던 사람이었다. 그 한 사람을 천거해주기에는 힘이 남아 돌 정도의 높은 관직임에는 의심할 바 없었다. 그가 이렇게 위제를 간알대상자로 처음으로 꼽은 것은 그만한 이유가 있었다. 즉 측천무후 시절에 위제의 아버지가 그의 조부 두심언과 함께 궁궐에서 관직을 수행하면서 절친하게 지냈다는 것이 첫 번째 이유였다. 이것은 곧 위제가 두보의 가계를 명백하게 알고 있다는 것을 의미하였다. 그리고 또 다른 직접적인 이유는 위제가 낙양에서 관직에 있으면서 두보 그 자신의 시명을 듣고 직접 찾아와 그를 본 적이 있다는 것이었다. 위제와의 이러한 친밀한 관계는 그로 하여금 만약에 위제에게 천거를 부탁하기만 하면 쉽게 들어줄 것으로 판단하였다. 때문에 그가 위제에게 처음으로 쓴 간알시에서는 어떠한 절박한 분위기와 격앙된 어조를 드러내지 않았고, 오히려 차분한 가운데서 곤궁에 처해있는 자기의 현재의 입장과 국가제세의 뜻을 위제에게 전달하였다. 그러나 이러한 차분함은 사실 절박한 바램이라는 내부를 덮고 있는 조용한 숨죽임의 표면일 뿐이었다. 그러나 위제에게 천거의 글을 올려 놓고 나서 그의 예상했던 기대와는 달리 어떤 답이 오지 않았다. 답이 오지 않자 그는 일단의 시간을 좀 더 끌듯이 기다렸다. 그 대신 위제 외의 다른 여러사람에게도 간알시를 보냈다. 그러나 어찌된 셈인지 다른사람도 역시 마찬가지였다. 그 간알의 대상자 가운데 장개 같은 사람은 그가 이전에 산동지역을 여행할 때 만난 적이 있었던 사람이었다. 장개는 사실 인품적으로 훌륭한 사람이 되지 못하였다. 훗날에 안녹산의 난이 일어나자 그에 대항하기보다는 오히려 그의 복속이 되려고 꾀하였으며, 결국은 안녹산에게 죽음을 당했던 사람이었다. 그러나 관직을 모색하는 장안 생활이 길어져 가면서 생활이 말할 수 없이 참담해가자 그는 사람의 좋고 나쁨을 가리지 않았다.

하지만 이러한 간알의 어려운 상황은 사실 일반적인 것이었다. 간알을 하는 사람의 입장에서 보면 그 한 사람의 불행으로 뜻대로 일이 되지 않는다고 생각될 것이지만, 사실 당시에 이러한 투증시를 통하여 관직을 얻으려고 한 사람은 수많은 사람들이었고 권좌에 있는 사람들이 받는 청탁은 한 두 사람이 아니었다. 때문에 온갖 하소연을 다하여 보내는 글은 오직 우물가에서 마음 급한자들의 행위로 치부되어 가볍게 넘겨졌을 뿐, 일일이 그 모든 것을 들어줄 수 없는 상황이었고, 또한 일단 기득권을 가진 사람들은 설령 아무리 그들 역시 이전에 여러고생을 겪으면서 비로소 얻은 높은 신분이었지만, 일단 신분이 바뀌게 되면 마음이 변하여 굶주린 자들의 갈구같은 것은 돌아보아주지 않는 것이 본능이었다.

낙양을 떠나면서 스스로 생각해보아도 자신의 재능에 곧바로 어떠한 직을 가질 수 있을 것이라는 스스로의 자위적인 생각을 갖고 장안에 왔던 그가 현실속에서 이렇게 벽에 부딪힌 상황이 지속되어가자 그의 생활은 그야 말로 말 할 수 없는 정도에 이르렀다. 진사와 간알을 하기 위하여 장안에서 세월을 보낸지가 벌써 몇 년이 흘렀고, 그리하여 양식이 떨어져도 쌀을 살 돈 한푼이 없는 것은 물론이었고 뼈속 시린 겨울한기가 찾아와도 무릎을 덮을 솜 옷 한 벌 제대로 구할 수 없는 것이 그의 실제 생활이었다. 아무리 사대부의 고고한 정신을 가지고 있는 사람이라도 의식주라는 사람의 기본적 생활의 결핍을 딛고 여전히 체면을 유지할 수 있는 사람은 아무도 없었다. 그 가운데서도 목숨이 지탱해나가는 데 있어서 가장 본질적인 문제는 역시 먹을 것의 문제였다. 이 문제가 장시간 해결되지 않는 다는 것은 마치 열흘 굶은 짐승이 산야에서 울부짖으며 헤매고 다니는 것에 조금도 다를바가 없는 것이었다.

여러사람들에게 간알의 글을 올렸지만 모두 허사로 돌아가자 그는 마지막으로 위제에게 다시 글을 올렸다. 이번에는 지난날 일차 때 글을 올렸던 것과는 매우 상반된 어조를 취하게 되었다. 즉 감정은 더욱 격해졌고, 그 호소의 강도는 더욱 강렬해졌다.

재주 있는 사람들은 모두 관직에 나아갔고
어리석은 사람은 오직 숨어서 살아갑니다

사마상여는 병이 든지 오래되었고
자하는 집 없이 산지가 흔해졌습니다
생각해보니 속세의 어려움에 쫓겨
삶은 여러 평인과 같이 되었습니다
초조해하지만 때는 자꾸 늦어져 가니
슬픈 마음이 절제할 수 없이 일어납니다
그대를 위하여 이 시를 드리고자 하니
눈물이 흘러 옷깃을 적십니다
才傑俱登用　　愚蒙但隱淪
長卿多病久　　子夏索居頻
回首驅流俗　　生涯似衆人
感激時將晚　　蒼茫興有神
爲公歌此曲　　涕淚在衣巾

이 글은 위제에게 올린 글의 사십구 가운데 마지막 부분이었다. 여기서 사마상여와 자하는 모두 두보 자기 자신을 가리키는 말이며, 삶이 여러 평인과 같이 되었다는 것은 위제가 그만큼 자기 자신의 가계에 대해서 알고 있다는 것을 전제로 쓴 글이었다. 그러나 이러한 간절한 호소에도 불구하고 위제는 역시 어떠한 대답도 하지 않았다.

그러다가 후에 친구이면서 시인인 고적(高適)이 당시 하서절도사(河西節度使)를 하고 있던 가서한(哥舒翰)의 막부에 들어 관직 생활을 시작하자, 가서한의 판관을 하고 있던 전양구(田梁丘)에게 자기도 천거해줄 것을 부탁하는 글을 올렸다. 그러나 이 부탁은 수많은 간알시를 보내어도 어떠한 들어줄 기미와 희망이 없자 고육지책으로 생각해낸 것이었다. 막부생활을 한다는 것은 변방지역에서 군 생활을 한다는 것으로 그가 바라던 문관과는 거리가 있는 직책으로 그만큼 절박한 상황을 말해주는 것이었다. 그러나 칠언율시로 쓰여진 그 부탁의 글은 매우 격정적이었고 자신의 재주가 다른 사람에 비해서 못할 것이 없다는 원대한 포부를 드러내고 있었다.

전쟁에서 승리한 가서한 장군이 궁궐에 올라가고
하와 농땅의 항복한 왕이 성스러운 왕조에 들게 되었습니다
대원의 말들 모두 진나라의 목초를 먹고 찌게 되었으며
장군은 오직 한나라 때의 표요만이 으뜸일 뿐입니다
진류땅의 완우와 누가 그 기량 견줄 수 있겠으며
그리하여 경조전랑에게 일찍이 부름을 받았습니다
휘하의 사람들은 재주가 모두 뛰어난데
어부와 나무꾼에겐 어찌 뜻이 없을 수 있겠습니까

崆峒使節上青霄　　河隴降王款聖朝
宛馬總肥秦苜蓿　　將軍只數漢嫖姚
陳留阮瑀誰爭長　　京兆田郎早見招
麾下賴君才幷入　　獨能無意向漁樵

　　이 시는 여러 고사가 쓰여져 다소 이해하기가 힘든 시이다. 시에서 해석한 대로 원문의 공동사절은 당시의 하서절도사였던 가서한을 가리키는데 전쟁에서 승리하고 난후 임금을 알현하기 위하여 장안으로 간다는 뜻이며, 넷째구의 표요는 역시 가서한을 가리키고, 다섯째 구의 진류는 지명이고 완우는 가서한의 막부에 든 고적을 가리키며, 경조전랑은 막부의 판관 전양구를 가리킨다. 일단 고사를 많이 썼다는 것은 자기의 해박함을 드러내고 또 한편으로는 직접적인 언급을 삼감으로써 시적인 표현도 가능하게 하는 것이다. 이런 것을 이해하고 난 뒤 위의 시를 읽어보면 시어 하나 하나에서 모두 기상이 넘치고 시야가 광활하며, 더 없이 활달함을 보여주고, 매우 빼어나게 썼다는 것을 알게 된다. 이것은 결국 시흥이 그만큼 치 솟아 올랐다는 것이며, 자기의 천거를 강력하게 부탁하기 위한 뜻이 마음속에서 격렬하게 일어났다는 것을 보여주는 것이었다. 그러나 그의 뜻과 시는 좋았지만 이러한 방식으로 천거를 받을 수 있다는 것 역시 쉬운 일이 아니었다.

고생의 삶을 통한 사상의 지대한 확대를 가져오다

　자기의 재능에 의하여 쉽게 관직을 받을 수 있을 것이라는 생각을 가지고 왔던 장안땅이었지만, 그러나 앞에서 본 바와 같이 관직의 길은 멀고 험하고 지리멸렬하게 시간만 계속 흘러가고 있었으며, 이것과 결부된 그의 생활은 말할 수 없이 참담한 방향으로 흘러갔다. 제때에 끼니를 먹는다는 것은 생각도 못할 일이었고, 옷은 천겹이나 더 누빈 것 처럼 남루하였다. 그러다가 굶주림을 견디지 못할때에는 장안교외에 두릉두시(杜陵杜氏)원적지가 있었던 곳에 살고 있는 먼 일가 친척들을 찾아 얻어 먹기도 하고, 친구들의 부름을 받아 가끔씩 술을 마시거나 음식으로 허기진 배를 채우기도 했지만 그것도 한 두 번이었다. 이러한 생활의 참담함은 그에게 조로 현상을 가져왔다. 머리는 벌써 세어져 가고 여러 가지 병질들이 찾아들기 시작하여 마치 죽은 사람처럼 꼼짝없이 몇날 며칠을 거처에 누워 병을 앓기도 했다. 그는 훗날에 이 시기를 회고하며 생활이 그렇게 참담하였는데 어찌 머리가 세지 않을 수 있었겠는가라고 말하였다.
　그러나 생활의 이러한 참담함이 그에게 가져다준 대가는 있었다. 바로 사상의 확장이었다. 그는 본래적으로 가계적으로 볼때나 혹은 시문을 쓰는 문인적 기질로 볼때나 일반 평민의 사상과 정신을 가질 수 없는 사람이었다. 그러나 장안 생활을 통하여 체득한 것은 평인이나 다름없는 생활이었고 때문에 원래의 하나의 계급적 관념에다 또 다른 계급적 관념과 입장이 그의 마음속에 형성되기 시작한 것이었다.

붉은 귀족의 집에는 술과 고기냄새 들이치는데
길에는 얼어죽은 시체가 나 뒹굴고 있네
朱門酒肉臭　　路有凍死骨

부잣집 부엌에는 살찐 고기가 있고
마굿간에는 살찐 말이 있다
백성들의 얼굴엔 굶주린 낯빛이 있고
들에는 굶어죽은 시체가 있다
庖有肥肉　　廐有肥馬
民有飢色　　野有餓莩

　이것은 명확히 그의 계급이 지금 어디에 속하고 있는지, 자기 자신이 어떠한 사람을 대변하고 있는지 보여주는 것이었다. 결론적으로 그의 마음속에는 사대부적인 계급 관념과 평민적인 계급관념이 동시상존하게 되었으며, 사대부이기도 하고 평민이기도 하고, 그리고 달리 말하면 사대부가 아니기도 하고 평민이 아니기도 하였다. 이러한 양 계급의 병존은 그의 이후의 시 쓰기에 있어서 시심을 일으키는 참으로 미묘한 갈등구조를 형성하였다. 샘물이 무엇인가 용솟음쳐 나오기 위해서는 여기 저기 서로 지반이 걸리는 대립적인 구조가 있어야 되는 것과 같았다.
　이러한 사상의 확대와 결부되어 그의 관심이 미치지 않는 부분이 없을 정도로 세상 모든 것에 대한 시각의 확대가 또한 이루어져 갔다. 부자이거나 가난하거나, 산짐승이거나 들짐승이거나, 반딧불이거나 제비이거나, 꽃이거나 바람이거나 그 어떠한 것들에도 마음 씀씀이가 모두 닿아 내리는 것이었다. 결국 자신이 그리도 많이 아팠음으로 자기 주변에 대한 모든 것들에 역시 따뜻하고 관심적인 시각이 생겨나게 한 것이었다.
　이 뿐만 아니라 앞에서 위제와 가서한의 판관 전양구에게 간알의 시를 보내는 데에서도 알 수 있듯이, 수많은 사람들을 대상으로 자기의 목소리를 전달하는 투증시를 쓰다보니 여기에서 함양된 격앙되고 고조된 시적역량도 이루 말할 수 없을 정도로 그로 하여금 문학적 잠재력과 능력을 갖게 하였다. 결국 장안관직 모색 시기의 삶의 어려움은 이후의 시쓰기에 있어서 더욱 확실하게 자기의 세계가 굳어지기 위한 하나의 길고 오래된 비 뿌리기와 같은 역할을 하였다.

양귀비가 궁에 들기 시작하면서
나라가 점차적으로 기울어져가기 시작하다

한 개인의 생활상황은 그가 속한 전체집단의 상황과 늘 관련되기 마련이었다. 바람이 불면 파도가 치는 것처럼, 나라의 융성은 개인생활에 여파를 미쳐오고, 개인의 행복과 안락은 그를 내재시키고 있는 한 국가가 잘 되어가고 있다는 것을 의미하기도 하였다. 그래도 즐거웠던 그의 젊은 시절은 사실 당조의 최고 융성의 시기였고, 그러했던 국가가 서서히 기울어져 갈 무렵에, 그의 생활도 불우한 상황속에 본격적으로 빠져들기 시작하여, 이 양자간의 운명은 거지반 궤를 같이해갔다.

사실 당시 그의 생존시기의 왕이었던 현종은 성군이었다. 즉위 초반 국정에 몰두하여 당조를 중국역사상 가장 문물이 부흥된 시기를 맞게 하였고, 또한 강대해진 국력을 바탕으로 변경을 개척하여 주위의 여러나라를 복속시키는가 하면, 각처에서 조공특산물이 밀려들고 수도 장안에는 문물교역을 위한 외국상인들이 들끓어 활기를 띠는가 하면, 일반 서민생활에도 그야말로 성세의 풍족한 모습을 보이고 있었다. 그러나 이 성세는 결국 또한 그만한 슬픔의 망국의 대전란을 불러오기 위한 하나의 절정점에 불과할 뿐이었다.

서기 737년, 그러니까 그가 낙양의 진사에서 실패하고 이태 뒤인 해에 현종의 왕비가 어떤 원인 모를 병으로 죽게 되었다. 이에 현종은 그 슬픔을 억제 할 수 없었다. 이전과 달리 정사에 소홀하는가 하면 외로운 마음을 달래기 위하여 술을 즐기고, 간신들의 참언에도 귀를 기울이는 듯한 경향으로 나아갔다. 현종의 이러한 모습을 보다못한 대신들이 새로운 왕비를 찾기 위하여 전국에 미색이 뛰어난 여인들을 찾기 시작했다. 그런 가운데 양옥환의 미모가 뛰어나다는 것을 알고 그를 입궁시키려 하였다. 그런데 문제는 양옥환은 이미 현종의 아들 이모(李帽)가 여인으로 삼고 있었던 여자였다. 그러므로 양옥환이 현종의 비가 된다면 사실 이것은 시아버지가 며느리 탐이 나서 결국 아들로부터 빼앗아 자기 여인으로 삼는, 천하에 있을 수 없는 불륜을 범하는 것이었다.

　양옥환은 본래 고아로, 양아버지 밑에서 사천에서 자라났으며 궁에 들즈음에는 이십대 중반의 나이로 이제 막 소녀의 티를 벗어난 듯한 앳된 여자가 아니었고, 현종의 마음을 이끌만한 어느 정도의 성숙미에다 여전히 젊고 아름다우며 육감적인 몸매를 지닌데다 가무에도 능했으며, 총명한 지적인 면모까지 보태어진 여인이었다. 이런 양옥환의 모습을 보자 현종은 마치 기다렸던 여인을 비로소 만난듯한 황홀감에 빠져들었다. 그러나 앞에서도 말했다시피 문제는 그의 아들이 데리고 있는 여자라는 점이, 자기의 여인으로 만들고 싶어도 만들 수 없는 요소였다. 그러나 한 번 미혹되어 결정적으로 마음속에 들어와 자리잡은 여인에 대한 왕의 욕심은 이러한 모든 것을 무시하게 하였고, 아들 이모에게는 또 다른 여인을 책봉해주고 결국 양옥환을 빼내어 자기의 아내로 삼아 환락의 생활로 빠져들었다.

현종에게 <삼대예부>를 지어 올려
마침내 궁궐에서 문사시험을 받았으나
여전히 관직획득의 뜻을 이루지 못하다

두보 그는 여전히 가난과 궁핍속에서도 관직을 얻기 위하여 골몰하고 있었다. 비록 믿었던 위제와 장개를 비롯한 여러사람에게 간알을 하여 성공을 하지 못하였다고 하더라도 그렇다고 관직 진출의 희망을 버릴 수는 없는 처지였다. 그가 그러한 어려움속에서도 이 길을 고집할 수 밖에 없었던 것은 그의 본질적인 영육의 문제였다. 그 역시 한 이름없는 초부가 되어 살아갈 수도 있었지만 그러나 이 삶의 방식은 그가 품고 있었던 어떠한 이상과 꿈에 너무나 거리가 있는 삶의 방식이었다. 후에 관직에서 물러나 사천과 호남을 떠 돌면서 한 은둔자의 신분으로 그리고 때로는 호미와 가래를 어깨에 멘 농인과 같은 역할을 하면서 평민의 삶에 접근한 생활방식을 취하였지만, 그러나 그것은 어디까지나 모든 꿈과 이상이 지나가고 난 뒤의 차후의 삶의 선택이었다. 그것은 앞에서 이미 여러 차례의 언급이 있었지만 조상 대대로 내려온 문벌가정의 사대부적 혈통이 그에게도 깊이 흐르고 있었고, 또한 그 자신의 어떠한 고상한 감성, 즉 시적 취향이 가져오는 예술적인 아름다움에 대한 지향이 한 촌부의 삶으로 살아갈 수 있는 생활방식과는 어긋나는 것이었다.

온갖 가난과 핍박받는 생활 속에서도 그의 마음은 그래도 꺾이지 않았지만 그러나 그 보다 먼저 쓰러지는 것은 여러 가지 병질로 인한 스스로의 몸이었고, 마치 눈이 내린 듯 아니면 무슨 백관을 쓴 듯 하얗게 세어버린 머리였다. 학질과 소갈병같은 병질은 수시로 그를 괴롭혔고, 날이 갈수록 눈도 침침해지고, 귀도 멀어져 가는 것 같았다. 그러나 세상에 마음을 꺾을 수 있는 것은 아무것도 없었다. 심지어 죽음까지도 마음을 이길 수는 없는 것이었다.

권좌에 있는 사람들에 대한 간알이 실패하자 그는 또 다른 어떠한 방법을 생각하였다. 사실 간알이라는 것도 그리 믿을 것이 되지 못했다. 아무리 무슨 과거에 인연이 있고, 또한 문사가 뛰어나더라도 이것만 가지고 능히 천거를 들어줄 사람은 별로 없었다. 이것만으로도 가능하다고 믿었다면 너무 쉽게 생각하는 것이었고, 또한 어리석은 사람의 세상물정을 모르는 행위에 불과할 뿐이었다. 즉 천거가 이루어지려면 외적인 조건 이외의 어떠한 내밀한 거래, 즉 황금을 바치는 그러한 것이 있어야 모든 일은 비로소 그 가능성을 향하여 수긍의 고개짓을 하는 것이었다. 그러나 그에게 끼니조차 제대로 해결할 수 없는 상황에 황금을 내어줄 여력이 없음은 말할 필요가 없는 것이었다. 그래서 그가 생각해낸 방법은 간알보다 더 직접적인 방식이었다. 바로 연은궤(延恩櫃)에 글을 넣는 것이다. 연은궤라는 것은 당시에 궁궐안에서 시행되던 한 제도라고도 볼 수 있는 것으로, 문사가 뛰어난 사람들이 글을 지어 넣으면 천자가 그것을 직접 볼 수 있도록 한 청동상자였다. 물론 천자에게 글이 올려지는 단계에서 일단 대신들의 손에 의해서 선별의 과정을 거치겠지만 그럼에도 불구하고 관직을 구하고자 하는 자들에게 더할 나위없는 직접적이고 최선의 방식이 됨에는 틀림이 없었다. 그럼에도 불구하고 이 방식을 이전에 시도해보지 않은 것은 위제나 장개같은 사람들에 대한 믿음이 원체 컸었고, 또 한편으로는 한 빈천한 신분으로 천자와의 직접적인 접촉이 부담이 되는 측면 역시 없지 않았다. 그러나 이런저런 모든 방식이 되지 않으니까 최후의 방식까지 생각하게 된 것이었다.

아니나 다를까 이 방식은 생각한 그대로 바로 효과가 있었다. 그가 천자에게 지어올린 <三大禮賦>가 현종에게 채택되어져 그를 입궁시켜 문사를 시험하라는 명령이 중서성에 떨어진 것이었다.

그에게 이 소식이 전해지던 순간 그는 평소와 다름없이 수심속에서 하루를 보내고 있었다. 비록 마음으로 늘 초조해하며 관직을 얻기 위하여 동분서주하였지만 무슨 뾰족한 희망이 보이지 않는 상황일 뿐이었다. 그런데 조금 뭔가 이상했던 것은 그가 연은궤에 <삼대예부>를 넣고 나서 며칠간의 꿈자리가 특이하였다는 것이다. 그가 이전에 여행했던 옛 제나라와 조나라 땅, 즉 지금의 산동땅에 있는 태산의 정상에 올라보는 꿈을 꾸기도 하고, 조부 두심언이라 해야 할지 어떠한 선대가 나타나 보이기도 하며, 또한 어떠한 화려한 용무늬를 튼 집에 입궐해보이는 그러한 꿈을 꾸기도 하였다. 그러나 그에게 꿈이라는 것은 그저 꿈일 뿐 초라함과 빈한한 일상의 삶에서 그것이 어떠한 의미를 지니지 못하는 부질없음이라는 것은 오랜 경험을 통해서 익히 알고 있을 뿐이었다. 그리하여 그날도 차갑고 시린 뻣뻣한 침상에서 일어나 누더기로 겹겹이 덧댄 옷을 입고 창으로 드는 엷은 햇살에 무력하게 몸을 말리고 있다가 이 기쁜 소식을 듣게 된 것이었다.

결코 있을 수 없을 것 같았던 궁궐입궐의 꿈이 현실이 되자 어떠한 전율감이 그의 몸속을 타고 내렸다. 그러나 중요한 문제는 기회가 온 이상 마음을 가다듬어 스스로의 갈고닦은 재능을 마음껏 발휘하는 것이었다.

정해진 날짜와 시간에 맞추어 수위병들이 지키고 있는 첩첩한 궁궐의 문들을 지나 중서성에 이르렀을 때는 오전의 해 그림자가 용무늬 지붕처마를 타고 섬돌앞에 떨어지고 있었다. 그의 문사를 시험하기 위하여 이미 대신들은 즐비하게 울타리처럼 서 있었고, 어떤 숙연한 분위기가 잡혀 있는 가운데 잠시 후 당대 최고의 권력자 재상 이임보가 나오더니 한 대신으로부터 시제가 적힌 쪽지를 건네받고서는 바로 그에게 시운을 내렸다. 그의 일자 일획에 모든 이의 관심서린 눈길이 모아졌다. 이 한 순간이 바로 그의 운명을 좌우하는 것이 되는 만큼 어떤 마지못할 긴장된 위압감이 그를 에워쌌지만 그러나 지금 이미 불혹을 넘긴 그의 나이와 장안생활의 관직을 추구하는 상황에서 받은 말할 수 없는 인고의 세월이 쌓여, 이러한 감정은 적막하고 고독한 시장(試場)의 분위기를 어느 정도 감내 할 수 있는 힘이 되어주었다. 때문에 글귀를 풀어나가는 그의 생각을 따라 섬섬히 지나가는 붓질은 마치 누에가 실을 자아내는 듯한 모습이었다. 나름 최선을 다한 모습으로 붓이 내려졌다. 그는 이때의 긴장감을 다음과 같이 말하였다.

　궁궐에서 삼대예부를 바치던 일 생각하니
　하루 아침에 명성이 찬란해져 스스로 놀랐습니다
　집현전의 학사들 울타리처럼 둘러서서
　중서당에서 나의 글씀을 주목하였습니다
　憶獻三賦蓬萊宮　　自怪一日聲輝赫
　集賢學士如堵墻　　觀我落筆中書堂

　그러자 그를 물리친 대신들의 숙의가 잠시 있더니 바로 어떠한 결정이 나왔다. 그러나 초조하게 기다리고 있던 그에게 하명된 것은 바로 집현원대조(集賢院待詔)였다. 집현원대조라는 것은 정식으로 관직을 임명하는 것이 아닌 일종의 관직의 지정을 유보하여 후보자에 둔다는 내용이었다. 이렇게 되자 그는 다시 절망에 빠졌다. 물론 완전 불합격을 의미하는 것은 아님으로 절대절망의 상황은 아니었다. 경우에 따라서는 훗날에 등용시킬 수도 있다는 것을 의미하는 것이었기에 일말의 희망을 걸어놓을 수 있는 상황이었지만 그것이 언제가 될지 모르는 일이었기에 사실은 불합격이라 보는 것이 정확하였다.
　이러한 실패의 결과를 가져온 주요이유는 무엇보다도 그의 창작스타일과 관계가 있었다. 낙양의 진사때도 그러했고, 또한 권세가들에게 간알시를 올리는 과정에서도 그러했고, 그의 시적스타일은 지나치게 현실을 추구하는 면이 있었고, 이 현실주의의 내용은 낭만주의가 어떠한 고상하고 초탈한 측면을 지녀 문사를 시험하는 사람들로 하여금 글 고유의 어떤 특이한 아름다움과 빼어난 글귀라는 인상을 주는 것에 반하여 불리할 수 있다는 것이었다. 이러한 점은 바로 이백의 시구절과도 좋은 대조를 이루었다. 물론 현실주의가 좀 더 진실성을 갖고 영속적인 감동을 주는데는 그만의 특점을 지니고 있었지만 어디까지나 순간적인 감평과 판단에 있어서는 그럴 수 밖에 없다는 것이었다. 그리고 또 한 가지 문제는 문사외적인 지극히 인간본성에 관계되는 문제들이었다. 즉 대신들 앞에서 시험을 받는다는 것은 그 사람의 행동도 관찰의 대상이 된다는 것이었다. 이 점에 있어서도 역시 이백과 훌륭한 대조를 이루는데, 이백은 어떤 장소, 어느 누구 앞에서도 꿀림이 없었던 사람으로 그가 이전에 현종 앞에서 문사 시험을 받을 때는, 시단(試段)을 오를 때 자기의 다리를 쩍하게 벌리고는 환관 고력사로 하여금 신발을 벗기게 하고 벼룩을 받쳐들게까지 하였다. 이러한 대신들을 조롱하는 듯한 행위는 오히려 보는 사람들로 하여금 당당하게 보게 하고 그만한 높은 인품과 입지적인 자질을 지녔다는 것을 또한 반증시켜주는 것이 되었다. 반면에 두보 그와 같은 경우는 비록 어떠한 세상을 부딪치는 공력같은 것이 그에게도 생겨 의연한 자세를 대체적으로 유지했다고 할 수 도 있지만 그러나 주어진 기회를 지나치게 엄숙하게 생각하고, 지나치게 진실하며, 또한 대신들 앞에서 스스로를 지나치게 낮추어 비굴한 듯한 겸양의 자세를 보이는 것이 오히려 소인의 무리로 비쳐져 관직을 내릴만한 인물이 되지 못한다고 생각하게 할 가능성이 더 많다는 것이었다.

어쨌든 그는 백년만에 겨우 만난 듯한 한 번의 기회가 다시 수포로 돌아갔다고 생각하니 애가 끊어지는 듯한 아쉬움이 천길 마음바닥을 딛고 올라왔다. 그러나 집현원대조라는 것이 공직을 갖기 위한 완전 물거품이 된 것이 아닌 이상 이것을 발판으로 어떤 새로운 희망감이 그의 마음 저변을 타고 희미하게 올라오고 있었다. 또 한편의 생각으로는 그의 관직을 결정해줄 사람은 바로 재상 이임보로 생각되어졌다. 실제적으로 당시 궁궐내에서의 모든 관직자들의 운명은 이임보에게 달려 있었고, 이전에 있었던 진사에서 처럼 모든 사람들을 낙방시키거나 또한 이번에 그의 문사시험에서도 이임보가 어김없이 나타나 직접 시험을 주관한 것을 보면 이임보의 역할이 역시 절대적이라고 생각하지 않을 수 없었다. 여기에 미친 그의 생각은 또 어떠한 모종의 첩경을 모색하기 시작했다. 즉 이임보와의 관계를 만들어놓기 위한 방안이었다.

잠참, 고적등의 유명한 변새시인들과 함께
중양절 명절날 자은사탑에 올라
오히려 나라의 변란을 예언한 슬픈 시를 짓다

　서기 754년, 그의 나이 마흔 하나가 되었을 때였다. 시인 잠참(岑參)과 고적(高適)으로부터 연락이 왔다. 두 사람 모두 이전 유력시기에 여행과정에서 만나 교유를 한 사람으로, 그의 시에서 한동안 그들을 보지 못하여 몸이 다 마를 지경이 되었다고 표현할 정도로 그리워했던 사람들이었다. 그리고 중양절에 그들과 함께 자은사(慈恩寺)탑에 오르기로 약속하였다.
　자은사탑은 당 고종이 어머니 문덕황후를 기리기 위하여 지은 것으로 인도에서 가져온 불경이 장재되어 있으며, 당시에는 6층의 300척으로 지어져 있었고, 장안시내가 한 눈에 내려 보이는 곳에 탑이 위치해있다. 300척이라는 것이 길이상으로는 그다지 높은 탑이라고 볼 수 없었지만 그러나 고지대에 세워져 있는 탑인 만큼 실제보다는 훨씬 더 고도감을 느낄 수 있었다.
　가을이 한 가운데에 와 있는, 중구(重九)라고도 하는 중양절의 때가 때이니만큼 하늘은 높고 바람은 상쾌하며 사방에 국화가 만발하여 계절의 운치가 더할 나위 없었다. 명절에다 날씨 좋고, 또한 친구들 오랜만에 만나 국화꽃 머리에 꽂고 유쾌한 담소가 탑을 오르면서 내내 이어졌다. 그러나 그는 왠지 그러한 표면적인 낙낙함 속에서도 즐겁지 만은 않았다. 그의 마음은 무언가 가슴저변에서 자라난 수심의 촉수가 먼 배후의 어떠한 불길한 미래의 암운과 잇닿아 연결되어 있는 듯했다. 지금 그의 수심이라는 것이 만약 가난과 궁핍에 시달린 생활의 연속이 그리고 관직획득의 실패가 그 원인이라고 한다면, 이 문제는 사실 고적과 잠참도 마찬가지였다. 고적은 후에 군 막부에 들어가 관직을 시작했지만 이 때는 아직까지 관직을 갖지 못하고 있었으며, 잠참은 후에 그가 좌습유가 되어 그의 천거를 통하여 관복을 입은 사람이었다. 결국 이날 자은사탑에 올라 느낀 그의 슬픔은 자기 자신의 운명의 슬픔이 아니라 국가의 운명에 대한 수심스러움이 더 크게 그를 몰고 있는 상태였다. 자은사탑이라는 것이 궁궐과 장안시내를 조망할 수 있는 그러한 위치에 세워져 있기에 더 더욱 그러하였다.

　시인의 우열은 무슨 흑백을 나누는 것처럼 그러한 단순비교의 성질이 되지 못하는 것이었다. 그렇다면 잠참과 고적은 어떠한 시인들이었는가? 그들은 훗날 군 생활속에서 각지의 변경을 두루 돌아다니며 그 속에서 느낀 병사들의 고통과 이역의 색다른 풍물을 그들 시 속에 사실감 있게 담아내어 한 시대의 시명을 능히 당시의 문단에 올려놓은 유명한 인사들이었다. 그러나 이처럼 똑 같이 명성을 지닌 시인들일지라도 좀 더 키 높은 시인이 있다면 이것은 같은 사물을 두고 그것을 어떻게 다른 시각과 관점에서 바라볼 것이냐에 그 격차가 존재하는 것이었다.

　다들 유일무이한 시인적 자질을 가진 사람들이었기에 하늘로 솟은 자은사탑의 기상스런 모습을 보고 시흥이 없을 리 없었다. 맨 먼저 고적이 여러 친구들을 앞서 자은사탑에 관한 시 한 수를 발해냈다.

　　탑 아래 궁궐이 바로 문 앞인 듯 보이고
　　온 산이 모두 탑의 처마를 보고 있구나
　　宮闕皆戶前　　山河盡檐向

　탑에 오르니 장안시내와 천자가 거처하고 있는 궁궐이 바로 한 눈에 들어오고 주위의 모든 산들이 탑을 우러러 보고 있을 정도로 그만큼 탑이 높다는 것을 잘 표현하고 있는 것이었다. 고적의 시에 이어서 이번에는 잠참이 또 고적의 재능에 못할 것이 없다는 듯이 즉흥적인 감회를 서슴없이 펼쳐 내었다.

푸른 홰나무가 길을 끼고 줄지어 있고
늘어선 관가는 얼마나 아름다운가?
青槐夾馳道　　官舘何玲瓏

다음에는 함께 동행했던 저광희(儲光羲) 역시 그에게도 남들 못지않은 시흥이 있다는 것을 뽐내듯이 읊어냈다.

궁실은 낮고 비스듬하며
뭇산들은 조그마하고 들쭉날쭉하다
宮室低邐迤　　群山小參差

한결같이 자은사탑이 높고 하늘을 찌를 듯하여 웅장한 궁궐도 작고 소담스레 보이고 뭇산들 또한 어떤 위용을 갖지 못한 비천한 것으로 보인다는 것이었다.

친구들의 시를 모두 다 숙청하고 난후 그가 마지막으로 감흥에 찬 입을 열었다. 그러나 그의 입에서는 전혀 다른 풍격의 시가 흘러나왔다. 마치 한 인간의 몸에 시신(詩神)이 들어와 본래의 인간모습을 잃고 미래의 어떤 불길한 육감을 그대로 쏟아내는 예언자와 같은 그러한 모습이었다. 그는 시를 읊기전 자기가 읊어야 할 시가 다른 사람과 전혀 반대의 모습을 갖자 마치 뜸을 들이듯 일성으로 "여기에 오르니 백가지 근심이 생겨난다(登玆飜百憂)"고 털어내고는 다음과 같이 신들린듯 읊었다.

고개 돌려 지난날 태평스러웠던 순임금을 부르니
푸른 오동나무에 걸린 구름이 바로 수심이구나
슬프게도, 황음으로 보내는 임금의 술 좌석에
해는 말없이 곤륜산의 언덕으로 지려하는구나
回首叫虞舜　　蒼梧雲正愁
惜哉瑤池飮　　日晏崑崙丘

　이 때 당조는 실로 풍전등화의 위기에 처해 있었다. 지금의 눈에 보이는 당조의 태평스러움은 태평스러움이 아니라 안녹산의 난이 일어나기 전의 매우 위험한 상황이라는 것을 읊고 있는 것이었다. 당 현종은 나라가 기우는 것을 알지도 못하고 양귀비와의 환락적인 생활에 빠져 있는 것이었다. 그가 보아하니 지금의 시국은 꽃 한 송이 피어도 슬픔을 예언하며 피어있는 듯하고, 푸른 가을하늘 속으로 솟은 자은사탑의 적막한 기상도 결코 있는 그대로 보이지 않는, 수심이 어려 있는 슬픔의 상징처럼 보이고 있다는 것이다. 즉 그는 똑 같은 사물을 두고 다른사람이 희열에 찬 감탄을 읊고 있다면 그는 이와 달리 슬픔을 표현하고 있는 것이었다.

재상 이임보의 사위였던 종제 두위(杜位)의 집에서 한 해의 마지막 날을 보내다

그에게 또 한해의 마지막이 흘러가고 있었다. 세월은 그저 무심할 뿐이었다. 집현원대조를 명 받은 것도 벌써 일년 이상 흘렀는데, 그를 구조해줄 수 있는 어떠한 희망적인 소식도 조정으로부터 전해지지 않았다.

그의 계획은 본래 낙양으로 돌아가 가족과 함께 한해의 마지막을 보낼 생각이었다. 그러나 집안 종제 두위(杜位)에게 연락이 왔다. 두위가 자기 집에서 함께 연회를 하며 제야를 보내자는 그러한 내용이었다. 그런데 두위는 바로 재상 이임보의 사위였다. 그러므로 실질적인 최고권력자 가계의 한 일원으로써 두위의 사회적 위치는 그 자체로 대단하였다고 할 수 있었다. 그가 두위와 가까운 관계가 된 것은 바로 다음과 같은 이유가 있었다. 그의 관직을 결국 해결해 줄 사람으로 이임보를 손에 꼽고 있는 상황에서 여러모로 이임보와의 어떠한 관계를 맺어두기 위하여 고심을 하고 있는 가운데, 앞에서도 말한바 그는 가끔씩 장안성 남쪽에 있는 두릉촌을 들락거리고 있었다. 두릉촌은 원래가 두씨의 본적지였으며, 먼 선대인 두예가 살았던 곳이기도 하였고, 세월이 흘렀어도 집성촌으로써의 모습은 계속남아 있었다. 그가 이곳을 찾아들었던 것은 가난과 궁핍속에서 끼니조차 잇지 못하는 상황이 되자, 설령 먼 친척이라고 해도 그래도 자기에게 따뜻한 혈육의 마음을 알아주고 굶주린 그에게 밥 한끼 줄수 있는 사람들이라고 생각하였기 때문이다. 이러한 생각을 갖고 두릉촌을 들락거리는 가운데서 바로 두위가 이임보의 사위라는 것을 종친들로부터 전해 듣고 그를 수소문하여 시를 증여한 끝에 가까워진 것이다. 때문에 두위가 연회에 초청한 이상 그로써는 응하지 않을 수 없는 상황이었다.

한해가 가는 마지막 날 저녁에 두위의 집에 도착하니 이임보의 사위집 답게 집은 화려하였다, 여러 많은 사람들이 함께 제야를 즐기기 위하여 갖가지 진수성찬과 술들이 준비되어 있었으며, 귀족들이 타고 온 말들로 마구간이 요란하였다. 그리고 연회의 여흥을 돋우기 위해 예인들도 와서 춤과 노래를 시연하는가 하면 마당에는 불이 타오르고 그 불꽃에 뒤숲 대숲의 떼까치들이 놀라서 어둠속에서 사라지고 있었다. 가난한 그로써는 이러할 술과 음식을 만날 수 있는 기회가 좀처럼 없었는데 실로 한 번의 멋지고 넉넉한 연회가 됨에 틀림없었다. 그러나 이런 마음의 한편에는 권력의 등을 타고 호의호식하는 귀족들의 화려한 잔치 모습에 짐짓 못 살고 굶주린 자기의 삶과 비교되어 엿보여지기도 하였다. 그러나 그러한 어떠한 마음속의 차별적인 생각에도 불구하고 제야라는 특수한 때와 어떠한 부담감이 없이 마음껏 먹고 마실수 있는 분위기여서 그 역시 이날은 매우 오랜만에 흠뻑 취할 수 있었다.

이렇게 두위와의 친밀한 관계에 대한 목적이 이임보와의 관계를 만들어 놓아 관직을 해결하려는 의도가 깔려 있었지만 그러나 이 역시 그의 뜻대로 되는 것은 아니었다. 뜻대로 된다면 그것은 그의 운명, 즉 가난과 굶주림 속에서 위대한 시들을 남겨야 하는 것과 어긋나는 것이 되기에 운명은 끝까지 따라다니며 그의 삶을 저주하고 있는지 몰랐다. 즉 그는 이렇게 관직의 문 앞에서 나름 온갖 궁리와 최선을 다하였지만 또한 수포로 돌아가는데 바로 이 해 말에 재상 이임보가 병사하게 됨으로써 그가 꾀하고자 했던 일은 역시 아무것도 아니게 되었다.

장안정착의 희망의 기미가 보이자 낙양의 가족을 데려와 함께 살게 되지만 대기근으로 다시 봉선으로 가족을 옮기고 혼자 장안생활을 지속하다

그에게 수심으로 작용하는 것은 가난과 궁핍 관직의 불운이었지만 또한 빼 놓을 수 없는 걱정거리의 한 가지는 바로 가족의 문제였다. 그가 이렇게 관직을 찾기 위하여 헤매고 있는 과정에서 늘 희생되는 것은 가족이었다. 아내는 실로 늘상 방기되고 있는 것이나 다름없었다. 가족과 그는 서로 떨어져 있을 때가 많았으며, 때문에 이것 역시 그의 수심의 중요한 한 부분으로 자리 잡혀 있었다. 더 더욱이 그는 이백과 같이 여러차례의 결혼을 하는 것과 같은 일종의 일부일처제의 유교적인 전통과 어긋난 생활을 하는 것을 금기시 하였다. 때문에 주어진 가정을 소중히 생각하고 인내심 많은 아내에게 홀로 오랫동안 슬픔을 안기는 것에 대해 늘 마음아파하였다. 더 더욱이 지금 낙양의 아내는 혼자가 아니었다. 몇 해전에 태어난 장남 종문(宗文)이 엄마와 함께 자라고 있는 상황이었다.

여기서 다시 그의 나이 마흔 세 살이 되던 해 둘째 아이 종무(宗武)가 태어났다. 어떻게 가족을 제대로 부양할 능력은 없는데 그와 관계없이 식구는 늘어나고 있는 셈이었다. 그러지 않아도 관직에 초조했던 그에게 이렇게 늘어난 가족은 관직에 대한 실패와 좌절을 딛게 하는 힘이 되었을 뿐 아니라 너욱 더 이전보다 필사적이다시피했다. 또한 늘어난 가족은 더 이상 그와 별도로 낙양에 둘 수 없게 하였다. 물론 가족을 장안으로 옮겨와야 겠다는 생각은 또 다른 어떠한 마음속의 원인도 작용하였다. 즉 비록 아직 무관이지만 집현원대조를 명 받았다든지 여러모로 최선을 다한 간알의 효과도 조금씩 보이기 시작하여 어쩌면 장안정착의 꿈이 이루어질 것 같은 느낌이 들기 시작하였고, 이것이 가족을 옮겨와야겠다는 생각을 그에게 하도록 하였다. 사실 집현원대조라는 것이 아무것도 없는 허명이지만 그럼에도 불구하고 입궁하여 문사를 시험받았다는 사실은 주위 사람들로 하여금 그를 약간 좀 다르게 생각하도록 하는 작용을 한 것은 분명하였다. 이전에는 냉대만을 일삼았던 사람들이 그에게 어떠한 희망을 발견했는지 도움의 손길을 조금씩 주기도 하고 살림을 할 만한 약간의 금전적 부조도 하여 주었다. 이것 뿐만 아니라 권세자들에 대한 간알도 조금 더 힘을 얻어가게 되는 상황으로 발전해갔다는 것이다. 결국은 그만큼 그의 문사에 대한 공인적인 인정을 차츰 하기 시작했다는 것이다. 때문에 이러한 여러 희망적인 요소들이 가족을 낙양에서 장안으로 데리고 와야겠다는 생각을 하게 한 것이었다.

그가 가족을 낙양에서 장안으로 옮겨와 처음으로 거처를 삼은 곳은 바로 장안성외곽 하두곡(下杜曲)이라는 곳이었다. 하두곡이라는 곳은 외지고 허름하기 짝이 없는 한촌인데다 그가 가족의 거처지로 잡은 집은 바람막을 문짝도 하나 제대로 달려 있지 않은 집이었다. 그러나 그럼에도 불구하고 아내와 어린아이들과 함께 있으니 불행한 가운데서도 또한 한편의 위안으로 그의 마음속에 비쳐지는 것이었다. 그러나 그의 운명은 이러한 가족동거의 일반적인 경우까지도 저주하였다. 즉 그가 가족을 장안으로 옮겨와 얼마 있지 않아 가을에 접어들면서 계속해서 비가 내리기 시작하는 것이었다. 마치 이 해의 장마는 여름초엽에 온 것이 아니라 가을에 온 느낌이었다. 지난 여름은 마치 대한발을 가져 올 듯이 쨍쨍 가뭄의 날들이 계속되다가 가을이 되면서 기다렸던 비가 한꺼번에 쏟아지기 시작하더니 한 번 시작된 비는 연일 걷히지 않는 구름속에서 끊임없이 내렸다. 사방의 물도랑은 넘쳐 평지를 채우기 시작하였고, 그의 허름

한 마당에도 점차적으로 붉은 물이 차올라 강이 되다시피 했다. 결국 이렇게 불어난 물로 인해서 황하는 범람하였고, 농토는 휩쓸리게 되었으며, 수확철을 앞둔 작물을 썩게 하거나 싹을 틔워 한해의 추수가 불가능한 상황이 되었다. 추수를 할 수 없는 한해 농사를 망치는 상황이 되자, 가장 마음 아픈 사람들은 바로 농민들이었다. 그러나 어쩌면 농민들보다 더 마음아파하고 그들의 심정을 대신 하여 생각해줄 사람은 바로 그였다.

아! 불쌍한 백성들
애써 지은 농사를 수확할 수 없게 되었구나
해가 다하도록 가난한 백성들을 걱정하며
탄식으로 속이 타 들어가는 구나
吁嗟乎蒼生　　稼穡不可收
窮年憂黎元　　嘆息腸內熱

　　그의 가난과 궁핍 역시 농민들과 나을 바가 없었다. 차라리 그는 세상 누구보다도 어려움에 처해 있는 사람이었다. 그럼에도 그는 자기의 슬픔과 고통은 말하지 않았다. 다만 자기의 고통을 통하여 다른 사람들의 마음을 더 잘 이해했다. 내가 겪어 보아서 그토록 마음 아팠으니 남이 겪고 있는 고통을 보니 결코 외면할 수 없겠더라는 의미였다.
　　그러나 흉년으로 인한 사회전체의 불우는 그의 불우를 더욱 가혹하게 하지 않을 수 없었다. 한해의 농사가 망쳐지게 되자 곡물가는 폭등하였고, 그는 도저히 쌀을 살 형편이 되지 않았다. 이것은 곧 가족을 또 어디론가 의탁할 사람이 있는 곳으로 옮기라는 운명의 하명을 받는 것이나 마찬가지였다. 운명이 그렇게 손짓하니 그는 더 이상 하두곡에 가족을 둘 수가 없었다. 그러나 막상 갈 곳이 없었다. 그리하여 이번에도 믿을 구석은 혈친이었다. 즉 장안에서 동북방향으로 이백여리 떨어진 봉선(奉先)이라는 곳에 아내의 종친이 현의 관리로 있다는 것을 알고는 그쪽으로 옮겨보기로 결정하였다.

　봉선에 도착하여 현의 관리를 만나 자기와 가족이 처한 나름의 사정을 이야기 하니 다행히 현청의 비워진 공간에 가족이 머물도록 배려해주었다. 그러나 봉선이라고 해서 장안사정보다 특별히 나을 것은 없었다. 거리상으로 두 지역은 그리 멀지 않았기 때문에 사회파장의 같은 영역권내에 있었기 때문이었다. 그러나 사회가 아무리 어려운 상황에 있다고 하더라도 여전히 살아남고 생활에 큰 타격을 받지 않는 것은 녹을 받는 관리들이었기에 관리들이 조금만 도와 준다면 한 가족은 견뎌낼 수 있을 것이라는 것이 그의 쉬운 생각이었다.

다시 현종에게 더할나위없는 간곡함으로
<조부(雕賦)>를 지어 바치고 위견소의 힘에 입어
마침내 장안십년의 모진 고생 끝에 관직을 얻다

    가족을 옮겨놓고 그는 다시 장안에 돌아왔다. 그의 주위를 둘러싼 여러 전반적인 상황은 관직에 대한 초조한 마음을 더욱 더 재촉하였다. 그러한 가운데서 친구 고적에게서 연락이 왔다. 이전까지만 해도 고적 역시 별 할 일이 없는 사람이었지만 당시 관군의 유명한 장군이었던 가서한의 막부에 들어가 군무를 보게 되었다는 소식이었다. 고적의 관직획득의 과정 역시 그와 별 다르지 않았다. 그 역시 여러사람들에게 관직을 원하는 끊임없는 투증시를 보낸 끝에 비로소 얻게 된 것이었다. 가서한의 군대에 들어가서도 처음에는 일반 병졸의 신분으로 갖은 고초를 겪으며 병사들의 고통을 몸소 체험한 끝에 비로소 후에 지휘선상에서 막부일을 보게 되었다. 고적의 유명한 변새시들은 그가 훗날에 군인으로 성공하였을 때 지어진 것이 아니라 초기 하급병사 시절 이루 말할 수 없는 밑바닥 고생을 할 때 모두 지어진 것이었다.

    친구가 잘 되었다는 것은 그에게 한편으로 기쁨이었고, 또 한편으로는 그 역시 그러한 성취를 달성하고자 하는 욕구에 더욱 불을 붙이는 또 한 번의 계기가 되었다.

    그리하여 그는 다시 현종에게 <조부(雕賦)>를 지어 바쳤다. 이 <조부>는 지금까지 그가 쓴 간알의 시에서 감정이 가장 격렬하고 절실하며, 애원을 다한 글이어서 마치 마지막 단말마적인 어투로 일관한듯 하였다.

그 내용의 진술 방식은 이전의 그의 원래의 간알시와 비슷한 방식으로, 자랑스러운 선조 두예와 조부 두심언의 손자로 원대한 제세의 꿈을 지니고 있으나 뜻을 이루고 있지 못하고 마치 움츠려 있는 용과 독수리로 자기를 비유하였으며, 이미 지은 시가 천수를 넘고, 조정대신들이 모두 자기의 시를 중시하며, 그러나 가난 속에서 몸을 가릴 옷 한 벌이 없고, 허기에 지쳐 헤매다가 구렁텅이에 빠져 죽을까봐 겁나니 천자께서 부디 자랑스러운 자신의 선대의 공을 생각하시어 수렁에서 구하여 주시면 미천한 재주나마 침울돈좌하고 날랜 글 솜씨를 발휘하여 조정에 일조하겠다는 그러한 내용이었다.

그리고 단지 이렇게만 왕에게 글을 올리는 것만이 아니고 이 글이 왕이 받아들일 수 있도록 대신들이 힘을 발휘하여 역할을 해 주기를 바라는 간알의 글을 동시에 올리기도 하였다. 이러한 막후의 노력을 다한 끝에 당시 좌상이었던 위견소가 적극적으로 그의 뜻을 받아들여 어떠한 결과가 나왔다. 천의 노력 끝에 비로소 관직이 주어진 것이었다. 그러나 그가 받은 관직은 일개 지방의 현위였다. 현위라는 것은 현의 치안을 담당하는 것으로 어쩌면 일반 사람들 위에 군림할 수 있는 직책의 성격을 가지고 있었다. 그러나 그는 이 관직이 주어지자 받아들이지 않았다. 우선 그가 마음속으로 생각했던 것은 왕의 근신으로 자기의 문사능력을 십분 발휘할 수 있는 간관과 같은 그러한 직책을 원하였으나 오히려 이와는 달리 형편없이 미관말직인데다 일의 성격이 거칠고 사나운데다 남의 생활을 간섭하는 직책은 자기와는 맞지 않다고 판단하였기 때문이었다. 그러자 위견소의 제청이 다시 이루어져 우위솔부병조참군(右衛率府兵曹參軍)이라는 관직이 최종적으로 주어졌다. 이 관직 역시 그의 마음에 흡족히 들 수 없는 관직이었으나 그를 위하여 애써 준 위견소의 입장을 생각해서나 또한 일이 비교적 한가하기도 하여 결국은 선뜻 받아들였다. 이렇게 관직을 받고 나니 일단 마음은 한결 여유로워졌다. 그리고 이에 대하여 스스로 술회의 시를 읊었다.

하서현위를 하지 않았던 것은
낮은 직책에 허리 꺾기 싫어서였네
늙어서 바쁘게 쫓아다니는 것 두려웠지만
솔부의 직책은 또한 한가할 수 있으리라
술을 좋아하니 변변치 않은 봉록이지만 필요하고
미친듯 노래 부르며 성스러운 조정에 기대리라
마음 편해지니 고향으로 돌아가고 싶은 마음도 사라지고
고개 돌려 거센 바람도 늠름하게 맞는다
不作河西尉　　凄凉爲折腰
老夫怕趨走　　率府且逍遙
耽酒須微祿　　狂歌托聖朝
故山歸興盡　　回首向風飈

    관직은 그가 낙양에서 꿈을 안고 장안에 온지 십년만에 받은 것이었다. 그 십년 세월의 고생은 사실 말로는 할 수 없었다. 그러나 아무리 천지의 추위와 지옥의 치떨리는 세월이 오래 되었다고 해도 그 오랜 시간이 한 순간에 어떤 변화가 일어났을 때는 그 길었던 순간도 길지 않아 보이고 과거의 세월을 가소로운 듯 망각할 수 있는, 세상에서 가장 간사한 것이 바로 사람이었고 그 자신 역시 여기에서 배제될 수 없었다. 어쩌면 이것이 목숨가진 것들의 비애이고 또한 한계이며, 인생의 슬픔이라고 할 수도 있었다.

    지금 관직을 받고 보니 지난날 무엇이 그렇게 자신을 슬프게 하였는지 느껴지지 않았다. 또한 왜 그렇게 고향생각에 사무쳤는지 알 수 가 없었다. 그리고 왜 그렇게 아내와 아이들이 그리워졌는지 알 수가 없었다. 중천에 뜬 달은 그저 제 스스로 뜨고 싶어 뜬 것일 뿐 바라보이지도 않았고 한이 서린 것으로 보이지도 않았다. 전쟁에 멀리 고향을 떠나 수자리 사는 병사들의 고통도 절실해보이지 않았고 그것은 단지 남의 일처럼 생각되어졌다. 게다가 그동안 좋지 않았던 건강도 씻은 듯이 나을 것 같았다. 이제 마음껏 술 마실 그 원천 즉 매달 지급되는 국가봉록이 있을 것이니 여기에 기대어 인생을 즐기기만 하면 되는 것이었다. 그러나 이 즐거움이 언제까지 지속될 것인지는 미지수였다, 그는 시인의 운명을 지니고 있었기 때문이었다.

안녹산 재상에 오르지 못하자 거사를 본격화하다

　간신 이임보가 죽자 그 자리를 양귀비와 혈친의 관계를 가진 양국충이 이어 받았다. 양국충은 등장하자마자 자신의 위용을 과시하고 스스로의 권좌의 위치를 정립하기 위해서 기존의 이임보 세력을 광범위하게 제거하고, 이임보가 일찍이 현종 몰래 반란을 꾀하여 스스로 황제의 지위에 오르려고 했다고 현종에게 참언을 하여 이임보의 무덤을 파헤치기 까지 하였다. 뿐만 아니라 변경개척을 더욱 강화하여 현종의 환심을 사려고 하였다.
　양국충이 이렇게 적극적으로 행동에 나섰던 것은 당시 현종의 최고의 총애를 받고 있었으며 후에 반란을 일으키는 안녹산과의 권력투쟁도 바탕에 깔고 있었다. 즉 자기의 업적을 높임으로써 권력승계의 정당성을 입증하려 한 것이었다.
　안녹산은 본래 이임보가 재상에 있을 때 천거한 사람으로서 페르시아계와 돌궐족의 후예로써, 유목민의 호전적인 야성을 가지고 있는 사람인 데다, 변방지역에 있는 여러 이족들의 언어를 능통하게 구사할 줄 아는 비범한 지적 능력도 지니고 있었으며, 사람을 다루는 행동수완 역시 뛰어났다. 때문에 변경지역을 개척하는데 있어서 혁혁한 공을 세워 궁궐내에서의 그의 입지는 타의 추종을 불허하였다. 이임보가 죽자 그는 조정에 들어와 일년동안 좌복사(左僕射)를 겸하였으며, 이 기간동안 양국충과 극심한 갈등을 빚었다. 그는 본래 재상의 자리에 오르기 위하여 양귀비와 그리고 양귀비자매와 양부모, 의형제 등의 관계를 맺어 현종의 허락을 받는 등 자신의 입지를 더욱 세우기 위하여 노력하였으나 결국 재상자리는 양국충에 돌아갔고, 여기서 그의 반란 의도는 더욱 더 굳어져 갔으며 일년간의 조정에서의 일을 마치고 모든 상황을 파악하고 범양으로 돌아가자 거사를 서둘렀다. 사실 그가 반란을 일으키기 직전까지 가지고 있었던 직함은 한 두가지가 아니었다. 특히 그가 절도사를 맡고 있던 중국 동북지역은 가히 모든 것을 장악하고 모든 것을 마음대로 통치하고 있었다고 할 정도로 절대적이었다. 이러한 견고하게 구축된 아성을 바탕으로 그는 점차반란을 도모하였고, 그의 야욕은 당시 대신들중에 상당수가 짐작하고 있는 바였다. 때문에 몇몇 환관들이 현종에게 그의 반란의도를 직언하여 올리기도 하였지만 현종은 이와같은 모든 것을 무시하였다. 이것은 그만큼 현종이 그를 총애하였다는 것이고, 만약에 양귀비와 양씨자매의 힘이 작용되지 않았다면 양국충을 대신하여 그가 조정의 권좌에 오를 수 있는 그러한 상황이었지만 뜻이 어긋나자 국가 전복을 하여 스스로 황제가 되기 위하여 기도한 것이었다.

한 겨울에 봉선의 가족을 향한 길에서 새벽에 여산의 왕의 행재소를 지나다가 전쟁전야에 향락에 젖어 있는 연회의 음악소리를 듣고 괴로워하다. 그리고 봉선에 이르러 어린아이가 굶어죽었다는 사실을 알게 되다.

　우위솔부(右衛率府)라는 관직을 제수받아 그는 직책을 수행하고 있었다. 그런데 문제는 관직을 받아 수행하면서 더 본격적으로 나타나는 것 같았다. 처음에 관직을 받았을 때는 그저 모든 시름이 해소된 것 처럼 유쾌한 기분이 그를 감쌌으나 그러나 이러한 마음은 사실 잠깐이었다. 시인으로써 삶의 슬픔과 시름은 이래도 저래도 마찬가지인것 같았다.
　우선은 우위솔부라는 관직 자체에 대한 회의였다. 그의 꿈은 임금을 보좌하여 요순(堯舜)과 같은 태평시대로 가게 하여, 나라의 풍속을 새로이 순화하게 한다는, 사실 거창한 포부였다. 그러나 제수받은 관직을 막상 수행해보니 이것은 그저 말단의 잡일에 불과하였다. 일의 흥미도 있을 수 없을뿐더러 직책에 얽매이다 보니 하루하루가 그저 지루할 뿐이었다. 그렇다고 봉록이 후한 것도 아니었다. 그럼에도 오직 봉록을 받아 생활을 영위하는 것이 그 자신이 가지고 있는 삶의 목적이라면 그래도 어떠한 상황에서도 모든 것을 받아들이고 미관말직도 능히 감수될 것이었지만 기본적으로 그의 꿈은 그러한 차원이 아니었다. 이러한 본래의 꿈과 현실의 차이는 그를 괴롭게 하였다. 뿐만 아니라 무언가에 얽매인다는 것은 그가 좀 처럼 받아들일 수 없는 심리 조건이었다. 실로 지금까지 그는 한 번도 옥죄여서 살아본 적이 없었다. 젊은 청년시절의 유력기는 말할 필요도 없었고, 심지어 이후의 장안관직 추구로 보낸 십년도 결국은 그러하였다. 비록 가난과 궁핍한 생활로 허기를 면치 못하던 생활이었지만 어디 먹을 것을 찾아 사방에 떠 돌아다니며 이 사람 저 사람에게 구걸하는 것도 어쩌면 일종의 그 나름의 자유였다.

 이렇게 관직이라는 본업에 대한 수심이 일어나자, 이 수심은 여러 가지 수심을 다시 불러내는 요인으로 작용하였다. 옛날의 자유로웠던 시절로 돌아가고 싶은 욕정과 고향생각, 가족들 생각 등등이 다시 밀어닥친 것이었다. 그 중에서도 지금의 수심의 핵심은 가족들 생각이었다. 지난 가을에 봉선에 가족을 옮겨 놓고 장안에 온지가 벌써 일년이 지나갔다. 이 일년은 정말로 관직을 얻기 위하여 정황이 없는 상태에서 시간을 보냈다. 때문에 편지 한 번 제대로 부칠 수 없는 그런 상황이었다. 때문에 지금 아내는 자기가 관직 생활을 하고 있다는 사실을 알 리가 없었으며, 그 또한 지금 가족이 어떻게 되었는지 궁금하기 짝이 없었다. 더욱이 지금 가족 구성원은 늘어나있는 상태라 아버지가 없는 일가가 어떻게 되어 가고 있는지 걱정이 이만 저만이 아니었다. 봉선현청에 가족을 맡겨두고 현의 관리들에게 시를 지어 증여하면서 까지 간곡하게 부탁을 해 놓은 바였지만 그러나 그렇게 했다고 사람을 믿고 마음놓고 있을 수 있는 상황은 될 수 없었다. 이러한 그의 가족에 대한 우려를 더욱 심화시킨 것은 밤마다 꾸어지는 어지러운 꿈자리였다. 꿈에 아내는 늘 초라한 형색을 하고 나타났다. 아이들 역시 마찬가지였다. 꿈이라는 것이 그저 어떠한 종잡을 수 없는 갖가지 억측을 사람에게 주지만 그러나 그것은 그 나름대로 어떠한 미묘한 해석성을 지니고 있으며, 결코 무시할 수도 없는 성질의 것이었다.

 그렇다고 지금 바로 일을 내 팽개치고 가족을 만나러 봉선에 달려갈 수 도 없는 상황이었다. 장안에서 봉선까지 거리 또한 단번에 왔다 갔다 할 수 있는 것도 아닌데다 보잘것 없는 봉록이겠지만 일을 시작하고 나서 얼마되지 않아 아직 한 번도 녹을 받지 않아 실은 여비도 준비되지 않은 무일푼의 상황이었다. 나날이 깊어 가는 초조한 마음은 결국 그가 관직을 시작하고 나서 한달이 되자 조금의 돈이 그의 손에 쥐어지면서 비로소 가족행을 결행하게 되었다.

출발 시간은 하루의 공무가 끝나고 이미 겨울 초저녁 어둠이 깔리기 시작하고, 시린 한기가 길 위에 몰려오고 있을 때 였다. 비록 일년만에 가족을 만나러 가는 길이었지만 그의 행장은 여전히 초라하기만 하였다. 추위를 이겨낼 옷도 넉넉하지 않은데다 그를 동행할 수 있는 것은 늘 타고 다니던 마르고 쇠약한 늙은 말 한 필 뿐이었다. 길을 나서자 여행의 고통은 바로 찾아왔다. 손과 발이 끊어질 듯 시려오고 뼈속을 장악해 들어오는 바람은 산 채로 사람을 얼어죽은 귀신으로 만들어 버릴 듯 하였다. 그리하여 말에서 내려 걷다가 지치면 다시 딱딱한 말등에 오르기를 반복하였다.

이렇게 스스로의 몸과 마음에 말할 수 없는 고통이 가해지자 이 고통은 지금 그가 당면하고 있는 온갖 슬픔을 불러내어 비참하도록 되씹게 하였다. 무엇보다 그를 처참하게 생각하도록 한 것은 불우한 관직의 운명이었다. 비록 그는 위대한 제세의 이념을 품고 있었지만 세상은 정말 저주할 정도로 그를 받아주지 않았다. 그는 온갖 하소연과 모든 진실된 말을 하늘에 닿도록 하였다. 그러나 사람들은 교활하기 그지 없었고, 인정과 의리 따위는 안중에도 없었다. 그리고 천신만고 끝에 얻은 관직은 그의 생각과는 전혀 다른 별개의 일터였다. 그것은 말로만 관직이었을 뿐 또 다른 어두운 구석에 스스로가 버려져 괴로움을 강요 당하는 수준 밖에 되지 않았다.

그의 행로가 장안성을 벗어나 교외로 접어들자 밤이 깊어지고 길에는 행인은 모두 사라지고 오직 그와 그를 태운 말과 차갑게 얼어붙은 길 위에서 딱딱하게 내 디뎌지는 빈약한 말밥굽소리, 그리고 말 걸음이 내디뎌질때마다 흔들리는 인끈이 안장에 닿는 작은 쇠붙이 소리가 적막한 가운데 울려퍼지는 것이 전부였다. 고통도 극한의 상황에 이르면 차라리 그 고통도 무감해지는 것인지 시리어 끊어질 듯했던 손과 발은 아예 감각이 없는 듯 했다. 이렇게 고통의 정도가 또 다른 변신으로 발전하자 그의 생각은 세상에 대한 분노에서 가족에 대한 생각으로 바뀌고 있었다. 어둠과 추위를 견디며 그래도 목숨에 대한 의지를 버릴 수 없는 힘은 역시 가족이라는 것에서 오는 것 같았다. 어린 아이들은 일년 사이에 또 많이 자랐을 것이며, 비록 보잘 것 없는 관직이지만 그래도 직업을 가지고 있다는 것은 없는 것보다 나은 것이며 어쩌면 아내에게 조금의 위안이 될지도 모를 일이었다.

  시간은 자정을 지나 새벽으로 바뀌었는지 하늘의 별자리들은 기운 듯 했다. 조금전까지만 해도 계속되던 평원의 길은 새벽빛에 어스름하게 산들이 나타나기 시작했다. 아마도 여산이 다가오고 있는 모양이었다. 여산은 장안에서 봉선으로 가려면 반드시 거쳐야 하는 경로였다. 그런데 이러한 적막감을 깨고 전방에서 어떠한 수상쩍은 소리가 들려오고 있었다. 그 소리들의 출처가 아직 먼 곳인 탓인지 무슨소리인지 분명히 판단되지는 않았다. 그저 바람을 타고 들려오다가 사라지고, 들려오다가 또 사라지는 과정이 반복되고 있을 뿐이었다. 다만 어떠한 궁중아악같은 소리정도로만 들렸다. 이러한 의문속에서 점차 여산에 더 접근해가자 비로소 그 소리가 무엇인지 분명하게 그는 알아차렸다.

  여산은 본래 임금의 행궁이 있는 곳이었다. 이곳에 행궁이 있다는 것을 이전에 그는 알지 못하였지만 작년에 가족을 장안에서 봉선으로 옮기면서 사람들로부터 들은 것이었다. 현종과 양귀비는 해마다 겨울이 되면 대규모의 신하들을 이끌고 이곳 행재소로 와서 휴양을 하였다. 이곳 행재소에는 온천이 있었으며, 현종과 양귀비는 그 온천수에다 몸에 좋다는 여러 가지 약재를 태우고 욕을 즐기곤 했다. 그러므로 지금 들려오는 음악소리는 새벽이 되도록 아직 멈추지 않고 계속되는 연회의 소리인 것이었다.

 이 화려하고 요란한 연회의 소리가 그의 시리고 추운, 가족을 만나러 가는 길에서 듣게 될지는 미처 생각못했다. 미관말직에 있는 그 조차 지금 시국은 어수선하며 전쟁의 전야와 같은 불안한 상황에 있다는 것을 알고 있는데, 왕과 왕의 직위를 보좌하는 대신들이 그러한 분명한 사실들을 모르고 향락에 취해 있다는 것은 사실 그로 하여금 억장이 무너지는 듯한 느낌을 가지게 했다. 그의 귀에는 그것은 마치 망국의 전야를 신호하는 듯한 상징의 울림처럼 들렸다.

 여산을 지나자 그 소리들도 점차적으로 그의 등 뒤로 멀어지기 시작했다. 새벽은 확실히 밝아오고 있었다. 음악소리에 무슨 의아함으로 귀를 세워 긴장한 듯한 말의 발걸음이 다시 정상적으로 내디뎌지기 시작했다. 그러나 여산을 지나고부터 길이 나빠지기 시작했다. 길은 좁아지고 울퉁불퉁하게 돌부리가 나타나기 시작했고 가끔씩 절벽도 눈앞에 나타나는 것이었다. 여산을 지나자 길이 이렇게 나빠 진 것은 행궁길이 끝났기 때문이다. 그러므로 길이라는 것도 신분이 높은 사람이 지나가는 곳은 수많은 사람들을 동원하여 잘 닦아놓고 그렇지 않은 경우는 범과 여우가 지나가는 험한 길로 버려지는 것이었다.

 험하고 거친 산길과 숲속을 빠져나오느라 그는 갖은 고초를 다 겪었다. 나뭇가지들은 사람의 얼굴을 때리고 옷을 찢어 놓았다. 형문과 같은 길을 나와 아침이 되어 이른 곳은 바로 또 위수와 경수가 합쳐져 흐르는 강이었다. 강에는 거대한 얼음덩어리인 유빙이 떠 다니고 있었다. 강에 다리가 있긴 하였으나 낡고 오래되어 언제 무너져 내릴지 몰랐다. 그의 눈에 비치는 모든 것은 그야말로 어느 한 가지도 혼탁한 조정의 모습과 위험에 빠진 나라의 상징적 모습으로 보여지지 않은 것이 없었다.

 마침내 가족이 있는 봉선의 집 가까이 도착하였다. 그러나 어찌 된 셈인지 일년만의 만남이라는 그러한 마음속의 즐거움 대신 어떤 표현못할 불안한 마음이 그의 귀가를 마중나온 듯 하였다. 두 아이는 이미 좀 자란 상태라 좋아라 뛰어나와 아버지의 귀가를 반기며 팔에 안길법도 하였지만 영 그러한 마음도 일지 않았다. 오히려 아버지와 남편으로써의 책무를 다하지 못한 그동안의 부끄러움 같기도 한 어떤 무서운 마음이 속으로 젖어 들어왔다.

문안으로 모습을 드러낸, 그를 본 아내는 어떠한 반가움대신 원망을 하는 듯한 눈빛으로 갑자기 울음을 터뜨리기 시작하였다. 사실인 즉은 아직 돌을 지나지 않은 어린 아이가 영양실조로 굶어죽었다는 것이었다. 결국 이런 일이 벌어지고 말았다. 그는 그대로 자신의 일을 추구한다합시고 늘 아내와 가족을 오랫동안 버리다 시피 하였고, 아내는 참으로 오랫동안 원망없이 잘 견디어 왔지만 결국에는 어쩔 수 없는 한계상황에 부딪친 것이었다. 이 모든 것이 자기의 책임으로 느껴지자 억제할 수 없는 서러움이 몰려와 그 역시 아내를 따라 서럽게 울기 시작했다. 오랜 슬픈 생활은 차마 그로 하여금 눈물도 메마르게 하였지만 쌓이고 쌓인 서러운 감정이 한꺼번에 울음이 되어 쏟아져 나왔다.

지난 일년전에 그가 이 곳 현청의 빈 곳에 가족을 처음으로 맡겼을 때부터 그의 마음은 믿지 못할 구석으로 차 있었다. 그러한 믿지 못함의 불안한 마음을 담아 간곡하게 시를 써 현의 관리들에게 잘 부탁을 하였지만 그들은 그가 떠난 후 가족의 문앞에 그림자도 나타내지 않았다. 비록 현령이 아내와 먼 인척의 관계에 있다고 하더라도 그것은 별 소용이 없는 신뢰와 기탁이었다.

안녹산 마침내 거병을 하여 미증유의 대전쟁이 시작되고 한달만에 낙양이 점령되다.

서기 755년의 한해도 거의 다 갈 무렵이었다. 안녹산과 그리고 그의 동향인인 사사명은 마침내 반란을 일으켰다. 안녹산의 반란준비는 철저하였다. 그는 중국동북지역의 변경지대의 절도사를 하면서 처음부터 이러한 반란을 꿈꾼 것은 아니었다. 단지 절도사의 신분으로 또한 한 지역의 방어를 책임지고 있는 사람으로 오직 자기의 지휘능력을 강화하고 주둔지를 더욱 굳건하게 다스리기 위한 차원일 뿐이었다. 그러나 현종은 안녹산이 계속해서 변경지역의 통치에서 뛰어난 모습을 보이자 결국 그의 재능에 편애를 하기 시작했고, 이 편애는 결국 그 편애를 받는 사람의 간을 키우는 것 밖에 되지 않았다. 그러다가 이 편애가 어떠한 상황을 맞이하여 더 이상의 편애를 할 수 없는 상황에 이른다거나 아니면 다른 사람을 더욱 편애하는 상황이 되면 결국 그 본래의 사람은 세상에 있을 수 없는 원한과 보복의 칼을 겨누게 되는 것이었다. 안녹산은 바로 이러한 상황을 잘 설명해주는 대표적인 경우였다. 양국충과의 권력다툼에서 안녹산이 밀리게 되자 마침내 조정을 전복시켜야 한다는 결의에 찬 최후의 결심이 그에게 일어난 것이었다. 물론 이러한 거사의 단행이 앞에서도 말한 바와 같이 하루아침에 일어난 것이 아니었고, 현종의 총애를 받아 서서히 키워져 온 마음이 어떠한 정점에 이르러 모종의 사건에 의하여 비로소 거사가 폭발한 것이었다.

현종의 안녹산에 대한 총애과정과 그의 군대강화의 모습은 천재시인 이백이 당시 안녹산이 할거하고 있던 범양지역을 여행하면서 느낀바를 통해서 명백하게 드러냈다. 역시 대시인들의 사물 관찰 능력은 비범하고도 남음이 있었다.

시월 여행길에 유주에 도착하니
창 끝에 마치 별을 늘여 놓은 듯 무기 달구어져 있어라
군왕은 북쪽의 바다를 포기하고
모든 땅을 안녹산이라는 큰 고래에게 주었네
고래는 마음껏 호흡하며 온 물길을 헤엄치니
연연산도 꺾이고 뒤집어질 듯 하여라
이렇게 나라 망하는 것 마음으로 알아도 말하지 못하겠고
차라리 봉주나 영거에 은거하여 살고 싶어라
十月到幽州　　戈鋋若羅星
君王棄北海　　掃地借長鯨
呼吸走百川　　燕然可摧傾
心知不得語　　却欲栖蓬瀛

이백이나 두보나 문학 역사에서 둘도 없는 한 위대한 시인으로써 세상 사람들에게 알려져 있지만 그러한 명성은 그저 이유없이 그렇게 된 것이 아니었다. 그들에게는 그만한 세상을 보는 다른 사람들과의 차별된 눈과 미래의 일을 미리 예언적으로 바라볼 수 있는 초능력적인 그 무언가가 있었던 것이다.

다시 안녹산으로 돌아와, 그는 장안궁궐에서 좌복사라는 직을 마치고 근거지 범양에 돌아오자 마자 더 이상 지체할 시간이 없다는 듯 거사를 서둘렀다. 무엇보다 그의 상황판단으로는 때가 무르익었다고 판단한 것이다. 우선 현종은 양귀비와의 향락에 빠져 정사를 내 팽개치다시피할 정도였고, 뿐만 아니라 일을 더 늦추었다가는 정말로 조정이 그의 반란

을 눈치채고 나설 것이라는 다급함도 더하여졌다. 여기에다 양국충과의 권력알력에서 억제할 수 없는 분기가 일어난 것도 물론 영향을 미쳤다.

그는 우선 정병 팔천을 뽑아 내었다. 그리고서는 이들과 양자의 관계를 맺는 맹세를 하였다. 이것은 단지 장수와 그 휘하의 군졸의 관계 이상의 그 무언가를 강조하는 것이었다. 즉 아버지와 아들의 관계로 친밀도를 높여 절대적인 충성심을 병사들로 하여금 요구한 것이었다. 이러한 인적으로 맺은 강력한 관계외에 병사들에게 또한 전쟁의 취지를 일깨웠다, 그것은 바로 작금의 조정의 상황은 양국충과 양씨일가의 정치 전횡으로 인하여 나라가 망해가고 있다는 것이며, 나라를 구하기 위해서는 하루 빨리 조정에서 양씨 일가를 제거해야 한다는 것이었다. 그러므로 그들의 최종목적지는 장안을 점령하는 것이었다.

이렇게 안팎으로 더할 나위 없이 강력한 단결력을 가진 십팔만 대병력의 안녹산의 반군은 진군을 하자 그 기세를 가로막을 것이 아무것도 없었다. 그들의 일차적인 목표는 낙양을 점령하는 것이었다. 그리하여 범양에서 일단 남하하여 다시 황하중하류를 타고 서진하는 것이었다. 이 원정의 거리는 실로 상당하였다. 그러나 그들은 이 먼거리를 불과 한달여만에 돌파하여 낙양을 점령해버렸다. 그들이 이렇게 쉽고 빠르게 낙양을 점령한 것은 몇가지 이유가 있었다. 첫째는 무엇보다 위에서 말한 바와 같이 병사들의 사기문제였다. 인적인 관계 그리고 전쟁을 해야 하는 취지적 문제는 그들의 정신력을 더할 나위 없이 강화하였고, 그 다음으로는 조정의 정치실패에 기인하였다. 뿐만 아니라 전쟁이 일어나기 전 한 두해는 마치 불길한 징조가 먼저 나타난듯이 대흉년이 계속되어 백성들은 먹고 살 방법이 없었다. 민의 이러한 삶의 고난은 결국 왕도정치가 실패하고 있다는 원성을 하게 하였고, 무언가 이떤 새로운 세력이 나타나 세상이 바뀌어지기를 속으로 갈망하였다. 이것은 곧 민의 관심이라는 것은 어떠한 추상적인 이념이나 정통성의 주장과 같은 것에 있다기 보다는 기본적인 삶의 영위에 더 본질적 관심이 있다는 것을 보여주는 것이었다. 때문에 안녹산의 반란군이 진격하자 이것에 저항하는 소란이 전혀 일어나지 않음은 물론이었고 오히려 환호를 보내어 군량미에 협조한다든지 징병에 기꺼이 응하는 그러한 일까지 일어났다. 안녹산 반군의 성공적인 진격의 또 다른 요인은 관군의 무방비상태였다. 이것은 조정대신들이 안녹산의 반란 의도에 대해서 전혀 몰랐다는 것은 아니었다. 무엇보다 양국충이 그러한 의도를 미리 짐작하고 있었고, 많은 사람들이 예측을 했지마는 실제적으로 그에 대한 대비를 강조하거나 한 적은 없었다. 이러한 사실들은 앞에서 이백의 시에서 말하고 있는 속으로는 알아도 말로는 할 수 없는 그러한 상황이었다. 그렇다면 왜 그럴 수 밖에 없었느냐의 문제인데 이 역시 현종의 어리석은 정치에서 궁극적인 원인이 있었다. 즉 당시 현종은 안녹산의 어떠한 반란 의도를 전혀 의심하지 않고 있었다는 것이다. 다시말해 현종에게 안녹산은 변경개척에서 탁월한 공을 세운 장군이며, 뿐만 아니라 양귀비 그리고 양귀비 자매들과 양부모 의형제의 관계를 맺고 자기에게 그러한 관계의 맺음을 허락해주기를 원한 사람이었으며, 그리하여 또한 자기가 기꺼이 들어준 사람이다. 그만큼 인적관계로도 끈끈하게 연결되어 있어 결코 반란을 일으키지 않을 사람으로 굳게 믿고 있었고 조정 대신들 또한 어쩔 수 없이 현종의 태평스런 마음에 그대로 이끌려 간 것이었다.

봉선북쪽의 백수에 피난지를 물색해놓고
장안으로 돌아와 관직에 복귀하다.

 두보 그는 여전히 봉선에서 가족과 함께 있었다. 비록 집안에 아이가 굶어 죽은 우환이 있었지만, 그가 돌아와 가장의 역할을 해주니 가족들의 슬픈 마음은 상당히 위로되어져 한층 안정을 찾는 모습이었다. 어쨌든 장안의 중앙정치에 관직이 있는 상태가 되니 현의 관리들도 가끔씩 그의 가족에게로 와 돌보아 주는 듯한 모습을 보여주어 이래저래 다소 안정된 상태에서 하루하루를 보내게 되었다.
 그러나 집에 돌아와 며칠 지나지 않아 바로 안녹산이 거병을 하여 낙양을 향하여 진군했다는 소식이 들려지게 되었다. 막상 이 소식을 듣고 보니 참으로 자기 자신도 놀라는 것이 있었다. 그것은 안녹산이 전쟁을 일으켰다는 소식이 아니었다. 전쟁소식은 정세에 대하여 관심이 있는 사람들은 대체적으로 짐작을 하고 있는 바였다. 즉 그가 그 자신에게 스스로 무서워지고 놀라워지는 것은 바로 어떠한 불길한 사건이 있을 때마다 그의 마음이 한없이 불안해지고 흔들리는 모습을 보이는 것이었다. 이것은 그 자신도 제어할 수 없는 그 무엇이었다. 마치 지진이 있기 전 진앙계가 어지럽게 흔들리는 것과 같았다. 일전에 장안에서 봉선의 가족으로 돌아올 때의 그의 영육의 흔들리는 모습은 사실 어떠한 자기의 인간 본래의 모습을 떠나 마치 예언의 신이 된 것 같았다. 그만큼 그는 괴로웠고 그의 눈앞에 다가서는 모든 사물이 불안함으로 보여졌으며 어떠한 무서움이 그를 사로잡아왔다. 특히 여산을 지나오면서 들려진 행재소의 연회의 아악소리는 아름다운 태평의 소리가 아니라 나라가 망하는 소리와 다름 없는 귀신의 울부짖음 혹은 흐느낌 같은 소리로 들렸다.

안녹산이 거병을 했다는 소식에 이어, 다시 또 얼마가 지나자 낙양이 함락되었다는 소식이 이웃 봉선현청에서 맨 먼저 들려왔다. 미리 예견된 일로 무슨 특이한 일로 생각되지 않았지만 막상 낙양이 함락되었다는 소식을 들으니 깊은 우려감이 그의 마음속을 파고 들었다. 낙양은 바로 그의 고향이자, 동생들이 아직 그 곳에 살고 있었기 때문이다.

어떠한 예감의 차원이 아니라 실재적으로 전쟁이 일어날 것이라고 알았다면 미리 동생들에게 연락을 하여 낙양을 벗어나라고 말할 수 있을 것이었지만 그러나 알았다고 하더라도 이 모든 것을 챙기기에는 그 자신이 그동안 너무나 정황이 없었다.

반란군이 낙양을 점령한 이상 그럼 앞으로 어떻게 될 것이냐가 문제였다. 그의 생각으로는 적들이 범양에서 출공한지 한달여만에 낙양을 점령한 기세로 보아 머지않아 동관(東關)을 공격하게 될 것이며, 그 상태에서 관군이 적절히 대처하지 못한다면 장안이 함락된다는 것은 터진 물길이 그 다음의 둑을 무너뜨리는 것은 그리 어렵지 않은 것과 같았다. 불행하지만 그는 마음속으로 이렇게 될 가능성에 더 많은 무게를 두었다. 그렇게 된다면 지금 자기가 가족과 함께 머물고 있는 봉선도 결코 안정을 담보할 수 가 없었다. 봉선이라는 곳도 바로 적들이 장안을 향하여 밀고 지나가는 그 권역권내에 있기 때문이었다.

이런 가운데 한해가 다 갈 무렵 그는 백수(白水)를 다녀왔다. 백수라는 곳은 동진을 계속하던 황하가 한참이나 북상했다가 다시 남하를 하여 봉선과 동관쪽에서 그 흐름을 또 동쪽으로 꺾기 이전의 지점에 해당하는 곳으로 봉선에서 이삼백여리 북쪽에 위치한 곳이었다. 그러므로 적들이 장안을 향하여 지나가는 권역에서 약간 좀 더 북쪽으로 비껴 설수 있는 곳이었다. 그러므로 그는 상황을 보아서 다시 가족을 백수로 옮길 생각을 하고 백수를 다녀온 것이었다. 다행히도 백수 현령은 그의 외삼촌 최씨였다. 외삼촌 최씨는 상황을 보아서 가족을 백수로 옮기라는 권유를 하였고 외삼촌 댁에는 가족이 머물 수 있는 넉넉한 공간도 있는 상태였다.

  나라가 위기에 처해 있는 이상 하루빨리 장안으로 돌아가 현업에 복귀하고 싶은 마음이 간절하였지만 그는 좀 더 가족을 데리고 기다렸다. 안전지대에서 좀더 사태를 관망하고자 하는 뜻이었지만 아직 겨울이 완전히 가지 않은 상태라 장안으로 돌아가는 길이 순탄하지 않을 것 같기도 하였기 때문이었다. 기다린 끝에 음력 이월이 되자 날씨는 완전히 풀려지고 그는 현업에 다시 복귀하기 위하여 봉선의 가족을 남기고 장안을 향하여 떠났다. 장안으로 돌아가는 길에 다시 여산을 지나가게 되었지만 이번에는 지난번 가족으로 돌아올 때와는 달리 왕의 행재소에서는 아무 소리도 들려오지 않았다. 봄 양기를 타고 좀 더 푸르진 산빛만이 어떠한 수심이 가득 깃들인 모습인양 침묵에 싸여 있을 뿐이었다.

장안의 최후의 보루 동관마저 안녹산의 반군에
함락되자 급히 봉선으로 돌아가 피난을 하여
백수의 외가댁에 머물다.

　낙양을 장악한 안녹산은 예상과 달리 상당기간을 더 이상 어떠한 공격을 하지 않고 있었다. 그 첫 번째 이유는 낙양을 도읍지로 삼고 국가체재를 정비하기 위한 시간이 필요하였기 때문이었다. 그는 여기서 대연(大燕)이라는 국호를 정하고는 스스로 황제의 지위에 올랐다. 그리고 미처 낙양을 떠나지 못한 이전의 관리들을 포섭하여 관직을 하사하고 그들에게 충성을 요구하였다. 두보의 친구이자 시인인 왕유(王維)와 정건(鄭虔)같은 사람들이 바로 그들이었다. 안녹산이 낙양에 오래 머물게 된 두 번째 이유는 동관과 장안공격을 위한 군사상의 어떠한 새로운 정비와 힘의 축적이 필요하였기 때문이었다. 낙양을 함락시키는 데는 사실상 거의 무혈적이었다. 그러나 앞으로의 상황은 실로 어떻게 될지 알 수 없는 상황이었다. 그 이유는 동관이라는 곳이 천연요새여서 공격하는 쪽이 아무리 강군이고 방어하는 쪽이 그에 반해 아무리 무력한 군대라도 쉽게 무너뜨릴 수 없는 곳이었다. 뿐만 아니라 동관은 장안동쪽에 위치하여 낙양에서 서진하여 밀려오는 적들을 막아내고 장안을 사수하기 위해서는 최후의 보루에 해당하는 지역이기 때문에 관군은 있는 힘을 다하여 동관사수에 몰두할 것이고 때문에 일단 동관공격을 신중하게 하기 위한 안녹산의 작전이었던 것이다.
　그리하여 낙양에서 어느 정도 국가체재의 모습을 갖추고 군사상으로도 새로운 힘을 비축한 안녹산은 다시 여름에 접어들자 대군을 이끌고 낙양성을 빠져 나왔다. 결의에 찬 출정식에 이어 선봉부대가 성문을 나서는 순간 갑자기 하늘에 먹구름이 몰려들고 천둥과 번개가 치더니 한 바탕 거세게 소나기가 내렸다. 그리고 나서는 언제 비가 내렸느냐는 식으로 하늘은 다시 쾌청해지고 낙양성 동쪽 하늘에 무지개가 선연하게 걸렸다. 이것을 본 안녹산은 마치 그것이 동관전투에서의 어떠한 행운을 가져다 줄 것 같은 길조로 내심 유쾌하였다.

한편으로 관군진영에서는 대규모의 병력으로 태자 이완(李琬)을 원수로 그리고 당시 가장 유명한 장군이라 할 수 있었던 가서한을 부원수로 임명하여 동관을 지켜내게 하였다. 사실 요새지역에서의 전투는 매우 단순하였다. 다시 말해 요새를 점령하고 있는 쪽에서는 최대한 방어에 힘을 기울이는 것이었다. 즉 일종의 지공전술인 것이었다. 이 방어는 적이 공격을 하여 힘이 거진 소진되어질 때까지 기다리는 것이었다. 그리하여 적이 더 이상 공격할 힘을 갖지 못하고 스스로 자멸하거나 퇴각을 결정할 그 무렵이 되어서야 비로소 최후의 일전을 치루는 것이 작전의 상식이었다. 관군의 장군 가서한은 이러한 전술사용을 모를 리가 없었다. 그는 이미 서쪽 오랑캐 지역인 토번과의 전투에서 수많은 전공을 세운 당시 최고 명성을 가진 사람이었다. 그러나 문제는 조정이었다. 안녹산 군이 낙양을 떠나 어떠한 제재도 받지 않고 동관 성밖에 물밀듯이 밀어 닥치자 갑자기 전투를 독려하는 조정의 격서가 하달되었다. 즉 소극적 전투에 머물지 말고 적병과 과감히 맞서 싸우라는 것이었다. 요새를 장악하고 있는 유리한 점에 기대지 말고 관군의 체면에 걸맞게 뜻뜻하게 전투를 벌여 반란군을 진압하라는 것이었다. 이러한 작전지침을 주도한 것은 바로 재상 양국충이었다. 양국충이 이러한 작진내용을 현종에게 건의하여 재가를 받은 것은 어떠한 상황에 맞는 전투방식에 근거한 것이 아니라 오직 자기와 안녹산과의 구원에 근거하였다. 즉 이전에 궁궐에서 그와의 권력알력에서 싹튼 악 감정이 일어나 이 차원에서 결행되어진 작전방식이었다. 그만큼 양국충은 비천한 인품의 소유자였다는 것이었다.

지공전술로 대병력을 지휘하고 있는 가운데 갑자기 이러한 작전내용이 담긴 격서를 받은 가서한 장군은 당황하기 시작했다. 지금까지 그 나름의 작전방식대로 군사를 조직하여 요새에 배치하고 있었지만 상황이 달라진 것이다. 아니나 다를까 안녹산군은 성 밖에서 어떻게 공격루트를 찾아 성안으로 진입해야 할지 뾰족한 수가 없어 고심하고 있었다. 그런데 이때 갑자기 성문이 열리더니 관군이 쏟아져나와 정면대결을 펼치고 나온 것이었다. 난감한 상황에서 예상치 못한 호기를 만나자 안녹산의 반군은 그야말로 사기가 충천하여 관군은 아예 적수가 되지 못하였다. 그만큼 안녹산 군대는 상대를 제압하기 위하여 정예선봉부대와 기마부대로 조직된 완전한 군 편제 방식을 갖추고 있었고 또한 북방 호인들을 중심으로 한 안녹산 병사들의 호전적인 기질도 관군을 압도할 정도였다.

결과적으로 관군은 대패하였고, 도저히 어떻게 해 볼 틈을 찾지 못한 가서한 장군은 투항하여 안녹산에게 충성을 맹세하였으나 결국 그의 칼에 비참한 죽음을 맞았다.

동관전투에서 관군이 대패했다는 소식이 장안궁궐에 즉각 보고되자 사태는 급박하게 돌아갔다. 동관이 장안을 사수하는 유일한 보루였지만 이것이 무너짐으로 인해서 장안의 함락은 명약관화해진 것이나 다름없이 된 것이었다.

**당 현종 전쟁을 피해 사천으로 몽진을 하다.
몽진의 중도에서 양씨 일가 모두 멸족되고
양귀비 역시 자살하다.**

 그가 봄에 가족이 있는 봉선에서 장안으로 돌아와 다시 우위솔부의 관직에 복귀하고 동관이 무너졌다는 소식을 최후로 듣게 되는 여름 유월까지 그는 주어진 직책을 최선을 다해 수행하고 있었다. 지금 이 위급한 상황에서 미관말직을 맡고 있다는 개인적인 수심의 문제가 국가적인 일에 앞설 수가 없었다. 때문에 이 몇 달동안의 관직수행은 그의 관직생활에서 가장 긴장되고 어떠한 회의감을 갖지 않은 상태였다. 주변사태가 긴박해지니 그의 평소의 수심도 가슴 깊이 짓 눌려진 채 차마 그 모습을 드러내지 않은 것이었다.
 그러나 동관이 무너졌다는 소식은 더 이상 그를 장안에 머물게 하지 못하였다. 봉선에 있는 가족이 걱정되었기 때문이다. 어쩌면 장안보다 동관에 더 가까운 봉선이 좀 더 빨리 적들이 도착할 것이기 때문이었다. 그리하여 그는 서둘러 일을 정리하고 북쪽의 봉선으로 길을 재촉하였다.
 적들이 밀려든다는 소식에 상황이 급박해진 것은 조정도 마찬가지였다. 피침되는 쪽은 언제나 침략을 감행하는 쪽보다 몇 배의 불안감으로 움직이는 것이었다. 여기에다 안녹산의 비밀부대가 이미 장안에 들어와 활동을 하고 있다는 어떠한 믿지 못할 풍문까지 더해져 상황은 더욱 아수라장이 되어가고 있었다.
 정확하게 날짜까지 말하여, 서기 756년 6월 11일밤, 현종은 환관들과의 숙의를 마친 후에 당시 궁궐호위를 맡고 있던 사령관을 다시 따로이 불렀다. 사천으로 피신할 준비를 서둘러 새벽에 궁궐을 떠날 수 있도록 하자는 것이었다. 올 때까지 온 상황을 더 이상 어찌 할 수가 없다는 생각을 한 현종이 마침내 몽진을 결심한 것이었다. 이렇게 되자 궁궐안은 마치 불을 끼얹은 듯하였다. 휘황하게 철야로 불이 켜진 상태에서 사람들이 분주하게 오고가고 마구간에는 임금과 환관들이 타고 가야할 말들을 선발하느라 사납게 채찍 휘두르는 소리가 말의 아우성과 함께 어두운 밤 하늘로 비참하게 울려퍼지고 있었다. 새벽이 되자 마침내 임금을 태운 수레를 중심으로 양귀비, 양귀비 자매들인 괵국부인, 진국부인, 양국충 그리고 소수의 환관의 무리들과 함께 궁궐의 서쪽문을 통하여 사천을 향한 피난길에 올랐다.

궁궐을 빠져나온 사천을 향한 몽진의 무리들은 일대 비참함의 장관이었다. 수많은 대신들이 구름처럼 따르며 행궁으로 떠나는 그러한 일반적인 화려한 왕의 나들이와는 사뭇 다른, 아니 그와는 전혀 반대가 되는 세상최악의 슬픔의 행렬이었다. 때문에 그렇게 긴 꼬리를 이룬 행렬이 길 위를 지나가고 있었지만 침묵의 새벽공기 속에서 누구하나 입 밖에 말을 내 놓지 않았다. 오직 어가를 이끄는 호위군들의, 길을 주문하고 인도하는 짧고 형식적인 듯한 말투만 말발굽소리와 덜거덕 거리는 수레소리와 함께 섞이어 처참하게 울려퍼지고 있었다. 그러나 이러한 첫 새벽의 몽진은 한 낮이 되면서 몽진 그 자체의 슬픔에다 무더운 날씨까지 겹쳐 서러움은 이루 말할 수 없을 정도였다. 그래도 수레와 말을 타고 이동하는 왕과 양씨 일가들, 그리고 환관들의 고통은 견딜만하였다. 고통을 받고 있는 사람들은 바로 어가를 이끌고 수레를 따르는 병사들이었다. 몽진의 길은 그야말로 누구 하나 연도에서 환호를 울린다거나 미리 길이 잘 정비되어 있다거나 그러한 것이 아닌 거칠고 돌부리 험하게 나뒹구는 그러한 길이었다. 그럼에도 불구하고 하루 이틀은 그래도 말없이 몽진이 진행되는 것 같았다. 그러나 날이 갈수록 노독이 쌓여져 가자 병사들과 지휘관들의 불만이 일어나기 시작했다. 병사들이야 수레를 이끌고 왕이 무사히 길을 행차할 수 있도록 하는 것이 그들의 본래 임무이지만 그러나 이번의 길은 몽진의 슬픔, 국난을 당한 슬픔, 게다가 견딜수 없이 무더운 날씨까지 겹쳐 이러한 악조건은 그들의 본래 임무를 벗어나 어떻게 해서 이 지경이 된 것인가에 대한 근본적인 회의가 그들 마음속에서 싹트기 시작한 것이었다. 그 가운데서도 이러한 질시의 눈총이 모아지는 곳은 바로 양귀비와 그의 언니들인 괵국부인, 진국부인, 그리고 재상 양국충 같은 양씨 일가였다. 어쩌면 그들의 운명은 궁궐을 나오면서부터 꺾이기 시작하여 몽진이 진행되어 갈수록 더욱 더 서리맞은 모습인듯 여러사람들의 증오와 미움의 눈초리를 벗어 날 수가 없게 된 것이었다. 결국은 그들 미색 때문에 나라가 이 지경이 된 것이었다. 이러한 증오감을 느끼는 중심에는 그 누구보다도 호위병사들을 지휘하고 있었던 사령관 진현례 였다.

그는 장안 궁궐을 떠나면서 이미 현종으로부터 어가를 잘 이끌어 달라는 부탁에서 천금을 하사 받았다. 그러나 지금의 생각에서 그에게는 이 천금이 문제가 아니었다. 그의 마음속에는 나라의 운명에 대한 궁극적인 물음이 계속해서 일어나기 시작한 것이었다. 그의 생각으로는 국난의 원천은 양씨일가와 그리고 재상 양국충과 안녹산의 권력알력에서 일어난 것이라고 판단하였다. 때문에 지금이라도 이들을 제거하지 않으면 조정의 회복은 불가능하다고 생각하였다. 결국 그날도 지친 몽진의 하루를 끝내고 행렬이 마외역(馬嵬驛)에 이르러 현종이 투숙에 드는 때를 이용하여 진현례는 환관들과 상의한 끝에 그의 부하들을 시켜 양귀비의 언니들과 양국충, 그리고 그에 따르는 일가족 모두를 살해해 버렸다. 그렇게 하고 나서는 현종에게 양귀비도 없앨 것을 청하였다. 사실 이것은 안녹산이 일으킨 나라의 반란속에 또 하나의 반란이었지만 그러나 현종은 이미 망국의 왕인데다 모든 책임이 그에게 있는 이상, 호위군들의 일방적인 행위를 막아낼 힘이 없었다. 결국 현종은 대신들을 시켜 양귀비를 인근 사찰로 데리고 가 살해하도록 하였고, 핍박을 이기지 못한 양귀비는 결국 스스로 목을 매어 자살하였다.

백수를 떠나 부주로 피난을 하다.

한편 봉선의 가족으로 황급히 돌아간 그는 서둘러 피난짐을 꾸렸다. 아내는 그가 장안에서 빨리 돌아와 주기를 기다리고 있었고, 그 역시 지체하지 않고 가족으로 돌아온 셈이 되었다. 이렇게 그가 가족의 보호에 대하여 전에 없이 기민한 모습을 보이는 것은 역시 지난번 어린 아이가 굶어죽은데 기인하였다. 그 일은 더 이상 자신의 일로 가족이 방치되어서는 안된다는 생각을 하게 하였으며, 또한 모든 일을 아내 혼자서 참고 견뎌나가도록 해서도 안된다는 생각 역시 그 일 이후로 하게 되었다.

나라가 더욱 전란의 위험에 처하게 될 경우를 대비해서 이미 이전에 백수 외삼촌 집으로의 피난처를 물색해놓은 탓에 이번에 봉선을 떠나는 피난길은 그다지 슬픈 느낌이 들지 않았다. 비록 전쟁상황이지만 그만큼 가야할 곳에 지인이 있고 목적지가 있다는 것은 그렇지 않은 경우와는 훨씬 다른 느낌을 주기 때문이었다. 마음의 반은 일종의 여행정서가 담겨 있었던 것이다. 그럼에도 한 자리에서 근 이년이상을 살았고, 또한 여기에서 아이하나까지 잃은 슬픈 경험은 그로 하여금 살았던 곳의 떠나는 슬픈 마음을 어쩔 수 없이 들게 하였다.

지금까지만 해도 그가 거처를 옮긴 것은 이미 수도 없었다. 하나 같이 모두 다 삶에 쫓겨서, 더 이상 살수 없어서, 옮기고 나면 좀 더 나은 점이 있을까 싶어 옮긴 것이었다. 그리고 매번 거처를 옮길때마다 그가 살았던 흔적이 쓸쓸히 뒤로 남겨지는 것이었다. 이 남겨진 흔적들속에 자신의 현재의 몸은 비록 그 곳을 떠나지만 과거의 몸은 엄연히 그곳에 있었음으로, 사실은 옮겨다닌 수많은 거처지마다 과거의 여러 자신이 분산되어 여전히 허리 기울이고 살고 있을 것 같은 느낌이 들었다.

백수의 외삼촌집에 도착하자, 현령인 외삼촌은 자기의 층층이 높은 집의 한 층을 거처지로 정하여주었다. 아마도 그가 지금껏 옮겨 다닌 수많은 곳을 통틀어 가장 훌륭한 장소인 것 같았다. 뿐만 아니라 지대가 높아 바람 또한 잘 통하고 먼 산을 관상하는데 더할 나위없이 좋았다.

사실 외삼촌은 그가 이전까지 몰랐던 사람이었다. 그 이유는 어머니가 일찍 세상을 떠났기 때문이었다. 어머니가 세상을 떠나자 아버지 두한은 계모를 맞았다. 때문에 외가집과의 연락은 거의 두절된 상황에 있었다. 그러나 외삼촌은 그를 알고 있었던 것 같았다. 비록 두보 그 자신이 기억을 할 수는 없었지만 어머니는 죽기전에 아주 어린 그를 데리고 외가 나들이를 하였고, 이때 외삼촌은 그의 얼굴을 보았던 것 같았다.

백수의 외가식구들은 모두 마음이 따뜻하였다. 외사촌과 조카들 역시 그를 처음본 것과 마찬가지였지만 혈육이라는 것은 그럼에도 불구하고 만나자 마자 서로 서로 호칭을 나누고 하여 순식간에 한 가정이 되어 피가 흐르는 것 같았다. 뿐만 아니라 지금 어수선한 시국상황에서 누가 누구를 질시하는 것이 아니라 그저 따뜻한 마음으로 대하고 서로에게 호의를 베푸는 것은 다분히 인지상정이었다. 이러한 참으로 오랜만에 느껴보는 온정의 분위기 탓에 마음은 한결 누그려져 그의 마음속엔 지금의 상황이 난국인가 싶을 정도였다.

우리 외삼촌 정치 하는 것이 이와 같으니
옛 사람들중에 누가 다시 능가할 수 있으랴
푸른 산이 맑았다가 다시 비에 젖고
백수에는 비가 참으로 많구나
가뭄이 자못 심했지만 탕 임금의 시대에는 태평의 시절이었고

오늘 난국의 때에 거문고 노래 소리에 취하게 되는구나
吾舅政如此　故人誰復過
碧山晴又濕　白水雨偏多
湯年旱頗甚　今日醉絃歌

　　지금 그는 피난처의 몸이다. 그러나 외삼촌 집에서의 따뜻한 의탁이 결코 자기자신을 불행하게 생각지 않게 하고 있는 것이었다. 심지어 비 자주 내리는 것도 여름의 푸른 산 빛을 더욱 푸르게 보이게 하는 운치있는 것으로만 보일 뿐이었다. 여기에서 비로소 그는 알게 되었다. 그 자신의 한 몸이 안락하면 세상이 아무리 난국이라도 난국으로 보이지 않고, 세상이 아무리 태평이라도 그 자신의 한 몸이 편안치 못한다면 결국 그 세상은 불우한 세상으로 보인다는 것이었다.
　　그러나 외삼촌집에서의 이러한 따뜻함이 영속적일 리가 없었다. 동관에서 안녹산과의 전투에서 가서한 장군이 이끄는 관군의 대패는 백수 역시 피난처가 되지 못함은 두말할 필요가 없었다. 그는 풀었던 짐을 어쩔 수 없이 다시 꾸려야 했다. 그러나 이번에는 어디로 가야할지 그의 머릿속에는 어떠한 목적지가 서지 않았다. 뿐만 아니라 적의 이동영역을 벗어나려면 한참이나 북상해야 하며, 그만큼 피난의 날짜도 여러날 소요되며 말할 수 없는 시련도 요구하기 마련이었다. 그의 생각으로는 백수에서 최소한 육칠백여리 떨어진 부주(鄜州)정도 까지는 북상해야만 비로소 적의 영역을 벗어날 수가 있다고 생각하였다.
　　피난짐을 들고 한 길로 나오니 이미 거리는 북으로 향한 피난민들로 넘치고 있었다. 다들 한 목숨 살기 위하여, 한 시대의 피난 보통이를 이고 지고, 투정부리는 어린 아이들의 손을 잡고, 혹은 우마가 이끄는 수레를 끌고 어디 살 곳을 향하여 마치 개미떼의 행렬인 듯 사람들은 하나의 강이 되어 정처없이 흐르고 있는 듯했다.
　　그와 그의 가족 역시 이 목숨의 강에 기꺼이 합류하긴 했지만 그러나 그는 이번의 피난길은 왠지 처음부터 그를 힘들게 했다. 떠나고자 하는 어떠한 의욕이 애초부터 꺾인 것이었다. 그 이유는 무엇보다 백수의 외가에서 그래도 편안한 생활을 하다가 또 상황이 변하여 어떠한 기약할 수 없는 삶의 고통속으로 다시 들게 된, 힘든 삶에 대한 회의 때문인듯 하였다.

그렇게 탈진의 상태에서 여러 날을 걸어 부주에 이르러 친구 손재(孫宰)가 살고 있는 삼천현(三川縣) 동가와(同家洼)에서 가족이 머물 장소를 찾아 짐을 풀었다.

거처가 정해지고 가장 먼저 그가 서두른 것은 동생들에게 편지를 쓰는 것이었다. 스스로가 그나마 안전한 상태에 있게 되니 낙양의 적의 함락지에 갇혀 있을 동생들에 대한 걱정이 상대적으로 커진 것이었다. 일단 피난해온 주소를 알려주어야만 동생들이 다시 편지를 보내오게 될 것이고 서로 통하게 될 것이었다. 물론 동생들이 무사히 살아있다는 전제하에서의 일이다. 그러나 전쟁상황이라 보낸 편지가 제대로 전달이 될지 몰랐다.

그러나 뜻밖에도 한참을 지난 후에, 아침나절에 집 앞 백양목 가지 위에서 까치가 요란하게 울더니 이 울음이 결국 동생들의 소식을 물고왔다. 전쟁을 뚫고 전달된 것이라 마치 한통의 편지가 만금이나 되는 듯 하였다. 편지의 내용은 낙양을 탈출하고 싶어도 반군에 붙잡힐까봐 감행을 하지 못하고 있다는 것이었다. 편지를 읽고 쏟아지는 눈물을 거두지 못한채 그는 다시 한 수의 시를 썼다.

너는 마음 약해서 돌아올 계획 없고
나는 몸 쇠약하여 가야할 기약 없구나
살아가는 것이 이 무슨 꼴인가?
근심이 일년내내 끝날 날이 없구나
적의 수중에 있는 장안과 낙양의 서른명의 혈육들

비록 살아 있다고 하나 목숨이 실 같구나

汝懦歸無計　　吾衰往未期
生理何顔面　　憂端且歲時
兩京三十口　　雖在命如絲

태자 이형(李亨)이 영무에서 행재소를 차리고 숙종으로 즉위하다.

　현종이 수도를 버리고 몽진을 하였다는 것은 적에게 아무 저항없이 나라의 도읍지를 내어준것이나 마찬가지였다. 예상보다 쉽게 동관을 점령한 안녹산의 반군은 아무런 저항없이 중원을 통과하여 장안성을 접수하였다. 왕이 거처했던 궁궐은 반군의 아지트가 되었다.
　낙양과 장안이라는 역사 대대로 왕조들의 도읍지였던 이 두 도시가 반란군에 장악됨으로 인해서 사실상 지금까지만 놓고 본다면 안녹산이 새로운 역사를 창조하는 조대의 원조가 되고, 이를 중심으로 정통성으로 인정되는 왕조가 새로이 탄생할 가능성이 많아지게 된 것이었다. 그러나 당조의 운명은 여기까지가 목숨의 끝이 아닌듯 했다.
　사천으로 몽진한 현종은 수행해간 대신들을 중심으로 그곳에서 새로운 행재소를 차렸다. 그러나 이미 중원에서 벗어난 세력은 어떠한 힘을 발휘할 수가 없었다. 뿐만 아니라 와해된 권력의 중심부에 새로운 권력집단이 등장하여 국가를 이끌어 나갈 수 있는 힘의 중심으로 역할하기에는 그 내부에 너무나 큰 변란이 있었다. 즉 이전 세력이었던 양씨 일가가 몽진도중에 완전히 멸족 되었고, 현종이 이 양씨 일가의 멸족을 바라보면서 그대로 좌시할 수 밖에 없었던 것은 그만큼 그의 치명적인 정치적인 누를 스스로 인정한 것이나 다름 없었으며, 이렇게 망국의 가장 본질적인 원인이 자기에게 있었던 것인 만큼, 이러한 씻을 수 없는 죄를 딛고 새로운 무슨 권력 기반을 구축하여 나라를 이끌어나간다는 것은 사실

도덕적으로도 불가능하였던 것이다. 때문에 현종은 형식상으로 아직까지 제왕의 지위에 있었을 뿐 모든 일은 시신들이 건의하는 대로 고개를 끄덕였고, 그 나름의 어떠한 정치적인 주장이나 의견을 분명히 개진할 수 없는 처지에 있었다.

 그러나 다행히도 현종의 이러한 권력공백의 기회를 이용하여 당조를 이끌어나갈 새로운 얼굴로 자처하며 나타난 것이 바로 태자 이형(李亨)이었다. 태자 이형은 본래 현종이 사천을 향해 떠나 마외역에 이르러, 몽진의 무리에 함께하는 대신 안녹산의 반군에 저항하기 위하여 군사를 이끌고 그 곳에 남은 상태였다. 그러므로 아버지 현종이 더 이상 힘을 일으킬만한 그러한 역량이 없게 되자 후에 아버지 현종의 재가도 없이 독단적으로 그 스스로 영무(靈武)에서 즉위하여 숙종이 되었다.

부주를 떠나 행재소로 향하다가
반군에 붙잡혀 장안으로 압송되고,
억류생활속에서 나라와 가족을 생각하는
더할나위없이 빼어난 시들을 짓다.

 두보 그는 비록 피난을 떠나 한적한 세상 끝이나 다름없는 부주에 있었지만 조정이 어떠한 변화가 있을 것인지 예의 주시하고 있었다. 그는 수시로 부주성을 드나들며 이러한 풍문에 귀를 기울이고 있었다. 그런 가운데 숙종이 영무에서 즉위했다는 소식을 듣게 된 것이었다. 이 소식을 듣는 순간 그의 마음속에서는 어떤 새로운 힘이 일어나는 듯했다. 그의 생각으로는 숙종의 즉위가 당조를 살릴 수 있는 새로운 힘의 태동으로 여긴 것이었다. 그는 곧장 영무의 행재소로 달려갈 기세였다. 나라가 일어나는데 무엇보다 힘을 보태야 한다는 생각이었다. 또 한편으로는 비록 현종시에는 자신이 제세의 큰 뜻을 이룰 수 없었지만 그러나 숙종이라는 새로운 왕이 즉위한 이상 그의 이상이 실현될 수도 있다는 기대가 작용한 것이었다.
 그러나 시국이 시국인 만큼 행재소를 향한 발걸음은 신중함을 보여야 함은 당연하였다. 잘못 길을 들었다간 중도에서 반란군에 사로잡혀 죽음을 당할 수도 있는 처지가 될 수 있기 때문이었다. 다행히 장안을 접수한 안녹산의 반군은 더 이상 주위로의 세력확장을 꾀하고 있는 것 같지는 않았다. 이미 국가의 중심부를 장악한 그들이 더 이상의 행동을 하지 않는 것이 조금은 이상했다. 그러나 그것은 그들의 내부사정일 뿐이었다.
 그가 영무행을 결행하려 하자 아내가 염려스러워하였다. 평소에 아내는 그가 하는 일에 어떠한 반대를 한다거나 불평불만을 싸는 그러한 일이 없었다. 그러나 상황이 상황인 만큼 우려를 하지 않을 수 없었던 것이다. 그럼에도 불구하고 영무행을 굽히려 하지 않자 어쩔 수 없이 아내는 이웃 점집에 가서 날을 받아 와 떠날 날을 정하였다.

날이 되어 그는 곧바로 부주성을 지나 영무가 있는 서북쪽으로 방향을 잡아 길을 재촉하였다. 그런데 어쩐지 이번에는 어떠한 행로의 위험같은 것이 그에게 느껴지지 않았다. 분명히 상황은 그 어느때보다 심각하였지만 새로이 나라를 일으키는데 참여해야한다는 의욕이 그의 모든 위험을 극복하게 한듯 하였다. 그러나 부주성 외곽을 한참이나 빠져나온 상태에서 길을 잡아 바삐 영무로 향하고 있는 그를 보고, 수상쩍게 생각한 일군의 사람들이 숲속에서 나와 그의 길을 가로막고 나선 것이었다. 그들이 나타났을 때 처음에 그는 진을 치고 있었던 관군인 것으로 알았다. 그리하여 그들에게 지금 새로이 즉위한 왕을 도우기 위하여 행재소로 가고 있는 중 이라고 말할 참이었다. 그런데 알고 보니 반란군의 병사들이었다. 순간 그에게 닥친 상황의 위험함을 직감하였으나 그는 곧바로 냉정을 되찾아 차분히 그들의 취조에 응하였다. 반군들은 그가 관직을 갖고 있다는 것을 알고는 바로 장안으로 압송하였다. 당시 안녹산은 장안과 낙양에서 미처 탈출하지 못하고 남아 있는 관원들을 달래어 그들에게 관직을 주고 충성을 하도록 강요하였다. 그를 장안으로 압송한 것도 바로 그러한 차원이었다.

장안으로 압송된 관원들에게 반군의 지휘부는 관직의 품계에 따라 처리를 달리 하였다. 비교적 높고 중요한 직책을 가지고 있었던 사람들을 대상으로는 그들 조직속으로 흡수하려 하였고, 그 나머지 미관의 관원들에게는 굳이 그러한 복속을 원하지 않았다. 때문에 그는 미관말직이어서 그러한 제의를 받지 않아 다행히 비교적 자유로운 신분으로 놓아지게 되었다. 결과적으로 장안에 붙들려 온 것은 나라가 망하여 통치의 주인과 사람이 바뀐 특이하고 이색적인 시대상황을 직접 눈으로 보고 느끼며 그 것을 기록하게끔 하는 시사적 임무가 그에게 주어진 것이나 다름없었다.

사람이 바뀐 장안의 첫 모습은 참으로 눈 뜨고 바라볼 수 없는 끔찍한 현장이었다. 그야말로 역사가 거슬러와 왕조와 조대가 완전히 바뀐 모습 같았다. 그들 나름의 붉은 관복을 입은 반군의 병사들이 성을 따라 모두 진을 치고 있었고, 그들의 깃발이 펄럭이고 있는가 하면, 수시로 오랑캐의 피리 소리가 관망대 언덕 위 장안의 하늘로 어떠한 서러움과 비환의 상징처럼 흐르고 있었다. 붉은 대문의 귀족들이 살던 장안가 주택지에는 어디론가 다들 피난을 떠났는지 집집마다 문이 굳게 잠기어져 있었고, 거리거리마다 긴 장검을 차고 구호를 외치면서 이동을 하고 있는 반군의 무리들로 차 있었다. 이러한 살풍경에 궁궐옆을 흐르고 있는 곡강은 마치 슬픔에 젖은 듯 말없이 흐르고 있는 것 같았다. 일반백성들은 반군의 수도 장악에 대하여 겉으로는 어떠한 말을 삼가고 굳게 침묵을 지킨 채 한산하게 거리를 지나가고 있었다.

대부분의 전쟁이 다 그러하듯 안녹산의 반란군은 장안을 접수하자, 살벌한 무단통치로 점령지를 다스렸다. 각 방향에 따라서 나 있는 성문을 철저히 봉쇄하고 삼엄하게 출입자를 감시하였고, 행여 그들의 조직에 저항하거나 반하는 행위를 하는 사람들을 색출해내기 위하여 반군의 병사들은 삼삼오오 짝을 지어 다니며 성안을 누비고 다녔고, 이루 말할 수 없는 잔인성을 내 보였다. 그들은 밤이 되면 장안의 대표적인 홍등가에 모여 피 묻은 칼을 세워놓고 거나하게 술을 마시고 호탕하게 자기들끼리 웃고 떠들며 점령자들로써의 온갖 만용을 다 부리는 것이었다.

그는 다행히 반군의 복속의 요구나 혹은 감시 같은 것을 그리 철저하게 받지 않았다고 하더라도 압송되어와 일단 성안에 갇힌 상태가 되니 그의 마음속에는 이전에 없었던 어떠한 복잡한 심리층차를 드러내기시작했다. 상황의 심각성이 바로 평정했던 마음을 충격하여 그에 따른 심각성의 정서를 일으키기 시작했다는 것이다. 이렇게 되니 이전에는 그저 평범하고 예사롭게만 생각되었던 모든 것이 절실하게 생각되어지기 시작하였다. 가장 먼저 그의 가슴을 치밀고 오른 것은 부주에 남아 있는 가족들에 대한 생각이었다. 아내와 아이들은 지금 자기가 이렇게 붙잡혀 와 있다는 사실을 모르고 있을 것이었다. 숙종의 행재소에 무사히 도착하였는지 아니면 중도에서 어떠한 변고를 당하여 죽음을 당했을 지도 모를 그러한 끊임없는 우려스러움에 싸여 있을 것이었다. 이러한 가족에 대한 그리움은 함락된 땅의 밤 하늘에 달이 떠 오르니, 이 달은 절정의 감정을 이끌고 올랐고 그는 여기서 아내와 아이들에 대한 사무친 감정을 노래하였다.

오늘밤 멀리 부주의 하늘에 뜬 달
아내는 규방에서 혼자 저 달 보고 있겠지
멀리서 어린 딸 아이 가엾도록 그리워지는데
장안의 이러한 아버지 마음 알지 못할 것이라
향기로운 안개에 구름같은 머리 부드러이 젖고
맑은 달빛에 옥같은 흰 팔이 시리지나 않는지
언제쯤 허허로운 창의 휘장에 기대어
서로 눈물 자국 비추며 말릴 수 있을까?
今夜鄜州月　　閨中只獨看
遙憐小兒女　　未解憶長安
香霧雲鬢濕　　淸輝玉臂寒
何時倚虛幌　　雙照淚痕乾

그는 유명한 시인이었고, 중국역사에서 가장 위대한 시인이었지만 그러나 위대한 시가 언제 어디서나 쓰여질 수 있는 것은 아니었다. 그만한 상황이 있어야 그러한 시가 쓰여지는 것이었다. 지금 그는 그의 삶에서 가장 특이한 환경, 가장 절박한 환경에 처해 있다. 즉 나라가 빼앗긴 상황의 반란군이 점령하고 있는 세상에 들어와 억류생활을 하고 있는 것이었다. 이러한 특이한 상황만큼이나 그에게 어떤 절실한 감정을 가지게 하였고, 위의 시는 장안에 뜬 달을 보면서 부주에 아이들과 함께 있는 아내를 그리워하고 있는 것이었다.

달은 하늘에 떠 있고 점차 가을이 깊어 가는 밤에 바람은 선득하게 불어오고 있는데, 어린 딸 아이의 흰 팔이 시리지 않을까 애틋한 마음의 아버지는 걱정이 끝이 없었다. 그 자신이 처참해지면 처참해질수록 아내와 아이들에 대한 걱정 역시 더욱 뼈저리게 되어 가는 것이었다.

억류생활의 가장 큰 문제는 역시 배고픔의 문제였다. 반란군들은 그들의 군량미 획득에 혈안이 되어 있는데, 시정에 무슨 남아돌 쌀이 있을리가 없었다. 그렇다고 지금 그에게 무슨 적은 봉록이라도 주어지는 것도 아니다. 그저 무작정 무슨 먹을 것이라도 있을까봐 길을 헤매는 것이 일상의 생활이었다.

그런 상황 속에서도 가끔씩 찾아가 허기를 달랠 수 있는 친구가 있었다. 바로 소단(蘇端)과 장안성 남쪽에 있는 대원사 주지 찬공(贊公)이었다. 소단은 본래 장안 토착인으로 그가 이전에 장안 십년의 관직 생활을 추구하는 과정에서 알게 된 친구로 무슨 관직을 가졌다거나 아니면 살림이 부유한 귀족이 아닌 일반 백성에 불과한 사람이어서 안녹산 반군이 몰려올때도 굳이 장안을 떠날 생각을 하지 않았다. 이처럼 그가 가난하였기 때문에 배고픔에 견디지 못하는 사람의 심정을 헤아려서인지 자주 친구가 찾아와도 박대를 하거나 싫은 내색을 하지 않고 끼니를 함께 나누었다. 그의 생활을 도운 또 한 사람은 역시 찬공이었다. 안녹산 반군은 물불을 가리지 않은 포악하기 이를 데 없었어도 그래도 가사 입은 승려나 사찰에 대해서만은 호의로 남겨두었다. 특히 찬공은 승려여서인지 시의 선적인 면도 이해하는 바가 있어서 그와는 마음의 일면으로 통하는 바가 있었다. 때문에 그는 자주 찬공의 대원사에 가서 한담을 하거나 시국의 슬픔을 토로하거나 때로는 그의 선방에서 게으른 잠을 청하기도 하며 억류생활을 보내기도 했다.

이렇게 아무것도 하는 일이 없는 상태에서 그저 허기와 굶주림이 일상적으로 지속되는 가운데, 그렇다고 어떠한 완전한 자유가 주어지는 것이 아닌 심리적으로는 여전히 옥죄인 상태에서의 하루하루의 생활은 무료하고 의미 없는 생활의 연속일 뿐이었다. 무료한 삶은 그만큼 수심을 키우는 바탕이 됨은 물론이었고 하루빨리 관군이 장안을 수복하든지 어떠한 새로운 상황이 있어야 함을 간절히 원하게 되는 것이었다.

겨울이 점차적으로 다가오자 그는 마음속으로 어떠한 생각을 하기 시작했다. 즉 장안탈출의 마음이 일어난 것이었다. 그럴 때면 성 밖으로 아득히 보이는 한 계절이 가고 또 한 계절이 오는 사이, 불어오는 바람에 낙엽이 지는 하늘 밖은 한없이 자유와 그리움으로 보여졌다. 그러나 탈출이라는 것이 쉽게 될 리가 없었다. 자칫하면 죽음을 맞기 십상이었다. 더 더욱이 그는 미관말직이나마 관직을 가지고 있었기 때문에 의심은 더욱 크게 받기 마련이었다. 때문에 좀 더 시간을 두어보기로 하고 일단 겨울을 넘기고 마음을 가다듬어 보기로 하였다.

반란군 내부에 분열이 일어나
아들 안경서가 아버지 안녹산을 죽이다.

　장안과 낙양을 생각보다 쉽게 점령한 안녹산 반군은 황하상류나 양자강방면으로 얼마든지 세력을 확장할 수 있었고, 그들의 꿈인 천하를 손에 넣을 수 있는 상황에 있었다. 그러나 이 목표는 그들의 내부문제로 순조롭게 진척되지 못하고 있는 것 같았다. 우선 애초에 반란의 시작부터 무언가 분열된 상태에서부터 시작하였다. 그것은 바로 안녹산 하나의 세력으로만 시작된 것이 아니라는 것이었다. 즉 사사명이라는 반란의 또 한축이 존재하고 있었다는 것이다. 이 양 세력은 기본적으로 국가전복이라는 뜻을 같이 하고 있었고, 어떤 큰 반목이 없었다고 할지라도 어느 시점에 이르면 그들간에 또 분쟁이 일어나기 마련이었다. 그러나 이 분쟁이 일어나기도 전에 각 진영의 내부에서 먼저 알력이 일어났다. 즉 안녹산과 그의 아들 안경서간의 알력이 일기 시작했고, 사사명은 역시 그의 아들 사조의와 부자지간에 투쟁이 일어난 것이었다.
　원래 안녹산의 아들 안경서는 매우 어릴 때부터 그의 아버지의 막부에서 일을 하기 시작하여 군사지휘방식을 체득해 나갔다. 안녹산은 그의 여러 아들 가운데서도 특히 안경서를 총애하였다. 안경서는 아버지의 성격을 그대로 빼 닮아 선천적으로 매우 포악무도한 성격을 지녀 자기 앞에 어떠나 장애물이나 적수가 나타나면 물불을 가리지 않고 칼을 휘두르는 성격이었다. 대표적인 실례로 동관전투에서 대패한 관군의 장군인 가서한이 투항해오자 처음에는 기꺼이 받아들이는 듯 했다. 그러나 가서한 장군이 사석에서 반란전쟁의 부당성을 은근히 조롱하는가 하면 전쟁에 참여하는 것을 꺼리는 태도를 취하자, 안경서는 좌고우면할 것 없이 가서한을 살해해 버렸다. 당시 관군의 최고 명장이었던 가서한이 훗날에 그의 정적으로 대두될 것을 우려하고 있었던 탓에, 이러한 사소한 문제를 빌미로 삼아 미리 불씨를 제거해버린 것이기도 하였다.

이러한 안경서의 과단성 있는 성격에 반란전쟁의 초기에는 안녹산이 그의 아들을 중용하고 후계자로써의 인식을 하지 않을 수 없었다. 적어도 낙양과 동관전투의 승리까지는 이러한 부자지간의 권력자와 권력후계자로써의 관계가 건전하게 성립되고 있는듯했다. 그러나 관군이 지나치게 무력한데다 너무나 쉽게 장안마저 점령하게 되자 그들 반란군의 내부는 새로운 전투를 위하여 대의 단결하는 대신 전리품과 권력의 문제라는 먹이에 오히려 눈독을 들이기 시작했다.

사실상 낙양과 장안을 점령하면서 안경서는 그의 아버지의 위호와 도움이 없이도 독자적으로 군사를 지휘하고 점령지를 다스려나갈 수 있는 완전한 대장군의 모습으로 성장해 있었다. 이러한 젊은 나이에 완성된 군인의 모습은 결국은 그의 아버지와의 갈등을 가져오게 되었고, 전쟁방식과 권력구조의 편성, 그리고 점령지의 분할통치 등에 대해서 사사건건 알력을 빚게 되었다. 때문에 낙양을 장악하고도 한참이나 장안과 동관공격을 지체한 이유가 바로 여기에 있기도 했었다. 뿐만 아니라 장안을 점령하고도 제대로 통치해나가지 못한 이유도 역시 여기에 있었다.

결국 안경서의 생각으로는 그의 아버지의 지배를 받는 것 보다 차라리 그 자신이 권좌의 중심에서 반란군을 통솔해 나가는 것이 낫다고 생각하여 급기야 아버지 안녹산을 살해해 버렸다. 그리고 나서 안경서는 또 다른 반란군의 한 축인 사사명과 연합을 통하여 전쟁을 수행해나가기에 이르렀다.

목숨을 걸고 위험한 탈출의 대가로
좌습유라는 관직을 받다.

　반란군 내부의 권력 암투는 점령지 장안의 통치에도 그대로 나타났다. 말이 적의 수중이지 통제는 날이 갈수록 느슨해지고 심지어 두보의 오랜 친구 정건(鄭虔)은 그래도 삼엄한 분위기의 낙양을 탈출하여 장안으로 들어오곤 하였다.
　그러나 그렇다고 해도 모든 것이 마음 놓을 상황은 아니었다. 반란군은 언제 다시 사나운 이리떼로 변하여 사람을 가해해 올지 알 수 없는 상황이었고, 권력 핵심부의 분열이 가장 말단의 반군병사들에게까지 영향을 미쳐 모든 것이 풀어진 상태에 이르기까지는 본래 상당한 시간이 요구되어지는 것이었다. 뿐만 아니라 설사 완전 무력한 상태에 이른다고 해도 말단은 말단 나름의 그들 자체가 가지고 있는 전횡의 욕구 역시 여전히 있을 수밖에 없기 때문에 억류상태는 사실 이전보다 그리 달라진 것이 없다고 하는 것이 적절한 표현이었다. 여기에다 설사 안녹산이 그의 아들 안경서에게 죽었다고 하더라도 그 지휘체계가 무너진 것이 아니라 다만 변화가 있었을 뿐이었다.
　참담하기만 했던 겨울이 갔다. 억류 생활 속에서의 겨울은 모든 잎 떨쳐버리고 벌거벗은 채 눈보라와 세찬 바람 있는 그대로 맞아가며 괴롭게 밖에서 떨고 있는 초목들과 거의 다름이 없는 생활이었다. 궁핍과 한기가 동시에 가해지는 고통이었기 때문이었다. 이러한 끝을 알 수 없는 상황이 되자 그는 더 이상의 억류생활을 참을 수 없다는 최후적인 마음이

들기 시작했다. 차라리 목숨을 버리는 한이 있더라도 의미 없는 삶은 그만 두는 것이 낫다고 생각하였다. 장안성 안팎으로 결국 겨울이 가고 봄이 서서히 오기 시작하자 마음속에 깊이 간직해왔던 탈출의 꿈을 현실화하기 시작한 것이었다. 일찍이 지난겨울에 탈출의 마음을 꿈꾸어 보았으나 겨울이라는 것은 모든 숲과 초목이 잎이 져 내린 상황이었기에 그만큼 은폐가 쉽지 않고 적들의 눈에 잘 띄기 마련이었다. 그러나 지금은 적당히 숲이 형성되고 그만큼 몸을 가리기가 쉬워지는 것이었다.

일단 탈출심리가 그의 마음속에 본격적으로 자라기 시작하자 억류생활의 비환과 잃어버린 땅에 대한 슬픔이 더욱더 절실하게 들기 시작했다. 사실 이곳 장안성이라는 곳은 탈출을 해야 할 땅이 아니라 그가 살아왔던 땅이고, 정통성을 부여받고 태생한 조정이 있었던 장소이고, 또한 있어야 할 장소였다. 때문에 여기를 버리고 떠난다는 것은 그만큼 이 땅에 대한 슬픔이 절절히 우러나오지 않게 할 수 없는 것이었다. 그리하여 공중을 나는 새 한 마리의 날갯짓과 울음소리도 비명으로 들리고 꽃이 피어도 즐거움으로 보이지 않았다. 그는 이 봄에 다시 그의 시의 명시 중 명시로 불리는 시 한 수를 남겼다.

  나라는 깨어져도 산하는 그대로 남아 있고
  성에는 봄이 와 초목이 깊어지는 구나
  시절을 슬퍼하게 되니 꽃이 피어도 눈물 흘리게 되고
  가족과 이별을 한스러워하니 새 소리에도 마음이 놀란다
  전쟁이 계속해서 석 달이나 이어지니
  집에서 온 편지가 만금처럼 여겨진다
  國破山河在 城春草木深
  感時花濺淚 恨別鳥驚心
  烽火連三月 家書抵萬金

그에게 이러한 시가 많다는 것은 흔히들 말하는 천재시인 이백보다 더한 가치의 시인으로 추앙되고 후세의 수천수만의 연구가들을 거느리는 이유가 되었다고 할 수 있었다.

  탈출을 감행하기 위한 그의 첫 시도는 성안에서 움직이는 반군의 동태를 면밀히 살피는 것부터 시작되었다. 그리하여 그는 사월이 오기 전에 거의 매일 한량 같은 모습으로 밖으로 돌아다니며 반군의 동태를 살폈다. 특히 그가 통과해야할 장안성 서쪽 성문인 금광문(金光門)에 반군이 어떠한 방식으로 수문하고 있는지 어느 때가 그들의 지킴이 가장 소홀한지를 예의 주시하였다. 뿐만 아니라 낙양을 탈출해 나온 절친한 친구 정건에게서 어떠한 경로를 통하여 탈출에 성공하였는지, 그 준비과정은 어떠하였는지도 참고로 삼았다.

  탈출하기로 마음속으로 정해놓은 날짜가 다가왔다. 상현의 달이 일찍 져 새벽어둠이 성문을 깜깜히 에워쌀때였다. 여러 날 동안의 그의 관찰로는 성문지기들이 가장 경계를 놓고 있는 시간은 아무래도 새벽시간대였다. 당일날 밤 그는 평소에 거처하고 있었던 곳을 나와 금광문 가까이에 와서 몸을 웅크려 은신한 채 밤을 보냈다. 음력 사월이라 벌써 계절은 늦봄에 접어들 무렵이었기에 밖에서 견디는 것이 그리 힘들지 않았고 또한 긴장감 때문에 어떠한 마음이 생겨날 수도 없었다.

  초조하게 시간을 기다리며 때가 되었다고 판단한 그는 자리에서 선연히 일어났다. 그리고는 성문을 향하여 조심스러우면서도 날듯이 걸음을 옮겼다. 침묵에 싸인 채 성문에는 사람의 흔적이라고는 아무것도 없었다. 마침내 문밖으로 그의 몸이 내어놓아지자 어떤 홀가분한 듯한 느낌이 그의 뒤를 따랐다. 탈출의 가벼운 마음이었던 것이다. 밖으로 나서니 여전히 한량없는 어둠이 길을 덮고 있었다. 그러나 성 밖을 나왔다고 해서 모든 문제가 끝나는 것이 아니었다. 어쩌면 지금부터가 더 큰 문제가 도사리고 있는지 몰랐다. 장안에서 숙종의 행재소가 있는 봉상까지는 반군과 관군이 서로 지뢰밭처럼 진을 치고서 대치하고 있을 가능성이 크기 때문이었다.

그 상황의 내막을 보면, 당시 안녹산이 장안까지 점령하고 나서 앞에서 말한 바대로 아들 안경서와의 내분이 일어나 지휘체계에 혼선을 빚으면서 더 이상의 어떠한 세력 확장을 꾀하지 못하고 있었다. 이러한 반군의 내분으로 인한 정체성은 오히려 관군과 조정으로 하여금 되살아날 수 있는 생기를 불어넣는 것이나 마찬가지 였다. 이렇게 되자 영무에서 즉위한 숙종은 장안수복의 의지를 다지며 행재소를 좀 더 장안가까이로 당겨와 봉상(鳳翔)으로 옮겼다. 이렇게 되자 반군 측에서는 다시 이를 저지하기 위하여 군사를 배치하는 등의 조치를 취하였다. 때문에 장안성 서쪽에서 봉상에 이르기까지는 양군이 대치하고 있는 가장 긴장된 지역이라 할 수 있었다.

새벽어둠의 위호를 받으며 한참이나 날랜 걸음을 재촉하여 나가자 날이 서서히 밝아오기 시작하였다. 그러자 그는 가급적 큰길을 버리고 샛길을 골라 방향을 잡아 나갔다. 장안과 봉상까지는 대부분이 평원이어서 산길을 타야 하는 그러한 고초가 없었지만 그러나 또한 그만큼 사람 눈에 잘 띄는 것임으로 주의를 요하는 것이었다.

지금 그에게 가장 중요한 것은 가급적 빨리 적의 권역을 벗어나는 것이었다. 이러한 그의 의지는 허기와 굶주린 몸도 알아차린 듯 내 딛는 발걸음이 지쳐온다거나 어떠한 고통스러움을 느끼는 그러한 것은 없었다.

그렇게 분주하게 내 딛는 걸음 속에서 오전이 지나고 오후에 접어들자 그의 마음속에는 탈출에 대한 성공적인 희망이 서서히 들기 시작했다. 이쯤 되면 적 진영을 거의 벗어났다는 생각이었다. 그렇게 되자 조금 전까지는 행여 길에서 사람을 만나는 것이 두려웠지만 이제 부터는 사람 만나는 것이 오히려 기다려지는 것이었다. 누군가 나타나 그의 길 물음에 대답해주거나 숙종의 행재소 소식을 알려주기를 바랐던 것이다.

이윽고 길 오른편에 낮은 야산 하나가 나타났다. 아마도 봉상 남쪽에 있는 기산(岐山)의 한 줄기인 것 같았다. 그의 생각으로는 이 산만 지나면 금새 봉상에 이를 것 같았다. 결국 산을 지나자 다시 평원이 나타나고 그 평원 가운데로 길 양편에 가로수가 덮힌 일직선으로 뻗은 널따란 길이 나타났다. 그 길은 틀림없이 봉상으로 연결된 길 같았으며 그 자신을 행재소로 인도해줄 길 같은 느낌이 들었다. 한길을 한참 더 지나자 마침내 기산이 본격적으로 눈앞에 나타나기 시작하는 것이었다. 그것은 마침내 장안을 벗어나 무사히 탈출에 성공했다는 어떠한 이정표 아닌 이정표 같은 것이었다.

초저녁 무렵 산 빛이 내린 어떠한 신선하고 푸른 정기가 배어있는 듯한 분위기 속에 마침내 행재소에 도착하였다. 비록 초라하게 임시로 지어진 막사 같은 건물들이 줄지어 있었지만 행재소의 분위기는 망국의 우울한 슬픔에 젖어 있는 것이 아닌 오히려 장안수복과 국권회복의 의지가 넘치는 듯한 희망으로 차 있었다.

장안 억류생활의 시름과 탈출과정에서 받은 위험을 무릅쓴 이러한 악조건 속에서 목숨을 걸고 적 진영을 빠져나온 그의 용기에 만나는 사람들마다 모두 귀환을 칭찬하지 않는 사람이 없었다. 마치 전쟁에서 최후의 일인으로 살아 돌아온 듯한 환영을 하였다. 그때의 분위기를 다시 다음과 같은 시로 남겼다.

탈출의 길 눈은 뚫어져라 지는 해를 바라보다가
마음은 까맣게 죽어 찬 재를 쓴 것 같았네
무성한 가로수 길이 나를 이끌어주고
산 이어지다가 홀연히 더 넓은 땅이 나타났다
친한 친구들이 늙고 초라한 내 모습에 놀라와하며
적중에서 오느라 고생했다고 말을 한다
眼穿當落日　　心死着寒灰
茂樹行相引　　連山望忽開
所親驚老瘦　　辛苦賊中來

이렇게 모든 사람들이 반기는 속에 막상 탈출에 성공하고 보니 그는 그 자신에 대하여 한없이 어떤 기특한 마음 혹은 연민의 정이 절로 느껴졌다. 사실 그것은 목숨을 건 탈출이었다. 그렇게 목숨을 걸고서라도 조정을 위해 한결같고 초지일관한 순수한 마음에 대한 일종의 만족감 혹은 그렇게 해서라도 자기의 어떤 것을 끝까지 추구해야하는 어리석음에 대한 느낌이기도 했다.

근신들은 그로 하여금 숙종을 직접 배알하도록 주선하였다. 그런데 왕을 알현하는 자리인데, 옷은 나뭇가지에 찢겨 팔이 드러나고, 낡고 닳은 짚신을 신은 채, 그리고 얼굴은 숲 덤불에 찢기고 긁혀서 초라하기 그지없는 모습이었다.

그의 모습을 본 숙종 역시 다른 대신들의 느낌과 마찬가지였다. 죽음을 무릅쓰고 악조건 속에 귀환해온 그의 충성심에 탄식을 하지 않을 수 없었던 것이다. 나라의 모든 사람들이 그 만한 충성심을 갖기만 한다면 장안수복은 물론이고 이전의 태평성세를 다시 한 번 이룰 수 있을 것 같았다. 그리하여 숙종은 우선 그에게, 누구인지를 기본적인 신상에 대하여 물었다. 그러자 그는 이전에 간알을 하면서 늘 해오던 방식대로 선대 두예의 십삼대 후손이며, 두심언은 바로 그의 할아버지라고 밝혔다. 이에 숙종은 늠연히 고개를 끄덕였다. 숙종의 이러한 긍정적인 모습에 고무된 그가 다시 말을 이었다. 즉 기회가 주어진다면 왕과 조정을 위하여 충성을 다하겠다고 한 것이다. 그러자 숙종은 다시 그에게 어떠한 관직을 원하느냐고 물었다. 그는 다시 선왕 현종에게 <삼대예부>와 <조부>가 간택되어져 문사의 뛰어남을 칭찬 받은 적이 있으며, 지금까지 쓴 시가 가히 천수를 넘고 조정대신들이 모두 그의 재능을 사마상여와 견주어도 손색이 없음을 자랑처럼 여긴다고 하였다. 그러자 숙종은 바로 대신을 불러 그 자리에서 좌습유의 관직을 제수하기를 명하였고 얼마 후에 그에게 임명장이 수여되었다.

좌습유관직 보름 만에 파직된 방관을 변호하다
숙종의 미움을 싸게 되고
삼사의 가혹한 심문을 받게 되다.

숙종이 영무에서 즉위하고 다시 장안 수복에 좀 더 박차를 가하기 위하여 행재소를 봉상으로 옮겨와 국권회복을 꾀하고 있었으며, 이러한 가운데 그가 장안을 탈출하여 숙종아래서 좌습유라는 관직을 받았지만 그러나 조정의 권력구조 역시 반군내부에서 일어나는 부자지간의 권력알력 못지않게 미묘한 어떠한 모습을 하고 있었다.

숙종이 본래 영무에서 즉위 할 때는 선왕 현종의 어떠한 재가나 동의를 전혀 받지 않은 독단적인 행위였다. 이렇게 되니까 한 조정에 두 왕이 존재하고 있는 것이나 다름없었다. 사천에 피신하고 있었던 현종은 후에 이러한 사실을 알았으나 그러나 어떠한 제재를 가할 힘이 없었다. 오히려 자기 아래 있었던 방관(房琯), 가지(賈至), 엄무(嚴武)같은 사람들을 영무로 파견하여 숙종의 일을 돕도록 하였다. 이렇게 되자 숙종은 아버지 현종이 자기의 즉위를 사실상 인정하고 도울 뜻이 있는 것으로 판단하여 방관을 재상으로 삼아 행재소를 이끌고 가게 되었다.

그런데 문제는 여기서 그치지 않았다. 당시 양자강 유역에는 또 다른 태자 이린(李璘)이 군사를 이끌고 안녹산의 반군에 저항하고 있었다. 이린은 현종의 열여섯번째 아들로써 어릴 때에는 숙종인 이형(李亨)이 그를 키우다시피 했다. 때문에 숙종과 이린의 형제의 정은 원천적으로 깊었다고 할 수 있었다.

이처럼 양자강 유역을 이린이 통치하는 모습이 되자, 북쪽 황하강 유역인 낙양과 장안은 숙종이 통치하게 되어 결과적으로 두 형제가 남과 북에 걸쳐있는 두 개의 큰 강을 두고 분할통치하는 꼴이 된 것이었다. 당시 이린은 여산에 은신하고 있었던 이백을 데리고 와 자기의 막부 수뇌부에 앉히는 등, 안녹산이 아들 안경서에게 죽음을 당하는 내분으로, 기울어가는 반군세력을 몰아내기 위하여 여러모로 세력 확장을 꾀하고 있었다. 그러나 이러한 이린의 세력 확장은 오직 유일한 제왕을 꿈꾸고 있었던 숙종에게는 정적으로 여기게 된 것이었다. 그리하여 숙종은 시인 고적에게 회남(淮南)절도사와 어사대부라는 직을 주어, 이린을 토벌하게 하여 그를 죽이게 되었다. 이백 역시 이 전쟁에 참여했다는 죄목으로 연루되어 야랑(夜郞)으로 유배를 가게 되는 것이었다.

그런데 중요한 문제는 어떻게 하여 현종의 또 다른 태자 이린이 양자강 유역을 통치하는 등, 여러 태자들이 땅을 나누어 점령 통치하게 되었느냐의 문제였다. 숙종은 원래 그 이유를 정확히 모르고 있었다. 숙종 그 자신은 선왕인 현종의 명을 받아 장안 일대를 통치하고 있었던 것도 아니었다. 다만 현종이 사천으로 몽진을 하면서 장안을 장악한 안녹산의 반군에 저항하기 위하여 군사와 함께 숙종을 장안외곽지역에 남겨 두었을 뿐이었다.

이러한 배경을 두고 방관이 봉상의 행재소에서 재상직을 수행하고 있던 중, 당시 북해태수(北海太守) 하란진명(賀蘭進明)이 숙종의 면전에서 방관을 참언 하는 말을 올렸다. 즉 방관이 사천에 있었을 때 현종에게 올린 조서를 있는 그대로 직고하고는 여기에 개인적인 의견까지 보태어 방관을 시기한 것이다. 방관이 올린 그 조서의 내용을 축약해서 말한다면, 여러 태자들에게 각 지역의 땅을 분할하여 통치케 한다는 것이었다. 그렇게 하고는 방관은 각 분할지역마다 자기의 사당 무리들을 핵심에 배치하여 권력 확장을 도모하였으며, 이러한 짓은 선왕인 현종에게는 도움이 될지언정, 숙종폐하에게는 아무런 도움도 되지 않는다는 말을 하란진명이 한 것이다. 하란진명의 이 말을 들은 숙종은 마치 그 자신도 속으로 그렇게 생각하고 있었던 것 처럼 무릎을 치며 크게 웃고는 전적으로 공감을 표시하였다.

이 일이 있은 이후로 숙종은 점점 더 재상 방관을 멀리하게 되었고 현종이 파견해온 대신들을 배척해내기 시작하였다. 결국 아버지 현종은 자기에게 왕위를 계승하기 위한 것이 아니라 수하의 대신들을 파견하여 일종의 원거리 정치를 하고 있다고 생각하게 되었으며, 뿐만 아니라 방관이 건의한 태자 분할정책은 태자들 간의 알력을 조장하는 것이라 여겼다. 이런 불신 속에서 급기야 방관의 휘하에 있던 동정란의 뇌물사건을 빌미로 삼아 그를 재상직에서 실각시키기에 이르렀다.

그런데 불행하게도 이제 막 좌습유의 직책에 임명된 두보 그가 이 사건에 휘말려 들어간 것이었다. 원래 좌습유라는 것은 임금의 조칙을 정리하고 보완하며, 잘못된 의견이 내려질 때는 자기의 의견을 제시하여 수정할 수도 있었다. 이러한 직책상의 성격이 바로 권력알력이라는 현실정치판속에 끌려들어가 화근을 불러오게 된 동기가 된 것이었다. 그의 시각으로는 동정란의 뇌물사건은 사실 사소한 문제였고, 부하의 사적인 잘못을 가지고 일개 재상을 실각시킨다는 것은 옳지 않다고 판단한 것이었다.

그는 처음에 이 문제가 불거졌을 때 간관의 신분으로 숙종에게 매우 겸손하게 자기의 의견을 제시하였다. 그런데 이 문제가 다시 왕의 주제 하에 대신들과의 숙의 과정에 이르게 되자 상황은 완전히 달라졌다. 처음에 그는 조용히 여러 대신들과 숙종의 의견을 경청하고 있는 듯 했다. 여러 대신들은 모두 숙종의 방관 처리에 대한 뜻에 크게 어긋나지 않게 그에 맞춘 의견을 적절히 제시해내는 정도였다. 그런데 그의 발언 순서가 되자 그는 격앙된 감정을 감추지 않았다. 즉 그의 발언 내용은

일개 말단의 관직을 가진 사람이 저지른 뇌물사건을 가지고 방관을 재상
직에서 파직한다면 누가 조정을 위해서 일 할 수 있겠으며, 지금까지 방
관은 최선을 다해서 숙종폐하를 위하여 직무를 수행하여 왔고, 누군가
배후에서 참언을 하고 있으며, 이것은 폐하와 조정을 위하여 전혀 이로
울 것이 없다고 강력하게 주장한 것이었다. 격렬하게 폭발하듯이 터져
나오는 그의 단말마적인 어투는 일거에 회의장의 분위기를 긴장과 격앙
의 상태로 바꾸어놓았다. 이러한 그의 목청은 평소의 그의 겸손함과 순
수함과는 전혀 다른 모습이었다. 그의 격앙된 발언에 회의는 마치 판이
쓸리듯 그대로 끝나 버렸고, 숙종은 분노감과 배신감을 감추지 못하였
다. 이 일이 터지기 불과 보름 전에 숙종은 장안을 탈출해 나온 그에게
특명으로 관직을 수여한 상태에서, 채 며칠도 가지 않아 이러한 자신을
능멸해오는 듯한 태도에 분을 삭이지 못한 것이었다. 그리하여 숙종은
즉각 삼사(三司)에 명령을 내려 원점에서 다시 그를 심문하도록 하였다.
심문과정에서 그는 온갖 집요하고 모욕적인 취조행위를 당하였다. 심지
어 조부 두심언의 이전사건까지 들추어내는 것이었다. 두심언은 원래 낙
양현승(洛陽縣丞)으로 있다가 어떤 사건에 연루되어 길주(吉州)의 사호
참군(司戶參軍)으로 좌천되었다. 길주에서는 또 동료의 모함으로 옥에 갇
히게 되었고, 결국 사형의 지경에까지 이르게 되었다. 이에 두보의 둘째
숙부 두병(杜幷)은 분을 참지 못하고 당시 열여섯의 나이로 연회석상에
서 모함자를 칼로 찔러 죽이고 자신도 현장에서 죽음을 당하였다. 이 살
인사건은 오히려 두심언의 억울한 죄를 푸는 것이 되어, 측천무후로부터
부름을 받아 궁궐에 들어와 원외랑이라는 관직을 받게 되었던 것이다.

  삼사의 심문과정에서 그는 일관되게 자기 발언의 이면에는 어떠한 악
의가 없었음을 주상하였다. 뿐만 아니라 조정과 숙종폐하에 대한 충성심
에도 여전히 어떠한 변화가 있을 수 없으며, 왕과 대신들 앞에서 격렬한
언사를 사용하여 누를 끼친 것은 깊이 반성하며, 이것은 오랫동안의 전

쟁 속에서 가난과 궁핍의 생활을 견디다 못해 쌓인 분한의 감정이 자기도 모르게 터져 나온 것이라고 해명하였다. 이러한 그의 해명은 사실 일리가 있었다. 그러나 또 다른 측면에서 보면 감정을 중시하고, 늘 감정에 지배되어 격렬하게 말과 행위를 토해내는 그의 민감한 시인적 성격에도 주요원인이 있었다고 하지 않을 수 없었다.

다행히 신임 재상 장호(張鎬)와 어사대부 위척(韋陟)이 그를 구제하기 위하여 발을 벗고 나섰다. 이들은 숙종에게 상소를 올려 두보의 격렬한 언사가 지나친 바가 있었지만, 간관의 면모를 지니고 있었고, 조정의 언로가 살아있기 위해서는 그에게 죄를 묻는 것은 온당치 않다는 견해를 밝혔다. 이에 숙종은 어쩔 수 없이 그의 처벌을 거두어들였으나 그러나 마음속에 가지고 있는 방관계의 세력에 대한 불신이 완전히 지워질 수 있을 지는 의문이었다.

관직을 시작하자마자 가해진 이 불미스러운 사건은 그에게 하나의 충격과 아울러 교훈을 주는 것이었다. 이 일이 있은 후로 그는 현저하게 몸을 낮추기 시작했다. 조칙을 다루는 일에 있어서나 소를 올리는 일에 있어서나 어느 하나 신중함과 근신의 모습이 보여지지 않는 것이 없었다. 이러한 생활적인 면은 그의 중요한 시의 풍격인 침울돈좌의 돈좌, 즉 갑자기 기가 꺾이는 그러한 것과 같았다.

그러나 이 한 번의 격랑적인 사건은 그로 하여금 관직수행에 있어서 어떠한 여러 잡생각을 거두게 하여 오직 직무수행에만 몰두하게 하도록 작용하였다. 그리하여 일단의 시간동안 그는 무척 분주하게 행재소내를 오가며 정사를 처리하였다. 그리하여 당시 행재소 밖에서 떠돌고 있던 시인 잠참을 천거하여 궁궐관복을 입히는가 하면, 안녹산의 반군과 대적하기 위하여 각지로 떠나는 장수들을 위하여 연회를 베풀어 격려의 시를 지어주며, 그들이 전공을 세워 장안과 낙양이 수복될 수 있도록 용전 할 것을 부탁하였다. 또한 반군을 격퇴하고자 회흘과 화친을 맺기 위하여 떠나는 사신에게는 회흘(위구르)땅에 도착하여 그들 이민족의 풍습과 예절을 따라 행동할 것을 주문하는 등 지엽적인 부분까지 관심을 기울여 주었다.

이렇게 눈코 뜰새 없이 바쁘게 돌아가는 분주함속에서 다시 그의 마음 저변을 찾아드는 것은 역시 가족들 생각이었다. 가족을 보지 못한지가 벌써 일년이 지났다. 영무에서 숙종이 즉위하였다는 소식을 듣고 그 길로 부주를 떠나 반군에 잡혀서 장안으로의 압송, 그리고 탈출을 통하여 행재소의 도착, 그리고 좌습유의 관직얻음, 이 일년동안에 있었던 일은 정말로 숨막히는 일들의 연속이어서 가족들과 편지 한통 제대로 내왕하지 못한 상태였다.

음력 팔월 여름이 다 가고, 가을바람이 불어와 가뜩이나 가족에 대한 수심이 차 있는 그의 마음을 한 없이 흔들고 있었다. 분명히 그 바람들을 보내오는 것은 부주에서 자기를 애타게 기다리는 아내와 아이들이 틀림없었다. 장안 수복을 위하여 사방의 정세가 분주하게 돌아가는 가운데 가족적인 일에 관심되어지는 것은 비난 받을 일일 수도 있었지만 한 가장으로써 인지상정이지 않을 수 없었다.

결국 그는 휴가계를 내고 가족을 만나고 와야 되겠다는 결심을 하였다. 떠나기 전날 밤 엄무와 가지등 평소 절친했던 대신들이 그를 위하여 연회를 베풀었다. 다들 친구들이어서 일전의 삼사 심문의 고통과 격무 속에서 시달려온 그의 수심 한 자락을 이해하는 듯한 분위기 속에서 모여들었다. 이렇게 숙연함과 즐거운 기분이 섞여 이별의 애틋한 분위기가 자연스러이 형성되자 그에게 모임의 흥을 돋우는 시 한수가 다시 지어졌다.

돌아가 가족들에게는 잠시만 머물러야 하리
전쟁중에 그대들 떠나기가 슬프구나

멀리 떠나며 시를 남겨 이별하는데
수심 많아 술에 의지하여 달랠 수 밖에 없구나
온 가을 자주 내리는 비에 근심스럽더니
오늘에야 비로소 먹구름 사라졌구나
떠나는 산길에 전쟁소리 곳곳에서 들려올 것인데
나그네 괴로운 마음 어이 견딜 수 있을까

田園須暫住　　戎馬惜離群
去遠留詩別　　愁多任酒醺
一秋常苦雨　　今日始無雲
山路時吹角　　那堪處處聞

　현실주의 시인으로써 관직을 수행하면서 여러모로 수심이 그에게 적지 않을 수 없었다. 임금을 보필하는 문제, 동료들과의 교제문제, 여전히 아직도 장안을 수복하지 못하고 행재소 생활을 하고 있는 국가의 문제, 그리고 멀리 떨어져 있는 가족문제 등등 그에게 어느 한 가지도 근심과 걱정이 되어 오지 않는 요소는 없었다. 그 중에서도 아내와 아이들에 대한 생각은 잠시도 잊을 수 없는 것이었다. 그리하여 늘 걱정에 싸여 있었는데 마침내 휴가를 받아서 떠나게 된 것이었다. 광활한 세상천지도 사람의 한 뼘 마음의 넓이와 결코 더 좁거나 더 넓지도 않았다. 늘 가족들 생각에 사로잡혀 수심이 그치지 않았을 때는 하늘 역시 흐렸고, 가족들 품에 돌아가고자 마음 즐거워지니 하늘 역시 그에 따라 맑아지고 밝게 열려지는 것이었다. 결국 우주의 변화는 사람의 마음속에 있는 것이었다.
　그러나 그렇게 수심이 자자히 일어나고 있는 가운데서도 좌습유의 이때의 그의 생활은 어쩌면 그의 인생중에서도 최고의 활황기를 이루고 있는 시절인지 몰랐다. 한 시대를 이끌어가는 최고의 사람들이 모인 집단에서 그들과 격의 없는 신분 교류를 이루고 정책을 실행해 나가는 선봉에 서 있다는 것은 그 누구라도 쉽게 들어설 수 없는 길이었고 권력의 힘이라는 것이 이 시기에는 그에게도 있었다는 것이었다.
 행재소 문을 나서기 전에 그는 숙종을 배알하였다. 떠나는 인사를 하기 위해서였다. 가족행을 앞두고 막상 왕 앞에 서니 어떠한 서러움이 밀려왔다. 지난날 방관을 변호하다 입은 서로간의 마음의 상처가 여전히 남아 있는 것 같았다. 본래 그 자신은 어떠한 악의가 없었다고 할 수 있으나 그의 격렬했던 언사가 숙종에게는 그렇게 받아들여지지 않을 수도 있었다. 때문에 하고 싶은 말은 많고 마음은 한없이 교차되어 왔지만 정작 말을 할 수가 없었다. 그래서 인지 왕의 면전을 돌아서려니 발길이 쉽게 떨어지지 않았다. 그의 이러한 어떠한 유감적이고 애석함이 남아 있는 듯한 태도에 숙종은 특별한 말은 삼간 채 다만 무슨 알 수 없는 야릇한 표정으로 그의 하직 인사를 받았다. 숙종의 이러한 무언가 탐탁지 않은 태도로 보아 마음속으로는 개의치 않은 무엇이 있는 것이 틀림없었다. 이후의 결과론을 두고 말하자면 이때 숙종은 이미 그를 비롯한 방관계의 사람들을 모두 내 쫓으려고 생각하고 있었던 것이었다.
 말을 타고 행재소 문밖을 나와 시장거리로 들어섰다. 가족들에게 줄 선물을 사기 위해서였다. 그나마 관직을 갖게 됨으로 인해서 그리 많지 않은 봉록이지만 손에 쥘 수 있게 되었고 비로소 선물을 산다는 이 행위가 가능해진 것이었다. 사실 이전에 그는 이렇게 가족을 위해서 무엇을 준비한다는 생각을 하지 못했다. 마음이야 없을 리가 없었지만 돈이 있을 리가 없었다. 늘 남에게 빌붙어 기식을 하든지 아니면 가난과 허기에 지친 처지여서 이러한 상황이 그러한 선의를 생각하는 자체를 허락하지 않았다.
 봉상에서 부주에 이르기까지는 칠백여리의 짧지 않은 거리였다. 가다가 중도에서 여사에 들러 하루이틀밤을 묵어야 비로소 도착할 수 있는 거리였다. 때문에 굳이 말을 재촉할 필요가 없었다. 오랜만에 밖을 나와 외물을 접하니 한결 마음은 여유로워 졌지만 그러나 이 여유로운 마음

바탕을 깔고 어쩔 수 없는 수심이 다시 그 위에 내리고 있었다. 무엇보다 관직을 가진 사람으로 어떠한 무력감이었다. 세상을 잘 다스려야 한다는 제세의 이상은 하늘처럼 높았지만 실제의 현실에서는 늘 좁힐 수 없는 거리가 존재하였다. 이상은 이상이고 현실은 현실이었다. 각박한 업무 속에서 그저 쫓겨나지 않고 몸 버틸 수 있으면 그게 전부 인 것 같았다. 왕의 근신으로 있는 사람들은 언제 어떻게 상황이 급변하여 불시에 쫓겨나든지 좌천을 당하든지 하여 실의를 맞을 때가 허다하였다. 이것이 바로 역사였다. 지금의 조정의 상황 역시 이와 다르지 않았다. 북해태수 하란진명과 숙종 사이에 어떠한 비밀스런 말이 오고가 숙종이 방관계의 사람들을 배척하고 있는지 그는 사실 정확한 내막을 알 리가 없었다. 그러나 숙종은 뭔가 일부의 사람을 배척하고 있다는 것을 그가 모를 리가 없었다. 때문에 말위에 탄 그의 어깨가 한층 더 무력하게 흔들리고 있었다.

 그렇고 보면 그의 경우에는 관직을 가지고 가족들을 만나러 가는 즐거운 길이나 아니면 이전에 관직을 갖지 못하여 늘 전전긍긍하며 애를 태우던 시절이나 별반 다를게 없는 마음이었다. 지금 그의 행재소 내에서의 위치로 보면 결코 평인이 될 수 없으며, 그가 가까이 하고 있는 사람은 왕이며, 대신들이며, 모두가 지식과 의견이 높으며, 또한 교양을 갖춘 극소수의 상류층 귀족에 해당하는 사람들이었다. 이것은 그 역시 이미 상류의 부류에 편입되었다는 것을 의미하였다. 하지만 그는 왠지 이러한 귀족의식이 조금도 마음속에 들어앉지 않았다. 무엇보다 마음속의 수심이 늘 사라지지 않기 때문인 듯 했다. 언제든지 다시 불행해질 수 있다는 현실적인 생각이 그를 그렇게 얽어매고 있었던 것이었다.

 이런 마음 탓에 가족을 향한 길에서 보이는 모든 것들이 다시 아픔으로 보였다. 그의 눈에 보이는 사람들은 그저 고통에 시달리고 피를 흘리고 있는 모습으로 보일 뿐이었다.

쓰러질 듯 비틀거리며 두렁길 지나가는데
인가의 연기 보이지 않아 쓸쓸하기만 하네
만나는 사람 다들 상처 받아
신음하며 다시 피까지 흘리네
靡靡逾阡陌　　人煙眇蕭瑟
所遇多被傷　　呻吟更流血

　세상을 보는 눈은 사람마다 다 다르기 마련이었다. 비관적으로 볼 수도 있고 낙관적으로 볼 수 도 있었다. 그러나 한 시인으로써 세상의 아픔에 늘 주목한다는 것은 그만큼 마음씀씀이에 있어서 애정을 가지고 있다는 것이었고, 또한 자기 자신이 그만한 아픔을 가지고 있다는 것이었다.
　가을이라 길 옆에는 여러 이름 없는 야국들이 피어있었고, 산길에는 보잘 것 없는 가지 끝마다 작고도 어린 열매들이 볼록진 배를 내밀고 최선을 다하여 맺어있지 않은 것이 없었다. 그리고 풀숲에는 가을벌레들의 울음소리들이 깊이 스미어 나왔다. 어쩌면 사람이 나무가 되고, 풀이 되고, 가을벌레의 울음소리들이 되는 데는 윤회의 저 세상을 돌아와 억겁의 세월이 요구되어질지 몰랐다. 그러나 다들 이렇게 서로 세상을 달리하는 삶의 한가운데서 풀과 나무와 사람들이 공존해지니 그에게는 마치 하나같이 다독이고 싶은 형제나 아들딸과 가족같이 느껴지지 않은 것이 없었다. 그리하여 그들 하나하나의 삶에 다만 기특할 뿐이었고, 깊이 사랑이 느껴지지 않은 것이 없었다. 그리하여 그는 야과들을 따 입속에 깨물어보았다.

혹 붉은 것은 단사 같았고
혹 검은 것은 옻칠 해놓은 것 같지만
비와 이슬에 젖은 채
달거나 쓰거나 모두 열매 맺었네
或紅如丹砂　　或黑如點漆
雨露之所濡　　甘苦齊結實

늘 하는 말이지만 사물에 대한 그의 애정은 끝간데가 없었다. 시인이 사물을 사랑하지 않고, 사람을 사랑하지 않고, 하늘에 나는 조수를 사랑하지 않는다면 어떻게 시인이 될 수 있으며, 또 어떻게 하여 세상에서 가장 위대한 시인이 될 수 있었겠는가? 위의 시에서 다시 보는 것 처럼 그의 사랑의 대상은 실로 어떠한 구별이 있을 수 없었다. 미물이면 미물이 된 만큼의 더 큰 애정이 그에게는 있었다.

어쩌면 세상에서 가장 사악한 것은 사람이었다. 인간과 인간 사이에는 언제나 사심이 거미줄처럼 얽혀져 있고, 이 얽혀진 관계는 자기에게 이로움이라는 명제를 타고 교제의 정당성이 유지되어졌다. 그러나 사람이 나무를 미워하고, 가을꽃들에게 증오를 보내며, 이름 없는 열매가지들이 고초의 심문을 하거나 배척하여 멀리 좌천이나 유배의 길을 보내는 경우는 없었다. 오히려 한 계절 내내 힘들여 키워온 스스로의 열매들을 먹어보라는 듯 나그네가 지나가는 길가로 뻗고 있었다.

길은 어느덧 지난 일 년 전에 부주의 가족을 떠나 영무의 행재소로 향하다 붙잡힌 그 부근으로 접어들었다. 다시는 되돌아보고 싶지 않은 장소였다. 그러나 지금은 사실 형편이 많이 나아진 것 같았다. 오는 도중에 전쟁을 신호하는 호각소리가 들려온 곳은 아무 곳도 없었다. 또한 관군이든 반군이든 길에서 장검을 차고 사람을 노려보는 듯한 태도를 취하는 무리들도 없었다. 그만큼 전쟁의 위험적 요소가 많이 감했다는 것이었다.

칠백리 여정을 거쳐 마침내 부주의 집에 도착하였다. 일 년만에 나타난 그의 모습에 아내는 어떠한 희비가 교차하는 표정으로 그를 맞이하였다. 그래도 이번의 귀가는 그에게 나름대로는 밝은 표정이었다. 행재소 내에서 관직을 수행하고 있는데다 몇 달치의 봉록도 받아 아내와 아이들에게 줄 선물도 좀 준비한 터였다. 집에 들어서는 그의 마음이 밝으니 음으로 양으로 가족들에게 바로 이 분위기가 전달되어져 아내도 곧장 마음을 풀고 아이들 역시 기쁘게 소리치며 돌아온 아버지에 즐거워하였다. 이러한 분위기는 선물보따리를 풀어 아이들에게 안기니 그 즐거움은 더하여져 가히 가난했던 한 시인의 집에 참으로 오랜만에 가족이 즐겁게 재회하는 모습이 되었다.

수복된 장안 궁궐에 두 왕이 존재하는
모호한 정치상황이 되다.

   그가 부주로 돌아가 가족과 함께 시간을 보내고 있을 때, 관군과 화친을 맺은 회흘은 원군을 봉상으로 파병해왔다. 그리하여 회흘과 관군은 힘을 합쳐 마침내 장안수복을 위하여 동쪽을 향하여 군사를 진격시켰다. 이때 사실 장안은 말이 안녹산의 반군 치하에 있을 뿐이었지, 실제적으로 매우 무력한 상태에 있었다. 아들 안경서에 의해서 안녹산이 죽음을 당하고 내분이 일어난 상태에서 뭔가 제대로 돌아갈 리가 없었다. 여기에다 반군의 병사들은 대부분 범양 이북 지역에서 징집된 장정들이라 고향을 떠난지 오래되어 그들의 사기도 매우 떨어져 갔다. 이런 상황에서 회흘과 관군의 대규모 병력이 물밀듯이 밀려들자 그들은 전투 한 번 제대로 하지 않고 모두 장안을 빠져나갔다. 결국 이해, 즉 서기 757년 9월에 장안이 수복되었다. 장안을 수복한 관군은 다시 낙양을 향하여 진격하였다. 낙양 역시 반군은 무력한 상태에 있었고, 10월에 다시 낙양도 수복되었다. 그러자 봉상에서 행재소 생활을 하던 숙종은 장안에 입궁하였다. 그리고 뒤이어 12월에 사천에 피신해 있었던 현종 역시 장안으로 돌아오게 되었다. 이렇게 두 왕이 모두 궁궐로 돌아오자 일단 모든 상태가 평정을 되찾는 것 같았다.
   이렇게 국권이 회복되자 그동안 수복과정에서 생긴 공과에 대한 상벌이 한바탕 시끌벅적하게 내려지고 상황이 일단락되자 권력내부에서 어떠한 알력이 다시 돋기 시작했다. 물론 이 권력알력은 지금에서야 비로소 일어난 것이 아니었고 이미 있어왔던 사항들이며, 그러나 이전까지는 현종과 숙종이라는 한 조정 두 왕이 공존했지만 서로가 분리된 상태에서 어떤 직접적인 맞부딪힘은 없었다. 그러나 지금은 수복의 상태가 되니 궁궐 안에 두 왕이 존재하는 참으로 역사에서 보기 어려운 상황이 되어 버린 것이었다. 물론 이때 이미 권력의 중심은 아들 숙종에게서 옮겨와 있었으며, 아버지 현종은 실세가 아니었다. 뿐만 아니라 현종은 숙종이 이전에 자기의 어떠한 재가 없이 영무에서 일방적으로 즉위한 사실을 알았으며, 그 이후에 왕위를 물려주는 절차를 밟았다. 그러나 이러한 형식적인 완결상태임에도 불구하고 숙종은 아버지 현종에 대한 의혹을 풀지 않았다. 숙종의 생각으로는 아버지 현종이 수하에 있던 대신들을 파견하여 그의 일을 돕고 이후에 왕위를 물려주기 위한 절차가 있었으나 이것은 어디까지나 전란이라는 특수한 상황에서 빚어진 일종의 임시변통적인 행위이며, 때문에 지금의 상황에서는 아버지 현종이 다시 자기의 왕권을 회복하기 위하여 어떠한 기도를 할 수 있다고 긴장을 풀지 않고 있었던 것이다.

행복한 생활을 꿈꾸며
일가족을 부주에서 장안으로 옮기다.

   부주에서 가족과 함께 있었던 그 역시 장안과 낙양 수복의 소식을 들었다. 이 소식이 그에게 들려졌을 때 그는 사실 아내와 아이들과 즐거운 시간을 보내고 있었다. 생활이 힘들고 가난한 상태에서도 아이들은 그래도 마치 매일의 키자람으로 담벽을 타고 오르는 넝쿨줄처럼 자라 갔다. 일년전만 해도 그의 무릎에서 놀던 어린 딸 아이는 어느덧 성큼 자라나 거울 앞에서 제 어미 얼굴 다듬는 모습이나 빗질하는 모습을 그대로 본받아 제 몸 간수를 하는 것이었다. 길 가의 초목하나, 이름 없이 맺어 있는 열매하나에도 마지못할 기특함을 느끼는 그의 마음에서, 자라고 있는 제 아이들을 보는 것은 진실로 어디에 형언 못할 눈 아린 애정 그 자체였다.
   장안수복의 소식이 그에게 들려지고 있었을 때, 그는 딸애에게 봉상에서 선물로 사온 얼굴 화장품으로 눈썹을 그려 주고 있었다. 수복의 희망은 이미 그의 마음속에서 크게 자라 있었지만 막상 수복 소식을 들으니 어떤 억제 못할 희열의 감정이 넘쳐왔다. 마침내 새로운 세상이 열리는 것 같았다. 악이 물러가고 선이 다시 나라를 차지한 것이었으며, 도적이 물러가고 정통성의 조정이 다시 들어선 것이었다. 그러나 그저 모든 것이 끝났다고 할 수 만은 없었다. 그에게는 또 다음의 우국에 대한 근심이 다가서는 것이 있었다. 그것은 다름 아닌, 이번 전쟁의 승리는 단지 관군의 힘만으로 이루어진 것이 아니었기 때문이었다. 즉 회흘과의 화친을 통하여 그들 군사의 도움을 받아 비로소 쟁취한 것이었다. 그리하여 반란군을 격퇴함에 있어서는 서로 힘을 모았지만 일단 전쟁을 승리하고 난 다음에는 회흘군은 다시 관군에 어떠한 전리품을 요구하거나 그들이 다시 영토를 차지해 들어올 가능성이 있었기 때문이었다.

회흘의 참군에 대해서 그는 늘 우려감을 가지고 있었다. 관군의 힘만으로는 반군에 대적하기가 힘든 상황인 만큼 회흘의 힘을 빌리데 최소한으로 그치자는 것이 그의 입장이었다. 회흘족에 대하여 그가 가지고 있는 인상은 그들은 본래 유목민족이어서 고기 마음껏 먹고, 기운이 세고, 늑골이 장대한 데다 짙고 검은 눈썹이 눈 가까이 나 있는, 그만큼 급진적이고 막무가내의 성격을 가졌고, 또한 고혹적인 눈매를 가지고 있어 마치 하늘이 사랑하는 민족 같기도 하였다. 이러한 습성을 가진 이족을 나라 안으로 크게 끌어들여서는 또 다른 어떤 우환을 초래할 것이라고 염려하였던 것이다. 이러한 그의 우려는 현실이 되었고 그들은 장안과 낙양을 수복한 후에 조정에 과다한 전리품을 요구하는가 하면, 약탈을 일삼아 나라를 다시 커다란 궁지속으로 몰아넣었다.

음력 십일월이 되자 그는 부주에서 장안으로 돌아갈 생각을 하였다. 관직을 가진 사람으로 오랫동안 직무를 멀리할 수 없었기 때문이었다. 또한 장안과 낙양이 연달아 수복된데다 이러한 국가의 경사스런 대사 속에서 그만이 하늘끝과 같은 곳에서 소외된 상황에 있을 수는 없었고, 능히 자기 자신도 국권회복의 대열에 참여하고 싶었기 때문이었다. 그러나 이번에는 그 혼자 장안으로 갈 수 없었다. 이제는 가족이 늘어난 데다 아이들이 자꾸만 자라가기 시작하여 더 이상 가족을 멀리 두고 아내에게 모든 것을 맡겨 둘 수가 없어, 한 가족 모두를 다시 장안으로 옮겨갈 생각을 한 것이었다. 그에게 직책이 있고 녹이 주어지는 한 가족을 부양할 힘도 능히 있기 때문에 장안으로 옮겨 가는 것도 크게 문제될 것이 없었다.

한 겨울 찬바람과 혹한이 몰아치고 있는 가운데 그는 수레에 짐을 싣고 가족과 함께 부주를 떠났다. 가족을 방문하거나 아니면 가족을 옮길 때 부득이한 경우를 제외하고는 언제나 그는 겨울을 피하였지만 그러나 이번에는 봄을 기다릴 만한 그러한 상황이 되지 못했다. 덜컹거리는 수레를 타고 비록 여정의 길은 멀고 고통스러웠지만 아내와 아이들은 장안생활에 대한 기대를 싣고 떠나는 몸이라 마음적으로는 그리 슬픈 것만은 아니듯 했다. 더군더나 나라는 지금 반군의 손아귀에서 벗어나 안정을 찾아가고 있지 않은가? 그러나 장안생활에 대한 그들 가족이 품고 있는 희망과 기대가 뜻대로 이루어질지, 뜻대로 이루어진다면 얼마나 그러한 행복한 생활이 지속될지는, 복잡하고 어지러운 시국상황 앞에서 아무도 장담할 수 없는 일이었다.

좌습유에 복직하여 꿈같은 짧은 궁궐 생활을 하다.

　다시 장안으로 가족을 데리고 온 그는 비교적 살만한 거처를 잡아 가족을 들였다. 이전의 낡고 허름한 집만 쫓아다니다가 지금은 그래도 상황이 괜찮은 편이었기 때문이었다. 이러한 그의 마음속에는 이제는 여러 모로 행복한 삶을 도모할 수 있다는 생각의 반영이었다. 뿐만 아니라 관직도 두어 달 이상 쉰 상태라 어쩌면 이전에 있었던 숙종과의 감정 같은 것도 자연스러이 소멸되어 갔을 것이라 생각하였다.
　일단 장안성에 들어와보니 그의 감회는 특별하였다. 지난날의 장안은 압송되어와 마지못해 하루하루를 견뎌냈던 그러한 억류생활의 슬픔과 비절한 감정이 배인 적 치하의 곳이었다. 곳곳에 적의 깃발이 나부끼었고, 성 언덕에서 적의 피리소리가 구슬픈 듯 흐르고, 거리는 북쪽 오랑캐의 복장을 하고 장검을 찬 반군의 무리들이 삼삼오오 몰려다니며 삼엄하게 통치되던 곳이었다. 그러했던 곳이 마치 태풍에 휩쓸려 모든 잘못된 것이 사라진 듯이 원래의 세상으로 다시 평정을 되찾고 있었고, 한결 자유로운 분위기 속에서 사람들은 일상생활을 영위하고 있었다. 이러한 국가 융성의 새로운 분위기가 감돌고 있는 가운데 좌습유의 관직에 다시 복직한 그의 마음 역시 나쁠 리가 없었다. 어쩌면 국가와 개인의 일 모두가 희망적인 분위기속에서 나아갈 것 같았다. 때문에 이해에 궁궐생활에서 맞은 봄은 여느 다른 해 보다 훨씬 빨리 세상을 찾아온 듯하였다.

예년 같으면 섣달 초여드레쯤이면 봄은 아직 먼데
금년 섣달에는 겨울이 하마 모두 녹았다
눈 속을 뚫고 원추리가 돋아나고
버드나무 가지에 환한 봄빛이 흐르고 있다
마음껏 술 마시며 이 좋은 밤 취하고 싶고
궁궐의 조회 마치자마자 집으로 돌아간다
입술연지와 얼굴 화장품 왕의 은택따라 내려지고
푸른 대롱과 은 앵병의 선물을 들고 즐거이 궁궐을 나온다

臘日常年暖尚遙　　今年臘月凍全消
侵凌雪色還萱草　　漏洩春光有柳條
縱酒欲謀良夜醉　　歸家初散紫宸朝
口脂面藥隨恩澤　　翠管銀罌下九霄

　하늘의 천기라는 것은 다름이 아니었다. 그저 사람의 마음을 반영할 뿐이었다. 계절에 따라 오는 봄 역시 기다리는 사람의 마음에 달렸을 뿐이었다. 사람의 마음이 즐거우면 오는 봄 역시 발길 재촉할 것이며, 우울한 사람에게는 이전에 그가 표현한 바와 같이 설령 봄이 와도 봄 같지 않을 뿐이었다.

　궁궐에서의 하루 일상을 마친다는 것은 그것 자체로 그에게 영광이었다. 어쩌면 지난날 그의 가난과 굶주림이 그토록 길고 처절했던 것은 그에게 이러한 참다운 영광과 희열을 주기 위한 그 무엇임이 틀림없는 것처럼 생각되었다. 더군다나 하루 일을 마치고 조회가 파하자, 마치 하늘의 신비를 타고 내려온 듯한 선물이 왕으로부터 주어졌다. 정성스레 포장되고 마음이 접힌 선물을 누구에게로부터 받는 다는 것은 선물 그 자체의 가치 이상이었다. 특별히 그 선물이 왕이 내린 것이라는 것은 더할 나위 없었다. 그것은 왕 역시 신하에 대한 믿음과 태평스런 조정에 대한 마음의 표시였다. 뿐만 아니라 가족들 역시 그의 가까이 있어 이 선물을 들고 기쁘게 집으로 돌아갈 수 있었다. 결론적으로 모두가 조화였다.

어느 날 하루는 중서사인 가지(賈至)가 조정의 평화로움을 노래한 시 한 수를 지었다. 그러자 이에 화답하여 왕유와 잠참이 잇달아 시를 지었고, 그 역시 즐거운 마음을 어찌하지 못하여 시 한수를 지어 다시 화답하였다.

따스한 햇볕에 깃발 흔들리니 용과 뱀이 움직이는 것 같고
궁전에 잔바람 부니 제비와 참새가 높이 난다
조회 마치니 궁전의 향기 온 옷깃에 배어들고
시 지으니 주옥같은 구절이 붓끝에서 이루어진다
旌旂日暖龍蛇動　　宮殿風微燕雀高
朝罷香煙携滿袖　　詩成珠玉在揮毫

이렇게 돌아가며 시를 지으니 마치 한 꾀꼬리 노래하니 또 다른 꾀꼬리 이에 응답하여 노래하는 듯 숲 속 전체가 아름다운 새 소리로 울려 퍼지는 것과 같았다.

환관 이보국의 전횡이 본격화되고 관직에 대한 갈등심이 극에 이르다.

장안과 낙양이 수복되고 두 왕이 궁으로 돌아온 서기 757년 겨울에서 그 다음해 봄 무렵까지 조정의 상황은 외형적으로는 큰 변화가 일어나지 않는 듯 했다. 어쩌면 이 기간은 국권수복이 이루어지고 난 뒤 그동안의 어떤 숨 막힌 일련의 사태에서 벗어나 나름대로 다들 일종의 숨고르기가 진행되는 듯 하였다. 숙종의 마음속에는 아버지 현종에 대한 어떠한 권력쟁탈에 대한 의심을 가지고 있었을지는 몰라도 사실 현종은 더 이상의 어떠한 도모를 하지 않았다. 때문에 이들 부자지간에 어떠한 뚜렷한 알력이나 분쟁도 사실 없었다. 그러기에 이 몇 달간은 그저 평정한 상태에서 지나갔는지도 몰랐다.

그러나 이러한 평정한 상태를 깨고, 아니 이러한 평정한 상태를 오히려 저주하고 싫어하며 어떠한 변화를 일으켜 세상을 자기 뜻대로 흔들어 보고자 하는 몸짓을 그치지 못하는 사람은 어느 시대나 있었다.

이 시대에 바로 이러한 역할을 띠고 다시 나타난 사람은 바로 환관 이보국(李輔國)이었다. 이보국은 원래 현종의 환관이었던 고력사의 시종으로 궁궐에 들어가 처음에는 궁내의 마구간을 치우는 일을 한 사람이었다. 천직에다 외모 또한 보잘 것 없었으나 머리가 영특하고 일에 열성적이어서 점차적으로 사람들의 신임을 얻어 관직이 높아져 가기 시작했다. 특히 안녹산이 장안을 향하여 진격해오자 현종이 사천으로 피신을 하자 이때 현종에게 후에 숙종이 된 태자 이형은 사천으로 함께 몽진을 하는 것 보다는 장안외곽의 영무에 남아 군사를 이끌고 안녹산에 저항하기를 건의하여 이를 실행시켰고, 훗날에 다시 이형에게 아버지 현종의 재가를 받을 필요없이 왕위에 즉위하도록 건의하였다. 그러므로 이보국은 숙종이 즉위하는데 있어서 결정적인 생각을 제공한 사람이었고, 그만큼 숙종의 복심이기도 했다.

그런데 수복을 한 후 일단의 시간동안 어떠한 변화가 없이 평화롭게 조정이 운영되어가자 이보국은 이러한 무사함의 상태에 오히려 어떠한 변화를 부리지 못해 안달이 날 정도였다. 더군다나 지금의 조정은 여전히 현종의 구신들이 권좌를 장악하고 조정을 이끌어 나가고 있는 상황이었다. 또한 재상 장호도 이러한 구신들에게 전혀 어떤 적의감을 갖지 않고 오히려 그들과 화해적인 방향으로 국정을 이끌고 있었다. 이것은 이보국의 입장에서 보면 기분 나쁜 것이었다. 이러한 방식은 그로 하여금 관직상에서 더 이상의 발전을 하지 못하게 하는 정체성이었고, 자기의 진로와 역할을 제한하는 것이 되었다. 때문에 어떠한 변화를 꾀하여 이 변화의 파고를 타고 영달을 추구해야 하는 것이 그 였다.

그리하여 그는 새로운 어떤 착안을 해 내기 시작했다. 즉 숙종으로 하여금 다시 파벌의식을 조장하는 것이었다. 다시 말해 현종의 구신들인 방관계의 사람들과 자기를 비롯한 숙종계의 사람들간의 차별의식을 숙종으로 하여금 갖게 하여 결국 현종의 구신들을 모두 조정 내에서 제거하는 것이었다. 여기서 그는 북해태수 하란진명과의 대화를 통하여 이전에 현종이 사천에 있을 때 방관이 건의했던 태자들 간의 영토분할정책의 부당성을 다시 한 번 숙종의 면전에서 꺼내어 숙종을 자극하였다.

점차적으로 봄이 깊어져 가면서 조정 내에 어떠한 심상찮은 분위기가 본격적으로 돌기 시작했다. 일부세력을 배척해내고자 하는 분위기가 감지되기 시작한 것이었다. 이러한 분위기의 전환을 가장 먼저 알아채는 것은 역시 가장 민감한 느낌을 가지고 있는 두보 그 자신이었다.

궁궐담장에 대숲은 낮은데 오동나무는 여든 자나 되고
처마를 마주하고 있는 동문은 항상 어둡다
掖垣竹埤梧十尋　　洞門對雷常陰陰

　여기서 그의 마음속에 암시되고 있는 것은, 선비와 현인을 상징하는 대숲은 낮은데 그에 반해 나쁜 무리로 상징되는 오동나무는 오히려 여든 자가 되어 보인다는 것이고, 마치 눈앞에 무슨 새로운 장벽이 내려와 있는 것처럼 문이 어두워 보인다는 것이었다. 불길한 어떠한 분위기가 그의 마음적으로 벌써 느끼기 시작한 것이었다.
　그런데 이상하게도, 이렇게 늦봄에 접어들면서 간관으로써 그가 올린 글들이 전혀 왕에 의해서 받아들여지지 않는 것이었다. 이것은 그의 직무가 더 이상 필요치 않다는 것을 의미하였다. 뭔가 지금 심하게 어긋나고 있는 것이었다. 이러한 현상에 대하여 처음에 그는 자기의 무능함으로 생각되어졌다. 한편으로는 이전에 방관을 변호하면서 격렬한 언사를 사용하여 직언을 함으로써 조성된 숙종과의 어떠한 마음의 응어리가 다시 부풀어 오른 것인지도 의심되어졌다.
　어쨌든 왕으로부터 버림받은 마음이 느끼는 심정적 절망감은 무어라 표현할 수가 없었다. 멱라강에 몸을 던져 물고기의 밥이 된 굴원의 마음 역시 이와 다름없었을 것이다. 일단 상황이 이렇게 되어가니 그는 심한 자책감에 빠지기 시작했다. 이 자책감은 애초에 그가 잘못 벼슬길에 든 상황에서 시작하여 지난 늦봄에 장안 억류생활 도중에 탈출하여 봉상의 행재소에 도착하여 좌습유라는 이 직책을 받은 것에 대한 후회로까지 이어졌다. 차라리 그때 아무 일이 없었더라면 지금의 이러한 마음 꺾이는 절망적인 상황은 없었을 것이라 생각하였다. 결국 자기가 늦게 나이들어서까지 벼슬길을 추구한 과욕스러움이 부끄러워졌다.
　이러한 복잡한 심리구조속에서 어느 날 갑자기 중서사인 가지가 그 직위가 박탈되고 여주(汝州)자사로 좌천의 명이 내려졌다. 현종의 구신들을 쫓아내는 본격적인 서막이 오른 것이었다. 일종의 살생부의 첫 단추였던 것이다. 가지는 본래 사천에서 현종의 수하에 있을 때 방관이 태자들의 영토 분할통치의 정책을 내고, 이에 따라 현종에게 올릴 조서를 꾸민 사람이었다. 그러므로 그 직접적 막후 역할을 한 사람을 첫 번째로 내친 것이었다.

두보 그 자신에게도 머지않아 곧 다가오게 될 운명이 점차적으로 심화되어가자 이전의 성실했던 생활태도가 흔들리기 시작했다. 일이 손에 잡히지 않는 것이었다. 심지어 조회에 참석하지 않는 날도 있었다. 이렇게 흔들리는 생활이 불러오는 것은 바로 술이었고, 그리고 또 한 가지는 궁궐밖 곡강으로 나가 사람이 아닌 자연을 상대하는 것이었다. 이 두 가지는 세상과 사람이 싫어졌을 때 그가 의탁하는 중요한 언덕과 같은 것이었다.

조회에서 돌아와 날마다 봄옷 저당 잡혀
매일 강머리에서 술에 취하여 집으로 돌아온다
술 외상값은 늘 가는 곳 마다 널려 있고
인생 칠십은 예전부터 드물었다
꽃 속에 나는 나비 깊이깊이 보이고
물을 찍고 잠자리 느릿느릿 난다
朝回日日典春衣　　每日江頭盡醉歸
酒債尋常行處有　　人生七十古來稀
穿花蛺蝶深深見　　點水蜻蜓款款飛

헤어날 수 없는 상황이 되니 그는 차라리 사직을 하고 싶었다. 그러나 사직을 한다면 아내와 아이들을 거느리고 있는 한 가장으로써 어떻게 생활을 해 나갈 수 있을 것인지 이것이 또 고민이었다. 그렇고 보니 가정이라는 것이 또한 어떠한 자유로운 선택을 하지 못하게 하는 족쇄같이 느끼게 했다. 결국 그는 곡강에 나와 궁궐로도 돌아가고 싶지 않았고, 집으로도 돌아가고 싶지도 않았다. 그저 무거워져 오는 머리를 깊이 숙이고 오랫동안 시름 속에 젖어 있고 싶을 뿐이었다. 그러나 마음은 이미 궁궐을 벗어나 저 멀리 멀어져 가고 있는 것 같았다. 때문에 머리를 들어 수정궁을 바라보니 수정궁은 아득히 구름에 싸인 채, 그곳은 자기가 관직을 수행하고 있는 장소가 아니라 그저 먼데서 바라보기만 할뿐인 어떠한 위엄스러움만으로 보이는 것이었다. 생활이 이렇게 되자 그는 동료들로부터도 따돌림을 받았다. 더 이상 어떠한 구제가 불가능한 사람으로 인식된 것이었다.

궁궐 내에 일대 권력 숙청이 자행되고
그 역시 화주사공참군으로 좌천되다.

　간신 이보국은 자기 마음대로 조정을 움직이기 시작하였다. 이보국의 권력 장악의 이면에는 당시의 시대상황과 역시 결부되어졌다. 비록 관군과 회흘군이 연합하여 장안과 낙양을 수복하였지만 여전히 나라는 어지러운 상태였다. 비록 안녹산은 죽었지만 그의 아들 안경서는 반군을 지휘하고 있었고, 또 다른 반군인 사사명의 위력 역시 만만치 않았다. 그리하여 사방에서 여전히 전쟁이 벌어지고 있었고, 수복한 두 도시마저 수시로 재함락의 위험에 빠져 있었다. 때문에 이러한 국난을 풀어나가기 위해서는 조정에 일대 개혁의 변화를 줄 필요가 있었고, 또한 현종과 숙종의 두 왕이 동시에 공존함으로써 일어날 수 있는 내분의 가능성도 분명하게 정리할 필요가 있었다. 이것을 핑계로 삼아 이보국은 조정의 변화를 주도한 것이었다. 이보국이 권력의 전면에 나서자 숙종역시 그의 정사처리 방식에 어떠한 이의를 달 수 없었다. 숙종은 애초에 이보국의 생각에 의해 왕이 되었고, 그의 집요하고 능란한 정사처리를 지켜 볼 수 밖에 없었던 것이다.
　그리하여 봄이 거의 지나가고 여름에 접어들자 현종의 구신이자 방관계의 사람들에 대한 권력의 대학살이 자행되었다. 이보국은 재상 장호에게 무능하다는 핑계로 직위에서 내리고, 방관에게는 빈주(邠州)자사로, 엄무를 파주(巴州)자사로, 그리고 두보에게는 좌습유의 직위를 박탈하고, 화주사공참군(華州司功參軍)이라는 직위를 주어 지방으로 좌천을 단행하였다. 그러므로 일찍이 좌천을 당했던 중서사인 가지까지 포함하면 일군의 사람들이 모두 조정에서 제거된 것이었다.

　이렇게 현종의 구신들을 모두 제거한 이보국은 얼마 있지 않아 상왕인 현종마저 궁내의 모처에 유폐시키고, 현종의 환관이자, 애초에 자기 자신을 시종으로 삼아 입궐시켰던 고력사마저 유배를 보냈다. 이어서 숙종이 그의 권력 장악을 누르지 못하여 병을 얻어 죽음이 임박하자 숙종의 황후 장씨는 자기가 원하는 태자를 왕으로 삼기 위하여 이보국을 죽이려 하자, 이보국은 이 사실을 미리 알고 황후 장씨를 유폐시키는 등 그야말로 권력을 자기 마음대로 부리기 시작한 것이었다.

장안을 한 번 떠난 후
두 번 다시 장안을 찾지 않다.

　화주좌천의 명을 받은 그는 차라리 마음적으로 홀가분하였다. 좌천의 임지가 그에게 또 얼마나 더 심한 절망감과 좌절을 가져올 것인지에 대해서는 차후의 문제였다. 궁궐내에서 모든 상황에 포위된 것 같고 더 이상 현실에서 벗어날 수 있는 어떠한 방법도 있지 않은 상황에서 억울한 꼴을 당하게 되었지만 한편으로는 심적 전환의 요소로 작용되었기 때문이었다.
　그러나 일단 궁궐을 떠난다는 것은 그에게 슬픔으로 젖어 오지 않을 수 없었다. 지금까지의 과정이 너무나 힘들었고, 그나마 관직을 갖게 되었던 것은 그의 무슨 뛰어난 글짓기의 재능이나 천수의 시를 쓴 덕분도 아니었고, 오직 목숨을 걸고 적진을 탈출하여 비로소 얻은 것이었다. 그러나 그렇게 얻은 이 관직을, 수행한지 불과 일 년만에 다시 축방의 불운을 맞게 되었으니 슬픔이 밀려들지 않을 수 없었던 것이다.
　그러나 시인으로써의 그의 운명은 이러한 비록 짧으나마 소중했던, 궁궐과 왕의 가까이에서 생활했던 경험은 그의 마음속에 시의 감성을 일으킬만한 또 하나의 중요한 심리단층을 형성하는데 중요한 역할을 하였다. 즉 상류계층에 대한 경험이었던 것이다. 결국 시의 감성이라는 것이 결코 편면성과 단편성만으로 일어나는 것이 아니고 두 대립적인 구조가 극심한 모순과 모순을 이루는 부정합의 과정에서 그 사이로 비로소 감성의 강이 용출되어 나올 수 있는 것이라고 한다면, 만약에 그가 이러한 장안

생활의 경험이 없었다면 사실 시성(詩聖)이라 불리는 중국최고의 영웅시인의 칭호가 주어질 수 없음은 분명하였다.

중앙관원으로써 슬픔을 안고 지방의 좌천지로 떠나는 이별의 전야에는 어떠한 송별의 연회나 왕에게 하직의 인사를 올리고 떠나야 하는 그러한 형식과 절차도 없었다. 그저 설렁한 분위기 속에서 짐을 챙겨 못 본듯이 스스로의 그림자를 궁궐밖으로 지워야 할 뿐이었다. 그러한 가운데서도 마음적으로 통하고 있었던 몇몇 절친했던 친구들이 그를 찾아와 술잔을 나누며 좌천의 전야를 함께하였다.

> 나라 다시 융성의 기쁜 때 마음 상해 머리 희어지고
> 밤 깊어 갈수록 붉은 촛불 더욱 사무치네
> 다시 서로 만나기 힘 들 것이니
> 이별 인사 나눔에 너무 서둘지 말게
> 오직 밤이 지나 은하수 지는 것 두려우니
> 어찌 술잔 비우는 것 사양하리요
> 내일 아침에는 세상 일에 끌리어 힘들어질 것이니
> 눈물 뿌리며 각자 동서로 나누어지리라
> 樂極傷頭白　更長愛燭紅
> 相逢難衮衮　告別莫匆匆
> 但恐天河落　寧辭酒盞空
> 明朝牽世務　揮淚各西東

친구들과 밤 늦도록 술을 마시고, 그들을 보내고 난 뒤에 그는 장안궁궐의 마지막 잠을 문하성의 숙소에서 청하였으나 잠이 오지 않았다. 적막을 깨고 대명궁 종루에서 들려오는 물시계 소리가 유난히 그의 민감한 수심을 꿰뚫고 있었기 때문이었다.

아침이 되자 그는 총총히 화주를 향한 발길을 서둘렀다. 본래 화주라는 곳이 장안의 동쪽에 있음으로 성의 동문을 통과하여 나가야 맞았지만

이 날은 되레 서쪽 금광문을 나와 한 바퀴를 돌아서 화주로 향하였다. 서쪽 금광문은 그가 작년 봄에 억류생활에서 벗어나 봉상으로 가기 위하여 목숨을 걸고 탈출한 문이었다. 그렇게 해서 좌습유의 관직을 받았기에 궁을 떠나는 슬픔이 컸다는 것이며, 이 슬픔의 이면에는 역시 그의 어떠한 자기도 모르는 입술을 깨물어야 하는 한 맺힌 서러움과 애를 긇고 싶을 정도의 결단의 마음이 작용되고 있음을 부정할 수 없었다. 결론적으로 말해서 그는 이때 장안을 떠난지 두 번 다시 장안을 찾지 않았다. 더 이상 장안을 찾지 않은 이유는 장안으로 돌아올 기회가 이후에 없었다는 단순한 현실적인 의미 이상이었다. 사실 그는 장안을 찾을 수도 있었다. 여전히 친구들이 그 곳에 살고 있었으며, 후에 화주에서 사직을 하고 서쪽의 진주로 갈 때도 사실은 장안을 경유할 수도 있었다. 그러나 그는 일부러 장안을 우회하여 진주로 향했다. 그만큼 장안이라는 것은 그에게 어떠한 뼈 시린 애환이 서린 곳이었으며, 말 못할 무언가의 한이 마음속에 남아 있는 것이었다. 때문에 이후에 늘 그리움의 대상이 된 곳이 또한 장안이었지만 실제적으로 더 이상 발길을 끊은 것이 장안이었다. 시인의 마음은 여리고 섬세했지만 그러나 한 번 마음에서 어긋나면 더 이상 마음 돌리지 않는 표독한 사람들이 또한 그들이었다.

화주의 좌천지에서 직무에 대한
극도의 역정을 내다.

 화주는 장안으로부터 육칠십여리의 거리로 실제적으로 그다지 멀리 떨어지지 않은 지방이었다. 그러나 좌천의 사람이 느끼는 거리는 실제거리보다 훨씬 멀었다. 더 더욱이 무더운 늦여름 날씨가 심리적으로 더한 고충을 안겼다.
 화주에 도착하자 그는 일단 짐을 관사에 풀었다. 중앙관직에서 지방관원으로의 슬픈 전락이었지만 막상 화주에 도착해보니 각박한 세상에서 벗어난 어떠한 일탈이 가져오는 느낌 역시 없다고는 할 수 없었다. 일종의 족쇄에서 풀린 느낌이었다. 더 더욱이 그 유명한 화산이 관사에서 보였다. 화산은 서악(西嶽)이라고도 불리며, 다섯개의 봉우리로 이루어져 있으며, 멀리서 보면 그 모습이 연꽃과 같아 '화산(華山)'이라 불려지는 곳이었다. 험준하고 기이한 봉우리와 우뚝 솟은 절벽과, 깎아지른 듯한 천길 낭떠러지로 절경을 이루고 있는 곳이었다.
 그러나 관사에서 보이는 이 훌륭한 경치가 그의 일손을 즐겁게 하는 것이 아니라 오히려 그 반대로 작용하고 있었다. 일을 내 던지고 밖으로 나 돌고 싶은 그의 마음을 충동한 것이었다. 화산은 마치 그에게 속된 일을 버리고 세상구경이나 다니라고 손짓하는 것과 같았다.
 일단 집무에 들어가자 그간의 어떠한 슬픈 마음이 한 꺼번에 올라오기 시작했다. 장안 궁궐을 벗어나 삶의 밑바닥에서 일을 임해야 하는, 달라지고 변화된 척박한 상황에 대한 슬픔은 그로 하여 억제할 수 없는 역정을 불러일으키게 하였다. 뿐만 아니라 처리해야할 문서는 끊임없이 그의 서상위로 쌓였다. 문서적이고 공식적인 업무에 매달리는 것 자체가 그에게 맞지 않는 일이었다. 그것은 어떠한 흥미를 주지 못하는 손 끝의 일일 뿐이었다. 차라리 길 위에서 굶고 허기지더라도 고통을 느끼며 삶의 어려움을 직접적으로 체험하고 느끼는 것이 오히려 나을 뿐이었다. 이렇게 맞지 않는 일을 손에 쥐고 있으니 어떠한 누를 수 없는 광기가 그의 온몸을 치떨게 하였다. 게다가 날씨 또한 무더워 당장에라도 관복을 벗어 던지고 싶었다. 이미 계절은 여름을 지나 가을 무렵에 접어들어 아침저녁으로 다소 선선한 바람기가 있었지만 그러나 한낮에는 여전히 여름 날씨였고, 오히려 더 많은 파리들이 들끓어 댔다. 밤에는 또한 야생의 독 전갈이 나타나 이룰 수 없는 잠의 한 끄데기를 잡고 기어 다녔다.

그가 생각해도 이 모든 불만이 좌천의 슬픔에서 오는 감정 같았다. 그리하여 그에게는 달라진 환경에 대한 마음의 정리가 필요할 것 같았다. 집무의 며칠이 지나 그는 그의 늙고 야윈말을 타고 남전(藍田)에 있는 친구 최계중(崔季重)의 집으로 향했다. 최계중은 왕유의 외사촌으로 그 곳에는 왕유의 별장 망천장도 있어, 겸사 겸사로 왕유도 만나 볼 생각이었다. 왕유 역시 수복 된 후에 반군에 적극적으로 저항하지 않았다는 죄목을 받아 관직을 박탈당한 상황에 있었다.

최계중의 초당은 아름다웠다. 어쩌면 모든 속된 일들을 내 팽개치고 밖을 나오니 세상은 그가 생각했던 것 보다 훨씬 더 상쾌하였다. 그의 격앙된 감정을 위로해주고 차분히 가라앉혀 줄 수 있는 것들은 역시 평화로운 자연이었다. 아니 견딜 수없는 격앙된 일이 그로 하여 더욱 자유이게 한 것이었다. 최씨 초당에 들어서니 가을 하늘은 높고 맑은 바람이 사유로이 놀고 있었으며, 때때로 산사에서 들려오는 종소리 나고, 해질녘에는 어부와 나무꾼들도 보였다. 이러한 분위기와 함께 최계중의 환대 역시 지극하여, 청니방(靑泥坊)에서 캐온 유들유들해 보이는 미나리

줄기 삶아 식탁에 올려지고, 밤의 주산지 백아곡(白鴉谷)에서 가져온 희게 깎은 밤을 쟁반에 쌓아 올려 놓았다.

  그런데 이렇게 장안궁궐을 떠나고 화주의 참군직에서 벗어나 나들이를 나오니 그의 가슴속에는 어떠한 새로운 면모의 시심이 열리는 것 같았다. 사실 궁궐을 벗어나 일반의 삶속으로 돌아온 것은 그의 삶에서 매우 큰 전기를 이루는 하나의 고비 혹은 분수령이라 할 수 있었다. 때문에 이러한 마음적인 면의 전환은 그의 시의 형식과 내용에도 그대로 반영되는 듯 하였다. 그리하여 그가 최계중을 방문하면서 지은 칠언율시의 한 편에서는 시의 운을 정확하게 맞추고 있지 않다는 것이었다. 즉 본래의 운을 벗어나 이웃 운을 빌려와 가까스로 음률의 조화를 이루고 있으며 사실 이것은 엄밀하게 말하면 낙운(落韻)이었다. 율시에서 낙운시라는 것은 마치 천형의 죄를 짓는 것과 마찬가지로, 그만큼 시를 지음에 있어서 범하지 말아야 할 규율이었고 율시로 보아주지 않는 금기였다. 이러한 세부적인 면 이외에 이때부터 그는 시의 형식선택에도 매우 많은 변화가 왔다. 즉 이전에 대부분 한 줄 다섯 글자의 짧고 함축적인 시를 주로 지었지만 지금 부터는 한 줄 일곱 글자의 시, 즉 칠언율시를 더욱 대폭적으로 늘려가기 시작한 것이었다. 이러한 면은 어떠한 궁정적인 딱딱하고 형식적인 시의 틀을 벗어나 자유롭게 이완된 상태에서의 글짓기를 하고 싶다는 그의 마음의 반영이었다.

  비록 직무의 처리가 아무리 몸에 맞지 않는 오직 손끝의 성가신 일이라고 할지라도 쉽게 일터를 버릴 수 없는 것이 사람의 마음이자 또한 그의 마음이었다. 대개 직업을 가지고 있어야 하는 이유는 봉록을 받아 생활을 해야 하는 것이 주된 이유이지만 그러나 직업이라는 것은 사람간의 교유에도 작용하였다. 즉 보잘 것 없는 관직이라고 하더라도 갖고 있을 때와 갖지 않고 있을 때의 차이는 여러모로 생활에 많은 영향을 미치기 마련이었다. 때문에 그 역시 사공참군이라는 미관말직을 쉽게 버릴 수 없었던 것이다.

　그러나 그에게 이러한 직업상의 명분이 그의 본능을 이기기에는 늘 역부족인 듯 했다. 설사 그 대가가 찢어지는 가난이라고 해도, 차라리 그 가난에 의해서 느끼는 삶의 슬픔을 질료로 삼아 비절한 시의 글줄을 써 나가는 것이 그에게는 참된 목숨의 값어치 같았다. 때문에 그의 본능의 유혹은 늘 문 밖에 서서 그를 불러내고 있는 것이나 다름없었다. 이 유혹은 물론 산천유람 혹은 가족들 생각, 동생들 생각, 같은 처지의 친구들 생각, 전쟁에 시달리고 있는 나라의 백성들 생각 등 모든 슬픔과 기쁨들이라 할 수 있었다.

　이 마음바탕을 깔고 있는 생각들 중에 지금 그에게 중요한 한 가지는 바로 동생들 생각이었다. 그래도 지금은 가족은 그와 함께 있는 중이어서, 일상적으로 맞부딪히고 접하는 생활가운데서 어떠한 특별한 느낌이 있을 리가 없었다. 오히려 그 빈 공간을 채우고 있는 것이 바로 흩어져 있는 동생들 생각이었다. 그들은 낙양에 있었지만 이전에 부주에서 한 통의 서신을 받았을 뿐, 더 이상의 소식은 끊어졌다. 아마도 그가 늘 여기저기 옮겨 다닌 탓에 동생들의 서신이 이미 주인 없는 거주지를 향하였을 지도 모를 일이었다. 어쩌면 불행하게도 동생들은 이미 죽었을지도 모를 일이었다.

　이렇게 의혹이 증폭되어가자 이 의혹은 다시 동생들을 찾기 위하여 그를 낙양으로 향하게 하였다.

업성전투에서 육십만 관군이 대패하여
다시 나라가 위기에 빠지다.

　다시 시국으로 돌아가, 장안과 낙양을 빼앗긴 반군은 거의 전의를 상실하고 있었다. 결국 그들이 할 수 있는 것은 투항을 하거나 자멸의 길을 걷는 것 밖에는 없었다. 그리하여 반군의 한 축인 사사명은 조정에 사신을 보내와 투항할 뜻이 있음을 내 비쳤다. 그러나 결과부터 말한다면 이것은 사사명의 전술이었다. 일단 이렇게 함으로써 관군의 그들에 대한 공격을 완화하고 세력을 다시 결집할 시간을 벌고자 하는 속뜻이 숨어 있었다.
　반면에 관군에 쫓긴 안경서는 더 이상 어떠한 저항할 힘을 잃자 요새지인 업성(鄴城)으로 숨어 들었다. 만약에 군량미와 무기만 충분히 갖추어져 있다면, 요새지를 점령한 쪽은 그만큼 전투가 용이해지는 것이었다. 이러한 면은 앞에서 있었던 동관전투와 마찬가지였다. 즉 요새지를 점령한 쪽은 지공을 펴 상대방이 성 밖에서 힘이 떨어지거나 공격을 포기할 때 까지 기다리는 것이었다. 그러나 이때 안경서의 반군은 상황이 다른 것으로 관군은 판단했다. 즉 군량미와 무기가 거의 소진하여 요새안에서도 오래 버텨내지 못할 것임으로 오히려 관군이 성 밖에서 물샐틈없이 포위망을 구축한 채 공격을 늦추고 있었다. 다시 말해 고사작전을 펼치고 있었던 것이다. 그런데 이렇게 관군이 대 병력을 업성에 집중시키고 있는 가운데 정작 문제는 다른 곳으로부터 왔다. 즉 후방에 있던 사사명의 군대가 전열을 새로이 정비한 가운데 원래의 투항을 거부하고 안경서와 은밀히 연락을 주고받으며, 관군에게 공격을 가해오기 시작한 것이었다. 그러므로 결과적으로 관군은 두 반군사이에 끼여 협공을 당하게 된 꼴이 되었다. 당시 관군의 장군 이광필은 이러한 가능성을 염려하여 조정을 통하여 곽자의로 하여금 업성의 포위와 아울러 사사명의 군대를 견제케하도록 하는 상소를 올렸으나 받아들여지지 않았다. 조정은 사사명의 투항을 받아 놓은 상태에서 그 속셈에 속고 있었던 것이다.

뜻밖에 사사명의 군대가 관군의 후방지역에서 밀려들기 시작하자 관군은 어떠한 공격의 방향을 잡을 수 없는 혼미속으로 빠져들기 시작했다. 이때까지 성안에서 잔뜩 움츠리고 있던 안경서 역시 마치 공격의 기회를 잡은 듯 성문을 열고 물밀듯이 쏟아져 나오기 시작했다. 이렇게 양 방향의 협공으로 정신이 빠진 관군을 더욱 혼란하게 한 것은 이월의 바람 많은 계절이었다. 협공의 정신없음에다 갑자기 돌풍까지 거세게 불기 시작하여 적진을 향하여 쏜 화살이 역풍에 꺾여 제대로 날아가지 않는 것이었다. 뿐만 아니라 군량미와 무기가 거의 떨어져 갈 것이라고 판단했던 안경서의 군대는 예상과는 달랐고, 사사명의 군대 역시 기세등등하여 있었다. 결국은 적과 아를 구분할 수 없는 가운데 육탄전의 상황 속으로 빠져들었고, 이러한 전쟁에서는 좀 더 최후의 발악적인 싸움을 하는 쪽에 승운이 있을 수 밖에 없었다. 결국 더 이상 승산이 없다고 판단한 곽자의는 얼마 남지 않은 잔병을 이끌고 낙양까지 후퇴하였고, 육십만 대군은 거의 전멸의 상황에 이르게 되었다.

관직을 완전히 벗어 던지고
자유와 유랑의 본격적인 시인생활로 접어들다.

업성전투에서 조정과 관군이 다시 한 번 위험에 빠져들고 있을 무렵 그는 화주에서 낙양으로 돌아와 동생들을 찾고 있었다.

낙양은 그의 고향이자 얼마전까지 안녹산이 함락시키고 난 뒤 도읍을 정한 곳이기도 하였다. 이미 반군의 세력들은 모두 물러난 상태라 큰 변화가 없는듯 하였지만 그러나 전쟁이 지나가고 난 뒤의 상처는 적지 않게 남아 있었다. 무엇보다 성 안에서의 사람의 모습이 현저하게 줄어 있었다는 것이었다. 젊은 사람들은 징집으로 군대에 끌려가고, 그나마 남은 사람들은 다시 전쟁의 소란에 휘말릴 것을 두려워하여 어디 사방으로 뿔뿔이 흩어진 상태였다.

동생들 역시 어디로 떠났는지, 아니면 불행하게도 죽음을 당했는지 알 수 없었고, 그의 옛집 수양산 아래의 토실 역시 이전의 그가 살았던 흔적만 남아 도둑고양이만 들락거리고 있는 채 비어 있었다.

사실 이번의 고향 찾음은 꽤 오랜만의 일이었다. 늘 마음속으로 그리던 것이 고향이었지만 실재적으로 고향에 돌아와 보니 반겨줄 사람 없고, 더 더욱 전쟁후의 허전하고 텅 비어 있는 모습이라 안타까움과 쓸쓸한 기분만이 젖어 들었다. 어쩌면 고향이라는 것은 그저 마음속 유년의 고향일뿐이지 다시 찾고 보면 무슨 특이한 느낌도 그리고 다시 돌아와 머물러야 한다는 그러한 마음 또한 꼭히 일어나지 않는 곳이었다. 오히려 마음의 중심은 생활이 있고 가족이 있는 곳에 두어지기 마련이었다.

어디 목매어 수소문 할 곳도 없이 동생을 찾지 못한 그는 그나마 남은 친지들과 친구들을 만나고 있었다. 그런데 뜻밖에 업성전투에서 관군이 대패하여 곽자의 장군이 낙양성 외곽까지 후퇴하였다는 소식이 들려왔다. 그렇지 않아도 그가 낙양으로 오는 도중에 곳곳에서 병사들이 성과 보루를 쌓고 있는 것을 보고 더 이상 이전의 동관전투의 전철을 밟지 말아야 한다고 속으로 염려했었는데 결국은 다시 패배로 끝난 것이었다. 이것은 그로 하여 화주로 향한 길을 다시 재촉하게 하였다. 낙양이 재함락될 수 있기 때문이었다.

낙양을 출발하여 반나절 이상을 지친 듯이 말을 타고 이른 곳은 낙양 서쪽 칠십여리밖에 있는 신안리(新安吏)였다. 그런데 마을 어귀에 이르니 무슨 요란한 소리가 들려오고 있었다. 사람 부르는 소리, 통곡하는 소리, 아우성치는 소리들이 한데 어울려 한바탕 소란이 일고 있었던 것이다. 알고보니 관군이 업성 전투에서 대패하여 군사가 몰살하자 새로이 군 병력을 차출하고 있는 중이었다. 당시 낙양과 장안일대 지역에서는 이미 오래전부터 전쟁이 계속된 터라 징집될 장정이 없는 상태였다.

> 나그네 신안땅을 지나다가
> 징병하는 요란스런 상황을 봅니다
> 신안의 관리에게 무슨 상황인가를 물으니
> 마을이 작아 더 이상 장정이 없지만
> 관청에서 어젯밤 공문이 내려와
> 어쩔 수 없이 열 여덟의 소년을 뽑는다고 합니다
> 열 여덟살은 매우 어린 나이인데
> 어떻게 전쟁에 나가 나라를 위해 싸움을 하겠소?
> 살 찐 아이는 그래도 전송하는 어머니가 있지만
> 부모없는 마른 아이는 혼자 외롭습니다
> 客行新安道　　喧呼聞點兵
> 借問新安吏　　縣小更無丁

府帖昨夜下　次選中男行
中男絶短小　何以守王城
肥男有母送　瘦男獨伶娉

 위의 시는 그가 이때의 징집상황을 보고 지은 시의 일부분으로 여기에 덧붙여져 어린 소년들이 끌려가고 난 뒤의 쓸쓸한 뒷모습과 그리고 그들의 부모들에게 관군의 장군 곽자의는 마치 부모처럼 병사들을 돌보고 급양과 대우가 공평하다는 등으로 위로하는 글로 이어지고 있다.
 위의 시에서 주목해야할 부분은 마지막의 살찐 아이는 그래도 전송하는 어머니가 있지만 부모 없는 마른 아이는 혼자 외롭다고 특히 동정을 보내는 그의 눈길이다.
 결국 시인이 쓴 시에서 아무리 남들에게 보내는 동정의 마음도 결국은 자기 자신의 처지의 반영이라는 것이었다. 시인 그 자신은 어려서 어머니를 잃었다. 그리하여 어머니의 얼굴은 알지 못하고 때문에 평생 고아의 마음으로 살았다고 할 수 밖에 없었다. 때문에 자기가 그러했음으로 자기와 비슷한 어머니 없는 마른 아이가 특히 불쌍하게 보이는 것이었다. 동정심이 그가 평생토록 시를 쓰게 하는데 있어서 역동을 일으키는 가장 중요한 요소였다면 결국 이러한 그의 마음은 유년시절의 어머니 없는 가운데서 형성되었다는 것을 여기에서 다시 보여주는 것이었다.
 한 바탕의 소란과 슬픔을 뒤로 하고 신안리를 벗어나니 황혼이 내리는 저녁 강물은 징병들이 떠나간 동쪽으로 눈물처럼 흘러가고 푸른 산은 마치 통곡이 가득하게 배인 슬픔으로 짙어 있는 것 같았다.
 날이 어두워지기 시작하고 말에서 내려 객점에 투숙한 곳은 바로 석호촌(石壕村)이었다. 그러나 여기서도 신안촌과 마찬가지로 역시 장정차출이 소란스럽게 진행되고 있었다. 그런데 여기서는 낮에는 사람들이 관리를 두려워하며 모두 산으로 숲으로 숨어 있다가 밤이 되어 집으로 들어오자, 관리는 다시 야밤을 이용하여 징병차출에 나서고 있는 상황이었다.

저녁이 되어 석호촌에 묵었는데
관리가 밤에 사람을 잡고 있습니다
할아버지는 담을 넘어 달아나고
할머니가 문을 나와 얼굴을 내밉니다
관리의 호통 치는 소리 얼마나 무섭고
할머니의 울음소리 얼마나 비통한지!
관리앞에서 하소연하는 할머니 소리 들립니다
있는 아들 셋 모두 업성 전투에 나갔는데
한 아들이 편지를 부쳐왔는데
두 아이놈이 새로이 전사했다고 합니다
집에는 더 이상 사람이 없고
오직 젖먹이 손자만 있습니다
손자 때문에 며느리가 떠나지는 못하지만
들고 날 때 입을 치마하나 없습니다
늙은 몸으로 비록 기운 쇠하였으나
나으리 따라 밤길을 가게 해 주세요
급히 하양의 전투에 나가
병사들 새벽밥은 지을 수 있습니다
밤 깊어지자 말 소리 끊어지고
흐느끼는 소리 들려오는 듯 합니다
날이 밝아 길을 나서는데
외로이 할아버지와 이별 인사를 합니다

暮投石壕村　　有吏夜捉人
老翁踰墻走　　老婦出門首
吏呼一何怒　　婦啼一何苦
聽婦前致詞　　三男鄴城戍
一男附書至　　二男新戰死
室中更無人　　唯有乳下孫
孫有母未去　　出入無完裙
老嫗力雖衰　　請從吏夜歸

急赴河陽役　　猶得備晨炊
夜久語聲絶　　如聞泣幽咽
天明登前途　　獨與老翁別

　이러한 시들은 사실 그 자신이 있는 그대로 보고 지은 것이 아니었다. 하나의 실제적인 모습을 근거로 생각을 확장시키고 심화시켜 완전한 줄거리로 입체화한 것일 뿐이었다. 또한 시간적으로 보면 현장에서 지어진 즉물시도 아니었다. 여러 날을 생각하고 고심한 끝에 비로소 이루어진 완결일 뿐이었다. 그러나 당대에 수많은 시인들이 있었지만 이러한 역사현장의 한 일부분을 사실적이고 눈에 보이듯이 기록할 수 있는 사람은 그 한 사람밖에 없었다. 역사를 기록하는 사관의 필체로써는 도저히 미칠 수 없는 부분을 그는 시적 필을 이용하여 기록한 것이다. 이것을 가능하게 만든 것은 결국 그 자신만이 가지고 있는 이른바 힘없는 백성들에 대한 애정과 관심이 있었기에 가능한 것이었다.
　낙양에서 화주로 돌아온 그는 다시 관직에 임하였다. 이 일단의 나들이 기간이 그로 하여 좌천의 절망감을 정리하고 새로운 마음으로 직분에 임하기를 그 자신도 기대하였다. 그러나 어쩔 수 없이 길들여진 그의 자유의식과 가슴에서 늘 일어나는 시심을 억지로 누르고 현업에 몰두한다는 것은 사실 불가능하였다. 심지어 일을 만져야 하는 현실은 증오였고 혐오라고 할 수도 있었다. 이것은 결국 그의 마음속에 가지고 있는 성격적인 면과 현실의 어울리지 않음이었고, 이 어울리지 않음의 갈등은 결국 직무의 무의미성과 무능을 초래하여, 다른 사람의 질시를 받거나 배척을 받기 십상이었다.
　엄밀히 말하면, 좌습유의 직책에서 그가 좌천당한 것은 방관을 변호하다 초래한 숙종의 불신이 모든 사유가 될 수 없었다. 하기에 따라서는 그것은 얼마든지 극복될 수 있는 문제들일 뿐이었다. 그 이면에는 그의 성격적 측면인 현실을 쫓는 집요한 마음의 부족이라는 본질적인 요인이 늘 도사리고 있었으며 이것이 관직에서의 불운을 가져왔다고 할 수 밖에 없었다. 어쩌면 그와 같은 시인들은 당대최고의 간신자라고 할 수 있는 이임보나 이보국과 같은 사람과는 인성적인 면에서 대칭점에 서 있는 사람이라 할 수 있었다. 특히 좌습유의 직책에서 그를 쫓아낸 사람이나 다름없는 이보국과 같은 사람들은 일개 환관의 시종으로 궁궐에 들어가 말 외양간을 관리하는 천직으로부터 시작하여 권력의 정상에까지 올랐던 사람이었다. 좋게 말하면 이것은 그만큼 그들이 현실에 집착하여 설사 말단이라도 최선을 다하여 열심히 일하는 성격을 지녔다는 것이다. 그들은 무슨 아름다운 사상이나 이념을 추구하고 다른 사람의 아픔을 이해하고 동정심이나 연민을 갖는 그러한 호사스러운 인정도 아니었다. 나쁘게 말하면 그만큼 동물성이 강했다는 것이었다. 어쩌면 그가 격렬한 언사를 사용하여 방관을 변호하다 불러왔던 화는 그만큼 그러한 자신에 대한 현실적 부적합성에 대한 일종의 본능적 방어였으며 무의식적 반사의식의 작용이라해도 틀릴말은 아니었다.

그리하여 그는 화주의 참공직에 복귀한지 몇 달이 지나 그해 유월, 그러니까 서기 759년 그의 나이 마흔 여덟에, 그동안의 짧았지만 곡절 많았던 관직을 모두 던지고 결국 최후로 자유인을 선택하여 본격적인 시인생활, 즉 유랑의 시기로 접어들게 되었다.

후기

중원을 떠나 살곳을 찾아 중국 서북지역인
진주에서 정착하기 위하여 애쓰다.

　관직의 족쇄를 훌훌히 던져 버리고, 그가 왜 하필이면 진주행을 결심하게 되었는지 그 이유도 중요하지만 그에 앞서 그가 왜 관직을 버렸는가의 문제는 그의 시인됨의 본질을 생각하는데 있어서 더 중요한 문제였다. 거두절미하면 앞에서도 말한 바와 같이 관직과 그의 성격이 맞지 않아서 였다. 관직이 설사 일용할 양식을 준다고 하더라도 시인으로써 그의 자유인적 본능을 누르기에는 역부족이었다는 것이다.

　그는 일을 손에 댈 때마다, 관직을 그만두는 것 역시 사람이 하는 일인데 무엇 때문에 스스로를 현실에 구속시켜야 하나하는 늘 이런 생각을 하였다. 현실을 벗어나 자유인이 되었을 때 그 대가로 다가오는 가난과 궁핍의 문제는 사실 본능이후의 문제였다. 강은 제 흐르고 싶은대로 흘러야 하고, 땅속에서 끓는 분기가 폭발하면 그 폭발의 힘만큼 산은 높아져야 하는 것이 섭리였다.

　그가 화주에서 관직을 버린 이러한 직접적인 이유외에 그 다음의 주변적인 이유를 생각해 본다면 역시 당시의 사회 상황이었다. 즉 그가 관직을 버리던 해는 그야말로 그 선례를 보기 힘들 정도로 화주를 포함한 장안일대에 극심한 한발로 인하여 대흉년이 들었다.

　때문에 어느 집인들 집의 쌀독에 쌀 한톨이 남아 있지 않을 정도였다. 참으로 이상하게도 한 개인의 상황이나 국가의 상황이나 어떠한 침체가 몰아칠 때는 모든 것이 한 꺼번에 겹쳐서 왔다. 즉 업성(鄴城) 전투에서 육십만 대군이 안경서(安慶緒)와 사사명(史思明)의 반군에 의해서 대패하자 이 불운을 동반하여 다시 대기근이 찾아온 것이었다. 먹을 것이 없자 사람들은 너도나도 모두 걸인이 되어 거리를 떠 돌아 다니는 가 하면, 심지어 사람이 사람을 잡아먹는 이러한 흉흉한 사회현상까지 벌어진 것이었다. 그렇다면 상식적인 생각으로는 이럴 때 일수록 관직을 가진 사람들은 더욱더 봉록의 고리를 잡고, 자기의 자세를 굳건히 유지 하는 것이 최선책이었다. 그러나 시인이라는 사람들은 여기서도 사회에 대응하는 자세가 틀린다는 것이었다. 즉 사회의 불안을 거슬러 가는 것이 아니라 사회와 더불어 덩달아 일치된 반응을 보인다는 것이었다. 세상이 흔들리니까 그 자신도 어쩔 수 없이 흔들려 불안반응을 물리칠 수 없다는 것이었다. 때문에 이러한 심리적인 현상이 그로하여 그를 둘러싼 불안한 세상의 범주를 버리고 어디 멀리 일탈하고 싶은 욕구를 더욱 부추긴 것이었다.

그렇다면 그 다음으로, 허다히 많은 여러지역을 두고 왜 그가 진주로 가게 되었느냐의 문제이다. 여기서도 그의 복잡한 마음속에 담긴 몇가지 사안이 그로 하여금 여러날을 깊이 생각하게 하고 고민하도록 하였다. 일단 그는 자기 자신의 고향인 낙양을 포함한 중원지역에 대한 혐오가 매우 컸다는 것이었다. 낙양과 장안을 포함한 황하중하류지역은 역대 왕조가 늘 그러했고, 권좌에 욕심을 가진 사람들은 언제나 이 지역을 차지하여 도읍을 정하기 위하여 혈안이 되어 있었다. 그만큼 늘 전쟁에 휩싸이는 지역이 바로 이 지역이었다. 때문에 그는 전쟁을 피하여 이 지역과 반대방향인 황하상류쪽을 향하여 서진한 것이었다. 그리고 진주로의 또 다른 결정의 요인은 몇몇 지인이 바로 그 곳에서 살고 있다는 것이었다. 이전에 낙양으로 동생을 찾으러 나섰을 때, 낙양의 친지들은 그에게 조카뻘 되는 두좌(杜佐)가 징병을 피하여 그 곳으로 들어가 살고 있으며, 아울러 그곳이 매우 살기 좋다는 소식을 전한 것이었다. 그리고 또 한 사람은 바로 장안의 대원사 주지였던 찬공이었다. 찬공은 그가 장안억류 생활을 할 때 생활의 편의를 제공한 사람으로 그 역시 진주로 가 살고 있는 터였다.

관직을 정리한 그는 가족과 함께 마침내 진주로 향한 첫발이자, 어쩌면 그의 시인인생의 본격적인 생활이라 할 수도 있는 인생험고의 순례의 첫발을 향하였다.

진주는 화주에서 칠팔백여리의 먼 거리였다. 여정의 상황에 따라서 달라지겠지만 꽤 여러날 걸릴 수도 있었다. 그러나 어차피 그 기간의 짧고 김에 대해서는 그에게 중요한 문제가 아니었다. 어쩌면 그에게는 유력의 청년기부터 길 위의 고초를 능히 감당할 만한 그러한 인내의 정신이 이미 자신 속에 내재해 있는 상태인지 몰랐다. 더 더욱이 시인으로써 태어나 발길 들여 놓을 때 마다 나타나는 새로운 이색적인 풍물은 마음속에 일어나는 어떠한 수심과 교묘하게 어우러져 사물에 대한 더욱 경이적인 눈을 뜨게 했다.

무더운 늦여름 기후를 물리치고, 진주성에 닿기 전에 농산(隴山)이 나타났다. 농산은 해발 이천여미터가 넘는 고산으로 성안에 들기 전에 일종의 관문을 형성하고 있는 산이었다. 관문지기는 비록 관군의 행색을 하고 있었지만 먼 이향의 거리는 사람의 표정과 어투를 그만큼 다르게 결정짓고 있었다. 진주라는 곳은 본래 서역을 통하는 길목에 있었음으로 종족 역시 한족과 강족(羌族)이 어우러져 풍속을 구성하고 있는 곳이었다. 그만큼 어떠한 변방적인 색다른 면을 띠고 있는 곳이 진주였다.

이렇게 물설고 낯선 이역의 진주땅에 이르자 그의 몸과 마음은 종전과는 사뭇 다른 반응을 보이기 시작하였다. 장안 좌습유의 관직시기나 화주 사공참군의 관직시기 때 그가 가졌던 관식에 대한 위화감은 어쩌면 호사스러운 가운데서의 배부른 신음소리였는지 몰랐다. 일단 이역에 들자 그 자신의 마음에 가장 깊이 들어오는 느낌은 관직을 버리고 현실을 벗어나 삶의 기반이라고는 아무것도 없는 곳에 들어오게 된 것에 대한 어떠한 적막한 느낌이었다. 현실을 버리고 이러한 세상유력을 택한 스스로의 삶이 그 자신이 좋아했기 때문에 그러한 것이지만 그러나 자기가 선호했던 길이 반드시 행복을 가져다 줄 것이라고 보장 될 수는 없는 것이었고 오히려 종종 더 깊은 늪을 불러오고 본격적인 파란의 생활로 접어드는 입구와도 같을 때가 허다하였다. 그는 화주를 떠나 진주에 이르고부터 그의 삶이 바로 그러한 알 수 없는 질곡으로 들고 있다는 생각에 가득 차 있었다고 해도 과언이 아니었다.

그렇다면 이러한 그의 심리적인 새로운 구성이 시에서 어떻게 나타날 것이냐의 문제였다. 시란 다름 아닌 현재의 시인 마음의 완전한 반영일 뿐이었다. 때문에 시인의 마음속에 품고 있는 분노와 수심, 갈등심이 적다면 적은대로 시에 표명될 것이고 많다면 많게 표현될 뿐이었다. 그리하여 진주생활을 시작하면서부터 그의 시의 격조는 전에 없는 어떠한 비장한 슬픔이 본격적으로 드러나기 시작하였고, 시가 쓰여지는 수량과 질적인 면 역시 본격성을 띠게 되었다는 것이다. 이러한 면은 우선 〈진주잡시이십수(秦州雜詩二十首)〉가 바로 그러한 면을 매우 잘 보여주고 있었다.

    눈에 가득 찬 삶과 죽음의 슬픔이여
    인간사가 싫어 멀리 이곳으로 왔네
    뒤돌아보며 겁먹은 채 농산을 넘고
    관문에 이르는 수심 거대하게 밀려왔네
    滿目悲生死   因人作遠遊
    遲回度隴怯   浩蕩及關愁

그가 굳이 시 제목을 잡시라고 한 것은 그만큼 어떤 절제할 수 없는 잡다한 수심이 여러모로 한없이 일어났다는 것 때문이었다. 때문에 이렇게 일어난 수심을 한 두 수의 단작으로 그 감정을 모두 수습할 수 없는 상황이었다. 그리하여 무려 이십여수의 연작이 쓰여지게 되었다. 위의 연작의 첫 수 첫 머리에서 보는 바와 같이 시상을 고려하는데 있어서도 어떠한 좌고우면할 필요 없이 시가 시작되자마자 마치 격렬하게 방류되어지는 물길처럼 장엄한 형세로 바로 터져 나오는 것이었다. 진주에 도착하여 아직 생활이 진행되지 않았고 그가 이후에 어떠한 삶의 고난을 당할지 알 수는 없었지만 그의 느낌은 이미 그것을 알고 있었고 이것이 수심의 높고 광활한 산으로 덮쳐 들어온 것이었다.

전쟁과 대기근에 시달린 중원땅이 싫어서 도착한 것이 진주였지만 그러나 진주에 와 보니 진주 역시 전쟁의 분위기는 어디 못지않게 더 깊었다.

전쟁의 북과 호각소리 변방에서 일어나고
강과 들에 밤이 드리고 하는 때이다
나뭇잎 껴안고 있는 쓰르라미가 조용하고
숲으로 돌아가는 새는 홀로 늦었구나
세상 어디라도 전쟁 소리는 하나 같고
나는 도대체 어느 곳으로 가야 하나
鼓角緣邊郡　　川原欲夜時
抱葉寒蟬靜　　歸山獨鳥遲
萬方聲一槪　　吾道竟何之

연작의 첫 번째 시에 이어 위의 네 번째 시에 있어서도 여전히 격정적이고 직설적인 감정이 흐르고 있으며, 어디로 가야 좋은 세상을 만날지 극심한 심리적인 갈등을 드러내고 있는 것이었다.

그는 이후에 진주를 떠나 수많은 장소를 돌아다니지만 그러나 진주에 올 때부터 무슨 떠나기 위한 마음을 애당초부터 가진 것은 아니었다. 즉 띳집이라도 짓고 정착을 하여 살기 위해서 여기에 온 것이었다. 아무리 그에게 무슨 유랑적인 기질이 몸에 배이고, 젊을 시절 십년간을 옛 오나라와 월나라, 뒤이어 제나라와 조나라, 또 이어서 이백과 양나라와 송나라지역을 여행하며 보냈다고 하여도 집 없이 떠돌아다니는 삶을 좋아할 사람은 아무도 없었다. 설령 여행이라는 것이 좋다고 하여도 먹고 자고 객점에 들어 돈을 지불할 수 있으리 만큼의 자금적인 여유가 있을 때라야 여행도 가능한 것이었다. 그리고 지금 그에게는 벌써 아내가 있고, 종문과 종무의 이름을 가진 두 아들과 그리고 또 딸 아이 하나가 있는 일가를 거느리고 있는 처지에서 여행 삼아 진주에 왔다는 것은 말이 되지 않는 것이었다.

정착할 집터를 찾기 위해 두좌, 찬공과 함께
진주의 여러 이곳저곳을 다니다.

　정착을 하기 위해서 진주에 왔고, 또한 그러한 정착을 도와줄 사람들이라고 생각했던 조카 두좌와 찬공을 믿고 왔기에 일단 조력자들을 만나는 것이 급선무였다.
　두좌에게는 그가 화주에 있을 때 이미 편지를 전하여 진주의 상황을 타진한 바 있었고, 또한 두좌로부터 진주의 사람살기가 그래도 괜찮다는 답신도 받은 터라 마음속으로 많은 기대를 하고 있었던 상황이었다.
　그가 도착했다는 연락을 받은 두좌는 선걸음으로 그를 찾아왔다. 낯선 이역에서 혈육인 두좌를 보니 어떤 형언할 수 없는 위로감과 반가움이 솟아났다. 두좌가 진주에 와 살게 된 것 역시 전쟁때문이었다. 여기에 옮아 와서도 성 안에서는 살지 못하고 성에서 육칠십여리 떨어진 동가곡(同柯谷)이라는 산속에서 살고 있었다. 두좌가 사는 곳을 들으니 그의 마음속에는 더한 기대감이 올라왔다. 어쩌면 이 세상에는 전쟁소식도 없고, 군마가 요란하게 지나가는 소리도 들리지 않으며, 집 주위에는 먹고 살기근의 걱정도 없으리만큼 여러 곡식과 과일들이 익어가는, 마치 천국과 같은 그러한 곳으로 상상되어졌다. 그렇다면 그가 평소 바랬던 은거지로 더할 나위 없이 좋은 곳이었다.

　　말 듣기에 동가곡이라는 골짜기에는
　　수십채의 인가가 깊이 숨어 있는 곳이어라

문을 마주하고 등나무가 기와 지붕을 덮고 있고
대 그림자 사이로 맑은 물이 모래톱 위를 흘러가리라
척박한 땅에는 오히려 조 심기에 좋고
양달진 언덕에는 오이를 심을 수 있으리라
傳道東柯谷　　深藏數十家
對門藤蓋瓦　　映竹水穿沙
瘦地翻宜粟　　陽坡可種瓜

　이 시에서 보여주듯이 그는 동가곡에 대하여 사람과 자연환경에 대하여 모두 기대하였다. 속세의 사람들이란 그저 서로 싸우고, 전쟁치며, 참언과 파벌을 일삼을 뿐이었다. 그러나 틀림없이 그러한 골짜기에 묻혀서 사는 사람들이란 모두들 자기처럼 세상을 혐오하여, 가장 이상적인 곳을 찾아 세상악을 모르고 사는 천국속에 사는 사람들일 것 처럼 생각되었다.
　그러나 세상속에 그러한 천국은 있을 리가 없었다. 더 더욱이 잔뜩 마음속으로 기대한 이상속의 마을은 어쩌면 실제보다 더 미흡하게 보여질 수 있었다.
　조카 두좌를 따라 그가 가 본 동가곡은 사실 매우 빼어난 절경을 갖추고 있었다. 험준한 산세를 배경으로 천 길 낭떠러지의 절벽이 마을을 끼고 있었으며, 첩첩이 쌓인 늦여름 구름이 하늘 동녘에 마치 대궐을 짓듯 장관을 이루고 있었다. 그러나 그러한 빼어난 경치는 지금껏 그가 수없이 보아온 하나에 불과하였다. 어쩌면 빼어난 장관이라는 것은 또한 그만한 절경과 위세로 사람을 본받고 배우게 하여 사악한 마음을 더욱 키우게 하여, 서로 싸우는 힘을 갖게 하는 배경이 되는 것인지도 몰랐다. 더욱이 그가 태어난 고향 낙양 요만촌의 마을은 그저 무어라 할 만한 특징이 없는 평범한 산촌이었기에 그의 자연관은 더 더욱 그러한 일면을 지니고 있었다.
　일단 동가곡에서의 집 짓기를 미룬 그는 다시 찬공과 연락을 취하여 만났다. 이역 만리의 땅에서 찬공을 만나니 그 옛날 장안억류시절 그를 돌보아 주었던 이전의 감정이 그대로 묻어났다. 그 때 찬공은 허기와 헐벗음에 못 이겨 어쩔 수 없이 한 오리 빛을 찾아 불나방처럼 찾아든 그에게 사찰에서 사용하던 물건들을 내 주고 산채밥으로 함께 식사를 하기를 권장하였는가 하면 때로는 그의 선방에서 게으른 잠을 청하기도 하면서 겨우 겨우 억류생활을 지탱하였다.

석장을 짚고 부드럽게 사람을 맞이하는 그의 선적인 모습은 그 옛날과 다름없었지만 그러나 지금의 찬공은 조정에 의해서 장안의 대원사 주지에서 쫓겨나 진주로 귀양 온 신세였다. 때문에 동병상련의 깊은 정이 우러나왔다.

그는 찬공과도 마찬가지로 집 지을 장소를 고르기 위하여 여러 이곳저곳을 돌아 다녔다.

어느 날은 찬공과 함께 집터를 물색하며 하루를 보내다가 찬공의 토실에서 묵으며 진주의 하늘에 뜬 회한에 찬 달을 보았다.

서로 만나 밤에 함께 잠드니
농땅의 달이 사람을 향해 둥글어지네
相逢成夜宿　　隴月向人圓

정착에 실패하여 진주를 떠날 준비를 하다.

 애초에 그가 진주에 오면서 많은 기대를 하고 왔지만 그러나 막상 와 보니 현실은 생각과는 달랐다. 조카벌 되는 두좌와 그리고 찬공과 여러 이곳저곳을 둘러 보았지만 그가 터를 잡고 살만한 곳이 꼭히 마음에 들어오지 않았다. 그런데 그의 마음속에 정작 중요한 문제는 터가 있고 없고의 문제가 아니었다. 문제의 핵심은 그의 정착을 도와줄 사람이 없었다는 것이었다. 설령 훌륭한 땅 터가 있어도 집을 지을만한 돈이 없으면 생각뿐이지 실행할 수 없는 것이었다. 그가 화주를 떠날때는 그래도 몇 달치의 많지 않은 봉록을 남겨 여비를 준비하고 정착에 대비하기도 하였지만 그러나 사실 그것으로 살아가기에는 턱없이 부족하였다. 진주에 도착하여 얼마간을 보내니 벌써 돈은 바닥나 가고 있었고, 그렇다고 무슨 벌이짓이 있어 살림에 보태 쓸 그러한 것도 아니었다. 두좌는 본래 진주의 사람살기에 대해서 많은 자랑을 하였지만 실상은 그 역시 가난과 곤궁에서 벗어나지 못하여, 가을추수를 마치면 그에게 얼마간의 곡식과 채소를 공여해주기로 약속을 하였지만, 동가곡의 산 속으로 돌아간 뒤에는 더 이상의 어떠한 소식도 없었다. 찬공 역시 마찬가지였다. 그 역시 유배의 신분으로 그저 굶지 않고 살아갈 수 있다면 다행인 처지에 그를 도와줄 수 있는 여력이 있을 리가 없었다. 결과적으로 이 두사람이 음으로 양으로 자기의 정착에 도움을 줄 수 있을 것이라고 믿고 진주에 왔지만 생각과는 어긋난 것이었다. 뿐만 아니라 앞에서 말한바 진주라고 해서 전쟁의 나라

상황과는 동떨어질 수는 없었고, 부역에다 조세에다, 장정징병과 같은 이러한 험난한 시국상황은 사실 여느 다른 곳 과 별반 차이점이 없었다.

여러모로 정착의 상황이 이렇게 되니 가뜩이나 수심에 차 있었던 차에 그가 어쩌다가 여기까지 오게 되었는지에 대한 스스로의 신분에 대한 한탄이 억제할 수 없이 올라오기 시작했다. 이 한탄은 자기를 조정에서 내쫓은 숙종에 대한 증오를 불러왔고, 이전의 궁궐생활에서 보였던 천자에 대한 무한한 신뢰와 충성심의 마음은 온데 간데 없고, 어리석은 정치로 한 개인을 이렇게 만들고 나라를 이렇게 만들어버린 것에 대한 조롱과 비웃음으로 변질되어 그의 역정을 자아내게 하였다.

그 역시 한 인간으로써의 감정은 어쩔 수 없는 것이었다. 아무리 왕이고 높은 직위에 있는 사람이라 할지라도 정신적으로 생활적으로 그 어떠한 도움과 이로움을 줄때에 비로소 존경심과 추앙의 마음이 생겨 날 수 있는 것이었고, 그러나 그와 반대의 상황이 되었을 때에는 원망의 대상이 되지 않을 수 없는 것이었다. 사실 이러한 것은 어떠한 사리의 잘 잘못을 떠나 사람의 감정적인 문제에 해당되는 것이었다.

그리고 그가 정착하기 위하여 온 진주의 땅 역시 마찬가지였다. 아무리 척박하고 무슨 살만한 근거가 없는 황폐한 땅이라고 할지라도 누군가 그에게 호의를 가져주고 어떠한 희망의 뿌리가 내릴 그러한 이유만 찾게 된다면, 고향 이상의 애정을 가지게 될 것이고, 반대로 아무리 풍경이 빼어나고 산물이 풍성하며, 사람들의 인심 또한 순후하다고 하더라도, 그가 정착할 근거를 찾아내지 못하면 그곳은 떠나고 싶은 장소가 되기 마련이며, 심리적으로 변방인이 되기 마련이었다.

때문에 진주생활에 대한 그의 마음가짐과 태도는 나날이 수심의 도를 더하여 가기 시작하였다. 그리하여 그는 자신의 시에서 진주사람들을 오랑캐라고 부르기 시작하고 진주의 땅을 오랑캐지역이라고 부르기 시작하였다. 그러나 진주라는 곳은 서역으로 통하는 지역이라고는 할 수 있지만 이족의 땅은 아니었다. 다만 이족과 한족이 어울려서 살며, 풍토에 따른 사람의 표정 혹은 말투가 낙양이나 장안 사람과 다소의 차이가 날 뿐이었다.

어쨌든 이렇게 자신이 처한 환경과의 조화를 이루지 못하고, 생활의 궁핍과 가난의 현상이 그의 마음을 조아오기 시작하자 그의 마음바탕에는 한 겹 더 짙은 새로운 감정의 격동이 요란하게 일기 시작했다. 다음의 시는 이 외로운 땅에서 전쟁에 흩어진 동생을 생각하는 그리움이 더할나위 없이 깊어진 가운데 쓰여진 그의 명시 가운데 명시였다.

> 수루의 북소리에 사람들 인적 끊어지고
> 변방의 가을에 외로운 기러기 울음소리 들린다
> 이슬은 오늘부터 희어진다는 백로인데
> 달은 고향의 달처럼 밝구나
> 동생들 있어도 모두 흩어지고
> 생사를 물어볼 집 조차 없구나
> 보낸 편지 오래도록 전하지 않는데
> 하물며 전쟁 아직 끝나지 않았음에랴
> 戍鼓斷人行　邊秋一雁聲
> 露從今夜白　月是故鄉明
> 有弟皆分散　無家問死生
> 寄書長不達　況乃未休兵

동생에 대한 그리움을 금치 못하는 이 시를 써 놓고 필을 내리자, 그는 그 자신이 무엇 때문에 세상을 사는지 그 의미를 다소간 느낄 수 있는 것 같았다. 아울러 스스로의 가난과 고통의 삶이 그에게 무엇을 하게 하는지도 느끼게 하였다. 시라는 것은 참으로 이상한 것이었다. 그것은 영달과 출세와는 친구가 될 수 없는 것이었다. 오직 고통과 수심의 삶이 되었을 때 비로소 시는 기꺼이 동반자가 되어 비절한 구절을 시인에게 내어주는 것이었다.

곤경에 처한 이때 그의 환경은 사실 동생들 생각만 하게 한 것이 아니었다. 모든 것이 새로이 생각되어졌다. 즉 고향에 다시 돌아가고 싶은 마음, 친구들 생각, 나라에 대한 근심 걱정 등 별별 여러일들이 모두 그의 수심이 되어 절제할 수 없이 일어났다.

여러 친구들 가운데 특히나 그의 근심을 자아내는 사람은 바로 이백이었다. 다른 친구들과는 그래도 서신이 오고가고 있었지만, 한 번 헤어지고 더 이상 만나지 못한 사람은 바로 이백이었다. 이백 역시 그와 마찬가지로 세상을 떠돌아다니며 파란의 생활을 하고 있었기에 서로가 연락이 될 수 없었다. 이백과는 서로 손 잡고 형제의 정을 느끼며, 가을에 한 이불 덮고 잠을 자기도 한 막역한 관계였기에 그에 대한 그리움은 컸다. 더 더욱이 이백은 그가 진주에 있을 당시 반란에 연루되어 유배의 길에 있었고, 그 역시 이 사실을 알고 있었기에 이백에 대한 아픔은 더욱 컸다. 그런데 그러한 이백이 자신의 꿈에 연이어 사흘이나 나타나 이전에 함께 여행을 했던 그러한 모습으로 재현되는 것이었다.

    죽음으로 서로 헤어지면 울음 삼키면 그만이지만
    살아서의 이별은 항상 비통하다
    그대 유배 떠난 강남은 풍토병 많은 곳
    쫓겨난 그대는 소식이 없구나
    옛 친구 그대 내 꿈 속에 나타나니
    오래 그대 그리워하는 마음 분명히 아는 것 같아라
    그대 혼은 푸른 단풍 숲에서 왔다가
    관문의 어두운 곳으로 그대 혼 다시 되돌아 갔어라
    지는 달은 집의 들보에 빛 가득히 내리고
    여전히 그대의 얼굴 비추고 있는 것 같아라
    물 깊어 물결 아득히 푸른 강 지나다가
    교룡의 먹이 되지 않도록 조심하소서
    死別已吞聲　　生別常惻惻

江南瘴癘地　　逐客無消息
故人入我夢　　明我長相憶
魂來楓林靑　　魂返關塞黑
落月滿屋梁　　猶疑照顔色
水深波浪濶　　無使蛟龍得

 그는 꿈에 이백이 하루도 아니고 연이어 사흘이나 나타나는 것에 대하여 이백이 강남의 유배지에서 무슨 병을 얻어 죽었거나 아니면 무슨 변고를 당하여 그러한 것인지 걱정하였다. 이백은 꿈속에서, 그와의 여행을 마치고 발길 돌려 문을 나서다가 차마 떠나지 못하고 또 돌아서 주춤거리며 다시 오기가 쉽지 않다는 그런 말을 되뇌이었다. 꿈이었지만 너무나 생생한 현실 같았기에 그는 잠에서 깨어나 한참이나 넋을 잃은 모습을 하였다. 아마도 이백이 꿈에 나타나는 것은 자기가 그토록 그리워하는 것을 영적으로나마 이백이 알기 때문인것으로도 생각하였다. 그러나 사실 이때 이백은 유배에서 풀려 기쁜 마음으로 고향에 돌아가고 있는 중이어서 그의 꿈은 길몽이었던 셈이었다.

 그는 진주에서 이백을 그리워하는 여러수의 시를 썼다. 그만큼 진주의 어려운 생활이 동병상련의 친구를 깊이 그리워하게 하였다. 그리고 그의 시 천오백여수의 시 가운데, 직접적으로 이백을 언급하고 있는 시는 이십여수가 되며 간접적으로 이백을 염두에 둔 시는 헤아릴 수 없이 많았다. 그러나 반대로 이백이 그를 직접적으로 언급하고 있는 시는 겨우 네 수에 불과하였다. 이로 미루어 그의 이백사랑은 깊었지만 이백의 그에 대한 사랑은 그저 그러했다고 할 수 있기에 어느 면으로 보면 그는 이백의 천재적인 시 짓기에 흠모적인 사랑을 하였다고 말할 수도 있지만 사실은 그 반대였다. 즉 친구에 대하여 더 많은 시를 썼던 것은 그만큼 한 인간에 대한 애정의 깊이가 더 깊고 절실하며, 그리움의 농도가 짙었다는 의미이기에 그만큼 그의 시심이 더 다단하고 깊고 위대하였다는 것을 반증하는 것이기도 하였다.

　그는 결국 진주를 떠나기로 결심하였다. 그의 결심의 배경에는 무엇보다 진주에서의 정착이 어렵다는 것이었다. 그리고 그가 진주를 떠나게 되는 또 다른 배경은 역시 시인으로써 얼마간 머물렀던데 대한 풍물에 대한 식상감이었다. 즉 처음에 진주에 왔을 때는 그래도 변경지의 이색적인 풍경에 마음이 쓰였지만 어느 정도 머무르고 나니 더 이상의 어떠한 신기함이 없어진 것이다. 그에게 있어서 풍물에 대한 싫증은 어쩌면 그가 세상을 떠돌아다니는 좀 더 궁극적인 요소였다. 사실 이번의 진주를 떠나는 것을 포함하여 이후에 동곡과 성도를 포함한 수없이 거처를 옮겨다니는 이유는 가난과 궁핍과 전쟁이 주된 요인이라고 할 수 있었지만 그러나 이에 못지않은 요소가 바로 일단의 기간 동안 모처에서 머무른 결과 일상에서 늘 보아왔던 풍물에 대한 식상함이 그에게 더 이상 머물러야 할 이유를 빼앗은 것이기도 하였다. 시인으로써 사물에 대한 끝없는 호기심의 추구이자 또한 그것이 그의 불행이었던 셈이었다.

　떠나기 전날 그는 다시 찬공을 만나 이별의 정을 전달하였다. 찬공의 모습 역시 쓸쓸함을 감출 수 없었다. 그렇지만 지금의 상황에서는 누가 누구를 위하여 도움을 준다거나 그렇게 할 수 없는, 다들 구제될 수 없는 쇠락한 상황에 빠진 채 영원한 이별앞에 선 어쩔 수 없이 헤어지지 않을 수 없는 시원섭섭한 너와 나의 관계일 뿐이었다.

　　나의 인생 괴로이 떠돌아야 함이라
　　언제쯤 나의 떠돎 끝날 날 있을 것인가
　　찬공은 불가의 어른이신데
　　장안에서 쫓겨서 왔어라
　　아직도 세상의 먼지에 얽매여
　　수심에 쌓인 초췌한 낯색 거두지 못하는 구나
　　타향에서 옛 친구를 만나

처음엔 기쁨으로 마음껏 예기 하였지
바라보니 모두가 늙은 나이가 되었으니
떠나거나 남거나 저마다 노력해야 하리!
我生苦飄蕩　何時有終極
贊公釋門老　放逐來上國
還爲世塵嬰　頗帶憔悴色
異縣逢舊友　初欣寫胸臆
相看俱衰年　出處各努力

　희망과 기대를 안고 화주에서 사직을 하고 칠월에 진주로 와 동곡으로 떠나는 시월에 이르기까지 그가 진주에서 머문 기간은 석달여의 시간이었다. 이 석달동안, 변방의 진주땅 온 마을에 포도 익어가고, 가을 산에는 거여목이 무성하며, 그리고 강족의 여인들 말하다 또 웃고, 오랑캐 소년들 낙타타고 길을 가며 노래하던 모습, 그리고 동가곡으로 돌아가 더 이상 소식없는 두좌를, 그의 과거의 기억속에서 영원히 시로 남긴채 또 다른 살곳을 향하여 그는 떠날 채비를 하고 있었다.
　진주 생활을 시작으로 그의 시 쓰기는 이미 절정의 궤도에 오른 것이나 다름 없었다. 진주 생활 석달 동안 그는 매일 한 편씩의 시를 쓸 정도였다. 창작 분량 뿐만 아니라 시의 길이도 엄청나게 불어났다. 이러한 현상은 그의 마음속에 점점 더 생활의 수심이 늘어나고 있다는 것을 반증하는 것이기도 하지만 또한 생활의 변화가 가져온 현상이기도 하였다. 즉 그의 이전생활이 현실에 얽매여 완전한 창작을 불가능하게 하는 측면이 있었다면, 진주 생활부터는 모든 족쇄를 벗어나 마음껏 사유하고 상상하며 세상나들이를 할 충분한 시간이 주어진 까닭에 창작의 시간적 공간적 조성이 이루어졌다는 것을 의미하였다.
　이렇게 되자 그의 시 쓰기의 상황은 훨씬 더 도의 경지에 접어 들었으며, 어떠한 특이한 감정이 일어날때는 여지없이 명시가 쓰여지는 위대한 시인의 본격적인 모습이 갖추어지기 시작한 것이었다.

**동곡현령의 초청장을 받고 진주에서 동곡에 이르는
수많은 험산준령을 넘어 시월에 동곡에 도착하고,
이르는 곳마다 모두 시를 지어 남기다.**

　시인으로 태어나 한 자리에 오래 산다는 것도 그만한 저주가 될 일은 없었다. 시라는 것은 어디까지나 시인 내면감정의 술회만이 아니고 언제나 자연경물에 의해서 흥의 촉발을 받게 되는데, 그런데 시인앞에 놓인 이 자연경물이 오래되어 더 이상 매력을 느끼지 못할 정도가 되면 시인은 다시 새로운 환경을 찾아 떠나고자 하는 꿈을 꾸게 마련이었다. 그리하여 그는 진주를 떠나기 여러날 전에 다시 어디로 가야할 지 미리 많은 궁리를 하였다. 각지의 지인들에게 연락하여 그 곳에 전쟁의 봉홧불이 오르는지 아니면 사람살기가 어떠한지 알아보는가 하면, 지도를 통하여 산수와 풍토를 연구하기도 하였다. 그런 가운데 동곡현령이 그에게 율정(栗亭)이라는 지역주소가 적힌 편지를 보내와 동곡현에 오기를 권유하였다. 율정은 바로 진주 동남쪽으로부터 이백여리의 거리에 있는 지역이었다. 이 편지를 받고 그는 한 동안 이 지역명칭이 주는 어떠한 향수감에 젖어 들었다.

　　율정이라는 이름은 예쁘기도 하며
　　그 숲 아래에는 좋은 밭도 있을 것이라
　　배를 채울 만큼 참마도 많이 나고
　　벼랑의 꿀도 쉽게 얻을 수 있으리라
　　栗亭名更嘉　　下有良田疇

充腸多薯蕷　　崖蜜亦易求

　율정이라는 지명은 아마도 밤나무 숲이 많기에 그렇게 호칭이 붙은 것 같았다. 그는 이전에도 밤에 관한 몇 수의 시를 썼다. 그만큼 유년시절에 고향언덕에서 밤을 땄던 기억이 오래도록 뇌리속에 남아 있었다. 어쩌면 그의 떠돌이 생활은 어린 시절의 고향과 같은 곳을 찾아다니는 과정인지도 몰랐다. 그는 지금까지도 그래왔고, 이후에도 고향과 같은 편안한 곳을 찾지 못하니까 계속 떠돌아다닌 것이나 다름 없었다. 때문에 율정이라 적힌 편지를 받으니 그곳이 고향같기도 하여 단번에 마음이 쏠린 것이었다. 뿐만 아니라 밤이 많다는 것은 돈 없고 양식이 없는 시인의 살림에 훌륭한 양식 대용이 될 수 도 있는 수확물이었다. 그를 지금까지 살아오게 한 것은 좋은 알곡으로 지은 기름진 밥과 고기가 아니라 산야에 떨어지고 있는 도토리나 밤이나, 아니면 야생과일이나, 절벽에 붙어 있는 꿀벌의 집이나, 참마와 같은 약초들이었다. 그러므로 이러한 산물이 풍성하다면 가난한 그가 살곳 임에 틀림없었다. 상상이 여기에 미치자 그는 마침내 동곡행을 결정한 것이었다.

　그리고 그의 동곡행을 결정한 또 다른 이유는 역시 새로운 경치에 대한 관상욕구였다. 진주에서 동곡은 평원이 없는 대신 대부분 산과 골짜기로 이루어져 있는 지역이었다. 그러므로 지나가는 곳곳이 절경일 수밖에 없었고, 이 절경을 한 번 보고자 하는 욕구가 역시 동곡행을 결정한 또 하나의 이유였다.

　절경에다 빼어난 산수는 그만큼 길의 험난함을 내기 마련이었고 이에 따라 여정은 힘이 들수 밖에 없는 것은 당연하였다. 그러나 그는 굳이 그러한 고생을 피하지 않았다. 조물주가 기묘한 자연경관을 내리고 그리고 시인으로 하여금 이것을 읽게 한 것이라면 그는 이 사명을 마다하지 않은 것이었다.

동곡행을 떠나는 음력 시월의 날씨는 하마 가을이 깊어 겨울에 접어든 듯 하였다. 그는 본래가 겨울여행을 좀처럼 하지 않는 사람이었다. 그러나 이번의 동곡행은 그러한 계절을 따질 계제가 되지 못하였다. 진주의 삶은 하루라도 더 이상 어떠한 의미를 찾을 수 없었고 동곡에 대한 희망이 계절의 고려 같은 것을 극복하게 한 것이었다.
　수레를 이끌 말에게 새벽 찬강에서 물을 먹이니 떠나는 길에 대한 어떠한 비장감 혹은 슬픔이 어쩔 수 없이 그의 마음을 한껏 적셔왔다. 세상을 살아도 살지 못하며 늘 남에게 의지하여 쑥대궁처럼 떠 돌아 다니는 것이 아무리 그의 물리칠 수 없는 하나의 운명이라고 해도 이러한 삶을 살아 갈 수밖에 없는 시인인생의 슬픔 또한 어쩔 수 없이 억누를 수 없었기 때문이었다.
　진주성을 나와 일단의 거리에 이르자 동곡행의 첫 관문으로 나타난 곳이 바로 적곡(赤谷)이었다. 적곡은 지명의 의미 그대로 붉고 누린 색으로 된 바위와 골짜기로 이루어져 있다하여 붙여진 것이었다. 산 아래에는 기험한 골짜기에서 흘러 내린 물이 마치 은하수처럼 길게 물띠를 형성하며 요란하게 굉음을 내며 흘러가고 있었다. 산으로 올라가는 골짜기는 얼마나 험하고 깊던지 굽이굽이 비탈진 길을 돌아야 비로소 하늘 가까운 고도로 오르는 것이었기에 그만한 오랜 시간과 끝없는 고통이 요구되기 마련이었다. 산 하나를 넘기 위하여 마치 팽이돌기를 하듯 계속 돌아서 올라야 하는 것이었다. 이렇게 비탈진 길을 지쳐가며 계속 원점을 돌듯이 하니 마치 그가 살아온 힘겨운 나날 같았다. 그는 살아오면서 지금까지 한 번도 삶의 수심이라는 것을 떨쳐 버린 적이 없었던 것 같았다. 대개 슬픈 날들로 일관해왔지만 그래도 짧은 기간의 좋은 날도 있었으나 그러나 그는 이때에도 또 다른 수심으로 마음속은 늘 불편하였다.
　적곡의 아홉 구비를 넘자 벌써 해는 지기 시작하고, 갈 길은 먼데 어디 깃들 곳이 보이지 않았다.

슬프게도 촌 마을은 아득해 보이니
불과 연기 찾아 갈 곳 어디인가?
悄然村墟迥　　煙火何由追

적곡을 한참이나 지나, 그 다음에 이른 곳은 바로 철당협(鐵堂峽)이었다. 철당협은 협곡사이에 난 석순의 생김새가 마치 철을 깎아 세워놓은 것 같다고 하여 붙여진 이름이었다. 석순은 가늘고 뾰족하게 자라 마치 예리하게 다듬어진 창이 하늘을 찌를듯한 기세로 서 있었다. 그 모습은 절경이다 못해 어떠한 비참한 느낌을 주는 풍경이었다. 그것은 보는 것만으로도 사람의 혼을 빼 놓는 것 같았다. 때문에 길 가던 사람들은 모두 다 참담하게 질린 모습을 하면서 머리를 돌리고 갈 정도였다.

철당협을 지나 다시 그가 이른 곳은 한협(寒峽)이었다. 한협 역시 겨울 추위가 지극히 매서운 탓에 붙여진 이름이었다. 언덕은 천길벼랑으로 깎아지른 듯하고, 골짜기의 모습은 갈수록 험해지니 그의 행로의 수심도 깊어져 갔다. 물에 얼음이 얼고, 바람은 매섭게 부는데 그는 그 자신의 행장을 보니 여전히 여름 홑옷을 입고 있었다. 시린 발을 덮기 위해서 아무리 옷을 잡아 당겨도 살은 벌겋게 드러났다. 가난한 것이 아무리 시인인생이라 하더라도 솜옷 한 벌 살 수 없는 그 자신의 모습에 어쩔 수 없이 연민의 정이 일어났지만 그러나 그는 그 자신의 불우함과 곤고함에 대해서는 눈물을 흘린 적이 없었다. 오히려 그는 아무리 비참해도 다른 사람의 슬픔에 눈물을 흘리고 마음 아파 했을 뿐이다.

이 몸은 본래 징병을 면했었는데
길이 험하다고 어찌 사양할 수 있는가?
此生免荷殳　　未敢辭路難

그는 일찍이 전쟁에 나가 수자리 사는 그러한 일을 하지 않았다. 그가 젊었던 시절에는 그래도 나라가 태평이었기에 전쟁이 그리 빈번하게 일어나지 않았고, 또한 사대부의 가정이라 징병이 면제 되었다. 때문에 그는 고향을 떠나 전쟁터에서 고생하고 있을 병사들을 생각하면 늘 마음이 아팠고, 오래 밤잠을 이루지 못할정도였다. 때문에 그 까짓것 자기가 길 위에서 당하고 있는 고통쯤은 다른 사람의 고통에 비해서 그래도 감내할 수 있다는 것이었다.

한협을 지나 법경사(法鏡寺)에 이르러, 그는 잠시 휴식을 취하는 하늘을 보았다. 절이라는 것은 그래도 그에게 일종의 안식의 마음을 주는 곳이었다. 장안 억류시절 처럼, 잘 하면 밥도 얻어먹을 수 있었고, 선방에서 잠을 취할수도 있는 곳이어서 가난에 시달렸던 그에게 하나의 성지의식이 깃들어 있는 곳이었다.

법경사를 나와 계곡 서쪽으로 울퉁불퉁한 험난한 돌이 마치 사람을 향하여 떨어질 것 같은 청양협(靑陽峽)의 높고 힘든 산을 거쳐, 용문진(龍門鎭)에 이르렀다. 여기에 이르니 다시 군대와 깃발이 보이고 전쟁에 빠진 나라의 상황이 염려되었다. 지금 안녹산의 반군은 낙양 북동쪽에 밀려 있는 상황인데, 진주와 동곡사이에 군대가 주둔하고 있다는 사실이 그에게는 의심스러웠다. 어쩌면 지방의 절도사들이 자기의 세력을 꾀하고자 마음대로 군대를 조직하여 서로 싸우고 죽이고 반란을 일삼는 그러한 것인지도 의심되었다. 특히 그가 생존했던 시대에는 혼란을 틈타 그러한 일이 비일비재하였다. 잠시도 시국이 조용할 날이 없었다. 하나가 진정되고 나면 또 다른 곳에서 싸움이 일어나고, 싸움이 끝나고 나면 자기들 내부에서 전리품을 두고 또 분쟁이 일어나 그야말로 어지러운 세상이었다. 그의 생각으로는 세상을 어지럽히는 것은 언제나 소수의 나쁜 사람들이었다. 몇몇 나쁜 사람들에 의해서 수십만의 병사들이 피를 흘리고 시체가 산더미처럼 쌓여갔고 나라는 깨어졌다. 이러한 전쟁상황속에서 그가 언제나 관심을 기울인 것은 장군들이나 간부들이 아니었다. 그들은 상황이 아무리 처절해도 군막내에서 좋은 밥에 고기국을 먹고, 시시로 연회를 열어 기녀들을 불러 노래와 춤을 즐겼다. 불쌍한 사람들은 바로 고향을 떠나 밤새 수자리의 고통속에서 추위와 싸우며 고향생각을 그치지 못하는 힘없는 사병들이었다. 때문에 그는 여기서 다시 전쟁터에 내 몰린 병사들을 생각하였다.

아 멀리 수자리 사는 사람들이여
산은 춥고 시린데 밤중에 우는 병사들이여
嗟爾遠戍人　　山寒夜中泣

용문진을 지나 다시 석감(石龕)에 이르니, 산은 온통 돌 숲으로 이루어지고, 큰곰 작은곰이 동쪽에서 소리치고 범과 표범이 서쪽에서 울부짖는 것 같았다. 바람소리 따라 귀신이 길게 휘파람을 부는 듯하고 또한 원숭이 울음소리 불길하게 들렸다. 하늘은 마치 눈이 내릴 듯 짙게 흐려지고 돌길에 수레 지나가는 소리 유난히 크게 들렸다.

용문진을 지나 다시 적초령(積草嶺)에 이르렀다. 적초령을 기준으로 산세는 크게 진주와 동곡으로 나누어졌다. 이제서야 비로소 진주를 벗어난 것 같았으나 아직도 그가 닿아야할 목적지는 백리는 족히 남은 것 같았다. 몸은 이미 지칠 대로 지쳤으나 지금까지 왔던 길도 그리고 앞으로 가야할 길도 포기하지 않고 그를 간신히 유지하게 하는 것은 바로 동곡현령이 그에게 서신을 부쳐온 살기 좋은 동곡에서의 정착에 대한 희망이었다. 이 희망의 끈이 없었다면 그는 아마 왔던 길 위의 벼랑에서 떨어져 강의 물고기 밥이 되었을지도 몰랐다. 때문에 적초령에 이르러 동곡의 경역에 들자 그는 그에게 편지를 보내준 현령의 호의를 다시 한 번 회상했다.

떠도는 몸이라 나의 길은 곤궁하고
늙은 몸 일 년 내내 지쳐있다

동곡에는 날 도와줄 좋은 사람이 있으니
그에 대한 정은 이미 만나본 사람 같아라
보내준 편지 말씀이 절묘하고 아름다웠으며
먼 길 가는 나는 그 관심에 깊이 놀란다
고사리만 먹을 수 있어도 그 이상 바라는 것 없으니
내가 짓고 살 초당이 눈앞에 어른거린다
旅泊吾道窮　衰年歲時倦
邑有佳主人　情如已會面
來書語絶妙　遠客驚深眷
食蕨不願餘　茅茨眼中見

  그는 그 자신이 아무리 순수하고 진실하다 해도 다른 사람 역시 자기 자신처럼 그럴 것이라고는 생각하지 않았다. 이러한 마음은 그의 오랜 경험이 그렇게 생각하도록 만들었다. 관직을 추구하던 장안 십년 세월동안 수많은 사람들에게 자기를 천거하여 이끌어주기를 바랐지만, 그의 말을 들어준 사람은 없었다. 사람들은 모두 다 겉과 속이 달랐으며 이해득실에 따라서 행동을 바꾸었다. 때문에 이번 동곡행을 결정하게 된 동기인 자기에게 편지를 보내준 동곡현령에게도 기본적으로 의탁의 마음은 가지지 않았다. 그의 진실을 십분 믿는다면 또 한 번 속는 셈이 될 것이기 때문이다. 일단 이렇게 믿지 않는 마음을 가져야 비로소 이후에 있을 어떠한 실망을 줄이는 것이 되었다. 그가 바라는 것은 그저 자기가 그곳에서 띳집이라도 짓고, 가족이 이렇게 험난한 길위의 여정에서 벗어나 비를 피할 수 있는 실내에서 잠이라도 한 번 마음껏 편안히 자 보는 것이 소원일뿐이며 고사리 뜯어먹고 한 올 목숨을 유지할 수만 있다면 그것으로 만족하며, 이러한 최소한의 기본정착만이라도 현령이 좀 도와준다면 더 이상 바랄나위 없는 것이었다. 이것이 바로 그가 가진 마음이었다.
  적초령을 넘은 그는 다시 이공산(泥功山)에 이르렀다. 이공산은 진흙수렁이 많다고 하여 붙여진 산이름이었다. 수레바퀴는 깊이 빠지고, 말은 한번 수렁에 빠지니까 발을 뽑지 못하였다. 사람이나 동물이나 다들 오랫동안 허기에 지치고 여정에 지친 상황이 되니까 아예 수렁에서 발을 뽑을 힘 조차 모두 소진한 상태였다. 이러지도 저러지도 못하는 상황에서 차라리 진흙속에 엎혀서 그대로 죽는 것이 더 편할 것 같았다. 때문에 하루 한 나절을 진흙길에서 시름을 했지만 나아가는 길은 진척이 없었다.

   아침에 진흙산에 있었는데
   저녁에도 진흙산 가운데에 있네
   흰 말은 검은 말이 되고
   어린 아이는 지쳐 늙은이가 되어간다
   朝行靑泥上　　暮在靑泥中
   白馬爲鐵驪　　小兒成老翁

이공산을 지나 마침내 동곡현에 도착하였다. 진주에서 동곡까지 거리상으로는 삼백여리에 불과하였지만 수많은 가파른 협곡과 산과 내를 두루두루 거쳐오다 보니 무려 한 달 이상의 일정이 걸렸다. 사실 삼백여리의 거리는 낮밤을 줄곧 걷는다면 이 삼일 안에 당도할 수 있는 거리였다. 마치 황천의 길과 같은 여정이었다. 그가 거쳐온 산과 골짜기에는 마치 시간과 날짜를 무한정으로 잡아먹는 어떠한 무엇이 어두컴컴하게 산도깨비처럼 도사리고 있는 것 같이도 느껴졌다. 그만큼 넘기 어려운 지형지세를 타고 비로소 당도한 동곡이었다. 이렇게 첩첩히 나타나는 힘든 준령을 넘고 보니, 사람이라는 목숨은 참으로 보잘것 없는 한 가느다란 끄나풀에 불과하지만 살아남고자 하는 그 질김은 천리만리를 이을 정도인 것처럼 생각되어졌다.
   이러한 어려움속에서도 그는 각처를 지날때마다 모두 시를 써서 하나의 유실도 없이 남겼다. 때로는 길바닥에 쉬면서 목전에 펼쳐지고 있는 풍경을 대상으로 시를 썼고, 혹 여사를 만나 투숙할때는 낯설고 어두운 희미한 등잔 아래서 머리를 숙여 필묵을 닳혀가면서 시를 썼다. 때문에 그의 이 노정에서의 기행시는 죽음보다 더 처절했던 협곡의 높이와 험한 산비탈과 피보다 붉은 진흙길의 고통이 어쩔 수 없이 배어 있는 것이었다.

동곡현령에 속았다는 것을 알고 더할 나위 없는
절망과 어려워진 생활에 기인한 천지진동의
〈동곡칠가〉를 짓고 한 달만에 동곡을 떠나 성도를
향하여 다시 험산준령을 넘고 때와 장소마다
모두 시를 지어 남기다.

살길을 찾아 진주에서 동곡에 이른 만큼 일단 그에게 편지를 주었던 현령을 만나 정착을 하기 위한 진실한 도움을 청해 보는 것이 우선적인 일이었다. 사람에 대하여 큰 기대를 하고 있지 않았던 그 였지만, 그러나 지금에 이르고 보니 돈은 떨어지고 생활의 여력이라고는 있을 수 없었기에 다른 사람의 도움에 의지하지 않을 수도 없었던 것이다. 더군더나 띳집이라도 짓고 살아가기 위해서는 관직을 가진 현령의 도움이 절대적이지 않을 수 없었다.

그러나 불행하게도, 그를 맞이한 현령은 그에게 어떤 물질적인 도움을 줄 전혀 그러한 사람이 아니었다. 실제적으로 만나보니, 편지속에 담긴 그러한 호의적인 면과는 전혀 상반된 사람이었다. 본래 속마음이 사악한 사람이 그 글과 소리를 아름답게 부리는지 몰랐다. 마치 남의 둥지에 제 알을 놓아 부화시키게 하고, 그 새끼가 부화해서는 제 혼자 먹이를 차지하기 위해 모든 새끼들을 둥지밖으로 몸 밀쳐내는 뻐꾸기 울음소리가 구성지고 운치 있는 것과 같은 이치였다.

어쩌면 한 달 넘게 험산준령의 길에서 지치고 굶주리고 더할 나위없이 늙고 초췌한 그의 모습을 보자, 현령은 그를 사람같이 보지 않은 지도 몰랐다. 이전에 좌습유를 하며 왕의 시신으로 있었던 그러한 존귀한 관직을 가졌던 사람으로도 보이지 않았을 것이며, 단지 떠돌아 다니며 먹을 것이나 구걸하는 그러한 천박한 사람으로 보였기에 동곡현령은 도와 줄 마음조차 아예 사라져 버렸는지 몰랐다.

　그래도 한 가닥 희망을 안고 죽음보다 더 험난한 지옥의 여정을 넘어 당도한 곳이 동곡이었지만 현실이 이렇게 되어가자 그는 절대적인 상황에 빠지게 되었다. 매사가 늘 더 이상 나아갈 수 없는 절망의 상황이 그를 지금까지 단련시켜왔고, 삶이 없는 가운데서 삶을 살아왔지만 이번의 상황은 더욱 더한 극단의 상황으로 그를 몰아넣었다. 이렇게 희망에서 절망으로의 대전환은 더할 나위없는 자신의 자책으로 이어졌다. 모든 것이 자기의 못난 탓이라고 생각했다. 두좌와 찬공을 믿고 화주에서 관직을 버리고 진주에 간 일, 그리고 다시 동곡현령의 알량한 편지에 속아 여기까지 온 것 등, 그 어느 하나라도 자기의 어리석음에 스스로를 통탄하지 않을 수 없었던 것이다.

　이러한 급변의 상황은 마침내 그로 하여금 목숨이 낼 수 있는 최후의 절규와 같은 구절이 자기도 모르게 흘러나오게 하였다. 그것이 바로 천지진동의 〈동곡칠가〉였다. 그 첫수는 다음과 같았다.

　　객이라 객이라 그 이름 두보라는 객이라!
　　흰 머리 어지러운 머리칼 널어뜨린채 귀를 덮고 있어라
　　한 해 저물어 가는 때 낯선 사람 따라 도토리를 주우며
　　날씨 춥고 해지는데 산속에 있네
　　장안에서 부르는 편지 없어 돌아가지 못하고
　　손발이 얼어 터져 살들이 죽어간다
　　오호라 첫 노래 부르니 노래 이미 슬퍼지고
　　슬픈 바람이 나 때문에 하늘에서 불어온다
　　　有客有客字子美　　白頭亂髮垂過耳
　　　歲拾橡栗隨狙公　　天寒日暮山谷裏
　　　中原無書歸不得　　手脚凍皴皮肉死
　　　嗚呼一歌兮可已哀　悲風爲我從天來

그의 천 오백여수의 시에서 이렇게 시의 첫 머리에 자기의 이름을 불러 읊은 적은 없었다. 비애의 감정이 극단에 이르니 스스로에 대한 슬픔이 자기도 모르게 솟구쳐 올라와 급기야 자기가 자기의 부끄러운 이름을 하소연하여 하늘 가운데에 세우고 있는 것이었다. 시란 결국 시인 자신의 현재의 심리를 반영한 것일 뿐이라면, 동곡에서 지어진 이 일곱수의 시는 그의 비참한 감정의 최고절정에 이른 것이었다.
　사실 그는 이전에 다름 아닌 왕을 보좌하고 간언을 하는 간관의 신분이었다. 고귀한 궁의를 입고 대신들과 함께 왕의 정책을 이끌어나가던 사람이었다. 그렇게 하늘 높은 직책에 있었던 그가 어떻게 하여 세상의 중심에서 벗어나 만리 이역을 떠 돌다가 해 저문 추운 겨울산속에서 먹을 것이 없어 도토리를 줍고 있는지 스스로도 상상이 되지 않았다. 때문에 가눌 길 없는 서글퍼지는 마음이 일어난 것이었다.
　첫 번째 노래를 마친 후의 여음은 두 번째 시에서는 사람과는 아무관계도 없고 그렇다고 목숨을 가진 새나 꽃도 아닌 자기가 들고 다니며 약초를 캐는 호미의 노래로 이어졌다. 극단의 상황이 되니 무생물에까지 그의 감정이 미친 것이었다.

호미는 호미라도 흰 나무 손잡이의 호미여!
나의 삶이 이것에 의지하여 목숨을 사는구나
산에 눈이 덮여 있으니 약초는 싹도 보이지 않고
짧은 옷 아무리 잡아 당겨도 정강이를 덮을 수 없구나
지금 흰 호미와 함께 빈손으로 집으로 돌아오니
온 가족 모두 굶주려 신음하여 사방의 벽이 적막하다
오호라 두 번째 노래 그 노래 시작하자마자
주위 사람들 나 때문에 슬픈 표정 감추지 못하는 구나
長鑱長鑱白木柄　　我生託子以爲命
黃獨無苗山雪盛　　短衣數挽不掩脛
此時與子空歸來　　男呻女吟四壁靜

嗚呼二歌兮歌始放　閭里爲我色惆悵

　지금 그에게 도움을 줄 수 있는 것은 아무것도 없었다. 백발의 초췌한 모습으로 도움을 청하는 그에 대하여 동곡현령은 냉정하게 태도를 바꾸었다. 그래서 더 이상의 상황이 없게 되자, 그는 약초를 캐서 시장에 팔아 몇 푼의 돈을 마련하기 위하여 이웃으로부터 호미 한 자루를 얻었다. 이러한 절대 절박함의 상황이 되니 그의 눈길이 가고 관심이 가는 것은 호미였다. 사실 호미 따위의 물건은 평상시라면 아무것도 아니었다. 그것은 단지 이랑을 가꾸거나 김을 매는 물건일 뿐이었다. 굳이 그러한 사소한 물건에 정을 줄 이유가 없었다. 그러나 지금 이 상황에서는 모두다 그 나름의 영혼을 가진 것으로 보였다. 시가 영달을 싫어하는 것도 바로 여기에 있었다. 호의호식하는 사람들은 오직 그 자신 밖에 몰랐다. 그들 눈에는 주위에 어떠한 아픈 것도 아픈 것으로 보이지 않았다. 그것은 오직 남의 상처 일뿐이었다. 때문에 그와 같은 사람들은 시를 쓸 어떠한 감정이 생겨날 수가 없었다.
　결국 그로 하여 위대한 시인이 되게 한 것은 다른 사람들이 느끼지 못한 슬픔과 아픔과 가난의 곤고함이 세상 모든 것에 대한 관심을 갖게 하였고 이것이 사랑으로 이어졌고 시로 이어졌다.
　첫 번째 노래에 이어 두 번째 호미의 노래 역시 절정의 감정으로 시가 마쳐지자 세 번째 노래 역시 이에 못지 않은 슬프고 비절한 노래로 이어졌는데, 세 번째 노래는 전쟁에 뿔뿔이 흩어져 있는 동생들에 대한 생각이었다. 동생들 생각이라면 그가 평소에도 늘 걱정을 놓지 못하고 있는 부분이었는데 격정적 감정에 이르자 그 노래의 높이는 가히 하늘 끝까지 치솟았다.

　동생들 있긴 있어도 아주 멀리 있음이여!
　셋 아우들 중에 누가 몸이 좀 낫나

살아서 전전하며 서로 보지 못하고 있으니
전쟁의 먼지에 하늘은 어둡고 길은 멀구나
동으로 기러기 날고 무수리 또 뒤따르는데
어찌하면 나를 보내어 너희들 곁에 있게 할 수 있는가?
오호라 세 번째 노래, 그 노래 세 번 부르니
너희들 어디에서 형의 죽은 뼈를 거둘 수 있다 말인가?
有弟有弟在遠方　　三人各瘦何人强
生別展轉不相見　　胡塵暗天道路長
東飛鴛鵠後鷲鶴　　安得送我置汝旁
嗚呼三歌兮歌三發　　汝歸何處收兄骨

 그는 지금 진주나 동곡에 온 것을 모두 후회하고 있는 것이었다. 그가 어쩌다 이렇게 멀리 이역의 변방지역에 깊이 머무르게 되었는지 알 수 없었다. 헤어날 수 없는 곤경에 빠진 자기를 누군가 구원해주었으면 했지만 누가 있을 리가 없었다. 그래도 동생들이 있다면 위안이 될 수도 있지만 그러나 동생들 역시 전쟁에 뿔뿔이 흩어져 생사를 알 수 없는 상황이었다.
 중국 문학사에서 허다히 유명한 시인들이 있었지만 그처럼 이렇게 동생들을 그리워하는 시를 수시로 절실하게 시를 쓴 시인은 아무도 없었다. 형제의 정도 어릴때이지 자라서 다들 제각기 살아간다면 모두가 남들처럼 생각하는 것이 사람이었다. 건안시대(建安時代)의 조비(曹丕)는 왕권에 눈이 멀어 동생 조식(曹植)을 세 걸음만에 시를 짓지 못한다면 죽이겠다고 하였고, 당의 숙종황제는 자기의 권력에 도전해온다고 우려하여, 어릴적 자기가 돌보고 키우다시피 했던 또 다른 태자 이린(李璘)을 죽이기까지 하였다. 뿐만 아니라 천재시인 이백은 결혼을 네 번까지 할 정도였다. 이것은 결국 사람에 대한 슬픔과 아픔이 없다는 것을 의미하며, 있었던 사람과 있었던 정에 대하여 언제든지 버릴 수 있다는 것이었다. 그만큼 어떠한 절실한 시를 쓸 만큼 현실적인 정이 없다는 것을 의미하기도 하였다. 결론적으로 일반 시인들이 정을 가질 수 없는 부분에 까지 광폭적으로 정을 가질 수 있다는 것은 그만의 유일한 특색이었으며, 이것이 그의 위대성을 불러왔다.

세 번째 노래를 부르고 나니 여전히 격한 감정은 남아 있었고, 네 번째에는 다시 시집가서 제대로 살아가지 못하고 있는 누이동생에 관한 시였다. 그 첫 구절과 두 번째 구절은 다음과 같이 읊어졌다.

누이가 있긴 있어도 종리에 살고 있는 누이여!
남편은 일찍 죽고 여러 아이들 아직 어리구나
有妹有妹在鍾離   良人早歿諸孤癡

위의 구절에서 종리는 지명으로 지금의 중국 안휘성에 있는 지역이다. 그의 시에서 누이동생을 언급하고 있는 시도 여기 동곡에서 지은 시가 처음이었다. 그리고 세상 천하에 시집간 누이동생의 삶에 대해서까지 가슴아파하며 시를 쓴 시인은 없었다.

동곡에서의 절망에 찬 최악의 생활은 위의 네 수를 포함한 일곱수의 연작시를 그에게 주었다. 이 일곱수의 연작시를 비롯하여, 진주에서 쓰여진 〈진주잡시〉 이십수의 연작시등, 그가 이 즈음의 시 쓰기의 형식에서 두드러진 하나의 특징은 바로 연작시의 본격적인 창작이었다. 연작시라는 것은 시 제목 하나에 단지 한 수의 시를 쓰는 것이 아니라 여러수의 시가 마치 주렴발처럼 계속해서 엮어진다는 것이었다. 이 연작시는 물론 그의 최초의 시도는 아니었다. 멀리 거슬러 올라가면, 굴원(屈原)이 쓴 〈초사(楚辭)〉도 장편 연작시라고 볼 수 있었다. 굴원 역시 천재적인 시인에다 중앙관직에서 쫓겨나 가슴에 맺힌 한이 무한하여 이 무한한 정신이 연작시라는 대작을 가능하게 하였다. 그러나 굴원의 시가 다소의 산문성을 띠고 있는, 정통성의 시의 성격에서 좀 벗어나 있는 형식이라고 한다면, 순수 시 형식을 가지고 연작으로 엮어내고 있는 것은 사실 그로부터 본격적으로 시작되었다고 해도 과언이 아니었다. 결론적으로 연작이라는 것은 시인 역량의 풍부함과 깊이가 없다면 아무나 시도할 수 없고 쓸 수 없는 것인데, 그는 이것을 완전무결하게 지어내고 있어 이것이 그의 위대성을 다시 한 번 보여주는 면이었다.

생활이 나쁘면 나쁜 상황만큼 그에게 더 치열한 시를 쓰게 하였지만, 결국 동곡이라는 곳도 그의 정착을 받아들이지 않는 곳이었다. 오직 시를 남기고 지나가야할 경유지에 불과한것이었다. 떠 돌아 다니는 시인 운명의 불가피성은 그의 마음속에 또 다른 어떤지역이 이미 마음속에 길을 내고 있었다. 즉 헐벗고 굶주리며 살아가는 그에게 겨울옷이 없어도 따뜻한 날씨가 사람을 살게 하는, 그리고 사시사철 온화한 날씨가 물산을 풍부하게 하여 기근도 어느정도는 해결될 수 있는, 좀 더 남쪽으로 내려가는 것이었다. 즉 사천의 성도쪽이 이미 그가 옮겨가야 할 곳으로 마음에 차 오고 있었던 것이다.

그러나 아무리 정착을 허용하지 않는 땅, 무정한 땅이 되었어도 떠나는 곳은 여전히 쓸쓸함으로 남을 수 밖에 없었다. 이 쓸쓸함은 어쩌면 삶이 더욱 힘들었고, 무슨 뼈저린 한이 깊으면 깊을수록 떠나는 심정은 그에 비례해서 더욱 더 절실해지는 것인지도 몰랐다. 그리하여 그는 진주를 떠날 때 〈진주를 떠나며〉를 지었던 것과 마찬가지로, 다시 〈동곡을 떠나며〉 라는 시를 지어 솟구쳐 오는 감정을 새로운 출발지로 향하는 발길 앞에 남겼다.

   처음 이 산중의 땅에 왔을 때
   수레를 멈추고 땅이 그윽하여 기뻐하였는데
   어찌할까 세상사에 다시 내 몰려
   일년에 네 번이나 옮겨다니는 일 하게 되었네
   떠나는 길에서 몇몇 친구들과 작별을 하는데
   손을 맞잡고 눈물 하염없이 흘리는 구나

평생 게으르고 졸렬하여
운 좋게 은거지 마련하여 살려고 했는데
가고 머무는 것 모두 내 뜻과 어긋나 어쩔 수 없구나
始來玆山中　休駕喜地僻
奈何迫物累　一歲四行役
臨歧別數子　握手淚再滴
平生懶拙意　偶値棲遁跡
去住與願違

그러니까 그가 시월에 진주에서 출발하여 한 달 이상을 험하디 험한 협곡과 산을 넘어 십일월에 동곡에 도착하여 이곳에서 겨우 한 달을 견딘 끝에, 십이월에 다시 새로운 곳을 향하여 출발하게 된 것이었다. 그만큼 동곡이라는 곳은 그의 생활을 도와줄 어떠한 누구도 만나지 못하였기에 힘든 하루하루를 보냈다는 의미였다.

그러나 어디를 가더라도 사람들의 정은 다 똑 같았다. 비록 한 달여간의 동곡생활이었지만 이웃들은 그를 위하여 걱정하였다. 더욱이 이전에 장안 궁궐에서 좌습유의 관직까지 한 사람이 먹고 살 끼니가 없어 산 속을 헤매어 다니며 도토리를 줍고, 호미 들고 눈 밭을 돌아다니며 약초를 캐고, 슬픔과 비애의 생활속에서 견뎌내지 못하는 생활을 보고 다들 인지상정의 연민의 혀를 차지 않을 수 없었던 것이다. 그리하여 그가 떠난다고 하자 사람들의 마음은 더욱 슬퍼졌고, 그 역시 이별의 눈물을 감출 수 없었던 것이다.

그가 다음으로 옮겨가야 할 곳으로 사천성도(四川成都)를 잡은 것은 앞에서도 말한 바와 같이 남쪽의 따뜻한 기후가 하나의 이유였다. 사시사철 내나무가 사라는 온화한 날씨는 가난한 사람들이 생활하기에는 한결 좋은 삶의 조건이 됨에 틀림없었다. 뿐만 아니라 역사적으로도 사천성도땅은 옛 진나라에 의해서 도시가 세워지고, 삼국시대에 촉(蜀)의 수

도가 있었기에 흔히 촉으로 불려지기도 하며, 그가 살던 당나라때에는 가장 큰 상업도시이기도 하였으며, 사실상 중국서남부의 유서깊은 도시였다. 이러한 환경적인 요인 외에 그가 성도를 잡은 것은 어떠한 보이지 않는 정신적인 인연도 작용하였다. 사천지방은 본래 그의 절친한 친구였던 이백의 고향이자 옛 시인인 양웅(揚雄)과 사마상여(司馬相如)의 고향이기도 하였으며, 또한 현종황제가 안녹산의 난을 피해 몽진을 했던 곳으로 그만큼 성의 주위에 산악과 고원으로 이루어져 있는 분지지대로, 어떠한 외부의 침입이 방지되는 천연요새적인 성격도 띄고 있었다. 이러한 여러모로, 기후와 전쟁 없음, 그리고 산물의 풍부는 그의 마음에 애초부터 이곳이 최종의 목적지로 마음속에 있었다 해도 과언이 아니었다. 게다가 이렇게 중요한 지역인만큼 관직을 갖고 있는 그의 친구들이 임지가 되어 부임해올 가능성도 있었기 때문에 어쩌면 그를 도와줄 조력자가 나타날지도 모를 일이었다. 그가 성도를 향하고 있는 이때, 시인 고적은 팽주(彭州)자사를 하고 있었고, 엄무는 파주(巴州)자사를 하고 있었다. 다들 성도로부터 그다지 멀지 않은 지역이었다. 이러한 그의 예측은 맞아 떨어져 후에 그가 성도에 도착하자 엄무와 고적이 성도윤을 번갈아 맡아 생활의 도움을 받을 수 있었다.

  동곡에서 성도로 가기 위해서는 진주에서 동곡으로 갈 때의 여정 못지 않은 험난함과 고됨이 요구되었다.

  그의 성도길에 첫 관문으로 나타난 것이 바로 목피령(木皮嶺)이었다. 그가 가족을 데리고 동곡현을 나와 반나절 정도 지나자 바로 그들 앞에 나타난 험준한 산이었다.

  늦겨울에 아이들을 데리고
  힘들게 촉을 향하여 떠난다
  남쪽으로 목피령에 오르니
  어렵고 험함은 말도 못하여라

季冬携童稚　　辛苦赴蜀門
　　南登木皮嶺　　艱險不二論

　눈과 얼음이 쌓이고 시린 찬 바람이 몰아치는 겨울길의 여정이 쉽지 않음은 말할 필요가 없었다. 그러나 좋은 계절을 만나 거처를 옮긴다는 것은 그래도 생활이 좀 나을 때나 생각할 수 있는 일이었다. 더 이상 견디지 못한 생활은 비바람과 한기를 무릅쓰고 그의 일가를 벌판으로 내몬 것이나 다름없었다. 살아도 살지 못하여 새로운 살기를 위하여 떠나는 여정은 그 자체가 서글픔이지 않을 수 없었다. 이러한 상황속에서는 여정에 있어서 미리 준비되어야 할 모든 것이 결핍될 수 밖에 없었다. 추위를 막아낼 옷과 행장이 부실하고, 길 위에서 오랜 기간 동안 먹을 양식도 제대로 준비되지 않았고, 그렇다고 밤이 되어 여사에 들 돈이 있는 것도 아니었다. 그야말로 목숨이 당하는 고통을 늘 최후처럼 느끼면서, 어쩌면 주어지는 고통에 대해 목숨이라는 것이 얼마까지 견뎌낼 수 있는지를 시험하는 것과 다를바가 없는 여정이었다. 설령 여정이 이렇다고 하더라도 새로이 살아가야할 도착지에 어떤 희망만 보장된다면 과정의 어려움은 극복될 수도 있는 문제였다. 그러나 그것은 언제나 기대뿐이었지 막상 현실에 이르고 보면 살아가야할 조건은 더 나빠졌고, 더 암담한 상황속으로만 놓여질 뿐이었다.

　그러나 이러한 악조건들이 그의 모든 것일 수는 없는 것 같았다. 그는 현실의 어려움을 무릅쓸 수 있는 어떠한 초인적이고 위대한 시인정신이 늘 마음속에 꿈틀되고 있는 것인지도 몰랐다. 즉 죽음과 같은 여정의 길 속에서도 그의 눈앞에 나타나는 새로운 사물에 대하여 여전히 경이의 눈빛으로 바라보고, 지나는 길의 고비고비마다 모두 시로 남기는 일을 빠뜨리지 않았다는 것이다.

　땀 흘려 내 몸 흠뻑 적시니

혹한의 추위에도 이로 인해 덥다
비로소 알았네, 세상의 유명한 다섯 산 이외에
이곳에 또 다른 명산 있음을
流汗被我體　　祁寒爲之暄
始知五嶽外　　別有他山存

 이렇게 절경을 바라볼 때는 마치 여정의 어려움도 지나가는 풍경과 함께 사라지고 어떤 후끈한 시의 흥취가 마음속에서 달아오르는 것 같았다.
 목피령을 넘으니 가릉강(嘉陵江)이 나타났고, 이윽고 그는 백사도(白沙渡)라는 나루터에 도착하였다. 백사도라는 말은 모래가 희고 맑다고 해서 붙여진 이름이었다. 그는 여기서 가족과 말을 배에 태우고 강을 건너갔다. 흔들리는 배에 말이 하소연 하듯 북쪽 장안땅을 향해 어지럽게 울었다.
 뭍에서 험한 산길과 거친 길을 힘들게 걷다가 사람과 짐승이 모두 함께 배를 타고 자유로이 일렁이는 물살에 부드럽게 몸을 맡기니 잠깐 동안의 안식이 그를 찾아왔다. 이 안식은 곧 바로 강가를 지나가는 풍경을 아름답고 여유 있는 것으로 보게 하였다. 결국 사람이라는 것은 제 몸의 안락과 불편에 따라서 세상을 관조하는 눈길도 달리하게 마련이었다. 더더욱이 그에게 있어서의 천리의 고된 길에서 주어지는 잠깐 동안의 배를 타는 희열은 더욱 특별하게 느끼게 할 뿐이었다.
 위험한 파도를 건너 다시 뭍에 대기 위하여 천천히 협곡가까이 배가 이르자 그는 다시 하선의 말고삐를 붙잡았다. 그러자 그 자신도 모르게 험난한 뭍의 일정을 또 계속해야 하는 시름스러움이 절로 목구멍에서 쏟아져 나와 세 번의 탄식이 이어졌다.
 가릉강을 지나온 그는 다시 비선각(飛仙閣)을 향하여 올랐다. 비선각은 촉으로 들어가는 하나의 관문지역에 위치하고 있는 누각으로, 말과 사람이 겨우 지나갈 수 있는, 좁은 길의 잔도를 험준하게 타고 올라야 하는 곳으로 벼랑의 바위에 가까스로 공간을 내어 지은 것으로, 앞으로는 천 길 낭떠러지와 그 아래 짙푸른 강물이 흐르고 있는 곳이었다. 이 비선각을 오르기 위해서는 사람이나 짐승이나 모두 중도에서 앉거나 누워서 쉬어야 할 정도로 넘긴 힘든 곳이었다. 여기서 다시 그는 자기 삶의 시름겨움이 저도 모르게 흘러나왔다.

떠 돌아 다니는 인생이 정해진 팔자이니
배고픔으로 점철되어진 삶 어찌 피할 도리가 있는가?
浮生有定分 飢飽豈可逃

비천령을 지나 다시 오반령(五盤嶺)에 이르렀다. 오반령의 정상에 오르기 위해서는 역시 한없이 힘든, 굽이굽이 가로놓인 잔도를 올라야 할 정도로 험준한 고개였다.

그러나 어찌 된 셈인지 이번의 사천 성도로 옮기는 길은 험하고 힘든 길임에는 마찬가지였으나 문득 문득 그의 마음속에는 이유를 알 수 없는 어떤 희열의 감정이 어쩔 수 없이 찾아들고 있었다는 것이다. 아마도 성도에 무사히 정착할 수 있는 기회가 주어지는 것에 대한 마음속의 어떠한 예감인지 몰랐다. 특히나 험한 산이 자아내고 있는 절경은 그로 하여금 아름다움과 절경의 경탄으로 보게 하였다.

오반령이 비록 험하다 하나
산색이 아름다워 빼어남이 있다
五盤雖云險　　山色佳有餘

오반령을 지나 용문각(龍門閣), 석궤각(石櫃閣)을 지나면서 그는 다시 시를 남겼다. 특히 석궤각에서는 그 자신이 떠 돌아 다니는 것에 대해서, 마치 당연한 자신의 운명인 듯한 소회를 밝혔다.

떠 돌아 다니게 되니 본래 은거의 뜻과 달라
탄식하며 세상 험난하고 외진곳을 향한다
진실로 위험한 풍경속을 겁먹으며 다니는 것 달게 여기리니
오직 추위와 배고픔에 몰려 천지를 헤매고 있는 것 만은 아니다
羈棲負幽意　　感嘆向絶跡
信甘屛懦嬰　　不獨凍餒迫

　석궤각에서 쓴 이 시는 그 자신의 세상 헤맴에 대해서 그 속마음을 드러내고 있는 것이었다. 일단 그 자신이 세상을 돌아다니는 표면적인 이유로는 먹고 살길이 없어, 가난과 궁핍을 피하기 위한 것이기 때문인 듯 하나, 실제적으로는 더 궁극적인 어떤 요인이 마음 내부에 자리 잡고 있었다는 것이다. 결국 그는 한 곳에 자리를 잡고 꾸준히 은거하며 살아갈 사람이 아니라는 것이었다. 은거라는 것은 거처할 집과 충분히 먹을 양식을 가지고 세상일에서 벗어나 유유자적하며 아무 일 없이 무사평온하게 산다는 의미이기도하지만, 만약에 생활이 이렇다면 그럼 시 쓰기는 어떻게 되는 것인가의 문제이다. 언뜻 생각하면, 시 쓰기에 매우 좋은 환경이라고 생각할 수도 있지만 사실은 그 반대였다. 시라는 것은 다름 아닌 현실의 반영일 뿐이기에, 무사하고 유유한 생활은 오직 그러한 무슨 특징이 없는 시만을 쓰게 할 뿐이었다. 즉 그저 여유 있고 한담한 시, 어떠한 격렬함이 갖추어지지 않은 시, 평담한 시, 그 결과 다른 사람이 읽어도 무슨 감동이 없는 이런 시들만이 산출될 뿐이었다. 그렇다면 그가 이러한 생활과 시를 받아들일 수 있었겠느냐 이다. 이것은 그에게 아무 의미가 없었을 뿐더러 생활역시 죽은 생활이나 마찬가지였다. 관직 생활을 버린 이유도 여기에 있었다. 결론적으로 그는 시심이 강렬하게 일어나는 현실적인 생활을 본능적으로 원했다는 것이었다.
　성도로 향하는 길에서 지은 또 다른 시 〈용문각〉에서 풍경의 험난함을 그는 다음과 같이 다시 묘사했다.

미끄러운 암석 경사진데 누가 길을 뚫었는지
뜬 다리가 간당거리며 서로 매달려 있다
滑石欹誰鑿　　浮梁裊相拄

뜬 다리가 간당거린다는 것은 그만큼 위험한 자연 속에 놓인, 목숨에 대하여 극한의 위태로움을 느낀다는 것이었다. 아득한 절벽 아래로는 짙푸른 강물이 흘러가고 간당거리는 다리는 언제나 떨어져 내릴 수 있었고 자칫 발을 헛디디기만 하면 사람과 말은 한마디 아우성을 칠 새도 없이 추락하여 푸른 물에서 노니는 악어와 용의 밥이 될 뿐이었다.

다시 물길을 타고 길백도(桔栢渡)라는 나루터에서 내린 그는 성도로 들어가는 최후의 관문인 검각을 향하였다.

검각에 이르자 그 풍경은 차라리 험준하다 못해 가관일 정도였다. 수많은 산들이 서쪽을 향해 안고 돌고, 바위는 모두 북쪽을 향하고 있었다. 높이 솟은 두 벼랑은 겨우 한 사람이 통과할 수 있을 정도의 공간만 허용하고 있었다. 이것은 결국 천연요새를 형성하게 되었고 한 사람이 노하여 관문을 지키면 수많은 사람들이 함부로 접근하지 못할 정도였다. 결국 이러한 검각의 지형적인 특성은 외부로부터 어떤 세력이 들어오는 것을 막아내는 것이 되었고, 하지만 그렇다고 이것이 평화를 보장해주는 요인으로 작용되지는 못하였다. 오히려 이러한 요새를 배경으로 수많은 영웅들이 생겨나 서로 촉땅을 차지하기 위하여 싸움을 일삼은 곳이 또한 사천땅이었다. 때문에 이러한 험난한 관문을 보자 그의 마음속에는 색다른 감정이 일어났다.

나는 장차 이 험난한 지형을 낸 하늘에 죄를 물어
첩첩히 높고 가파른 산들을 모두 깎아내어 버리고 싶다
吾將罪眞宰　　意欲鏟疊嶂

자연이 아무리 어떠한 기괴한 특징을 갖고 빼어난 절경의 모습을 하고 있더라도 사람들의 마음속에 모두 아름다운 경탄을 자아내게 하는 것만은 아니었다. 오히려 어떠한 자연의 모습은 혐오감과 괴리감을 주기도 하며, 마치 보지 말아야 할 것을 본 듯한 반감을 불러일으키는 것도 있었다. 더 더욱이 그의 유랑이 전쟁을 피해 다니는 것에도 한 요인이 있었던 만큼, 전쟁과 싸움을 일으키는 배경이 되는 검각의 험난한 모습은 더 더욱 그에게 그러한 마음을 일으켰다.
　검각을 지나 그는 마침내 성도의 마지막 고비가 될 녹두산(鹿頭山)을 넘었다.

　　처음엔 검각도 넘지 못할 것 같았는데
　　여기에 이르러 비로소 험난함이 다하고
　　성도의 광활한 들판이 활짝 열려 기쁘게 하네
　　劍門不可越　　及玆險阻盡
　　始喜原野闊

　화주에서 진주, 진주에서 동곡, 다시 동곡에서 성도에 이르기까지 지금까지 그가 지나온 과정에서 정말로 천겹만겹의 산을 넘고, 백번이나 더 죽었을 것 같은 위험하고 아슬아슬한 벼랑과 협곡을 오르며, 길에서 허기와 굶주림의 기나긴 세월을 소진 한 끝에 비로소 최종목적지에 이르러 세상을 굽어보게 된 것이었다.
　그러니까 정확하게 말해서, 서기 759년 그의 나이 마흔 여덟이었던 여름 칠월에 진주에 도착하여, 삼개월여만에 다시 진주를 떠나 시월에 동곡에 도착하여 한 달 정도 머물렀다가 한 겨울에 동곡을 출발하여 다시 이 해 말에 성도에 도착한 것이었다. 그러므로 여름과 겨울동안 온통 정착지를 찾아 떠 돌아 다닌 것이었다. 이 떠돌아 다니는 과정에서 그의 혼육이 당한 고통은 그야말로 말로 표현할 수 없는 것이었다. 시쳇말로 사람몸속에 피가 붉은 이유는 바로 여기에 있는 것 같았다.

  이 고통의 대가로 두 계절의 짧은 기간동안 무려 백여수의 시를 얻었다. 그 가운데서 〈동곡칠가〉 같은 시는 정말로 그의 시에서 어떠한 특성을 가지고 있는 시로, 시라는 것은 손끝이나 머리끝으로 쓰는 것이 아니며, 영육이 당하는 최후의 마지막 고통과 삶의 갈등심이 빚어내는 순간에, 하늘 향하여 절규의 목청을 토해내는 것이라는 것을 보여주었다. 결국 이러한 최후의 순간에서 당하는 격렬한 몸짓이 그에게 주는 것이 바로 시였기에 떠돌아 다니는 것이 늘 한탄스러웠지만 또한 때로는 스스로도 그러한 생활을 운명적으로 받아들이기도 하였다.

**성도에 도착하여 성도성밖 완화계 물가에 초당을
짓고 숙원이었던 정착의 꿈을 이루고
전원생활에 들어가다.**

  시라는 것이 아무리 고통을 통한 생성의 과정이라 해도 제 몸의 불편을 원하는 사람은 아무도 없었다. 그 역시 마찬가지였다. 성도에 이르기까지 그가 받은 고통은 그 스스로 생각해보아도 질려버릴 정도였다. 이러한 그의 마음은 성도정착에 대한 의지를 더욱 강하게 키웠다. 여기에서도 정착을 하지 못하고 또 다른 곳으로 떠나야 한다면, 그는 그 자리에서 망부석처럼 서서 죽어야 할지 몰랐다.
  뿐만 아니라 성도에 도착해보니 화려한 성의 모습에다 활기차고 시끌벅적하게 살아가고 있는 사람들을 보니 그에게도 삶의 의지가 새로이 생겨나는 것 같았다. 그러나 타향은 타향이었다. 늘 그러하였거니와 처음으로 도착한 이향의 모습은 그로 하여금 한 수의 비교적 긴 시를 쓰게 할 만큼 다시 여러 생각들이 솟아났다.
  일단 성을 돌아 밖을 나온 그는 사찰을 찾아 다녔다. 지금 그에게 돈이 있을 수 없었고, 목숨을 지탱할 양식 역시 마찬가지였다. 때문에 최소한의 어떠한 숙식을 제공받을 수 있는 곳이 필요하였다. 이전에 장안 억류시절 대원사 주지 찬공으로부터 편의를 제공받은 것 처럼 그러한 경우가 필요하였던 것이다.
  몇 군데의 사찰을 돌아다닌 끝에 성 외곽에 있는 초당사(草堂寺)주지로부터 며칠만이라도 머무를수 있도록 허락해달라는 그의 간청이 받아들여져 가까스로 가족과 짐을 풀게 되었다. 궁색하지만 일단 노상의 비바람은 피하게 된 것이었다. 그리고 무엇보다 편지를 보내고 받을 주소지를 갖게 되었다는 것이다. 이렇게 되자 그가 가장 먼저 한 것은 각처의 지인들에게 편지를 보내 그가 성도에 도착했다는 사실을 알려줌과 동시에 정착을 위한 도움을 청하는 일이었다. 지금 그에게 가장 급선무는 초라하게나마 모옥이라도 한 채 지어 더 이상 떠 돌아 다니는 생활을 종식시키고 연명할 양식을 구하는 것이었다. 그리하여 이 시기에 당시 팽주(彭州)자사를 하고 있던 시인 고적에게 다음과 같은 시를 보냈다.

옛 절에 스님들이 많지 않아
빈 방을 빌려 거처하고 있습니다
친구가 쌀을 보내주고
이웃집에서 텃밭의 채소를 가져다주고 있습니다
古寺僧牢落　　空房客寓居
故人供祿米　　鄰舍與園蔬

그가 이 시에서 친구가 쌀을 보내준다고 한 것은 여러 이웃의 도움을 받아 살아가고 있다는 것을 말해줌과 동시에 고적에게 생활을 도와 달라는 뜻을 내재시키고 있었다.
그런데 다행히도 성도의 생활은 진주와 동곡시기에 비해서 무언가 순조롭게 맞아 들어가고 있는 것 같았다. 고적에게 편지를 보내고 얼마있지 않아 도움을 주겠다는 답신이 왔고 뿐만 아니라 파주 자사를 하고 있던 엄무에게서도 연락이 왔다. 이렇게 서로가 연락이 되니 어쨌든 사람 살기라는 것은 좀 더 큰 곳으로 나와야 서로가 교류가 이루어지는 것 같았다. 사실인즉, 진주와 동곡같은 경우는 워낙 외지고 산중이라 친구들이 그를 방문하고 싶어도 첩첩히 가로놓인 산과 강 때문에 엄두를 내지 못하는 경우가 많았다.
친구들뿐만 아니라 혈육들과도 연결 되어 당시 성도지역 내에서 사마라는 관직을 수행하고 있던 고종사촌이 직접 그를 찾아와 정착을 위한 돈을 그 앞에 내 밀었다.

  고종 동생이 기꺼이 한 늙은이 찾아와 주니
  오늘 아침에 수심이 사라져 버렸네
  내가 띳집이라도 짓는 것 걱정하여
  돈을 들고 들과 다리를 건너왔음이여
  쓸쓸한 타향 가운데 날 위로해줄 사람은 동생뿐이고
  멀다고 꺼리지 말고 또 와 주기를 바라네
  肯來尋一老   愁破是今朝
  憂我營茅棟   携錢過野橋
  他鄕惟表弟   還往莫辭遙

  그가 평소에 친지나 혈육에 대해서 깊은 정을 느끼고 있었던 것은 사실 그만한 이유가 있었다. 어린 시절 같은 집안 내에서 태어나 서로 내왕을 하며 자란 사이끼리는 뭔가 달라도 다를 수 밖에 없었던 것이다. 함께 자라며 놀았던 유년시절의 추억이 힘이 되어 세월이 흘러 갔어도 그 정을 잊지 못하고 사심 없이 도움의 손을 내민 것이었다.
  뜻밖에도 고종동생이 내민 돈은 생각보다도 훨씬 큰 돈이었다. 뿐만 아니라 친구들로부터도 촌지가 답지하여 이래저래 모으니 상당한 돈이 되었다. 이것은 처음에 그가 마음먹고 있었던 그저 초라하게 풍우에 가족들의 몸이나 가릴 정도로 생각하고 있었던 것에 비해 계획의 수정을 허락하는 것이었다. 즉 남들이 보기에도 좀 그럴싸하게 지붕과 담장을 올리고 그리고 집 주위에 여러 정원수도 심어 빛나게 집을 꾸미는 정도까지 생각하게 한 것이었다. 그렇다면 그가 오래 꿈꾸워왔던 일들을 마침내 현실속에서 이루는 것이나 다름없었다. 사실 그가 사방을 떠 돌아 다니면서 얼마나 많은 온전한 정착의 꿈을 기대하였던가? 여러상황에 부딪혀 그의 꿈이 수포가 되어 가면 갈수록 오히려 그의 전원생활의 꿈은 더욱 커져가기만 했다. 궁벽하고 외진 곳에 초라해도 좋으니 제 집을 짓고 텃밭에 외나 채소를 심고 콩 넝쿨을 올리며 사는 꿈은 사실 그에게 죽어도 포기하지 못할 마음속의 숙원이었다.

일단 집을 지을 돈이 준비되자 그는 집터를 찾아나서기 시작했다. 여러 곳 가운데서도 성도성 서쪽 외곽에 있는 완화계(浣花溪)가 그의 마음을 끌었다. 우선 그의 마음을 이끈 것은 완화계라는 명칭부터였다. 완화계라는 말은 강물에 비치는 꽃 그림자가 맑은 물에 씻기듯 흘러가는 시내라는 뜻을 가진 것으로, 그만큼 물이 있고, 주위에 한가롭게 강마을도 보이는 곳이었다. 그만하면 그의 삶의 수심을 씻어 줄만한 장소가 될 수 있으리라 생각하였다. 일단 집터로써의 어느 만큼의 만족스러운 마음이 생기자, 그는 복인을 불러 점을 쳐 적절한 장소인지를 알아본 후에 마침내 그 곳에 집을 짓기로 결정하였다.

그리하여 그의 나이 마흔 아홉이 되는 그해 초봄에 마침내 집을 짓기 시작하였다. 평생을 거처없이 떠돌다 비로소 이루게 된 꿈이었다. 집을 지으려 하자 때에 따라 이른 봄꽃들이 피기 시작하여 제 집을 갖게 되는 그의 즐거운 마음을 더욱 갑절로 부풀렸다.

> 완화계 흘러가는 서쪽 물가 머리에
> 점을 쳐 숲과 못이 그윽한 곳에 자리 잡았네
> 성곽을 벗어나니 속세의 일 적음을 이미 알겠고
> 더욱이 맑은 강이 있어 시름을 녹여준다
> 무수한 잠자리 아래위로 가지런히 떼 지어 날고
> 한 쌍의 물새가 짝을 이루어 물위를 노닌다
> 흥이 나면 동쪽으로 만리를 가
> 반드시 산음을 향하여 작은 배에 오르리라
> 浣花溪水水西頭　　主人爲卜林塘幽
> 已知出郭少塵事　　更有澄江銷客愁
> 無數蜻蜓齊上下　　一雙鸂鶒對沈浮

東行萬里堪乘興　　須向山陰入小舟

그에게 이렇게 좋은 날들이 있을 것이라고 미처 생각 못했다. 그의 이러한 즐거움은 더 더욱이 끝없는 유랑 생활 속에서 맞이한 것이라 그 감회는 더욱 특별하지 않을 수 없었다. 스스로가 고무되고 즐거우니 그의 주위에 있는 모든 것들도 덩달아 신이 나고 여유에 넘쳐나 보이는 듯 했다. 마치 꽃과 잠자리가 그리고 물새가 그의 집짓기를 축하해주듯 했다. 그러나 그의 숨길 수 없는 유랑기는 이러한 가운데서도 어쩔 수 없이 드러나는 듯 했다. 즉 흥이 나면 동으로 만리를 떠나 다시 어떤 곳을 향하여 배에 오르겠다는 것이었다. 그의 시의 마지막구에서 산음(山陰)이라는 것은 바로 지명으로 지금의 절강성 소흥(紹興)지역을 말하는 것이었다. 옛 오나라와 월나라 땅인 절강과 강소지역은 그가 청년기에 몇 년간 유력을 했던 지역으로, 그의 고모와 숙부가 사는 지역으로 양자강 최하류의 끝단에 위치해 있는 바닷가였다. 그러므로 산음을 향하여 배를 타겠다는 것은 양자강 상류인 성도에서 강의 하류가 이르는 곳 까지 가겠다는 포부를 드러낸 것이었다. 거리상으로 사실 엄청난 것이다. 물론 여기에서 그의 이 말은 어디까지나 희환적인 기분을 억제하지 못하여 한 말이지만, 어쩌면 상황에 따라 여기 이 좋은 환경에서도 또 다시 어디로 떠나겠다는 어떠한 잠재적인 심리가 여전히 내재되어있다고 해도 과언이 아니었다. 이 사실로 미루어 볼 때, 그가 이후에 성도를 떠나 죽음에 이를때까지 온통 세상을 떠돌다 세상을 마친것도 결코 어떠한 불가피한 사회상황이나 가난과 궁핍을 벗어나기 위한 것만이 문제의 전부가 아닌 무언가 본질적인 것이 있었다는 것을 다시 보여주는 것이었다. 그러나 차후의 유랑은 지금으로써는 상상하지 못할 일이었다. 여기에 오기까지의 그간의 떠 돌아 다니는 여정이 얼마나 힘들었는지 능히 그를 가르쳐주고 있었기 때문이었다.

집 짓기와 동시에 초당 주위에 심을 과일나무와 정원수도 서둘러 구하러 나섰다. 복숭아 나무와 오얏나무는 때를 놓치지 않고 묘목을 심는다면 당장 이해 봄에 어린나무에서 꽃을 볼 수도 있을 것이라는 기대가 그로 하여 다급하게 서두르게 한 것이었다. 그리하여 지인에게 다음과 같은 글을 보내어 묘목을 보내줄 시간을 재촉하였다.

복숭아 묘목 백 그루를 부탁 하오니
봄이 오기 전에 완화촌으로 보내 주시길 바라오
奉乞桃栽一百根　　春前爲送浣花村

또 다른 사람을 직접 찾아 가서는 오얏나무와 매화를 원하였다.

초당에 꽃이 적어 지금 심으려 하니
매화나 오얏나무 어느 것이라도 좋다네
草堂少花今欲栽　　不問綠李與黃梅

여기서 매화나 오얏나무 어느 것이라도 좋다는 것은 굳이 어떠한 식종에 차별을 두는 것이 아니라 어느 것이나 모두다 그 나름의 소중한 가치가 있다는 그의 심사의 반영이었다. 이렇게 꽃과 열매가 달리는 과일나무들 뿐만 아니라 마당에 심을 소나무와 면죽도 찾아 나섰다. 그가 이렇게 자기의 초당 한 채를 지음으로써 여러 과일나무와 정원수를 심기 위하여 애쓰는 것은 사실 집을 꾸미는 그 이상의 의미를 지니고 있었다. 진실로 세상에서 목숨을 가진 것 치고 그의 애정이나 동정을 받지 않는 것은 아무것도 없었다. 심장이 뛰고 있는 생물과 동물은 물론이고 뿌리를 가지고 잎이나 꽃을 피우는 나무나 식물 등 그는 살아있다는 것에 대해서는 언제나 경외심과 존귀한 마음을 가지고 있었다. 심지어 앞의 동곡시절에 지어졌던 〈동곡칠가〉에서 보았다시피 약초를 캐기 위하여 그의 손에 들리는 호미 한 자루에도 그는 영혼적인 가치를 부여하여 훌륭한 시의 제재로 삼았던 사람이었다. 더 더욱이 생명을 가진 것들이 자기의 보살핌에 의해서 땅에 뿌리를 내리고 어린 꽃들을 피운다면 그것은 진정으로 놀랍고 숭고한 일이 아닐 수 없었으며, 제 목숨이나 제 아이마냥 기특해하지 하지 않을 수 없었다. 그러므로 이러한 숭고한 생명을 가지고 있는 것들을 자기의 초당 주위에 심음으로써 그들과 함께 살아간다는 중요한 공생의 의미가 그에게는 있었던 것이다. 초당이 완성되었을 때 그는 다시 다음과 같은 구절을 지었다.

나는 새도 몇 마리 새끼 데리고 와 잠시 쉬어가고
자주 찾아와 쫑알거리는 제비도 새로이 집을 정하네
暫止飛鳥將數子　頻來語燕定新巢

그러므로 자기가 집 지어 사는 것은 오직 자기 한 사람을 위하여 짓는 것이 아님을 의미하는 것이었다. 나는 새도 잠시 깃을 내리고 쉬어 갈 수 있는 장소가 되고, 특히 제비는 사람이 사는 집이 아니면 어디 다른 곳에 집을 지을 수가 없는 새이다. 그가 집을 짓지 않으면 그들에게 살아갈 거처가 없어지는 것과 마찬가지이다. 살아도 살 집이 없어 밖으로 나돌아 다니는 것의 서러움은 그가 지금 이날 이때 까지 뼈저리게 경험한 바였다.

결국 이 해 늦봄에 접어들 무렵 그는 집 짓기를 완성하였다. 주위 사람들은 그의 완성된 집을 보고 예전에 사천성도에서 역시 집을 짓고 살았던 한나라때의 시인 양웅의 집과 비교하여 칭찬을 아끼지 않았지만 그는 굳이 양웅처럼 〈양보음〉이라는 시를 지어 사람들의 칭찬에 화답하지 않았다. 화답의 시를 짓지 않은 것은 집을 짓는 기쁜 마음속에 또 다른 어떤 불편한 심기가 있어 흥이 일어나지 않았기 때문이었다.

사람이 살아가는 데는 집 만 한 채 있다고 모든 것이 해결되는 것이 아니었다. 거주 장소라는 일단 가장 시급한 하나의 문제가 해결되었지만 그러나 그에게 무슨 관직이 있는 것도 아니고 그렇다고 농사를 지어 당장 곡식을 수확할 수 있는 상황도 아니었다. 결국 그의 섭생의 방법은 친구나 지인들에 의지할 수 밖에 없었는데, 그런데 이렇게 한참 집을 짓고 있을 무렵, 그가 성도에 처음 왔을 때 그의 정착을 도와 준 사람들중에 바로 성도윤을 맡고 있던 배면(裵冕)이 있었다. 그러던 배면이 장안의 부름을 받아 경성으로 돌아가고, 그의 후임으로 이약유(李若幽)라는 사람이 왔다. 그런데 이약유는 그에게 어떠한 도움도 주지 않았다. 때문에 삶이 다시 곤란스런 상황에 빠지게 된 것이었다. 그리하여 집이 완성되어도 사람들에게 화답할 흥이 일어나지 않았던 것이다.

그러나 제 집을 가졌다는 그 사실 하나만으로도 심적인 일단의 평화로움을 주게 되는 것은 사실이었다. 이러한 마음의 평화는 시의 내용에 그대로 미쳤다. 격렬한 생활이 없는데 격렬한 시가 나올 수 없으며, 슬픔의 생활이 없는데 슬픔의 시가 나올 수 없었다. 시인의 마음은 마치 피아니스트 앞에 놓인 피아노와 같았다. 흥분과 광기를 가지고 건반을 두드리면 그에 상응하는 격렬한 소리가 나고 즐거운 마음으로 건반을 누르면 즐거운 소리가 나오는 것과 같았다.

그리하여 그가 성도에 정착하여, 이 안정된 거처를 바탕으로 글 쓰기에 몰두하여 많은 시를 지었지만 그러나 다수의 시가 이전의 진주 동곡 시기 혹은 그 이전의 관직 갈등의 시기의 시에 비해서 그 격앙된 감정은 현저하게 누그려져 있는 시들을 썼다. 때문에 시의 편수들은 많아도 훌륭한 작품은 그다지 많이 쓰지 못하였다.

그의 생활 역시 많이 변하였다. 이전에 그가 주로 만났던 사람들은 관직을 가진 사람들이었다. 특히나 장안십년의 관직을 얻기 위하여 동분서주하던 시기에 그가 대상으로 하고 있었던 사람들은 모두 한 시대에 내로라하는 권력을 가지고 있었던 사람들이었다. 그들은 그의 말을 한낱 잠꼬대로 들었다. 더 더욱이 좌습유가 되어서는 그의 몸은 천자의 가까이 있었다. 여기서 또 재상 방관을 변호하다 숙종의 미움을 싸 극심한 관직 갈등을 빚는 등 원만하지 못한 사람간의 교유에 대하여 그는 늘 마음상해 하였다. 그는 자신의 인간관계에 대하여 다음과 같이 말했다.

  내 같은 야인은 거칠고 얼굴 뻔뻔하지 않으니
  어찌 왕후들 사이에 오래 머물 수 있으랴
  野人曠蕩無靦顔   豈可久在王侯間

때문에 성도의 전원생활이 본격화되자, 그의 사람 사귐은 많이도 달라졌다. 이웃 노인이 술 단지를 열어 그를 초청하면 그는 거절없이 갔다. 마치 그의 집에 키우는 닭과 오리가 이웃집 울타리를 넘어온 닭과 오리들과 함께 어울려 이집 저집 자유로이 왔다갔다하는 것과 같았다. 때문에 사람들과 어떠한 격의가 없음으로 인해서 마음 상할 일도 없었던 것이다. 이해 여름에 접어든 그의 초당의 생활은 여전히 한적하기만 하였고, 어떠한 격랑이 마음에 일지 않은 듯 했다.

  맑은 강 한 굽이 마을을 안고 흐르고
  긴 여름 강 마을에는 일마다 한가롭다
  절로 갔다 절로 오는 서까래 위의 제비
  서로 친하고 서로 가까운 물위의 오리들
  아내는 종이위에 그림을 그려 바둑판을 만들고
  아이는 바늘을 두드려 낚시를 만드네
  오직 양식을 보내주는 친구들만 있다면
  보잘 것 없는 이 몸 바랄게 또 무엇이 있으랴
  淸江一曲抱村流   長夏江村事事幽
  自去自來梁上燕   相親相近水中鷗
  老妻畵紙爲棋局   稚子敲針作釣鉤
  但有故人供祿米   微軀此外更何求

그야말로 한가한 여름날의 시골 강촌의 모습이었다. 그와 함께 떠돌이 생활을 했던 아내 아이들 역시 그저 어떠한 평화로움에 쌓여 근심이 없는 생활 모습을 하고 있을 뿐이었다. 그러나 시의 끝 구절에서 보여주듯 평화로운 마음을 깨는 것은 언제나 일용할 양식이 없는 시인의 가난한 생활이었다.

　이 시기에 그의 마음속에 의지할 사람으로 생각하고 있었던 사람은 그 누구보다도 팽주에서 자사를 하고 있던 고적이었다. 이미 말한바 그가 살고 있던 관할 지역인 성도를 통치하고 있던 성도윤 이약유는 그에게 어떠한 도움도 주지 않았고, 더군다나 고적에 대한 의지의 마음을 더욱 깊게 한 것은 얼마후에 고적이 팽주에서 촉주(蜀州)로 전임되어 온 것에 기인하였다. 촉주는 그가 살고 있던 성도에서 더욱 가까운 지역이었기 때문이었다.

　그러나 이전에 아무리 어떠한 친구의 관계를 맺고 함께 여행을 하고 술을 마시는 사이였다고 할지라도 어떠한 무상의 보상이나 금전적 도움을 준다는 것은 쉽지 않는 일이었다. 그러나 운명적으로 좀 더 친밀해질 수 있는 관계가 되었다면 이러한 핑계를 이용해서라도 어떠한 도움을 요청할 수 있는 분위기가 형성되어지는 것은 부정할 수 없는 것이었다. 때문에 고적이 촉주로 전임해왔다는 소식을 듣고 그는 마음속으로 매우 기뻤고 가까운 시일내에 고적을 찾아 도움을 요청할 생각이었다. 그러나 시인 인생의 초라함과 슬픔이라는 것은 바로 여기에 있었다. 남에게 무엇을 구걸한다는 것보다 더 구차하고 비굴한 행위를 짓게 하는 것은 없었다. 차라리 아예 거지라고 한다면 제 쌀독에 든 좁쌀 몇 줌이라도 동냥 주머니에 털어 넣어주는 것에 대하여 어떠한 개의치 않는 마음을 가지고 능히 시혜할 수 있는 것이며, 또한 그러한 몇 줌의 쌀을 받는 것에 대하여 거지도 이미 자신의 신분이 얻어 먹는 신분이라고 인정된 이상 어떠한 굴욕의 자세를 드러낼 하등의 이유가 없었다. 그러나 시인 인생이라는 것은 이것도 저것도 아닌 그저 한 무력한 예인이 생활능력이 없어 타인에게 도움을 요청하는 것이어서 도움을 주는자나 도움을 받는자나 피차가 불편한 마음이 일어나지 않을 수가 없는 노릇이었다. 게다가 시인의 마음은 어떠한 것인가? 그들은 처음부터 자존심 때문에 마음의 상처를 받아 시를 쓰기 시작했고, 자존심 때문에 시를 떠나지 못하는 사람이었다. 그만큼 이에 종사하는 사람들의 마음은 옹졸한 것이며, 사소한 실금과 같은 심적 충격에도 슬픔을 억제하지 못하는 민감한 사람들이었다.

때문에 그가 친구들에게 도움을 청하는 방식은 언제나 일정한 틀이 있었다. 즉 상대방의 평범한 업적과 행위에도 한 껏 칭찬을 아끼지 않고 추켜세워 도움을 주는 사람의 기분을 높여 놓는 것이었다. 그렇게 하면 무턱대고 도움을 요청을 하는 것보다 사람의 기분을 한층 색다르게 전환시켜 놓을 뿐만 아니라 또한 경우에 따라서 기꺼이 제 주머니를 털어 용기 있는 선의를 선뜻 행사하게 할 수도 있는 것이었다.

지금 시대에 재주 있는 자를 논한다면
당신과 같은 사람이 몇 사람 있겠습니까
명마가 길을 열어 젖히듯
새매가 풍진 속을 날아가는 듯 합니다
當代論才子　　如公復幾人
驊騮開道路　　鷹隼出風塵

위의 구절은 그가 고적으로부터 도움을 요청하기 위하여 보낸 시들의 일부였다. 고적은 성당시절의 여러 유명한 시인들중의 한명으로써 출세의 길에서도 비교적 성공한 사람으로서 친구에 대한 그의 칭찬이 전혀 왜곡되었다고는 할 수 없지만 과장을 통하여 고적의 훌륭함을 추켜세우고 있는 것이었다. 그리고 그가 촉주를 향하여 고적을 만나러 가기전에 다시 편지를 보내어 따사롭게 그의 방문을 맞아 호의를 베풀어 주기를 부탁하였다.

　하늘 가에서 기쁘게 서로 만날 것이니
　마음 열고 나의 진실을 대하여 주오
　天涯喜相見　　披豁對吾眞

　그러니까 그의 방문에 대하여 고적이 화를 내고 도움의 부탁을 거절할까봐 미리 우려하여 사전에 글을 보내 고적의 마음을 누그려뜨려 놓은 것이었다. 이 일련의 글귀에서도 알 수 있듯이 그가 사람간의 교유에 대해서 얼마나 조심스러웠는지 충분히 알 수 있는 대목이었다. 때문에 그는 훗날에 스스로의 인생을 돌아보면서 이렇게 남에게 얹혀서 아부하며 살아가는 짓을 평생하고 살았으니 어떻게 머리가 세지 않을 수 있었겠는가라고 한탄 하였다. 그만큼 누구에게 자기의 무엇을 부탁하는데 마음이 여렸다는 것이다. 지난날 동곡현령을 만났을 때 처럼, 처음부터 상대방이 냉정한 자세로 나와 굳게 장막을 쳐 버리면 부탁의 말머리도 꺼 내지 못하고 돌아서야 하는 것이었다.
　촉주자사를 하고 있던 고적은 얼마있지 않아 성도윤까지 하게 되었다. 나름대로 고적은 지역통치에서 수완을 보이고, 회흘과 토번의 세력을 잠재우는가 하면, 토호들의 반란도 진압하여 중앙조정의 신임을 얻었다는 것이었다. 이렇게 친구가 성도의 수장이 되어 오자 그가 도움을 청할 배후로써는 더할 나위 없는 배경이 되었다. 이렇게 되자 그는 다시 고적에게 편지를 보내어 자기의 성도초당을 한 번 방문해줄 것을 요청하였다. 그의 바람대로 고적은 친구간의 옛정을 잊지 않고 초당을 방문해주었다. 그러나 설사 고적이 그의 초당을 방문하여 가난한 시인친구가 무엇이 필요한지는 눈으로도 보고 마음으로도 알수 있었지만 사실 그의 생활을 지속적으로 보장해주고 무슨 천금을 공여해줄 그러한 완전한 조력자가 된다는 것은 사실 어려운 일이었다. 또한 이전에 친구사이의 수평적 교유 관계였던 사람을 자기의 수하 막부에 두어 관직을 주어 생활을 해 나가도록 하는 것도 역시 마음적으로는 쉽게 허락되지 않는 일이었다. 그러나 이러한 여러 사항을 그의 속마음으로는 친구 고적에게 기대하고 있었으며, 그러나 친구의 도움이 자기의 기대만큼 이르지 못하자 어떠한 탐탁지 않은 마음이 생기는 것도 어쩔 수 없었으며 생활의 수심이 여전할 수 밖에 없었다.

생활의 수심이 상존한다는 것은 불행한 일일수도 있지만 그러나 시 창작의 측면에서 보면 시를 쓸 수 있는 감정이 여전히 쉬지 않고 물결치고 있다는 것을 의미하는 것이기도 하였다. 이 수심스런 생활이 그의 마음의 상처를 고질적으로 건드리는 것은 고향으로 돌아가지 못하는 마음과 전쟁에 소식없이 헤어져 기별을 알 수 없는 동생들에 대한 걱정, 그리고 여전히 도탄에 빠져있는 나라 상황에 대한 걱정이었다. 아래의 시는 위의 여러 수심스러운 상황이 모두 다 깃들어 있는 성도에서 지은 명시이다.

낙양을 한 번 떠나니 사천리를 떠돌아 다니고
오랑캐 침범하여 날뛴지도 오육년이 되어간다
초목이 시들어갈 무렵 검각성 밖으로 나와
전쟁으로 길이 끊겨 강변에서 늙어간다
고향 생각에 못이겨 달빛 속에 걷다가 서고
동생들 생각하며 구름 보며 대낮에 존다
洛城一別四千里　胡騎長驅五六年
草木邊衰行劍外　兵戈阻絶老江邊
思家步月淸宵立　憶弟看雲白日眠

고향 생각을 한다는 것은 비록 천신만고의 행보 끝에 성도에 이르러 사람들의 도움을 받아 초당을 짓고 정착의 일단의 꿈을 이루었지만 여전히 생활은 어렵고 곤경스러움을 면치 못하고 있다는 반증이었다.

그리고 성도정착의 그 다음해에 이르러서는 제 집을 가졌다는 그러한 안도의 마음도 더 이상 사라지고 초라하고 더 이상 궁색해질 수 없는 비참한 생활이 고착화되어가는 것에 대한 극단의 수심속으로 다시 깊어져 가고 있었다. 이런 가운데 가을에 세찬 바람이 불어와 초당의 지붕이 훼 오리바람속에 날아가고 천장을 뚫고 비가 내려 온 침상을 적시는 상황에 까지 놓이게 되었다.

침상에 비가 새어 마른 자리 없는데
빗발은 삼마처럼 그칠줄을 모르는 구나
床頭屋漏無乾處　雨脚如麻未斷絶

궁핍하고 가난한 시인에게 도움을 주지 않는 것은 하늘도 자연도 마찬가지였다. 세상은 박정하기만 하여서 생활에 몰리면 몰릴수록 환경은 더욱더 어떠한 여지도 남기지 않은채 처량한 상황속으로 치닫게 하는 것이었다. 그러나 그의 포부는 끝나지 않은 듯 했다. 집에 비가 새는 상황을 그냥 한심한 상황으로 받아들이고 어떠한 몸부림도 하지 않았다면 그것으로 더 이상 위대한 시인도 못되고 생활적인 희망도 없는 것으로 끝나버렸을지 몰랐다. 여기서 그가 생각한 것은 비를 피할 수 있는 더 넓고 더 큰 집을 짓는 것이었다. 그것도 자기 자신을 위한 것이 아니라 세상에 집 없는 사람들로 하여금 비를 피하게 하기 위한 것이었다.

어떻게 하면 천만간이나 되는 넓은 집을 얻어서
천하의 가난한 선비들로 하여금 웃게 할 수 있을까?
아 언제쯤 이런 집 내 눈앞에서 볼 수 있을까?
그렇게만 된다면 내 집 부서져 얼어죽어도 좋으리
安得廣廈千萬間　大庇天下寒士俱歡顔
嗚呼何時眼前突兀見此屋　吾廬獨破受凍死亦足

그가 이런 생각을 하게 된 것은 자기 집에 비가 새는 모습을 보면서 그와 비슷한 처지에 있는 사람들이 당하고 있는 고통이 마음속에 떠 올랐기 때문이었다. 남을 위한 그의 이러한 생각은 어찌보면 한없이 어리석은 사람의 마음으로밖에 치부되지 않을 뿐이지만 그러나 위대하게 되는 사람들은 위대하게 되는 만큼의 어떠한 마음을 갖고 있기에 가능해질 뿐이었다. 누군가는 이것을 그 자신만이 가지고 있는 어떠한 '원기(元氣)'라고 표현하였다. 그가 그 자신만을 생각하는 사람이었다면 관직을 버리지도 않았을 것이며, 동생들을 생각하거나 아내를 생각하거나, 나라나 임금을 생각하거나 심지어 공중에 날아다니는 새나, 반딧불이나 제비나 기러기를 생각할 수가 없었을 것이며, 그러했다면 그의 광대무변한 시적 정취의 마음이 일어날 이유가 없었을 것이며 당연히 중국시사의 최고의 위대한 시인이 되었을 리가 없었다.

성도의 촉땅에도 다시 가을이 왔다. 본래 시인에게는 무슨 수확의 계절이 다가와도 거둘것이 없는 생활이었다. 늘 떠 돌아 다닌 탓에 밭을 일굴 시간이 없었을뿐더러 설사 밭을 일구어 씨앗을 뿌리거나 혹은 과일나무를 심더라도 한 두 해 농사로는 무엇을 거두어 들일 수 없는 상황이었다. 비록 마당에 복숭아나무와 오얏나무를 심었지만 이것들은 적어도 몇 년이 걸려야 비로소 과일을 딸 수 있는 것들이었다. 때문에 그가 거두어 들일 수 있는 것이라야 성도 땅에 정착하여 두 해째 맞는 타향의 가을 하늘과 누리고도 맑은 햇살뿐이었다. 그러나 사람 사는 곳의 인심은 어디나 똑 같았다. 어느날 마을의 한 농부가 투명한 가을 맑은 햇살을 이끌고 그에게 붉게 익은 앵두 한 바구니를 가득히 보내왔다.

서쪽 촉땅의 앵두도 절로 붉게 익어
농부가 바구니 가득 보내어 왔네
여러차례 조심스레 부어도 터질까 걱정스럽고
수많은 알들 작고 둥근 것이 놀랍게도 크기가 똑 같다

지난날 조정에 있을 때 앵두를 하사받은 것을 생각해보니
퇴근할 때 두손에 들고 궁궐을 나왔었네
관직에 있는 친구들은 더 이상 소식이 없고
쑥대궁처럼 떠 돌아 다니는 내 신세 새로이 느끼네
西蜀櫻桃也自紅　野人相贈滿筠籠
數回細寫愁仍破　萬顆勻圓訝許同
憶昨賜沾門下省　退朝擎出大明宮
金盤玉箸無消息　此日嘗新任轉蓬

　　짧은 여덟줄의 시 이지만 이 한수의 시 속에는 그의 생각과 수심, 그리고 세상에서 진정으로 무엇을 고귀하게 여기고 또한 누구를 생각하고 누구를 소중하게 여겨야 하는지 모든 것이 담겨 있었다. 물론 그의 시는 이 시 뿐만이 아니고 대부분의 시가 그러하였다. 이 시 속에서 그의 생각을 하나 하나 풀어보면 마치 헝클어진 명주실이라도 누에가 토해낸 그 올들은 처음과 끝이 한 번의 단절도 없이 연결되어 있는 것과 같았다. 우선적으로 앵두가 절로 익었다는 말 가운데서 '절로'라는 표현은 '스스로' 혹은 '자연스럽게'라는 뜻을 가진 것으로 비록 농사야 농부가 정성스럽게 지었지만 앵두 그 자신이 알아서 알이 굵고 익어갔다는 뜻으로 세상 그 어느 것이라도 그 자체의 고귀한 가치와 생명력을 갖고 있지 않은 것이 없다는 뜻을 주고 있다. 그리고 이어서 두 번째 줄에서는 이 익은 앵두를 다른 사람이 아닌 농부가 바구니 가득 들고 왔다는 것이다. 즉 농부가 한 해 농사를 애써 지어 그 주인이 제 자식 같은 수확물을 들고 왔기에 더한 가치가 부여되어지는 것이었다. 그만큼 세상에서 말없이 제 할 바를 다하여 살아가는 사람들에 대한 그의 존귀의식이 들어 있는 것이었다. 이전에 궁궐에서 나누어준 포의를 임금이 신하에게 주는 것이 아니라 시골 아낙이 밤새 베틀위에서 짜서 나온 것이라고 생각했던 그러한 감사스러움이 여기에서도 포함되어 있는 것이다. 그리고 세 번째 네

번째 구는 보잘 것 없는 사물에 대한 애틋한 정신이 다시 한 번 보여 지고 있다. 특히나 누가 시킨 것이 아닌데도 모든 앵두알들이 똑 같이 크기가 같다는 사실에 대하여 놀라움을 금지 못하고 또한 이것들이 으깨어지지나 않을까하여 상처의식을 극도로 보여준다. 그리고 시 후반부의 첫 두구절은 이전에 궁궐에서 왕으로부터 하사받은 앵두를 회상하며, 지금 농부로부터 받는 앵두와 대비시키며 자기의 신분이 그만큼 격하되었다는 것을 느낀다. 어떻게 생각하면 농부가 주는 것과 임금이 주는 것에 대하여 그 가치를 다르게 생각하고 있다고 인식할수도 있지만 사실은 그만큼 농부가 주는 것에 대하여 감사의 마음을 억제 하지 못하고 있다는 것을 포함하고 있다. 설령 공여자의 신분에 차이를 두었다고 하더라도 이러한 그의 마음은 언제나 시 창작의 힘을 일으키는 어떠한 심리적 갈등구조로 작용하였다. 이러한 그의 마음을 혹자는 '모순심리'라고 하였으며, 이 모순이 바로 그의 시의 원동력이라고 하였다. 이 주장은 사실 적극적으로 동의하지 않을 수 없는 논리이다. 시라는 것은 단순구조에서 감성의 샘물이 용솟음치는 것이 아니라 언제나 복합구조, 층층이 엇갈리게 쌓여진 대립의 구조위에서 비로소 형언할 수 없을 만큼 감성이 생성되는 것이 시이기 때문이었다.

그리고 마지막 구절에서는 도움의 손길을 주지 않는 친구들에 대한 유감스러운 마음을 드러내고 있다. 사실 고적은 성도윤과 촉주자사를 하면서 그에게 도움을 주지 않았다고 할 수 없지만 당시에 여러 내란과 외란을 다스려 나가느라 그에 대한 관심을 소홀히 할 수 밖에 없었던 것이다.

이렇게 수심의 생활이 여전한 가운데 뜻밖에도 그해 십이월에 다시 말해 서기 761년 겨울에 엄무가 성도윤으로 부임해오게 되었다. 엄무가 성도윤으로 부임해오자 그에 대한 도움의 차원은 고적과는 달랐다. 일단 이렇게 될 수 밖에 없는 이유는 몇 가지 있었다. 우선적으로 그와 엄무와의 나이 차이였다. 당시 엄무가 성도에 왔을 때의 나이는 서른 여덟이었고, 그의 나이는 오십이었다. 무려 열 살 이상의 차이였던 것이다. 나이 차이가 많다는 것은 얼핏 생각하면 서로 어울리기 어려운 요소로 작용할 수 도 있지만 경우에 따라서는 오히려 그 반대가 될 수 있다는 것이다. 즉 나이 차이가 있음으로 인하여 좀 더 부담없이 접근하고 대할 수가 있다는 것이다. 두 번째로 엄무와 그는 파벌적으로 계통을 같이하였다는 것이다. 즉 두 사람 다 이전의 재상이었던 방관계의 사람이었다. 방관과 엄무는 현종이 사천으로 몽진을 하면서 함께 수행하여 따라갔다가 아들 숙종이 영무에서 즉위하자, 현종은 방관과 엄무같은 사람을 숙종의 행재소로 파견하여 장안과 낙양의 수복을 돕게 하였다. 때문에 당시 숙종 휘하에는 숙종 직계의 사람과 현종계의 사람으로 파벌이 존재하고 있었다. 고적의 경우에는 숙종계의 사람이었고 그의 경우에는 비록 현종의 직계신하가 아니었지만 그러나 방관계의 사람과 함께 어울렸고, 또한 파직된 방관을 옹호하다 숙종의 눈에 찍혀 함께 좌천되는 불상사를 당하였다. 그러므로 동고동락을 함께 했던 처지로써 그만큼 심리적 유대감을 갖게 할 수 밖에 없었던 것이다.

이러한 엄무가 그가 살고 있는 곳으로 오자 그의 마음속에는 마치 이제야 생활의 때를 만난듯한 즐거움이 마음속에 일어났다. 그러나 그렇다고 잠자코 엄무의 환대를 기대할 수는 없는 것이었고 최대한 엄무의 환심을 싸기 위하여 진실된 노력을 하지 않을 수 없었다.

　봄 바람 따라 즐거이 걷고 있는데
　마을마다 절로 꽃과 버들이 피어난다
　한 늙은 농부가 토지신 제삿날이 가까워오자
　나를 불러 봄 술을 맛보게 하고는
　술이 얼큰해지자 새로 온 부윤 엄무 칭찬에 침이 마른다
　"소의 눈으로 이렇게 훌륭한 사람을 본 적이 없소이다"
　步屧隨春風　村村自花柳

田翁逼社日　邀我嘗春酒
酒酣誇新尹　畜眼未見有

　엄무의 환심을 싸기 위해서는 스스로의 말로 엄무의 업적을 칭찬하는 것도 좋지만 다른 사람의 말 특히 민간에서 생각하고 있는 엄무에 대한 평가를 간접적으로 전달함으로써 훨씬 더 엄무의 호의를 자극시킬 수 있는 것이었다. 더군다나 엄무는 이때 나이가 사십이 되지 않아 그만큼 젊은 나이는 이러한 칭찬을 호의로 받아들여 친밀감있게 그를 맞이하게 할 수 있는 것이었다. 그러나 이러한 그의 우회적인 태도에 대하여 곽말약은 그의 인성의 좀스러움을 신랄하게 비판하기도 하였지만 어떻게 하든지 상대방의 기분을 좋게 하여 좋은 정치를 하게 하고 동시에 생활여력이 없는 시인의 신분으로 도움을 이끌어내려는 마음의 일단으로 생각하지 않을 수 없는 것이었다. 이러한 여러모로 엄무에 대한 접근으로 인하여 엄무는 그에게 생활의 갖가지를 돌보아 주었다. 양식의 공여는 물론, 여러 생활용품과 맛 좋은 술을 보내주기도 하였다. 가난한 그에게 이러한 물질적인 도움은 물론 긴요한 것이었다. 그러나 이외에도 정신적인 안정을 주는 것 또한 엄무로부터 입은 것 역시 적지 않았다.
　그러나 그는 여기서 더 나아가 엄무로 하여금 자신의 초당을 한 번 방문해주기를 부탁하였다. 그의 부탁에 대하여 엄무 역시 거절 없이 그의 초당을 방문하였다.

元戎小隊出郊坰　장군의 무리가 교외 들 밖으로 나와
問柳尋花到野亭　버들에게 묻고 꽃을 찾아 초당에 왔네

　마침 계절은 오월이라 꽃과 약초를 함께 거두기 위한 목적으로 심은 작약 울타리에 꽃들은 붉고 화려하게 피어, 엄무와 부하들이 타고 온 여러 화려한 안장을 가진 말들과 잘 어울리고 음식을 준비하느라 마당에 걸린 솥에서는 부산한 연기가 시끌벅적하게 타 올랐다.

생활의 조력자 엄무가 장안으로 돌아가자 면주까지 그를 환송하러 나갔다가 초당에 돌아오지 않고 재주 등지를 떠 돌며 생활을 모색하다.

　그가 엄무의 도움속에 비교적 여유있는 생활을 할 수 있었다 하더라도 이로 인하여 신분상으로 상류계급에 절대적으로 합류했다고 하거나 그러한 계급에 일체감을 느끼는 그러한 경우는 없었다. 신분의 속(屬)됨을 나누자면 그는 귀(貴)도 평(平)도 아닌 묘한 위치를 점하고 있는 사람이었다. 돌아보면 그는 왕의 가까이에서 좌습유라는 간관의 신분이 아니었던가? 그렇지만 그때도 그는 스스로를 높다고 생각한 적이 한 번도 없었다. 그가 가진 근본적 마음의 본질이 이를 허락하지 않았던 것이다. 때문에 성도 시절에 비록 엄무의 도움 속에 다소의 여유로운 생활을 영위할 수 있었다고 하더라도 그의 시름이나 수심이 끝난 것은 아니었다. 흔들리던 강물이 잠시 멎은 듯 고요한 상태일 뿐이었다. 이 격랑이 다시 시작된 것은 엄무가 전 해에 부임해와 그 다음해 즉 서기 762년, 유월에 다시 조정의 부름을 받아 장안으로 돌아가게 되자 심적인 파도는 다시 그의 마음의 피안을 흔들며 거세게 요동치기 시작했다. 엄무가 이렇게 장안으로 돌아가게 되는 데는 다시 다음과 같은 시대적 배경이 있었다.
　당시 조정의 권력은 여전히 이보국이 장악하고 있었다. 이보국은 상왕인 현종과 그리고 그 아들 숙종간의 내분을 우려하여 현종을 궁궐의 모처에 유폐시켜 격리시키고 이미 현종의 옛 신하들은 모두 외직으로 쫓아낸 상태였다. 이보국이 이렇게 모든 권력을 쥐고 조정을 마음대로 움직이고 있었지만 숙종은 그의 권력 전횡을 제어할 수 없는 상태에 있었다. 무엇보다 숙종 자신이 이보국의 탁월한 생각과 기지에 의해서 즉위하였고, 또한 당시의 복잡한 정치상황을 기민하게 처리해 나가는데 있어서 숙종의 역량이 이보국을 따라 갈 수가 없었기 때문이었다. 그리하여 숙종은 결국은 이러한 정치상황을 괴로워하여 중병을 얻게 되었고, 서기 762년 사월에 아버지 현종이 죽자, 연이어 그 십사일 후에 숙종 역시 세상을 뜨게 되었다. 숙종이 죽자 이보국은 어느 태자를 왕위에 즉위 시킬 것인지에 대하여 그와 권력 알력을 빚어 유폐시켜 놓았던 황후 장씨를 살해하고, 황후 장씨의 자식이 아닌 다른 태자인 이예(李豫)를 왕으로 즉위시켰다. 이렇게 즉위한 것이 바로 대종(代宗)이었다. 즉위한 대종은 역시 이보국의 힘에 의해서 왕이 된 만큼 이보국을 사공(司空)으로 임명하였고, 중서령(中書令)의 관직을 주어 최고의 우대를 하였다. 그러자 이보국은 더욱더 교만해져 갔고, 전횡의 도는 지나칠 정도가 되었다. 그러나 이러한 이보국의 전횡을 시기한 사람이 있었으니 바로 정원진(程元振)이었고, 결국 정원진과 합세한 대종은 이보국의 모든 관직을 빼앗고 정치 일선에서 물러나게 하였고, 이보국은 얼마 후에 대종이 보낸 자객(刺客)에게 살해되었다. 이로써 환관의 전횡정치는 일단락 되게 되었다. 조정의 이런 한 바탕의 소용돌이는 인적개편을 가져오게 되었고 이 상황에서 엄무가 조정의 부름을 받아 장안으로 돌아가게 되었던 것이다.

  엄무가 성도를 떠나게 된다는 것은 스스로의 생활능력이 없고 마음 또한 여렸던 그에게 물질적 정신적 지지대가 모두 사라진다는 것이었다. 때문에 엄무의 환조 소식을 듣는 순간 그를 보호하고 에워싸고 있던 장막이 홀연히 눈 앞에서 사라지고 다시 적막고도에 그 자신이 놓여지는 듯한 처연함이 다가섰다. 상황이 이렇게 되자 사물을 바라보는 그의 시각은 마치 천지변화가 새로이 일어난 것 같았다.

그대가 오니 설산이 안정되고
그대가 가니 설산이 불안해지네
公來雪山重　　公去雪山輕

   본래 촉땅은 오랑캐 지역인 토번과 접경을 이루고 있는지라 늘 이들의 침입이 잦아 잠시도 잠잠할 날이 없었다. 그러나 엄무가 성도로 부임해 오자 그를 두려워한 토번이 더 이상 분란을 일으키지 않자 한층 안정된 것이었다.

   엄무가 장안으로 떠나는 날 그는 함께 배를 타고 면주(綿州)까지 가 그를 전송하였다. 둘도 없는 친밀함이 이러한 동행으로까지 이어진 것이었다. 그리고 전송길에 지나는 모든 것들이, 남겨지고 그리고 보내야 하는 아쉬움으로 가득차 있었다. 엄무를 보내는 과정에서 그가 이렇게 슬퍼지는 것은 절친했던 관계인데다 그의 생활의 조력자가 떠난다는 사실 때문이기도 하였지만, 이외에 그 역시 장안과 낙양으로의 회향의 꿈과 관직 복귀에 대한 바람이 있었기에 더 더욱 엄무에 대한 어떠한 감정이 일어났다. 그의 수많은 시들 가운데서 지방의 관원으로 있다가 장안으로 돌아 가는 사람들을 위하여 연회를 하거나 전송을 하는 자리에서는 어김없이 깊고 진실한 이별의 시를 남기고 있다는 것은 역시 그러한 심사의 반영이었다.

   엄무와 함께 뱃길로 면주에 이르러 송별한 그는 슬픔을 이기지 못한 채 자신은 이제 누구와 함께 성도로 돌아가야 할지 모르겠다고 짙은 여운을 토로하였다. 그러나 문제는 슬픔의 차원에 머무르지 않았다. 그는 면주에서 엄무를 보내고 난 뒤 아예 초당으로 돌아가지 않았다는 것이었다. 그 표면적인 이유는 엄무가 떠나고 난 뒤 성도에서 당시 회천병마사(回川兵馬使)를 하고 있던 서지도(徐知道)의 반란이 일어나 초당으로 돌아갈 길이 막혔다는 것이었다. 그러나 이것 역시 하나의 사유가 될 수는 있었지만 문제의 중심이 될 수는 없었다. 그 이유는 엄무가 떠나고 난 뒤 다시 친구 고적이 성도윤으로 부임해와 난을 진압했지만 그래도 돌아가지 않았다는 데 있었다. 정작 초당으로 돌아가지 않은 이유는 다음과 같은 몇 가지 요소가 그의 마음을 결정지우고 있었기 때문이었다. 우선적으로 그에게는 성도의 주인이라고 할 수 밖에 없는 엄무가 더 이상 성도에 있지 않았던 것에 있었다. 설사 고적 역시 그의 친구로 새로이 성도에 왔다고 하더라도 여러 요인으로 인하여 엄무와의 관계처럼 그렇게 긴밀하고 절대적인 도움의 관계가 이루어지지 않아 더 이상 생활의 큰 도움을 기대할 수 없었다는 것이다. 그리고 그 다음으로는 어떻게 해서든지 낙양과 장안의 중원땅으로 다시 돌아가고 싶은 마음이 있었고, 한 가족을 멀리 중원땅으로 옮기려면 당연히 노자돈이 들게 마련이었고 그 경비를 마련하기 위하여 이곳저곳에 있는 친구들을 만나 도움을 청하기 위하여 초당으로 돌아가지 않았던 것이다. 그리고 세 번째 이유는 늘 하는 말이지만 어디든지 마음대로 돌아다녀보고 싶어하는 유력의 기질이었다.

  면주에서 얼마를 머물고 나서 그는 다시 재주(梓州)로 가 이 사람 저 사람을 만났다. 그러나 그 어디를 가든 간에 한 두 번 연회를 열어 환대를 해 줄 수는 있었지만 지속적인 관심이나 황금을 내 놓는다는 것은 어려운 일이었고 그리고 남에게 늘 의지하여 산다는 그 자체가 스스로에게 멸할 수 없는 지속적인 슬픔을 품게 하는 것이었다. 때문에 객심은 늘 그를 따라다녔다.

  살아갈 방도 모자라 먹고 입을 것이 없고
  궁핍한 길에 늘 남에게 의지하여 살아가는 삶이라
  성도의 아내에게 몇 줄 편지를 보내니
  마땅히 돌아가지 못하는 마음 알아 줄 것이라
  計拙無衣食　　途窮仗友生
  老妻書數紙　　應悉未歸情

그의 아내는 그가 엄무를 전송하고 난 뒤 순순히 집으로 돌아오는 줄 생각하고 있었다. 노정에서 머물고 살피는 것이 많아 돌아오는 길이 늦어질 수 있다는 것을 감안하고 있었다고 하더라도 상당기간 집으로 돌아오지 않자 그의 아내는 걱정을 하고 있었던 터였다. 어떻게 보면 그의 이런 무단적인 바깥 나들이는 탕아적인 것이나 다름없었다. 그러나 그는 가족을 방치한듯 하였지만 마음의 한 구석에는 여전히 가족들에 대한 걱정 또한 놓치고 있지 않아 위의 시에서 보는 것 처럼 재주에서 성도의 아내에게 부친 편지였다. 이것은 다른 여러 문제와 마찬가지로 가족의 문제에 있어서도 관심이 없는 듯 바깥나들이에 몰두하면서도 한 편으로는 여전히 걱정을 하고 있는 이래 저래 수심의 갈래를 엮어 놓고 있는 것이었다.

결국 그 해 초겨울에 그는 다시 성도의 가족으로 돌아왔다. 그러나 초당에 머물기 위하여 돌아온 것이 아니었다. 가족을 재주로 옮기기 위하여 돌아온 것이었다. 비록 고적이 성도윤을 하고 있었고 반란도 진압되었지만 또 언제 분쟁이 일어날지 모르는 상황에서 좀 더 안전한 곳으로 옮기기 위한 것이었다.

가족을 다시 성도에서 재주로 옮기다

 가족을 재주로 옮기고 난 뒤, 어쨌든 살아가기 위한 그의 섭생의 방법은 여전히 분주하다고 할 수 밖에 없었다. 설사 그 삶의 방법이 남에게 의지하는 것이었지만 말이다. 그런데 이런 와중에 불현듯 그의 마음속에 떠오르는 사람이 있었으니, 바로 이백이었다. 그는 그 자신도 모르게 근래에 이백에게서 소식이 없다고 절로 탄식을 한 것이었다. 이전에 진주에 있을 때 그는 여러편의 시를 써 이백에게 부쳤다. 그러나 이후에 소식이 끊어진 것이었다. 그리하여 그는 이십운이나 되는 장문의 글을 다시 지어 이백에게로 보냈다. 이백 역시 떠 돌이 인생이라 그의 편지가 온전히 전달될지 확신 할 수 없는 상태에서 보낸 편지였다. 사실 이때 이백은 이미 죽음을 앞에 두고 있던 상황이었다. 이백은 낭만주의적인 시인답게 신선이 되려는 허황된 꿈을 품고 오랜 단사 복용으로 수은에 중독된 후유증을 이기지 못하고, 서기 762년 겨울에 안휘당도(安徽當塗)의 친척집 이양빙(李陽氷)의 집에서 원인모를 희귀 질병을 앓아 세상을 등지게 되었던 것이다.
 그러므로 결국 그의 마음속에 근래에 이백에게서 소식이 없다고 홀로 탄식한 것은 이백의 죽음에 대한 영감이었던 것이다. 훗날에 이백의 죽음을 소식으로 들었을 테지만 설사 지금 이백의 상황을 정확히 알지 못하고 있었다 하더라도 그가 이백에게 보낸 최후의 시에서는 이미 이백이 병중에 있을 것임을 추측으로 알고 있었다. 그리고 그의 나이 또한 이제 오십을 넘긴 상태라 어느덧 황혼의 마음이 점차적으로 들기 시작하였다. 뿐만 아니라 이백의 죽음을 필두로 계속해서 그의 지기들이 세상을 뜨기 시작하였다. 아직은 차후의 일이지만 방관이 장안으로 돌아가는 도중에 낭주(閬州)에서 죽었고, 그리고 지금 성도윤을 하고 있는 고적 역시 다시 조정의 부름을 받고 장안으로 갔다가 죽었고, 엄무 역시 나이 사십의 젊은 나이에 세상을 뜨게 되어, 몇 년 후에는 정말 적막고도 처럼 홀로 남게 되는 것이었다.

그는 재주에서 여전히 여러 이곳 저곳을 다니며 많은 사람들을 만났다. 사홍현(射洪縣)의 진자앙(陳子昻)의 고택을 찾아 같은 시인의 운명을 가졌음으로 인해서 불운했던 그를 위하여 한 바탕 크게 눈물을 흘리기도 하였다.

그는 지금까지 한 생을 살아오면서 수심을 동반하지 않은 적이 없었다. 젊은 시절에는 비록 철없이 이곳 저곳을 유람하였지만 그러나 그 때도 관직진출이라는 험난한 관문을 넘어야 한다는 자신의 미래 진로에 대한 걱정스러움이 역시 따라다녔다. 장안 십년의 관직 모색의 시기는 더 이상 말할 필요가 없었다. 관직을 갖고 나서는 관직에 대한 괴리감으로 또 비할데 없는 수심에 젖어 있었다. 그리고 관직을 버리고 나서는 아예 더욱 본격적이고 고착된 수심이 그를 끈덕지게 따라다녔다. 그러나 이번의 재주 일대의 유랑은 이전과는 또 다른 어떠한 분위기로 그의 마음을 수심지우고 있었다. 앞에서도 말한 바와 같이 엄무가 장안으로 떠나고 난 뒤, 그 역시 이향의 촉땅을 벗어나 고향이 있는 중원지대로 돌아가고 싶은 마음이 강렬하게 일어났고, 누군가의 도움을 얻어 고향으로 돌아갈 자금을 마련해야 한다는 초조스러움이 그의 마음을 떠나고 있지 않았던 것이다. 때문에 이 시기의 유력은 이중삼중의 복잡한 수심이 그의 마음을 치렁하게 엮어놓고 있었던 터라 어디 발길 옮기는 걸음걸음마다 슬픔과 고통의 비운스러움이 그를 잠시도 놓아주지 않았다. 그러나 도와 줄

만한 사람을 교유하며 자신의 처지를 음으로 양으로 전달하며 애를 써 보았지만 모두가 허사 일뿐이었다. 그리하여 그는 어쩔 수 없이 그해 늦 겨울에 다시 가족이 있는 재주로 돌아왔다.

이런 와중에 그래도 그의 생활을 돌보아주고 있는 사람은 재주자사를 맡고 있던 장이(章彛)였다. 말하자면 장이라는 사람도 엄무와 비슷한 류의 성격을 지닌 사람이었다. 무인(武人)으로써 과단적인 성격을 지니고 있었고, 자기에게 머리를 조아리고 오는 사람에겐 호의도 베풀어줄 줄 아는 사람이었다. 이러한 장이를 그는 다음과 같은 구절로 표현하기도 하였다.

지휘가 능란하여 하늘과 땅을 되돌릴 정도이고
강한 병사 훈련시켜 귀신도 감탄하게 한다
指麾能事迴天地　　訓練强兵動鬼神

그가 이러한 류의 사람을 좋아하는데는 어느 것 하나 조심스럽지 않고 마음 사리지 않은 구석이 없는 그 자신의 유약한 기질에 대한 반감의 작용인지도 몰랐다. 당시에 시인 고적이 엄무가 떠나고 난 뒤 성도윤을 하고 있었지만 그러나 성도를 떠나 재주로 와 장이에게 의지한 것도, 고적은 시인으로써 자기와의 동류의 사람으로 보았고 그리하여 그러한 사람에 대한 무능과 불신감이 마음속에 있었기 때문인지도 몰랐다. 그리고 장이가 조정으로 돌아갈 상황이 되자 다음과 같이 말하기도 하였다.

조정에서 임금 뵐 때 숨은 인재 없냐고 묻거든
강가에 낚시 드리우고 있는 사람 있다고 말하지 마오
朝覲從容問幽仄　　勿云江漢有垂綸

그러니까 강에서 낚시나 하며 은거생활을 하고 있는 자신을 조정에 천거하여 달라는 말을 역설적인 방법을 써서 더 강력하게 장이에게 부탁하고 있는 것이었다. 그가 이 시기에 이렇게 조정으로 돌아가기 위하여 깊은 애를 쓰고 있었던 것은 임금이 바뀐데 기인하였다. 지금 시기가 바로 타향생활을 종식하고 본래의 위치로 돌아가기 위한 기회라고 판단한 것이다. 이전의 시기를 다시 거슬러보면, 현종 즉위시절인 장안 십년의 관직모색시기에 그는 관직을 얻기 위하여 온갖 수모와 치욕을 견디고 할 수 있는 모든 것을 다하였으나 그러나 결국은 아무것도 이루어지지 않았다. 그러나 왕이 바뀌어 숙종이 영무에서 즉위하자 기회가 생겼다는 판단을 하여 위험을 무릅쓰고 봉선의 가족을 떠나 행재소로 가다가 붙잡혀 장안에 억류되었고, 거기서 목숨을 걸고 장안을 탈출하여 봉상으로 가 마침내 좌습유의 관직을 제수 받았다. 그리고 방관을 변호하다 숙종의 질시를 받아 관직을 잃고 임금으로부터도 버림을 받았지만 지금 다시 임금이 바뀐 이상 기회가 생겼다고 판단한 것이다. 더군다나 엄무와 같은 그의 친구들이 장안조정으로 돌아 가 있는 이상 그의 마음은 부쩍 달아오르지 않을 수 없는 것이었다. 그러나 시인의 삶으로써 이래 저래 어떤 상황 어떤 지경에 처하여지든 간에 수심의 뿌리가 되지 않는 것은 아무것도 없었지만 기회가 왔다고 생각될 때 그 기회를 잡지 못하고 그냥 그대로 주저앉아 있다는 것은 그에게 또한 전에 없는 초조함과 신세 한탄의 불운의 마음을 금치 못하게 하는 것이었다.

그리하여 그가 재주로 돌아와 서기 762년의 세모를 가족과 함께 보내고 다음해 봄이 되자 그는 다시 재주 주변의 여러 지역을 돌아다니며 사람을 만나기 시작하였다. 그런데 이때 그가 전해들은 것은 바로 이전의 재상 방관에 대한 소식이었다. 방관은 그와 함께 장안궁궐에서 축출된 사람으로 여러 변방지역을 떠 돌다가 재주에서 그리 멀지 않은 한주(漢州)자사로 전임되어 와 있다는 것이었다. 그렇다면 그가 필히 만나보고 싶은 사람이었다. 방관 역시 그를 만난다면 지난날 파직 되었을 때 간관의 신분으로 그에 의하여 변호를 받은 사실에 남다른 소회를 가지고 있을 것이 틀림없었다. 때문에 지금 어려운 처지에 있는 그를 위하여 남다른 도움의 마음을 가지고 있을 지도 몰랐다. 그러나 안타깝게도 그가 한주에 도착했을 때 방관 역시 조정의 부름을 받아 경성으로 가는 길에 올라 있었고 때문에 만날 수가 없는 상태였다. 그러나 방관이 다시 조정으로 돌아가게 되었다는 사실은 그에게 기쁜 소식이 아닐 수 없었다. 왜냐하면 지난날 현종 치하에서 축출되었던 인재들이 왕이 바뀌고 그리고 환관 이보국이 권좌에서 사라진 상황이 되자 다시 본래의 자리를 회복하고 있는 분위기가 되어가기 때문이었다. 이러한 흐름은 그에게도 머지않아 조정으로 다시 돌아갈 수 있다는 희망을 좀 더 구체적으로 품게 한 것임에 틀림없었다. 그러나 여러 구신들이 하나 둘 이렇게 조정의 부름을 받고 있었지만 그의 경우에는 사정이 좀 다른 경우였다. 즉 방관이나 엄무 같은 사람들은 좌천의 비운을 맞았지만 그들은 여전히 관직을 버리지 않은 상황 속에서 변방을 돌아다니거나 혹은 새로이 직책을 부여받기도 하였기에 관직의 변동이 있거나 언제든지 경성으로 돌아갈 상황이 생길 수 있는 것이었지만 그의 경우에는 이미 관직을 완전히 버리고 야인의 상태에 있는 신분이라 누구 하나 조정에 새로이 천거를 하여 주지 않는 이상 돌아간다는 것은 사실 쉽게 희망을 품을 수 있는 상황이 될 수 없는 것이었다. 그러나 지금 그가 의도하고 있는 것 처럼 설사 조정의 부름을 받지 못한다 하더라도 권력 주변인 장안지역에 가 있다면 천거의 기회는 훨씬 높아짐에는 틀림없는 것이었다. 때문에 지금 중원땅으로 돌아가고자 갖은 애를 쓰고 있는 것이었다.

 그해 늦봄에 그는 다시 떠도는 생활을 마치고 재주의 가족으로 돌아왔다. 이 때 장안으로부터 좋은 소식이 날아들어 그의 인생 일대에 그리 흔치 않은 즐거움을 갖게 하였다. 바로 안사(安史)의 난이 종결되었다는 소식이었다. 안사의 난이 중국 역사에서 그리고 거대제국이었던 당나라를 쓰러뜨린 미증유의 전쟁이었고 또한 그가 세상을 떠돌아다닌 것과 밀접한 관계에 있음으로 다시 한 번 여기서 총결 해 본다면, 서기 755년 그의 나이 44살이 되던 해 장안십년의 관직 추구의 오랜 고생 끝에 가까스로 미관말직이라고 할 수 있는 우위솔부병조참군이라는 직위를 얻어 수행하고 있을 때, 당시 범양(范陽)절도사이던 안녹산은 이임보가 죽고 난뒤 새로이 재상이 된 양국충과 심각한 권력 알력을 빚는다. 그는 난을 일으키기 한 달전 장안 궁궐로 돌아와 조정의 상황을 면밀히 관찰하며 전쟁의 시기를 저울질 하고 있었다. 궁궐에서 그는 양귀비와 양부모의 관계를 그리고 양귀비의 언니들과는 의형제의 관계를 맺어 현종의 허락을 받는 등으로 자기의 위세를 과시하며 교만이 극치에 이르렀고, 한편으로는 현종이 양귀비와 환락에 빠진 생활, 그리고 양국충과의 권력 알력으로 당조에 원한을 품고 범양으로 돌아가자마자 그해 십일월에 난을 일으킨다. 거병을 하여 거침없이 남진을 하여 다시 황하 하류를 타고 서진을 하여 불과 한 달 여만에 낙양을 점령하게 된다. 낙양에 연(燕)이라는 국호를 사용하여 도읍을 정하고 스스로 황제의 지위에 올랐으며 다음 해 여름에 다시 군대를 이끌고 낙양성을 나와 서진을 하여 장안의 보루라 할 수 있는 동관전투에서 관군 20만을 격파하고 장안도 점령하게 된다. 이에 현종은 양귀비와 대신들을 이끌고 사천으로 급히 몽진의 길에 올랐고 몽진의 중도에서 당시 호위군대를 지휘하고 있던 사령관 진현례의 주도하에 현종에게 양국충과 양귀비의 언니들, 그리고 양귀비마저 없앨 것을 주장하여 마침내 양씨일가를 모두 제거하게 된다. 그리고 한 편으로, 현종은 환관 이보국의 건의를 받아들여 황태자인 이형(李亨)을 몽진의 무리에서 남겨 군사를 이끌고 장안서북지역에 주둔시켜 안녹산의 군에 저항하게 한다. 그 결과 후에 이형은 영무에서 행재소를 마련하고 현종의 재가도 없이 왕위에 올랐으며 바로 숙종이 되었다. 한편 안녹산 반군진영에서는 낙양과 장안을 점령하고 난 뒤 내분이 일어나 안녹산의 둘째 아들 안경서는 아버지 안녹산을 죽이고 반군을 지휘하게 된다. 안녹산이 난을 일으킨지 불과 삼년만에 일어난 일이었다. 이때부터 반군의 통치는 힘을 잃게 되었고, 반대로 숙종은 장안을 회복할 힘을 얻기 시작하여 행재소를 영무에서 좀 더 장안 가까운 봉상으로 옮겨 곽자의(郭子儀)와 이광필(李光弼)의 관군과 위구르의 힘을 빌어 장안수복에 대한 전의를 불태우게 된다. 이때 두보 그는 가족을 이끌고 전쟁을 피해 북진을 하여 봉선에 머물고 있다가 숙종이 즉위하였다는 소식을 듣고 위험을 무릅쓰고 행재소로 가다가 반군에 잡혀 장안으로 압송되었으며, 다시 장안을 탈출하여 봉상으로 가 숙종으로부터 좌습유라는 관직을 제수받게 된다. 그러다가 757년 9월에 마침내 관군은 장안을 수복하였으며, 숙종이 궁에 들게 되었고, 연말에는 현종역시 사천에서 궁궐로 돌아오게 되었다. 한 편 관군에 쫓긴 안경서는 낙양 동쪽인 업성에서 요새에 의지해 관군과 대치하고 있다가 후방에 있던 사사명과 연계하여 관군과 일대격전을 치르게 되었고, 여기서 관군은 다시 대패하여 반란 진압이 지연되게 된다. 그러나 결국 조정은 위구르의 힘을 빌어 반군을 중원땅에서 몰아내자 위기에 몰린 안경서는 사사명의 휘하에 들어가 충성을 맹세하였지만 역시 사사명에게 살해되었고, 사사명은 다시 그의 맏아들 사조의(史朝義)에 의해서 살해되었다. 사조의는 반군을 이끌고 관군에 저항하였으나 더 이상 힘을 얻지 못하게 되자 반군의 부장들은 연이어 관군에 투항해왔고 사조의는 사방에 도망다니다 더 이상 어떤 방법이 없다는 것을 깨닫고는 숲속에서 스스로 자살함으로써 반란 전쟁은 마침내 종지부를 찍게 되었다. 현종의 755년부터 대종의 763년간에 벌어진 전쟁으로 무려 8년간에 걸친 내란은 당시 중국의 인구가 오천만이 넘었으나 전쟁이 끝나자 남은 인구는 천 칠백만 정도로 인구의 70퍼센트가 목숨을 잃게 할 정도로 역사상 볼 수 없는 대 참상의 전쟁이었다.

이렇게 한 국가와 그 국가의 구성원인 백성들 모두를 불행하게 만든 원인이 종식되었다는 것은 그에게 더할 나위 없는 희소식이 됨에 틀림없었다. 때문에 전쟁이 끝났다는 소식을 듣자 그의 기쁨은 거의 광적이 될 정도였다.

검각성 밖에서 홀연히 날아든 중원 땅 수복소식
처음 들었을 때 눈물이 옷깃을 흥건히 적셨네
아내와 아이들을 돌아보니 수심은 다 어디로 갔는가?
책과 글 아무렇게나 하고 기쁨에 미칠듯 하네
흰 머리로 노래 크게 부르고 마음껏 술 마시고
정말로 봄과 함께 고향 돌아가기도 좋아라
그대로 파협에서 무협을 뚫고 지나가
바로 양양으로 내려가 고향 낙양으로 향하리라
劍外忽傳收薊北　　初聞涕淚滿衣裳
却看妻子愁何在　　漫卷詩書喜欲狂
白首放歌須縱酒　　靑春作伴好還鄕
卽從巴峽穿巫峽　　便下襄陽向洛陽

전쟁에 한 맺힌 그의 서러움에 수복 소식이라는 것은 마치 오래 갇혀 있던 물길이 마침내 격렬하게 터진 기쁨이나 다름없었다. 더군다나 지금 중원땅으로 돌아간다면 그의 지기들도 이미 하나 둘 환궁을 해 있는 터이라 관직 복귀도 이루어질 것이며, 그렇다면 궁핍과 가난으로 떠도는 평생의 이향의 생활도 절로 풀릴 것 처럼 생각되었다.

그러나 시인 인생이라는 것이 국난이 해결되었다고 하더라도 그 여파가 당장 자기에게 미쳐 생활에 어떤 변화가 나타날 것이라고는 기대할 수 없는 것이었다. 원래 시인의 삶은 좋든 싫든 간에 늘 현실과 동떨어져 있는 것이 본질이었다. 그 인생이라는 것은 그 나름의 특유의 성격을 가지고 늘 외곽으로 떠 돌아 다니는 것이었다. 또한 친구들이 모두 장안 궁궐의 부름을 받았다고 하여도 그의 새로운 천거가 순조롭게 실행될 수 있을지도 미지수였다. 때문에 그의 발광적이다시피한 일시적인 즐거움의 소식은 그의 시인인생을 다시 한 번 속이는 요괴의 미소에 지나지 않았다. 그리고 안사의 난이 종식되었다고 하더라도 또한 그 바로 평화의 태평성대가 다시 찾아오는 것도 아니었다. 안사의 난이 종식되고 난 뒤 또 다시 나라를 어지럽히는 세력이 있었으니 바로 사천 서쪽에 있는 토번의 세력이었다. 토번은 당,송 시대에 티벳의 또 다른 통칭으로 불려졌던 이족으로 그들의 문명은 본래 미개하였다. 그러나 6,7세기에 들어 수도 라싸를 기반으로 왕조가 세워지고 당으로부터 정치적, 문화적으로 선진화된 제도를 도입함으로써 점차적으로 강대해지기 시작하였다. 그리하여 당나라와는 늘 화친과 전쟁을 반복하였으며, 조정에서는 이들의 침범을 막기 위하여 공주를 왕비로 보내는 등으로 현상을 유지하고 있었다. 그러나 당시 당나라가 안사의 난을 통하여 국력이 극력 쇠약해진 틈을 타 서역에 대한 지배권을 더욱 강화하고 사천 서쪽의 하서와 농우지역을 점령하는가 하면 실크로드의 대부분을 차지하기에 이르렀다. 당시 사천땅은 성도윤을 맡고 있던 시인 고적이 조정의 특명을 받아 이들을 견제하고 있었지만 역부족이었다.

이러한 혼란스러움을 미리 알고 있었던 탓에 그는 가족을 그 전해에 일찌감치 재주로 옮겨 놓았지만 그러나 재주 역시 성도와 가까운 지역이라 전쟁의 위기감은 떨칠 수 없는 것이었다. 이렇게 되니 결과적으로 중원땅은 지금 난이 평정되어 비교적 안정된 상태로 돌아가 있었고, 전쟁을 피하여 각처로 돌아다니다 정착한 땅에는 오히려 전쟁으로 소용돌이가 일어난 상태가 된 것이었다. 이것은 당연히 고향으로 돌아가고자 하는 그의 객심의 마음을 더욱 강렬하게 불러일으켰다. 이 객심의 마음은 늘 그러했던 것 처럼 가을이라는 계절적 특성을 타고 더욱 수심스러움으로 작용되었다. 그해 중양절의 시는 다음과 같이 쓰여졌다.

작년에는 처현의 북쪽 산에 올랐지만
지금은 다시 부강의 물가에 있네
늙어 백발 속에서 더 이상 떠나지 못하고
국화 무수히 피어난 것 보기 부끄럽구나
세상 어지러워 암담한데 오래 객이 되어
길은 두렵고 수심스러워 늘 남에게 의지하여 산다
술 취해 십년전의 일 생각해보니
여산에서 향락에 젖은 왕의 소리 듣고 애 끊어졌지
去年登高郪縣北　今日重在涪江濱
苦遭白髮不相放　羞見黃花無數新
世亂鬱鬱久爲客　路難悠悠常傍人
酒闌却憶十年事　腸斷驪山淸路塵

이 시에서 첫 구절부터 여섯 번째 구절까지는 그의 평소에 품고 있던 수심을 다시 드러내고 있을 뿐이며, 생각의 끝은 새로이 즉위한 대종에게로 향해 있다. 즉 십년전에 그가 미관말직을 수행하고 있을 때, 휴가를 얻어 한 겨울에 장안 북쪽에 있는 가족을 만나기 위하여 봉선으로 가는 도중에 새벽에 여산을 지나게 되는데, 이 여산에는 왕의 행재소가 있어 해마다 겨울이 되면 현종은 양귀비와 함께 대신들을 이끌고 이 곳에서 시간을 보냈는데, 새벽이 되도록 주연의 소리가 그치지 않게 계속되는 것을 듣고, 안녹산이 난을 일으키려 하고 있는 시국상황을 전혀 알지도 못하고 향락에 빠져 있는 사태에 대하여 애간장이 끊어지는 듯했던 슬픔을 회고한다는 것이다. 결과적으로 그가 하고자 하는 말은 대종이 현명한 신하를 두고 정치를 제대로 해야 한다는 것이며, 그의 천거를 마음속으로 강렬히 바라고 있는 것이었다.

방관을 추모하기 위하여 낭주로 가다가
자신의 몸이 비에 젖자 오히려 행군길에서
비에 젖을 관군의 깃발과 병사들을 걱정하다.

앞의 중양절의 시에서 보여준 바와 같이 그의 이 시기에 또 하나의 본격적인 수심거리로 덧붙여진 것이 바로 백발이 되어 늙어간다는 것에 대한 우려스러움 이었다. 사실 그의 백발이 시작된 것은 장안십년의 관직 추구 시기 때부터였다. 그러므로 대개 삼십대 후반부터 그는 그 자신이 늙고 있다는 것을 느끼기 시작한 것이었다. 그리고 사십이 넘어서자 한쪽 귀도 멀어지기 시작하였다. 게다가 여러 병마가 그를 괴롭히기도 하였다. 이 병은 삶이 그래도 좀 나아졌을 때는 호전되었다가 더 이상 어떠한 살아가기 위한 방법이 없을 것 같은 상황이 되면 병 역시 그에 따라 악화되어갔다. 그러나 늙고 병듦이 그에게 수심거리가 되는 것은 이 자체가 아니었다. 그의 수심거리가 되는 것은 이렇게 몸과 얼굴이 변하여 감에 따라 관직을 얻게 된다는 것이 점점 더 어려워지며, 또한 설사 관직을 얻었다고 하더라도 따라주지 않는 몸에 제대로 업무를 수행하겠느냐 하는 근심이었다. 이래 저래 관직과는 자꾸만 멀어져가는 상황이 되니까 스스로의 운명에 대한 불운감을 억제할 수 없었던 것이다. 그래서 그는 이 즈음의 시부터 자꾸만 자기의 늙음을 한탄하는 구절이 절로 나오기 시작한 것이었다. 사실 지금 그의 마음으로는 이전 처럼 젊음이 좀 남아 있고, 몸이 허락하기만 한다면 설사 중앙으로부터 부름의 소식이 없다고 하더라도 가족을 이끌고 노상에서 잠이라도 자 가며 바로 촉 땅을 떠날 수도 있는 것이었다. 마치 화주에서 진주로, 동곡으로 다시 성도로 옮겼왔던 것 처럼 천리만리 수많은 산과 길을 무릅쓸 수도 있는 것이었다. 그러나 이것도 저것도 아닌 상태에서 지금으로써는 도저히 길을 재촉할 마음이 생겨나지 않는 것이었다.

그해, 다시 말해 763년 가을, 그가 재주에서 가족과 함께 시간을 보내고 있을 때, 그의 마음을 또 꺾어 놓은 예상치 못한 비보 하나가 전해졌다. 즉 방관의 죽음 소식이었다. 앞에서 잠시 언급한 바가 있거니와 방관은 그해 사월에 한주자사를 하고 있던 때 조정으로부터 부름을 받고 경성으로 발걸음을 향하고 있었다. 그런데 도중에 병을 얻어서 더 이상 길을 떠날 수가 없게 된 것이었다. 결국 낭주의 한 절에서 목숨을 거두고 만 것이었다. 그렇지 않아도 방관이 장안으로 돌아가게 된다면 어떠한 형식으로라도 그의 관직 복귀의 길이 열릴 것이라고 잔뜩 기대하고 있었던 상황에서 예상치 못한 돌발의 사태가 일어나 희망을 단 번에 좌절시켜 놓아버린 것이다. 스스로 생각해보면 이렇게 운명을 가로막고 나서는 불운이 지금까지 그의 일생에서 한 두 번이 아니었지만 이번의 상황은 더욱 새삼스러운 슬픔으로 다가왔다.

늦가을에 접어들 무렵 그는 다시 낭주로 갈 준비를 하였다. 비록 살아서 좋은 곳에서 그리고 즐거운 재회의 얼굴로 만나지는 못할 지언정 방관의 죽음을 추모하기 위해서 였다. 그런데 다시 날씨라는 것은 참으로 이상하였다. 늘 좋았던 가을 날씨가 낭주로 떠나는 추모의 마음 따라 비가 내리기 시작하는 것이었다. 이 비는 그의 방관에 대한 슬픔의 마음과 그리고 자신의 운명과 연계된 슬픔과 또한 나라에 대한 슬픔이 한데 어우러져 더욱 서럽게 마음을 적셔왔다.

    아득한 하늘 끝에서 비는 내리고
    강변에 나는 지금 홀로 서 있네
    파촉의 길 험하여 내 고생 두려워하지 않지만
    관군 병사들의 깃발 젖을까 두려워지네

莽莽天涯雨　　江邊獨立時
不愁巴道路　　恐濕漢旌旗

　파촉이라는 것은 사천 동북쪽의 땅을 말하는 것이다. 즉 지금 현재 그가 떠 돌고 있는 재주와 낭주 일대의 땅인 것이다.
　실로 모든 것을 다 빼버리고라도 비 내리는 강변에 홀로 서 있다는 것은 측은하기 이를데 없는 상황이었다. 그러나 지금 그가 강변에 서 있다는 것은 이 정도 이상이었다. 즉 고향을 떠나 타향의 하늘끝이나 다름없는 세상에서 이향인의 신분으로, 쓸쓸함의 대표적인 상황인 비 내리는 강변에 홀로 서 있는 것이다. 그러므로 슬픔은 그에게 갑절로 달겨들고 있는 것이었다. 또한 그만큼 낭주의 방관 추모의 길로 가는 길은 내리는 비에 몸이 젖고 지척거리는 길을 따라 때로는 배도 타야할 상황이었다. 그만큼 여정이 어려운 것이었다. 그러나 여기서 그는 자기 자신이 젖는 것에 대하여서는 그래도 참을 만 하고 괜찮다고 생각하였다. 그의 마음에 불현듯 걱정과 안타까움으로 다가오는 것은 전쟁에 시달리고 있는 나라 그런가운데서도 전쟁길에 있는 병사들의 몸이 젖을 까봐 염려하고 있는 것이었다.

재주에서 다시 가족을 낭주로 옮겨
남방으로 내려갈 준비를 하고 있다가
엄무가 다시 사천절도사로 온다는 소식을 듣고
성도초당으로 돌아오게 되다.

    안녹산의 난 이후에 나라의 상황은 더 이상 어떠한 남아 있는 힘이 있을래야 있을 수 없는 상황이었다. 무엇보다도 사람이 없다는 것이었다. 인구의 칠십퍼센트가 전쟁에 목숨을 잃었다는 사실은 국가의 기본요소인 구성원자체가 없다는 것이었다. 전쟁의 막바지에 이르러서는 아직 청년이 안된 유소년 까지 모두 전쟁에 끌려간 상황이어서 그나마 남은 사람이라고는 늙은이 밖에 없었던 것이다. 이렇게 쇠약해진 국력을 틈타 토번은 다시 동란의 상황으로 당조를 몰아넣고 있었다.
    그가 방관을 추모할 겸, 또한 앞으로 어떻게 삶을 살아 나가야 할 지 여러모로의 수심속에서 낭주에서 떠 돌고 있을 무렵, 토번의 무리들은 사천절도사인 고적의 방어선을 무사히 뚫고 어떠한 저항도 받지 않은 채 장안을 향하여 진격하였다. 당시 토번의 침략 이유는 대종이 즉위하면서 이전에 맺은 그들과의 화친의 조약을 어겼다는 것에 기인하였다. 즉 당시에 당 조정은 안녹산의 난을 진압하느라 국력을 소모하고 있는 상태에서 동시에 서쪽의 토번이 침범을 하게 된다면 더욱 수습할 수 없게 되는 상황을 우려하여 공주를 토번의 왕에게 왕비로 보내는가 하면 정기적으로 비단을 그들에게 공납하였다. 그러나 대종이 즉위하면서 이를 중지하자 당시 토번의 왕 치송데찬(赤松德贊)이 분노하여 장군 다짜뤼공(達扎樂宮)에게 이십만 대군을 주어 장안을 공격하게 한 것이었다. 그들의 침략 이유가 어쩌면 매우 사소한 것에 불과하였지만 그만큼 당조의 약세를 반증하는 것이었다.

　그러나 그러한 치사하기까지 한 명분 없는 전쟁에도 불구하고 토번의 침공이 계속되는 몇 달동안 관군은 그들의 동진을 막아낼 어떠한 변변한 군사체제 하나 서 있지 않았고 어떤 충성스러운 장수 하나 나타나 적극적으로 그들을 저지하지 않았다. 결국 그해 십이월에 토번은 다시 장안을 함락하였고 이에 대종은 섬주로 피난을 하게 되었다.

　낭주에 있던 그는 왕이 피신한 이러한 상황을 남김없이 모든 것을 알 수는 없는 상황이었다. 그러나 그는 직접 눈으로 보아야 비로소 모든 것을 알 수 있는 것은 아니었다. 그 나름의 생각만으로도 얼마든지 추측을 하였고 또한 그의 그러한 추측들이 대개가 그리 빗나가지 않고 현실과 궤를 같이하고 있었다.

　그해 겨울에 다시 낭주에서 재주로 돌아온 그는 연말을 보내고 봄이 되자 다시 가족을 낭주로 옮겼다. 가족을 재주에 두고 제 혼자 낭주에 남아 떠돌아다니기에는 가족의 안위가 걱정되었기 때문이었다. 그러나 이러한 표면적인 이유 외에도 그의 마음속의 생각은 바로 촉땅을 떠나기 위한 일환으로 가족을 다시 옮겼다는 것이었다. 그가 이때 촉땅을 떠나고 싶어하는 이유는 여러 가지가 그의 마음속에 복잡하게 일어나고 있었다. 상식적으로 생각하면 웬만하면 재주에 가족과 함께 좀 더 오래 살 수 도 있는 상황이었다. 즉 당시 재주자사 장이는 이전의 엄무와 마찬가지로 그의 생활을 도와주고 있었고, 심심찮게 장이의 연회에 참석하여 음주를 즐기는가하면 생활에 필요한 것도 얻어 쓸 수 있는 상황이었다. 그러나 장이의 그에 대한 환대에 그는 그저 편안한 마음으로 이러한 도움을 받은 것은 아니었다. 장이가 지나치게 강권을 행사하여 병사들을 제 마음대로 부리고 나라가 어려운 상황인데 가혹하게 민을 삭탈하여 호사스러운 생활을 하는데 대한 거부감이 있었으며 때문에 그러한 울타리에서 벗어나고픈 마음 역시 있었다. 그의 마음을 편치 않게 하는 것은 역시 전쟁에 대한 불안 때문이기도 하였다. 그의 고향 낙양이 장안을 점령하기 위하여 지나가는 길목에 있다면 촉땅은 또한 토번과 같은 서역의 군대가 역시 장안을 점령하기 위하여 지나가는 길목에 있었기에 때문에 조용할 날이 없었다. 그리고 이러한 사회적, 생활적 분위기 이외에도 촉땅을 떠나고 싶어하는 또 다른 중요요인은 역시 한 곳에 오래 머무를 수 없는 유랑의 시인심리때문이었다. 성도에서 이년, 그리고 재주일대를 돌아다닌 세월이 역시 이년이 넘었고, 그리고 보면 서촉과 파촉땅에서 사년 이상을 보낸 셈이었다. 이 세월은 지금까지 그가 세상을 돌아다니며 머문 가운데서 그래도 가장 길게 머문지역이라고 할 수 있었다. 이 만큼 되면 이 지역의 풍물과 강호에 대한 식상함이 충분히 생길때도 된 것이어서 다시 다른 곳에 대한 표박적 심리가 그의 마음속에서 일어날때도 사실 된 것이었다. 재주 일대에 이년 이상 머물렀던 시간동안 그의 친구들이 장안으로 돌아가는 등 어지럽게 돌아가는 사회현상과 자기 자신이 살아가야 할 상황에 대하여 너무나 민감해 있었고, 이런 민감속에서 방관이 장안으로 돌아가다 낭주에서 죽게 되고, 그리하여 중원지대로 돌아가고자 하나 돌아갈 수 없는 답답함이 그의 마음을 견디지 못하게 하였기에 촉땅의 이탈을 더욱 부채질 하였던 것이다. 결론적으로 그가 재주에서 낭주로 가족을 옮겼던 주요이유는 무엇보다도 낭주에 있는 양자강 지류인 가릉강(嘉陵江)을 타고 남하하여 옛 초나라 땅인 형초(荊楚)지역 즉 지금의 호북(湖北)과 호남(湖南)땅으로 가기위한 것이었다.

　가족을 낭주로 옮기고 난 뒤 얼마있지 않아 삼월이 되자 그는 마음속의 생각대로 남하를 준비하였다. 재주에서 낭주로 옮겨 짐을 채 풀기도 전에 다시 새로운 곳을 향하여 떠날 준비를 하게 되는 것이었다. 그의 한편의 마음에서는 새로운 곳을 향하여 떠나는 어떤 표현못할 설렘이 일어났고 또 한편의 마음에서는 어디 정해진 자리가 있는 것도 그리고 그를 도와줄 사람이 정해져 있는 곳도 아닌 상황에서 이렇게 평생을 떠 돌아 다녀야 하는 짓을 또 지금 해야 한다는 서러움이 역시 한데 어우러져 일어났다. 그러나 지금까지 떠 돌아 다닌 삶이 한 곳에 정착의 마음을 꺾어 놓을 수는 없는 것이었다.

그런데 이때 그의 마음을 되돌려 놓은 소식 하나가 전해졌다. 엄무가 다시 사천땅으로 온다는 것이었다. 엄무가 사천으로 다시 온다는 소식이 제일 먼저 전해진 곳은 낭주의 관리들에게 였고, 이 관리들을 통해서 그는 우선적으로 알게 되었다. 이 소식을 듣고 며칠 후에 엄무로부터 편지가 그에게 도착하였다. 사천의 절도사로 다시 온다는 말과 함께 그에게 촉땅을 떠나지 말것을 부탁하는 말이었다. 사실 그는 낭주를 떠나기 전에 엄무에게 여러사정으로 더 이상 촉에 머물 수 없음을 미리 편지를 해 놓은 탓에 이런 편지가 그에게 전달되어진 것이었다. 이 당시 조정에서는 토번에 의해서 장안이 함락된 이러한 사태가 더 이상 일어나지 않도록 능히 그들의 세력을 억제할 사람이 필요하였고, 여기에 엄무가 조정의 사명을 띠고 다시 이 지역 절도사로 오게 된 것이었다.

엄무가 성도로 오게 된다는 사실을 알고 한껏 고무되어 있었던 그의 마음은 직접적으로 편지까지 받게 되자 그 마음은 더할나위 없이 엄무에 대한 신뢰로 넘쳐났다. 그만큼 엄무 역시 자기에 대한 우정이 변함없이 깊음을 보여주는 것이었다. 이렇게 되자 그의 남하행은 갑자기 성도행을 향한 초당으로 바뀌게 되었다.

시인에게 고향만큼 중요한 것은 없었다. 원래 있었던 장소이기 때문이다. 살아가면서 수심이 모아지고 서글퍼지는 마음 어쩔 수 없는 것은 본래로 돌아가지 못하는 데 큰 이유가 있기 마련이었다. 시인은 이러한 사향의 마음으로 시를 쓰는 것이 그들이 하는 일이었다. 그러나 고향이라는 곳은 단지 태어나고 자란 곳만이 고향이 되는 것도 아니었다. 이리 저리 떠 돌아 다니며 어쩔 수 없이 자기의 몸이 한 때 두어졌던 곳 이곳 역시 또 다른 고향이 됨에 손색이 없었다. 어쩌면 생활의 서러움이 깃든 곳이라 더욱 더한 향수의 마음을 갖게 하는 곳이 타향의 살 던 곳인지도 몰랐다. 더 더욱이 그에게 성도초당이라는 곳은 떠도는 생활 끝에 마음 먹고 집 터 잡고 지붕올린 곳이었고, 백년을 그곳에서 살겠노라고 마당에 복숭아나무와 오얏을 심고, 작약으로 울타리를 친 곳이었다. 그는 초당을 떠난 이후 재주 일대를 떠 돌아 다녔지만 마음의 한 구석에서는 여전히 초당에 남아 있을 소나무와 복숭아나무가 변함없이 자라고 있었고 가끔으로 키우고 있었던 오리와 거위가 놀고 있었다. 때로 그는 함께 동행하고 있던 동생 두점을 보내 초당을 간수하게 하였다. 그러했던 곳을 수년만에 다시 돌아가게 되었다는 것은 최고의 귀향의미를 지니는 것임에 틀림없었다.

   가족을 이끌고 낭주에서 성도로, 지금까지 한 번도 이렇게 돌아갈 운이 생겨 즐거운 마음으로 회귀해 본적이 없는 길을 향하였다. 이렇게 즐거운 마음은 도중에 숲과 골짜기가 나타나 여정을 험하게 하였지만 이것 역시 그리 싫지도 아니하였다. 재주를 떠날 때 재주자사 장이와 친구들이 전별회를 열어 노자돈을 모아 주었던 까닭에 이번에는 여비도 있는 상황이어서 함께 동행하며 짐을 나르고 초당을 정리해줄 노복도 두어명 함께 하고 있는 상황이었다. 이렇게 성도행의 산속을 지나면서 역시 또 시를 남겼다.

     길 가는 사람들 문득 문득 보이고
     인가도 가끔씩 나타났다가 사라진다
     노복들은 대숲을 지나며 얘기를 주고 받고
     아이들은 구름으로 들어 환호성을 지른다
     돌을 굴려서 산속의 짐승들을 놀라게 하고
     활을 당겨 원숭이와 다람쥐들을 떨어뜨린다
     참으로 한 바탕 웃으며 즐겁게 해 줌은

힘든 길을 위로해주기 위해서이다
行色遞隱見　人煙時有無
僕夫穿竹語　稚子入雲呼
轉石驚魑魅　抨弓落狖鼯
眞供一笑樂　似欲慰窮途

그에게 지금의 화두는 즐거움인듯 했다. 아이들도 이제는 웬만큼 자라 기쁘고 슬픈 분위기를 누가 가르쳐 주지 않아도 잘 알았다. 그리하여 어른들 앞서 나가 환호성을 질렀다. 떠 돌아 다니면서 자라 어쩌면 아이들은 일정한 고향이 없었다. 때문에 그들에게 성도초당은 그래도 고향같은 곳이었고, 그리로 간다는 것은 그들에게도 더할 나위 없이 기분좋게 하는 것이었다. 그는 이렇게 숲속을 지나면서 위의 시 〈낭주로부터 처자를 데리고 촉으로 가는 산길을 가다〉라는 제목으로 세 수의 연작시를 썼다. 제일 먼저 위의 첫 수를 써 놓고 나니 어떠한 마음의 여운이 또 따라왔다. 그리하여 두 번째 시와 세 번째 시를 썼다. 그런데 위의 첫 번째 시를 써 놓고 나니 그 자신이 생각해도 이번의 성도길은 전에 없는 희열의 길이었다. 그리하여 시에서도 어쩔 수 없이 그러한 분위기가 숨겨질 수 없었다. 그러나 그러한 마음의 이면에는 남에게 의지하기 위하여 다시 되돌아 가는 길이라 결코 즐겁지만은 않은 시인 인생의 슬픔이 역시 가슴저변에 남아 있었다. 때문에 성도로 가는 길이 즐거움 속에서도 즐거울 수 만은 없는 그러한 갈등이 마음속에 있었던 것이다. 그리하여 두 번째 세 번째 시는 오히려 기쁨이 아니라 슬픔이 묻어나는 시가 쓰여지게 하였다.

어느 때에나 전쟁이 끝나려나?
떠돌아 다님에 아내에게 부끄럽다
남국을 향하는 발걸음이 되지 못하고

다시 촉으로 돌아가는 신세 되었다
何日干戈盡　　飄飄愧老妻
不成向南國　　復作遊西川

위의 시들 뿐만 아니라 성도행에서 지은 시는 단작과 연작을 포함하여 거의 십여편이 더 있을 정도로 여러 시들을 지었다. 이 십여편의 시들은 기쁨을 표현한 것도 있고 슬픔을 표현한 것도 있지만 대부분이 엄무에게 보여줄 그러한 성격을 지닌 시들이라 둘도 없는 친구인 엄무에 대한 찬사와 엄무가 촉을 떠나자 그 역시 촉을 떠나 면주와 재주, 낭주 일대를 이년 이상 떠돌아 다니면서 겪은 생활의 곤란과 수심을 표현해내었다.

삼년동안 떠 돌아 다녔지만 헛되이 피골만 상접하여
사람의 인생 어려운줄 이제야 알았네
몸은 늙고 시절은 위태로운데 그대 만나게 되었으니
일생의 품은 마음 누구에게 열겠는가?
三年奔走空皮骨　　信有人間行路難
身老時危思會面　　一生襟抱向誰開

그동안 성도 거처지를 떠나 사방을 떠 돌아 다녔지만 이제 다시 의지할 사람이 돌아왔으니 한시름 놓게 되었다는 것이다. 특별히 "일생의 품은 마음 누구에게 열겠는가?"라고 하는 말은 이번에 엄무가 돌아오면 관직을 가지는 것에 대하여 말해 보겠다는 뜻이었다. 아마도 그가 청을 하면 서로간의 우정으로 보아 들어줄만도 하다는 생각을 한 것이었다. 그가 이렇게 나이 오십이 넘어서까지 관직에 집착하는 것은 무엇보다 남에게 의지하는 생활을 지금이라도 벗어나기 위한 것이었다.

마침내 집에 도착하니, 사람이 살았으나 살지 않았던 시인의 집은 이년 이상의 부재의 세월에도 초라함이라는 그간의 시간을 간직한채 그대로 남아 있었다. 폐허라는 것은 사람의 발길이 사라지고 손 대어주지 않은 꼭히 그만큼의 잡풀로 자라나 엉키고 널부러진채의 상황이었다. 그러나 이제 새로운 희망으로 집 손질을 하게 되었으니 그리 서러워할 것은 되지 못하였다. 낭주에서 데리고 온 노복들과 함께 집을 정리하고 한 바탕 청소를 하여 버려진 세월들을 모두 쫓아내니 이전보다 더 희망차고 밝은 봄 빛이 그의 뜨락에 쏟아지는 것 같았다.

엄무의 천거로 관직을 받아 막부에 드나
막부일에 심한 회의를 느끼게 되고,
엄무와의 갈등으로 가까스로 죽음을 피하다.

  그해 유월, 다시 말해 그의 나이 53세가 되던 764년 여름에 그는 엄무를 통하여 조정에 관직천거의 표가 올라갔고, 대종은 이를 허락하였다. 직책은 절도사 참모인 검교공부원외랑(劍校工部員外郞)이라는 것이었다. 사실 직위로만 따지자면 4,5품으로 7,8품 정도에 불과한 좌습유보다 매우 높은 직책이었다. 그는 이 직책을 받고 매우 즐거워하였고, 또한 조정으로부터 비단과 어대(魚袋)를 하사 받았다. 어대는 관직의 위계를 표시하는 것으로 관리들이 입는 복장에 착용하는 물건이었다.
  그가 이 관직을 받고 그렇게 기뻐한 것은 사실 공명에 대한 그의 욕구가 보통사람과 달랐다는 것을 의미하였다. 관직의 높음은 그만한 무거운 책임도 뒤따르는 것은 당연하지만 그러나 그에 비례하여 봉록 역시 높았고, 자신의 명예 또한 당연히 높아질 수 밖에 없는 것이었다. 과거로 돌아가 보면, 그의 나이 마흔네살에 하서(河西)현위라는 관직을 받은 적이 있었다. 여기서 하서는 지방 이름이고 현위는 현의 치안을 담당하는 관직이라는 뜻인데 이때 그는 이 관직이 하위직이라고 해서 받아 들이지 않았다. 관직을 얻기 위하여 장안 십년동안 갖은 고생과 가난과 궁핍의 정도를 생각하면 하위직도 흔쾌히 받아들일 수 있는 상황이었지만 거절을 하였고, 결국 우위솔부병조참군이라는 보다 나은 직책과 비교적 근무여건이 좋은 이 직책이 주어지자 기꺼이 받아들였다. 그가 관직을 마다

했던 적은 사실 또 한 번 더 있었다. 바로 얼마전의 일이었다. 즉 그가 재주에 있을 때 받은 관직이었다. 경조공조참군(京兆功曹參軍)이라는 직책이었다. 이 직책을 받을 수 있었던 것은 역시 그 당시에 조정에 있었던 엄무의 천거로 인한 것이었다. 그가 이 직책을 마다했던 표면적인 이유는 남하를 하여 형초땅으로 가고자 하는 마음이 이미 서 있었기에 그러했다는 것이었다. 그러나 거절의 진짜 이유는 하위직이라는 것에 있었다. 결론적으로, 관직을 받는 것에 문제가 있는 것이 아니고 자기의 생각에 걸맞는 그러한 관직을 받아야 비로소 받아들일 수 있고 직무를 수행할 수 있다는 것이었다. 이번에 원외랑이라는 높은 관직을 받은 것도 하위직은 받지 않는다는 그의 마음을 안 엄무가 직급을 상당히 높여서 천거한 것에 따른 것이었다.

결론적으로 겨우 먹고 살 정도에다 말단의 천직에 종사한다는 것은 관직에 대한 갈등의 마음만 일어나고 본래 큰 포부를 지니고 있었던 그에게 스스로도 허락이 되지 않는다는 것이었다.

어쨌든 원외랑이라는 높은 관직을 받은 만큼 절도사인 엄무의 참모로써 최선을 다해서 수행해야할 그러한 책무가 이제 그에게는 주어진 것이었다. 그러나 이 절도사 참모라는 직책이 그에게 적합할지가 문제였다. 다시 말하면 군 지휘관의 참모였던 것이고, 이 참모 역시 엄연히 군인의 신분이었고 그런만큼 군인의 생각과 군인의 행동은 당연하였다. 이전에는 좌습유로써 왕의 가까이에서 간관을 하는 문관의 신분이었다면 이것은 그야말로 무관의 일이었던 것이다. 그러나 높은 관직이라는 어떠한 직무 종사에 대한 명예와 자긍심이 이렇게 전혀 다른 성격의 일을 무사히 극복하고 성공적으로 일을 처리해나갈지는 두고 볼 일이었다. 그러나 그가 시인으로써 그리고 한 예지의 능력까지 겸비한 사람으로 당면한 시국에 대하여 현명한 판단과 분석을 하고 그에 따른 어떠한 견해를 내 놓을 때마다 그것은 사실 모두가 탁월했고 다른 사람이 미처 생각해낼 수 없는 지혜가 돋보였다. 그러나 그러한 것들은 단지 현실이라는 것을 일정 거리에서 지켜보며 그 특유의 어떤 직감적이고 영감적인 것에 의지한 생각들이었다.

당시 토번은 일단 장안을 함락시켰다가 철수를 하였지만 여전히 국경을 괴롭히는 존재들이었다. 엄무가 사천절도사로 다시 온 이후에도 그들은 서역의 국경지대 일부를 장악하고 전쟁과 노략질을 일삼으며 나라를 위기상황에서 벗어나지 못하게 하였다. 때문에 그들과 혼재하고 있는 상황인 촉땅은 여전히 전쟁의 피비린내가 사라지지 않고 있었던 터라 전쟁을 지휘하는 엄무의 막부는 긴박한 상태가 지속되었다. 수시로 지휘관과 참모들 사이에 작전회의가 열리고 병사들을 훈련시키는 요란한 호각소리와 성을 빠져나가는 출정의 깃발들이 연이어지고 있었다. 이러한 분주하고 급박한 상황은 그 자신에 대한 변화를 요구하는 것이었고, 또한 이 변화에 무사히 부합이 되었을 때 자기의 직무는 순탄히 나아갈 수 있는 것이었다.

취임을 하고 막부에 들자 그는 그 나름으로 온 힘을 쏟아 관직에 매진하였다. 시를 지어 엄무의 탁월한 군사지휘능력을 찬미하는가 하면, 출정하는 부대들에게 사기를 앙양시키기 위하여 출정의 시를 짓기도 하고, 적을 물리치기 위한 여러 전략들 역시 내어 놓았다. 그러나 시인이라는 사람들의 생각이 앞에서도 말한 바와 같이 현실적인 것을 중시하는 사람들의 생각과 같을 수가 없었고, 때문에 사람들과 갈등이라는 것이 생기지 않을 수 없었다.

막부에도 여름이 가고 어느 듯 초가을이 지나 점점 더 계절이 깊어지기 시작했다. 요란하기만 했던 전시의 하루는 밤이 되자 사방에서 들리는 가을벌레들의 울음소리와 함께 적막속으로 빠져들었고, 가끔씩 성루에서 들려오는 피리소리가 사람의 수심을 잡고 더욱 애 끓듯 흐느꼈다. 이때 그는 다시 〈막부에서 숙직하며〉라는 시를 지어 지금의 자기의 심정을 솔직하게 드러냈다.

맑은 가을에 막부 우물가 오동이 차고
홀로 숙직하는 강가 성에 촛불이 가물거린다
긴긴 밤 호각소리는 슬프게 절로 흐느끼는 듯하고
중천의 달은 밝은데 저 달 누가 보는가?
전쟁이 오래도록 계속되어 아우들의 편지도 끊어지고
변방은 쓸쓸하기만 하여 길 가는 것도 두렵구나
이미 십년간의 갖은 고생 참고 견디었는데
억지로 관직을 갖고 쉴 곳 찾아보았지만 역시 한가지이네
淸秋幕府井梧寒　　獨宿江城臘炬殘
永夜角聲悲自語　　中天月色好誰看
風塵荏苒音書絶　　關塞蕭條行路難
已忍伶俜十年事　　强移栖息一枝安

　　관직과 그의 관계가 어떠한지는 이미 이전의 경험을 통해서 그 자신이 알고 있는 상태였다. 장안에서 좌습유를 하다가 지방으로 축출된 일, 그리고 좌천의 임지인 화주에서 번다한 현장의 업무를 견디지 못하고 관직을 내 팽개치고 진주를 향하여 떠났던 일과 같은 것은 현실적인 일들이 자유의식을 가지고 있는 그와는 늘 갈등이 되어 돌아온다는 사실을 충분히 알고 있었다. 그러나 그의 생각에 좌습유에서 떠난 것은 방관을 변호하다가 숙종의 미움을 받아 떠난 것이고 화주의 일은 지방으로의 좌천에다 미관말직이었던 탓에 그를 불만케 하였기에 관직을 버렸으며 그러나 여건이 맞으면 관직에 대한 그의 태도 역시 달라질 수 있다고 생각하였다. 때문에 사대부로써 출세를 하여 세상을 다스리는 일에 종사한다는 것은 그의 마음속에 늘 염원적인것이었고, 이상적인 처세수단으로 생각되어졌던 것이다.
　　그러나 막상 새로이 임해 보아도 상황은 달라지는 것이 없었고 좋은 조건이라고 생각했던 것이 오히려 그에게 슬픔을 주는 것으로 작용되었다. 즉 그가 막부에 있으면서 변화된 엄무와의 관계였다. 사실 그가 초

당에 머물 때의 엄무와의 관계는 둘도 없는 절친한 관계였다. 그러나 이 때는 오직 친구와 친구간의 관계였을 뿐이었고, 서로 시를 주고 받는 관계였고, 또한 절도사 혹은 성도윤이라는 직책을 갖고 있는 사람과 은거하는 사람에 대한 관계였을 뿐이다. 그러나 이러한 좋았던 관계가 일단 엄무를 상관으로 수직적 계급의 관계로 변하자 어떠한 위계적 관계로 되었으며, 현실속에서 굴종하는 신분으로 바뀌게 되었다. 이 계급적인 문제는 그 자신이 취임을 하면서 처음부터 마음을 꺾고 들어갔기 때문에 어느 정도는 감수를 하고 있었지만 두 사람 사이의 관계가 이렇게 교유가 아닌 일의 관계로 만나게 되자 이전의 어떠한 신비적이고 절친적인 친구의 관계가 모두 사라지게 되었다는 데 문제가 있었다. 결론적으로 말하자면 관직을 얻었지만 친구를 잃은 꼴이 된 것이었다. 게다가 병사들을 통솔하고 지휘하는데 있어서도 이상적인 것만을 추구하는 그의 입장과 그리고 현실을 중시하는 사람들과의 의견은 늘 불화였고 이것은 그의 마음을 더욱 괴롭게 할 수 밖에 없었다. 이러한 괴로운 심정은 위의 시에서 적나라하게 드러내고 있는 것이었다.

  결국 그는 계속해서 막부의 일을 하지 못하고 몇 달 가지 못하여 휴직을 청하여 초당으로 돌아와 쉬게 되었다. 관직 수행을 버릴 수는 없는 문제였고, 그간의 심신을 달래고 끊임없이 일어나는 일에 대한 갈등심을 나름대로 조절하고 자신을 돌아보기 위한 시간을 갖기 위해서였다.

  이렇게 쉬고 있는 동안에 동생 두영(杜潁)이 그의 소식을 듣고 먼데서 초당을 찾아왔다. 두영은 산동에 살고 있다가 가족들을 찾아야겠다는 그의 팔방에 걸친 노력 끝에 마침내 연락이 이루어졌고, 또한 형이 훌륭한 관직도 새로이 가지게 되었다는 소식도 아울러 들은 참에 머나먼 길을 위험을 무릅쓰고 찾아온 것이었다. 수년만에 형제가 만난다는 것은 그에게 이 이상의 기쁨이 어디 세상에 없는 것 같았다. 더욱이 전란에 휩싸인 시국속에 늘 뿔뿔이 흩어져 죽었는지 살았는지 걱정하고 있는 가운데서의 만남이라 그 기쁨은 더욱 표현할 수 없는 것이었다. 그런데 이렇게 휴가중에 형제간의 만남을 통해서 그가 느낀 것은 역시 관직의 소중함이었다. 아무리 형제간이라도 서로가 좋은 관직과 여유있는 생활을 영위하고 있을때 만나는 것과 그렇지 못 할때 만나는 것과는 사실 기분적으로 많은 차이가 있는 것이었다. 비록 관직에서 마음의 갈등은 있었지만 이때 그의 생활은 아마도 그가 지금까지 살아온 것 중에서 어쩌면 가장 여유있는 생활인지 몰랐다. 동생 두영은 형의 그러한 여유있는 삶을 보고 마음적지 않게 흡족함을 느끼며 다시 그가 살던 곳으로 돌아가게 된 것이었다. 그러나 사실은 동생뿐만 아니라 한 개인의 삶이 좋아짐으로써 이웃과 다른 사람들이 대하는 태도 역시 상당히 달랐다. 가난하고 궁핍할때는 다들 교유하기를 꺼려하지만 권세나 재산을 많이 가진 사람에게는 언제나 사람이 주위에 모이기 마련이었다. 이러한 달라진 삶의 모습은 그로 하여금 새로이 막부에 복귀하여 충실히 관직을 수행하도록 마음을 일깨웠다. 그리하여 얼마있지 않아 그는 다시 막부로 돌아가 이전의 업무를 수행하기 시작했다.

 그러나 다시 힘을 내어 일에 임하였지만 좀 처럼 그의 생각대로 되어지지는 않았다. 무엇보다 엄무와의 관계가 이전처럼 원만하지가 않았다. 엄무는 지금까지 그와 함께 막부를 이끌어오면서 그리고 그가 일을 견디지 못하고 휴가를 청하여 초당으로 돌아갈 그 때부터 이미 마음이 상당히 그로부터 돌아서 있었다. 때문에 그의 의견을 듣기위하여 노력하는 것 보다는 도외시하거나 아니면 실질적인 것이 되지 못한다고 생각하여 다른 사람의 의견을 더 중시하는 태도를 취하였다. 이렇게 되자 그의 마음속에는 갖가지 수심이 마치 뽑아낼 수 없는 잡초처럼 무성하게 자라 올랐다. 우선은 관직을 가지려고 애썼던 그 자신에 대한 증오부터 시작하여 그리고 원래 그의 생각은 낙양과 장안의 고향땅으로 돌아가든지 아니면 남방의 형초의 땅으로 가 여생을 마치려고 생각하고 있었는데, 엄무가 다시 촉땅으로 부임해오게 되어 그의 생각이 바뀌어진데 대한 탓으로도 자기의 불운을 돌렸다.

결국 더 이상 막부생활이 어렵다고 판단한 그는 다음해 정월이 되자 엄무에게 사직서를 내고 초당으로 돌아와 버렸다. 이 사직의 과정에서 그는 다시 한번 지난날 화주사공참군직을 사직할때와 같은 관직을 그만두는 것은 역시 사람이 하는 일인데 무엇 때문에 현실에 구속받아야 하나 마음이 역시 작용하였던 것이다.

그를 옥죄고 있던 일을 과감하게 내 던지고 초당에 돌아오자 우선은 이루 말할 수 없는 해방감이 그를 찾아왔다. 그러나 이 자유로운 느낌이 오래 갈리는 없었다. 이 자유로움의 뒤에는 반드시 가난과 궁핍이라는 것이 완고한 절벽처럼 서 있기 때문이었다. 그리고 사실 이번의 사직은 지난날과의 사직과는 어쩌면 차원이 다른 사직이었다. 우선은 절친한 친구였던 엄무의 천거에 의해서 받은 관직이었고, 둘째는 상당히 높은 관직이었다는 것이다. 그러나 이러했음에도 불구하고 결국은 이 관직도 맞지 않았다는 것이었다. 이것은 결국은 그 자신의 한계를 극한적으로 느끼게 하는 것이었고, 그 여운이 가져오는 슬픔은 이루 말할 수 없을 정도였다.

그러나 지금 그에게 중요한 것은 바로 다름아닌 엄무와의 관계를 새로이 되돌리는 것이었다. 엄무는 그가 성도에 정착하고부터 그의 생활을 직간접적으로 도우기 시작했고, 가까이 있으나 멀리 떨어져 있으나 사실 정신적인 기대였다. 그러했던 관계가 그가 관직을 수행하는 과정에서 점차적으로 지난날의 마음으로부터 멀어져가고 사직의 과정에 까지 이르게 되자 이미 복원할 수 없을 정도로 사이가 벌어진 것이었다. 엄무의 편에서 보면 그를 신뢰 할 수 없는 것은 당연했고 지금까지 그를 원조해왔으나 일종의 배신감이 가슴 깊이 들지 않을 수 없었던 것이다.

초당에 돌아와 며칠간 그 동안의 삶의 변화에서 오는 충격을 가까스로

가라앉힌 후에 엄무와의 쌓였던 감정을 해소하기 위해 그는 필을 들었다. 그러나 이제 이렇게 된 이상 다시 지난날로 돌아갈지는 그 자신도 확신이 서지 않았다. 편지에서 그는 우선 그 자신이 사직의 과정에 이르게 되기까지의 부족했던 면을 엄무에게 사죄하였다. 그리고 업무수행과정에서 그는 참모로써 엄무의 지휘를 보필하기 위하여 주야로 노심초사하였으며, 최선을 다해서 일을 하였고, 그러나 자신의 성격이 급하고 옹졸한 나머지 젊은 사람들과 뜻이 맞지 않았으며, 자신은 본래 삼협을 벗어나 형초의 땅으로 가 조용히 은거할 생각이었는데 뜻밖에 초당으로 돌아오게 되었으며, 지난날의 우정을 돌아보아 자신의 누추한 초당에 엄무가 다시 한번 방문해줄 것을 요청하였다. 즉 그의 편지글에는 엄무와의 관계 복원을 간절히 바라는 의미가 들어 있었다. 그러나 이 편지를 받은 엄무는 이미 마음이 그로부터 돌아서 있는 지라 초당을 더 이상 방문하거나 그에게 어떠한 답신도 주지 않았다. 또한 굳이 만날일도 잡혀지지 않았다. 이렇게 두 사람이 소원한 관계속에 그는 이 당시 여전히 재주자사를 하고 있었던 장이와 몇 번을 만났고, 장이가 주선한 연회에 참석하기도 하였다. 이 사실이 음으로 양으로 엄무의 귀에 들어가게 되어 가뜩이나 어긋난 관계속에서 그와 장이에 대한 엄무의 배신감은 날로 쌓여가기 시작했다. 재주자사 장이는 본래 엄무의 부하로써 군사 지휘에 능란하였으며, 이 즈음에 그는 조정의 부름을 받고 장안으로 갈 준비를 하고 있는 상태였다. 군사 지휘가 능란하다는 것은 그만큼 장군으로써의 장점이기도 했지만 또한 그와 반대로 병사들을 가혹하게 다루는가 하면 인정사정 볼 것 없이 민을 착취하는 그러한 일면 또한 동전의 양면처럼 있기 마련이었다. 장이의 이러한 면 또한 그의 상관이었던 엄무의 마음에 거슬리게 되어 이래저래 삼자간의 관계는 어떠한 참변을 초래할 계제에 다다르게 되었다. 그러나 장이는 엄무의 이러한 감정을 미처 알고 있지 못한 듯 하였다.

이들 세 사람이 마침내 함께 만나게 된 것은 장이가 조정으로 들어가는 것을 환송하는 연회에서 였다. 연회가 열린 곳은 엄무의 관사에서 였다. 그러나 이 자리에서 그와 엄무와의 관계는 막부에 있을때와는 또 다른 관계였다. 즉 그때는 상관과 참모간의 상하관계였지만 지금은 그 관계가 사라지고 친구와 친구 혹은 엄무보다 열 살 이상이나 더 많은 연소자와 연장자의 관계로 변해있는 것도 사실이었다. 더군더나 이때는 이미 그와 엄무는 관계에 금이 가 있었고 지금 그가 가까이 하고 있는 사람은 엄무가 아니라 장이였고, 때문에 엄무에 대한 굴욕적인 자세도 취할 필요가 없는 듯 했다. 이러한 무언가 마음에 걸릴 것이 없는 상황은 연회의 술상이라는 것이 더해짐으로 인하여 한층 더 이완되고 직설적인 말들이 나오는 것을 촉매하였다.

　평소에 그와 엄무와의 관계에서 그의 마음을 거슬리게 했던 한 가지는 엄무의 복장에 관한 것이었다. 당시의 사대부들의 관례는 일반적으로 두건을 쓰는 것이었다. 이것은 상대방에 대한 예의였다. 그런데 엄무는 가끔 두건을 쓰지 않고 그와 만남을 하곤 했다. 엄무의 이러한 태도는 연장자인 자신을 업신여기는 것이라 생각했다. 그러나 그때는 물론 이러한 불쾌한 마음의 일단이 있었지만 말할 수는 없는 상태였고, 지금에 이르러 비로소 상승된 주기를 타고 마음속에 잠재된 말들이 터져나온 것이었다.

　"엄정지에게 이러한 무례한 자식이 있다니!" 엄정지는 엄무의 아버지의 이름으로 엄무의 아버지 역시 관직을 가졌던 사람으로 당시에 이름이 꽤나 있는 사람이었다. 엄무를 질타하는 이 말 속에는 엄무를 더 이상 그가 모셔야할 장군으로 보고 있는 것이 아니고 이른바 엄정지의 호로자식으로 질시하고 있는 것이었다. 그러나 사실 이 말속에는 막부생활을 하는동안 엄무의 그에 대한 섭섭한 대우, 그리고 사직을 하고 나서 두 사람의 벌어진 관계에 대한 평소의 축적된 감정이 마침내 때를 만나 터져 나온 것이었다.

모욕적인 이러한 언사를 듣자 엄무 역시 잠시 그를 내 깔 듯 노려보더니 그의 직언에 못지 않은 말이 응답되어졌다. "두심언의 손자가 호랑이 수염을 뽑을 모양이지!"
　어쩌면 이러한 양자간의 대화가 호탕하게 웃으며 유머의 풍취속에 지나가는 말들이라고 할 수 있지만 사실은 서로의 그간의 깊어진 감정의 골을 타고 한 차례 피할 수 없는 크나큰 칼 부림으로 번뜩인 것이나 마찬가지였다. 그런데 이 두 사람의 대화속에 장이가 끼어들어 그의 편을 들어 엄무를 능욕하는 말을 하게 된 것이 피를 부르는 사고를 일으키고 말았다. 그렇지 않아도 두 사람이 지나치게 밀접하게 지내는 것에 대하여 한 번은 일을 치러야겠다는 엄무의 마음 가짐이 깊어 있었던지라 그대로 두고 넘기지 못한 것이었다. 결국 이 연회에서 두 사람을 죽여야겠다고 엄무는 마음먹고 있었던 것이다.
　연회가 한 참 무르익고 있는 가운데 문밖에는 이미 엄무의 명령을 받은 부하들이 모여 있었고 누군가 장이를 찾고 있다는 말을 듣고 장이가 밖을 나오자 엄무의 부하들은 그를 외진 곳으로 끌고 가 장살 해버렸다. 마치 아무일 없었다는 듯이 연회는 계속되고 있었지만 끔찍한 일이 일어나고 있다는 사실을 눈치 챈 시종들이 급히 엄무의 모친에게 이 일을 알렸다. 이때 엄무는 다시 그를 죽이기 위하여 밖을 나오려 하자 세 번이나 자기의 발이 갓에 걸렸다. 마치 한 위대한 시인을 죽일 수 없다는 하늘에 의한 운명의 작용인듯 하였다. 이때 마침 달려온 엄무의 모친은 착하고 진실하기 이를데없는 그의 사람됨을 알고 있었던 터라 이러한 사람을 죽이려고 하는 아들의 행동을 극구 말렸고, 그는 가까스로 한 순간의 죽음의 고비를 넘기고 초당으로 돌아왔다.

더 이상 엄무에게 의지할 수 없다는 것을 알고 단호히 성도초당을 떠나다.

어쩌면 시인의 주제사항은 하나에서 열까지 모두가 목숨에 있다고 해도 과언이 아니었다. 보통사람들은 아마도 자기의 목숨, 혹은 남의 목숨, 아니면 공중을 날아다니는 새의 목숨, 심지어 박토에 뿌리내리고 살아가는 나무 한 그루나 뜨락의 한 포기 풀의 목숨에 그다지 관심을 주지 않고 살아가는 것이 그들의 일상생활이었다. 그러나 시인들은 목숨이 아까워서, 그리고 그 목숨이 살아가는 삶이 늘 서럽고 아쉬워서, 때문에 시를 쓰고 시를 노래하는 지도 몰랐다. 그런데 시인 가운데서도 이러한 목숨의식이 강렬한 시인일수록 위대한 시인이 되고 그렇지 못한 사람들은 그저 한때의 감흥과 흥취로 일단의 관심을 가졌다가 단막의 시인으로 이름없이 사라지기 마련이었다.

천의 사람들이 모두 인정하다시피 그는 명실상부한 중국의 최고시인이자 최고의 동양시인이었다. 천재시인 이백, 그는 사실 천재였다. 이백이 천재라는 것은 두보 그 자신이 인정한 바였다. 그러나 시라는 것은 한 순간의 탁월한 구변능력으로만 만장의 찬란한 빛을 낼 수 없는 것이 바로 이것이었다. 때문에 수천 수만의 사람이 그를 연구하기 위하여 밤을 지세우지만 이백의 이름은 그저 설렁한 서상위에 천재시인이라는 명패만 놓인채 무념없이 지나가는 역사속의 시인일 뿐이었다. 그 차이는 바로 시 속에 얼마나 생명에 대한 존귀의식이 가증스러울 정도로 들어있는가의 문제에서 우와 열의 극명한 분별을 가져오게 하는 것이었다.

그는 늘 자신의 삶과 목숨에 대하여 촌각의 관심을 가지고 있었다. 그가 지금까지 살아오면서 사방을 떠 돌아 다녔던 것은 사실 하나의 주된 이유로 귀결되어진다고 해도 과언이 아니었다. 바로 제 목숨 하나 온전하게 부지하며 어디 마음 놓고 살아 갈 곳이 없나 하는 것이었고 또한 누구 하나 제 목숨 기대고 살아가게 해 줄수 있는 사람 없나 하는 심정으로 이 사람 저 사람 한테 자기의 운명을 기탁하였다. 그 중에서도 그의 이러한 기대를 가장 주었던 사람이 바로 엄무였다. 그런데 그러한 엄무에 의해서 자기의 위태로운 목숨 하나 한 순간의 꽃잎으로 져 내려질 위기를 당한 것이었다.

연회 도중에 장이가 장살을 당했고 자기 또한 한 발치만 위기의 순간을 피하지 않았더라면 더 이상 스스로의 머리위에 하늘이 없다는 것을 깨닫는다는 것은 두고 두고 그를 끔찍하게 하는 것이었다. 한편으로 이렇게 오한이 몰려들 정도의 공포스러움 가운데서도 그 자신의 성격과 행동에 대해서도 다시 돌아져 보았다. 엄무와의 술자리에서 자신의 언행만 신중하였더라도 그러한 불상사는 일어나지 않을 수도 있는 것이었다. 이러한 언행의 조심스러움은 이 사건이 있은 직후에야 비로소 그가 느끼는 것은 아니었고, 늘 마음속에 가지고 있었던 사항이었다. 그리하여 그는 자신의 성격이 너무 직선적이어서 술을 마시고 화를 불러올까 늘 두려워 하였다고 토로한 적이 있었다.

그러나 이렇게 조신스러움이 늘 있었지만 이 조신스러움은 수시로 스스로의 본질적 성격을 이기지 못하고 평소 생활의 수심과 고통의 불길을 타고 격앙적으로 드러나곤 하였다. 심지어 이전 좌습유시절에 숙종앞에서 간언을 하는 가운데서도 그 말의 격조는 그러하여 숙종의 미움을 싸게 되어 좌천을 초래하는 원인이 되기도 하였다. 이러한 직선적이고 격앙적인 언사가 터져 나올 때는 그 자신도 모르게 그렇게 되었다. 이 격렬한 감정은 한편으로는 그의 시를 빼어나고 감동적이게 하였지만 또 한

편으로는 다른 사람과의 교유에서 생활의 허로 작용되는 것이었다.

　어쨌든 그는 더 이상 초당에 그냥 있을 수가 없었다. 초당에 머물면서 생활적으로 엄무의 도움을 받는 다는 것은 이제 끝난 일이며 또한 엄무가 자기를 죽일 기회를 놓쳤다고 하더라도 그냥 그것으로 자기를 살려 둘 것이라고도 생각되지 않았다. 일생동안 전쟁을 하면서 군인으로써 사람을 죽이는 것에 익숙한 것은 그들의 몸에 배인 습성이었기 때문이었다.

배를 타고 남방으로 길을 나서
가주(嘉州), 융주(戎州), 유주(渝州), 충주(忠州)에
도착하여 사찰에 머물며
사찰벽에 다시 괴로운 심정을 적다

　결국 그는 다시 초당의 정착적 생활을 버리고 유랑의 길에 올랐다. 배를 타고 흐르다 정박하는 곳이 그의 삶의 거처가 되고, 그러다가 또 다른 역을 지나 가면 그가 머물렀던 곳은 마치 물살의 흐름에 일시적으로 쌓였던 강가 모래 언덕이 또 다른 곳으로 옮겨져 머무는 것과 같았다.
　그런 의미에서 성도는 그래도 그에게 의미가 매겨지는 곳이었다. 그가 평생을 떠 돌아 다닌 세월속에서도 가장 오랫동안 몸을 두고 있었던 곳이기 때문이었다. 여기서 그가 성도에 있었던 시기를 다시 한 번 보면, 서기 759년 그의 나이 48세이던 해, 한 겨울의 추위와 험준한 산악을 뚫고 동곡에서 성도에 도착하여 그 다음해 49세 되던 봄에 친구들의 도움을 받아 성도성 밖 서쪽 완화계에 초당을 짓고 그런대로 한 이년 동안 살다가 다시 그의 나이 51세가 되던 유월에 성도윤으로 있던 엄무가 장안궁궐로 돌아가면서 엄무를 전송하기 위하여 면주까지 갔다가 성도에 서지도의 반란이 일어나는 바람에 곧 바로 초당으로 돌아오지 못하고 면주와 재주를 돌아다니며 친구들에게 의지하며 지내다가 그해 가을에서야 초당으로 돌아와 가족을 재주로 이사시키면서 일단 성도의 초당을 떠나게 된다. 그리고 그 다음해 52세때 역시 한주(漢州)와 면주(綿州), 염정(鹽亭)과 낭주를 돌아 다니다가 연말에 다시 가족을 재주에서 낭주로 이사하여 봄이 되면 배를 타고 남하하여 형초의 땅으로 가기 위한 마음을

굳힌다. 그리고 해를 넘기고 다시 53세가 되던 삼월에 뜻밖에 엄무가 다시 사천 절도사로 오게 된다는 소식을 듣고 남하의 계획을 접고 기쁨에 넘쳐 이년 이상을 비워두었던 성도초당으로 다시 돌아오게 되며, 유월에 검교공부원외랑이라는 관직을 받고 몇 달간 엄무의 막부에서 참모역활을 하다가 다음해 정월초에 막부직을 사직하고 초당에 머물다가 재주자사 장이가 엄무에 의해서 장살되는등 엄무와의 관계가 금이 가면서 사월에 초당을 마침내 떠나게 되는 것이다. 즉 서기 765년 대종 영태원년(永泰元年), 그의 나이 54세가 되었을 때이다.

당시의 나이 오십대라는 것은 사실 적은 나이가 아니었다. 더욱이 전란과 내란의 소용돌이가 끊임없이 일고 있는 가운데 사람의 삶이 척박하기 그지없는 상황속에서는 더 더욱 그러하였다. 그러나 만년임에도 불구하고 어쩌면 정착이라는 것이 그에게는 오히려 더 이상하고 의미가 없는 생활이 될지도 모를 일이었다. 시심이 일어나지 않는 정체적 생활은 그에게 죽음의 삶이나 마찬가지였기 때문이다. 물론 그의 잦은 이거와 유랑은 환경에 쫓겨 부득불 행하는 측면이 있음을 두말할 필요는 없지만 말이다.

어쨌든 그가 성도의 삶을 시급히 청산하고 남하를 하여 형초의 땅으로 가기 위하여 길을 나서자 그 길은 또한 여지 없이 그 자신 앞에 가로 놓여 흘러가며 그의 유랑을 허용하고 있었다. 즉 민강(岷江)을 타고 남하를 하여 장강의 본류로 흘러 들어가는 배에 그와 그의 가족의 운명을 다시 실은 것이었다. 민강은 현재의 지명으로 말하자면 사천 중부지역을 관통하는 강으로 성도의 서쪽을 북에서 남으로 흘러 관현(灌縣) 부근에서 협곡을 빠져나와 여러 지류로 나뉘어져 흐르다가 낙산(樂山)에서 대도강(大渡河)을 받아들이며, 이빈(宜賓)에서 장강으로 흘러드는 강으로 여름 중 수기에는 배의 왕래가 매우 빈번할 정도로 수운이 발달한 강이었고, 또한 장강 지류 가운데서 가장 중요한 수원을 이루고 있는 강이기도 하였다. 사천 분지의 한 가운데를 흐른다는 것은 그만큼 수많은 산악을 뚫고 흐를 수 밖에 없기에 배가 지나 갈때마다 절경이 끊임없이 펼쳐질 수 밖에 없었다.

그는 이렇게 촉땅을 벗어나면서 흘러가고 변화하는 삶의 일단을 역시 시로 남겼다.

> 수많은 산 사이에 배를 띄워 흐르다
> 낮에 황량한 물가에 들어 정박하였네
> 나의 인생 본래 떠돌아다니는 것이어서
> 오늘 다시 어디에서 내가 머물 수 있을까?
> 물은 앞뒤에서 호탕하게 흐르고
> 아름 다운 만남 있어 형초의 땅으로 간다
> 漾舟天山內　　日泊入荒渚
> 我生本飄飄　　今復在何許
> 浩蕩前後間　　佳期赴荊楚

어디를 향하여 떠난다는 것은 참으로 어떠한 모호한 심리의 일단을 그에게 주는 것 같았다. 떠난다는 것은 이별의 섭섭함과 만남의 설레임이라는 것이 동시에 교차하여 매번 이럴때마다 그에게 어떠한 특이한 정서를 빚어내게 하였다. 마치 난류와 한류가 만나는 지점에 어떼들이 왕성하게 몰려드는 것과 같은 것이었다. 결국 그는 이러한 시심을 자아내기 위하여 한 평생 이별과 만남을 반복하며 떠 돌아 사는 것인지도 몰랐다.

그에게 여러 친구들이 있었지만 가난과 궁핍을 해결하기 위하여 의지했던 친구들은 가장 필요하고 절대적이었지만 그러나 그들은 그가 영원히 관계를 맺고 살아야할 진정한 친구가 될 수는 없는 듯하였다. 그들로부터는 그저 한번의 도움을 받고나면 또 다시 그들과의 관계를 해약하고 다른 곳으로 가 새로운 사람을 만나 생활의 도움을 받아야 하기 때문이었다. 그의 삶의 슬픔이 바로 여기에 있기도 하였지만 또한 그로 인하여 늘 새로운 곳을 찾아다니고 새로운 사람을 끊임없이 만난다는 것은 역시 어떤 표현할 수 없는 그리움과 흥취를 주게되는 것도 사실이었다.

　그가 앞의 시 구절에서 아름다운 사람을 만난다고 하는 것은 굳이 어떤 특정한 인물을 두고 말한 것 같지는 않은 듯 하였다. 그러나 여기서 아름다운 사람에 대하여 좀 더 생각해보자면 다음의 사람이었다. 비록 그가 유랑을 하면서 한평생을 보냈다고 할수 있지만 그러나 분명한 것은 그의 유랑은 전혀 어떠한 믿을 장소나 믿을 사람이 없는 그러한 유랑이 아니었다는 것이다. 나름대로 연줄을 타고 움직인다는 것이다. 그가 이전에 화주에서 관직 생활을 청산하고 진주로 갈 때에도 조카 두좌와 장안 대원사의 주지 찬공이 진주에 가서 살고 있었기에 그곳으로 발길을 향하였고, 진주에서 동곡으로 갈때에도 동곡현령에게 미리 서신을 주고 받은 끝에 거처를 옮겼으며, 동곡에서 더 이상 희망이 없다는 것을 알고 겨우 한 달만에 동곡을 떠나 성도로 향한 것 역시 당시 성도 인근에서 엄무와 고적과 같은 절친한 옛 친구들이 관직을 하고 있었기에 충분히 도움을 얻을 수 있다고 판단하여 한 겨울 추위와 험준한 산악을 무릅쓰고 사천 성도를 향하여 떠났던 것이었다 그리고 그 이후의 장소 옮김도 역시 마찬가지였다. 이번의 성도의 정착지를 버리고 떠난 것도 역시 예외가 될수는 없는 것이었다. 사실 보통사람같았으면 천신만고의 고생 끝에 비로소 정착지를 얻은 곳이 성도 초당이어서 여하한 일이 있더라도 그곳에서 뿌리를 내리고 살아 갔을 것이다. 그러나 머물러야 할 상황이 여러모로 흔들리자 가차없이 살았던 곳을 버리고 또 다른 새로운 곳을 향하여 떠난 것이었다. 이것은 결국 정착과 떠돌아다님이라는 두 가지가 그에게 무슨 삶의 방편을 주고 또한 어떠한 의미를 띨 것인지의 문제에서 떠돌아다님이 정착의 생활보다 오히려 더 그의 삶을 유지하는 방편이 되고 나름의 의미를 줄 것이라는 판단에서 후자의 방식을 선택한 것이었다. 그리고 덧 붙여 이번에 성도를 떠나면서 그의 떠돌아다님에 대해서 그로 하여금 좀 더 고무적으로 생각하게 한 것은 역시 다음의 문제가 보태어져 있었다. 즉 비록 엄무의 막부에서 짧은 몇 달의 관직 생활을 하였지만 사천절도사였던 엄무는 사실 당시에 조정과 사천지방에서 탁월한 통치능력을 보여준 장군으로써 이름을 얻고 있었고, 그 아래서 원외랑이라는 관직을 갖고 참모 생활을 했다는 것은 그의 이전의 좌습유의 이력 가운데서 또 하나 덧붙여진 훌륭한 간판이라고 할 수 있었다. 결국 이러한 간판을 이용해서 앞으로 그의 배가 닿을 지역마다 그곳 현령과 자사들에게 미리 자신의 경력을 소개하여 그들로부터 손쉽게 도움을 받을 수 있을 것이라 기대를 하여 그리하여 아름다운 만남을 위하여 형초의 땅으로 간다고 시에서 읊은 것이었다. 때문에 나이 오십이 넘어 인생 후반기에 접어들어 어쩌면 최후의 마지막 유랑같기도 한 남방으로의 여행이었지만 마음속으로는 상당한 기대감이 찾아드는 것도 사실이었다.

이러한 고무된 마음을 갖고 배에 올라 성도를 떠나 가주(嘉州)를 경유하여 그리고 해발 3,000m가 넘는 아미산(蛾眉山)을 지나 유월 여름에 융주(戎州)에 도착하였다. 융주는 마침내 남하해온 민강의 물결이 장강의 본류에 합류하는 지점으로 그러한 지형적 특성 때문인지 여지라는 과일이 특히 유명한 곳이었다. 여기서 그는 융주자사의 연회를 받았다. 융주자사는 가기들을 불러 멋진 주악을 연주하게 하는가 하면 그에게 전직에 맞는 환대를 하였다.

　　연회의 분위기 좋지만 몸이 늙은 것을 생각하다가
　　돋아 오른 흥에 수심의 생각 잊어 버린다
　　앉은 자리에서 기녀에게 다가가 밀담을 나누고
　　초대해준 자사를 믿고 즐거이 마음대로 논다
　　푸르게 짙은 봄 술잔을 잡고
　　살짝 가벼이 붉게 익은 여지를 쪼갠다

연회의 자리 높아 좋지만 근심스러운 생각 그칠 수 없는 것은
시국의 슬픔을 주는 피리 부는 소리 그치지 않고 들려옴이라
勝絶驚身老　情忘發興奇
座從歌妓密　樂任主人爲
重碧拈春酒　輕紅擘茘枝
樓高欲愁思　橫笛未休吹

　　결국 그가 이렇게 정착을 하는 것이 아니라 떠돌아다니며 사는 것의 정취는 이러한 것에 있는 것 같았다. 가는 곳 마다 새로운 풍광과 산물을 만나고, 그리고 새로운 사람을 만나 교류를 한다는 것은 그의 삶에 있어서 사실상 버릴 수 없는 가치였다. 그러나 그러한 생활가운데서도 마음의 한 구석에 자리 잡고 있는 수심의 일단은 여전히 지울 수 없는 것이었다. 위의 시에서 보다시피 연회의 좋은 분위기가 계속되고 있지만 그러나 마지막에 와서는 구슬픈 피리 소리를 들으며 다시 어떠한 마음속의 지울 수 없는 수심을 표현해내고 있는 것이었다.
　　그리고 성도를 떠나 남으로 물길을 흐르는 가운데 그는 뜻밖의 비보를 듣게 되었다. 사천절도사 엄무가 죽었다는 소식이었다. 불과 마흔살의 나이로 그가 죽게 될지는 미처 상상을 하지 못한 일이었다. 사실 엄무만큼 그에게 절대적인 도움을 준 사람은 아무도 없었다. 성도 생활을 아울러 지금 그의 만년이 그나마 이렇게 다른 사람의 환대를 받으며 좀 나은 생활을 할 수 있는 것도 사실 모두 엄무의 덕택이었다. 그가 성도를 떠날 때는 엄무와의 관계가 이미 어긋난 상태였지만 그러나 그러한 상태에서도 엄무는 결국 재주자사였던 장이만 죽이고 그를 살려 놓은 것이었다. 이것은 그러한 참변적인 사태의 선악을 떠나 엄무의 죽음에 대한 슬픔을 더할 나위 없이 가중시키는 것이었다. 그가 융주를 떠나 다시 뱃길로 유주에 도착하여 머무르고 있을 때 엄무의 영구 역시 민강을 타고 내려와 장강하류를 통하여 그의 고향인 장안땅으로 운구 되는 과정을 마침

내 목격하게 되었다. 이 미처 상상할 수 없었던 사건은 그로 하여금 눈물 한 번 격정적으로 쏟아 내지 않을 수 없게 하였다. 시인이라는 것은 참으로 자기의 일생이 기구하기도 하였지만 다른 사람의 기구한 일생도 어느 누구 못지않게 보는 것 같기도 하였다.

　　상여의 흰 휘장 강물 따라 흐르고
　　돌아가는 배는 옛 고향인 장안땅을 향하는 구나
　　아들 잃은 슬픔의 늙으신 어머니는 옛날과 같은데
　　죽고 나니 따르는 부하들은 이전의 화려함과는 다르구나
　　바람은 교룡무늬 지어진 그대의 영구를 호송하고
　　뛰어났던 그대의 지휘 하늘에 길이 남으리라
　　한 바탕 슬픈 울음에 삼협은 저물어 가고
　　그대 죽은 후에 나에게 베풀었던 정 비로소 깊이 생각게 하는 구나
　　素幔隨流水　　歸舟返舊京
　　老親如宿昔　　部曲異平生
　　風送蛟龍匣　　天長驃騎營
　　一哀三峽暮　　遺後見君情

그 보다 열 살 이상이나 적은 엄무의 죽음을 그가 여기서 보리라고는 참으로 생각하지 못한 일이었다. 그토록 화려하고 위엄에 넘쳐났던 대장군의 모습이 흰 깁으로 치장한 영구가 되어 물살에 흔들리며 죽어 고향으로 돌아가는 모습은 장엄하고 유구한 자연 속에서 유한한 인간목숨이 언제 어느 한 순간에 벼락과 천둥처럼 삶의 일장 일막이 끝나 쓸쓸함으로 돌아갈 수 있는지, 시인이라는 그 자신 앞에 여실히 보여주는 것이었다. 그리고 또 한편으로는 비록 죽어서라도 고향으로 돌아가는 엄무의 모습은 다시 그의 마음속에 어떠한 슬픈 비원의 마음을 한없이 자극하였다. 즉 자신은 지금 살아서도 고향에 돌아가지 못하고 이방의 강호를 전전하는 신세인 것이었다.

그는 다시 융주를 지나 물길을 타고 충주를 향하여 나아갔다. 충주는 이번 남하의 길에서 빼 놓을 수 없는 여정이었다. 충주에는 그가 의지할 만한 사람이라고 기대했던 사람이 있었다. 바로 족질이 충주자사를 하고 있었던 것이다. 족질이란 가까운 혈육은 아니지만 같은 성씨 안에서 항렬적으로 조카에 해당하는 사람이었다. 그렇다면 그러한 인연을 매개로 충분히 삶의 도움을 받을 수 있을 것이라 생각하였다. 때문에 그는 충주자사를 만나자 도움을 청할 요량으로 그들의 선대의 가계에 대해서 진실한 이야기를 하였다. 즉 먼 선대인 진대의 장군 두예와 그리고 가까이에 이르러서는 할아버지 두심언, 그리고 두씨 가계에 뛰어난 인재들을 일일이 소개하였다. 아울러 자신이 가졌던 관직들과 그리고 자신의 글이 뛰어난 점에 대해서도 장황한 이야기를 알려 주었다. 뿐만 아니라 그의 친구인 이전의 재상 방관과, 절도사와 성도윤을 지냈던 고적과 엄무와 같은 쟁쟁한 인물들이 모두 그의 지인들이라고 다시 한번 강조했다. 그의 이러한 노력 탓에 충주자사 역시 연회를 열어 그의 방문을 환영하였다.

충주 자사로 온 우리 집안의 조카가 있어
타항에서 오늘 이 날이 즐겁구나
조카 집에서 머무르고자 한 것이었지
강물이 두려워서 닿은 것이 아니었다
음악이 흥을 돋우니 길게 노래가 빼어나고
술잔이 넘치니 여행의 수심이 넉넉히 풀어진다
出守吾家姪　　殊方此日歡
自須遊阮舍　　不是怕湖灘
樂助長歌逸　　杯饒旅思寬

그는 본질을 중시하는 사람이었고 옛날의 연원을 중시하는 사람이었다. 그는 낙양 출신이었지만 그의 먼 선대의 본적지는 장안 외곽에 있는 두릉이라는 곳이었다. 그리고 그의 할아버지가 살았던 곳은 호북 양양(襄陽)이었다. 그리하여 그가 낙양을 떠나 장안에서 십년동안 관직을 물색하며 온갖 굶주림과 생활의 간난을 견디지 못하여 끼니가 연명되지 않을 때 그가 찾은 곳은 두릉이었다. 그리고 때로 그는 본적지를 양양으로 말하기도 하였다. 때문에 장안 억류생활에서 벗어나 숙종의 행재소가 있는 봉상으로 탈출하여 좌습유라는 관직을 받았을 때 숙종은 "양양의 두보"라고 새겨진 임명장을 수여하였다. 즉 할아버지 두심언이 태어난 곳을 고향으로 생각했던 것이다. 그만큼 조상을 중시하고 뿌리를 중시하였다. 결국 충주자사에 대한 그의 마음은 비록 가까운 친척이 아니라도 본래는 한 집안 식구였다는 것이며 그로 인하여 그에 대한 특별한 기탁의 마음을 가진 것으로, 위의 시의 두 번째 연에서 "조카 집에서 기탁하기 위하여 충주에 닿은 것이지 강물이 무서워 머문 것이 아니다"라는 것을 말하고 있는 것이었다. 다시 말해 이번에 그가 기대하고 있었던 것은 단지 연회를 열어 그에게 한 번의 즐거움을 주는 것 이상이었다. 그에게 거처도 마련해주고 물심양면으로 생활의 도움을 주기를 바랐다. 그러나 그의 이러한 본래의 바람은 오직 혼자만의 생각일 뿐이었다. 사실 그에게 이전에 적극적으로 도움을 주었던 엄무와 재주자사 장이와 같은 사람들은 특이한 경우였다. 그들은 자기들의 훌륭한 통치에 대한 그의 상투적인 찬사와 격려에 대하여 기꺼이 도움을 준 사람들이었다. 그만큼 영웅적인 기질이 강했던 호걸적인 사람들이었다. 그러나 그 밖의 사람들은 그렇지 않았다. 대부분의 사람들은 그의 이전의 관직과 경력들을 전해듣고 환영을 준비하여 연회를 베풀었지만 그러나 막상 한 번의 만남을 가지고는 더 이상의 어떠한 관계나 환대를 해 주지 않았다. 어쩌면 사람들은 그가 훌륭한 사회적 인품을 지닌 사람이라고 판단하기 보다는 떠돌아다니며 다른 사람에게 의지나 하는 그런 사람으로 생각하였기 때문이었다. 족질이었던 충주자사 역시 마찬가지였다. 장황하게 가계를 설명하는 그의 말에 충주자사는 겉으로는 고개를 끄덕였지만 어떤 특별한 도움을 주지 않았다. 그러나 도움을 줄 것이라고 잔뜩 기대했던 사람이 도움을 주지않고 그의 뜻과 어긋나자 그의 고질적인 신세 한탄의 탄식이 절로 시 구절속에서 터져 나왔다. 뿐만 아니라 이렇게 마음이 순식간에 절망적으로 변하자 그는 다시 자기처럼 세상에서 고통 받고 있는 사람들에게 눈을 돌려 민초의 삶을 관찰하기에 이르렀다.

충주는 여전히 삼협을 벗어나지 못한 곳에 있고
마을은 구름 이는 곳에 모여 있다
작은 시장에서는 늘 양식을 얻기 위하여 사람들은 다투고
외로운 성에는 시국 위태로워 일찍 성문을 닫아 버리네
충주자사는 과객의 슬픈 눈물에 관심주지 않고
차마 그의 도움을 찾기 어렵구나
세상 험난하여 오래 머묾이 여전히 두렵고
깊숙한 절집에 살며 적적한 곳에서 몸 숨기고 있구나
忠州三峽內　　井邑聚雲根
小市常爭米　　孤城早閉門
空看過客淚　　莫覓主人恩
淹泊仍愁虎　　深居賴獨園

그는 사회적 신분에서 두 계급을 넘나든 사람이었다. 일반 서민도 아니었고 그리고 귀족도 아니었다. 가난하고 못 살 때에는 하층민의 생각과 마음을 가지고 그들의 삶에 동정하였고 그렇지 않을 때에는 사대부적 기질을 가지고 있었고 실제적으로 그가 교제하고 있는 사람들 또한 대부분이 관직을 가진 사람들이었다. 이러한 생활양태는 참으로 그로 하여금 어떠한 절묘한 심리를 갖게 하였다. 그가 만약에 귀족이나 평인의 두 가지 계급의 어느 하나에 고착된 의식을 가지고 있었다면 그가 그처럼 위대한 시인이 될 수 없었던 것은 분명하였다.

충주에서의 기탁의 뜻이 제대로 이루어지지 않자 그가 다시 가족을 데리고 찾아든 것은 사찰이었다. 비록 열렬한 불교신자는 아니었지만 사찰은 입고 먹고 자야할 잠자리가 없을 때 마지막으로 찾아들 수 있는 피신처였다. 위의 시는 이 시기에 그가 사찰에서 머물며 삶의 시름을 견디지 못하여 사찰의 벽에 대고 쓴 시였다. 그만큼 자신의 심정을 어디 하소연 할 곳이 없는 괴롭고 절박한 경지에 있었던 것이다. 그러나 이때 그는 쉽사리 충주를 떠나지 못하였다. 무엇보다 한 번 꺾인 마음으로 인하여 다음 행선지에 대한 어떠한 확신이 서지 않았기 때문이었다. 살 곳을 찾아 옮겨 보았자 자신의 생활은 오늘이나 내일이나 별반 다를게 없다는, 오랜 생활을 통해서 얻은 경험은 그로 하여금 더 이상 떠나는 것을 섣불리 결정할 수 없게 한 것이었다. 더군다나 날씨는 한 여름이어서 이 여름의 혹서를 딛고 살 곳을 옮기기 보다는 절집에 기탁하며 오래된 고목나무에서 시름겹게 들려오는 매미소리를 들으며 떠돌아다니는 생활을 잠시 멈추는 것이 차라리 낫다는 생각 역시 그로 하여금 충주를 떠나지 못하게 하였던 것이다. 이러한 절집에서의 생활은 그해 구월에 접어들어 날씨가 점차로 서늘해지기 시작하자 그는 다시 또 다른 곳으로 떠나기 위한 준비를 서두르기 시작했다. 새로운 계절이 시작 되어 날이 추워지기 전에 거처를 준비해야 한다는 생각과 그리고 운안 현령에게 보낸 편지에 대한 답신이 와 다시 장강에 배를 띄우게 된 것이었다.

한 여름의 무더위는 점차적으로 물러가기 시작하고 한 해의 풀들 역시 서서히 마르기 시작하고 있었다. 그러나 계절의 변화라는 것은 풀과 나무들과 그리고 여름벌레들이 사라져 가게 할 뿐만 아니라 어쩔 수 없이 사람에게도 그 조락의 기식이 가해질 수 밖에 없는 것이었다. 때문에 사람들은 이것을 환절기라 불렀고 변화하는 계절을 이기지 못하고 종종 병을 앓기 마련이었다. 더욱이 자연의 변화에 민감한 것이 시인의 마음이라 만물이 쇠락해가는 계절은 그에게도 어떠한 심각한 병을 느끼게 할

만한 바람으로 불어왔다. 여린 마음만큼이나 그는 본래 다병이었다. 그에게 병질이란 여러 육체적인 고장으로 인한 것이기도 했지만 무엇보다 생활의 불안으로 인한 마음의 병이 더욱 그를 병적인 사람으로 만들었다. 이른바 시인병이었던 것이다. 그러나 성도 생활이후로 건강은 다소 나아진 듯 하였다. 그 이유는 무엇보다도 남에게 의지하며 살아가야 하는 삶으로써 의지할 수 있는 조력자들이 나름대로 있었기 때문에 생활의 고통이 적은데 기인하였다. 즉 엄무과 고적 그리고 재주자사 장이와 같은 사람들, 그리고 그가 당도하는 곳의 현령과 자사들이 그의 전직을 배려하여 환대를 해 주었기 때문이었다. 그러나 충주의 한 여름 날씨를 견딘 이후 그의 병은 점차 깊어져 가기 시작했고, 더불어 떠돌아 다니는 삶에 대한 회의감을 더욱 더 깊게 하였다. 그리하여 충주를 떠나 운안으로 향하는 배위에 오르자마자 그는 곧바로 병마가 요구하는 고통에 시달려야 했다. 충주에서 운안까지의 여정은 짧은 것도 아니었다. 때문에 몇날 며칠을 병마의 고통을 안고 뱃전을 지나가는 물결을 수심스레 바라보며 물결에 흔들리는 자신의 삶의 운명을 처절하게 되새겨야 했다. 시심이라는 것이 여러모로 수심의 집결로 이루어지는 것이라면 언제 죽을지 모른다는 목숨에 대한 걱정은 더욱 더 그로 하여금 원초적인 것에 관심을 갖도록 하였다.

    여린 풀에 잔 바람이 이는 강 언덕
    위험한 높은 돛대에 외로이 떠 있는 밤배
    별이 떨어지는 평야는 광활하고
    달빛 넘치는 큰 강은 망망히 흐른다
    글 재주로 어찌 이름이 세상에 알려지며
    관직은 늙어 병으로 어쩔 수 없이 쉰다
    정처 없이 떠돌아다님이 무엇과 같은가
    천지의 모래밭에 한 마리 갈매기와 같아라

細草微風岸　　危檣獨夜舟
星垂平野闊　　月涌大江流
名豈文章著　　官應老病休
飄飄何所似　　天地一沙鷗

　운안으로 가는 배위에서 쓴 위의 시는 젊은 시절의 격렬했던 감정이 세월이 흘러 만사의 고난을 당한 끝이라 그 어조는 한결같이 숙연한 가운데서 쓰여졌다. 심지어 떠돌아 다니는 자신의 신세 한탄의 감정마저 어쩔 수 없는 시인 운명으로 받아들이는 듯하였다. 그러나 만년에 이르기까지 한 개인이 울고 불며 살아온 날들, 이러한 현실집착적인 소인적인 인간 삶과 이와 반대로 위대하고 변함없는 우주의 공간 및 달빛이 넘치는 강을 대조시켜 다소의 환상적인 느낌마저 들게 할 정도로 예술적인 사고의 무한대성을 불러일으키게 하는 표현을 하고 있다는 것이었다.
　시에서 표현한바와 같이 "문장으로 이름이 알려질 수 없다"고 푸념을 하고 있는 것은 사실상 안타까운 일이지 않을 수 없었다. 그의 시명은 그가 살아 있는 동안에 철저히 세상에서 주목을 받지 못하고 있었다. 당시의 이름난 문집 가운데서 그의 시를 거론하고 있는 곳은 하나도 없었다. 이러한 무명성은 그가 죽은 뒤 다시 반 백년동안 그의 무덤 속에서 묻혀 지냈다. 살아서의 불우함이 죽어서까지 간 것이었다. 그러나 시인의 운명이란 어차피 불우함으로 시작하여 불우함으로 끝나고, 그 불우함 때문에 유명해지는 것이고 훗날에 인류 최고의 시인으로 까지 받들어지는 것인지 몰랐다.
　병에다 늙음에다 그리고 중앙관직에서 멀어져 멀리 변방을 떠돌아 다니는 여러모로의 상황으로 보아 이제 그의 운명은 더 이상 바라볼 희망이 없다고 해야 할 정도로 삶이 결정지워진 것이나 다름없었지만 그러나 그는 여전히 남아 있는 삶을 만리 처럼 생각하고 있는 듯 하였다. 이때 그의 나이는 불과 그의 죽음을 삼사년 정도 앞두고 있을 정도 였지만 여전히 장안의 중원땅으로 돌아가 관직을 가져야겠다는 생각을 버리지 않고 있었다. 그래서 관직은 다른 이유가 있어서 수행하고 있지 못하는 것이 아니라 병 때문에 쉰다고 스스로 말하고 있었다. 이때 그의 병은 운안에 도착할 때 까지 여러날을 배에서 보낸 관계로 배에 타고 내릴때 마다 성장한 두 아들이 부축하고 거기다가 지팡이까지 짚어야 거동을 할 정도로 악화되어 있었다. 결국 이렇게 되자 떠돌아다니며 남에게 의지하는 삶에 대한 회의감은 극에 이를 정도였다. 게다가 날씨 또한 점점 차가워지자 정착적인 삶에 대한 그리움이 한 없이 일어나기 시작했다. 그의 일생에서 정착적인 삶의 경우라면 당연히 성도 완화계에서 초당을 짓고 살던 때 였다. 상황이 이렇게 되자 다시 성도로 돌아가고 싶은 마음과 초당에 대한 그리움이 절절이 마음속에서 일어나고 있었다.

> 만리교 서쪽의 나의 초당의 집
> 백화담 북쪽에 있는 나의 안식처였어라
> 층층이 물을 마주하고 있고
> 내가 심은 나무들은 세월 겪고 있으리
> 설령은 하늘과 맞닿아 있고
> 금관성에 지는 석양은 누리었다
> 아깝구나 떠나온 그 곳 풍광 뛰어난 곳
> 생각해보니 돌아가기 아득하기만 하구나
> 萬里橋西宅　　百花潭北莊
> 層軒皆面水　　老樹飽經霜
> 雪岭界天白　　錦城曛日黃
> 惜哉形勝地　　回首一茫茫

성도는 확실히 그의 또 다른 고향이었다. 그의 일생에서 유일하게 자기 손으로 집 터를 구하여 이엉을 올린 곳이었다. 마당의 정원에 심어진 소나무나 텃밭에 심어진 복숭아나무와 오얏나무도 모두 자기 손으로 심어져 자라고 있는 것들이었다. 그러나 그 모든 것들은 주인을 잃은 채 적막한 세월 가운데서 자라고 있을 것이라 생각하니 창자가 끊어지는 듯한 슬픔이 몰려왔다.

운안에서 반년동안 머물며 깊어진 병을 요양하다.

　병마를 안고 여러 날 배를 탄 끝에 운안에 도착하자마자 그는 운안 현령에게 도움을 요청하였다. 이 때 그의 도움의 글은 이전에 다른 현령들에게 도움을 요청할때와 그 진실의 정도가 좀 더 차원이 달랐다. 실제적으로 이전의 글들은 상투적이고 아부성의 글들이었지만 스스로의 몸이 극한에 이르기까지의 상황이 되자 도움을 얻기 위한 그의 청은 도를 달리 하게 된 것이었다. 그의 간곡한 요청에 운안 현령은 수각(水閣)에서 그를 머무르게 하였다. 수각은 말 그대로 강이 내려다보이는 곳에 위치하고 있는 집이었다.
　물론 운안이 그가 생각하고 있는 최종의 목적지는 아니었다. 그러나 무엇보다 병이 일어나 더 이상 배를 타고 이동을 한다는 것은 어려웠고, 또한 계절적으로 겨울이 다가오고 있어 이동이 용이하지 않은 상황이기도 하였다. 때문에 운안 현령의 허락도 있었고 하여 건강과 이동의 상황이 호전될 때까지 수각에서 머무를 작정을 하였다.
　물가의 집에 머무르니, 물위에서 배를 타고 흐를때의 느낌과는 또 다른 어떤 생각이 그를 향하여 다가오고 있었다. 배를 타고 있을 때는 흘러가면서 계속적으로 풍광과 사물이 바뀌고 그에 따른 상념이 일어나기 마련이었지만 그러나 일정한 장소에 머무른다는 것은 눈앞의 사물은 고정되어 있고, 때문에 사물이 어떠한 생각을 주지 못하는 대신 자기 자신의 내부적인 문제에 좀더 생각을 하도록 주변상황이 되었다는 것을 의미하였다. 결과적으로 시인의 수심은 정착을 하나 떠돌아다니나 이래도 저래도 마찬가지였다는 것이다.

그의 생각은 본래 장강하류를 좀 더 타고 내려가 호남의 땅에 가기를 바라고 있었으나 그러나 과연 건강이 허락하겠느냐의 문제였다. 운안에 머무른 뒤에도 한 번 심각해진 몸은 좀체로 호전되지 않았다. 건강을 잃으니 모든 것에 대한 자신이 없어졌다. 그리하여 더 이상 유랑의 생활을 끝마치고 싶은 생각도 사실 간절하게 그의 마음속에 들어차고 있었던 것이다. 더군다나 그의 나이는 이미 말년에 접어들었고, 그의 한때의 친한 친구들도 모두 세상을 떠나고 사실 자기 자신만 그럭저럭 세상에 남아있다고 생각 되어질 때는 더 더욱 그러한 생각이 들어 고향이자 중원땅인 낙양과 장안으로 그만 돌아가고 싶은 마음도 수시로 그의 생각속을 찾아들곤 하였다.

수심스런 곁으로 강물이 흘러가고 있고
어찌하면 북의 조정으로 돌아갈 수 있을까?
愁邊有江水　　焉得北之朝

조정에 돌아가 관직 생활을 한다면
나의 건강은 어떻게 될 것인가?
歸朝日簪笏　　筋力定如何

그의 생각에선 지금 건강이 나빠진 상황에서 만약에 중원땅으로 돌아가 관직을 수행한다면 두 가지의 상황이 예측되어졌다. 우선은 이렇게 나쁜 몸으로 어떻게 관직 수행을 할 수 있을 것인가의 문제였고, 또 하나는 그와 반대로 관직을 가지게 됨으로 인하여 삶의 활력을 찾아 오히려 순식간에 건강이 좋아질 수 있다는 생각이었다. 사람의 몸과 정신의 상태를 예단할 수 있는 것만큼 어려운 것도 없었다. 건강이 좋아 질 것이라 생각했던 것이 오히려 건강이 나빠지는 경우가 될 수 있었고, 건강이 더 나빠 질 것이라 생각했던 것이 반대로 호전되는 상황이 되는 경우도 있었다. 어쨌든 고향과 조정이 있는 중원땅으로 돌아가야 할 것인지 아니면 계속해서 배를 타고 장강을 따라 남쪽으로 흘러가 유랑생활을 지속해야 할 지는 그의 마음속에 분명하게 결단을 내릴 수 없는 두 가지 갈등의 문제로 계속해서 남아 그를 수심스럽게 하였고, 이 갈등심이 역시 시심을 일으키는 역동이 되고 있는 것도 물론이었다.

기주생활에 접어들어 일 년에 네 번이나 거처를
옮기고 기주도독 백무림이 증여한 귤밭과 공전을
가꾸며 직접 농사일을 하게 되다.

  가을에 충주에서 운안으로 와 겨울을 보내고 다음해 즉 그의 나이 55세의 봄이 오자 다행히 그의 건강의 상태는 약간의 호전을 보이고 있었다. 또한 물가의 수각에서 몇 달을 머물렀음으로 다시 유랑기질이 일어나는 스스로의 본성도 어쩔 수 없는 것이었다. 운안을 떠나면서 그의 마음속에는 그만 고향으로 돌아가고자 하는 마음과 떠돌아 다녀야 하는 두 가지 마음이 여전히 동시공존하며 갈등을 일으키고 있었지만 결국 그가 선택하는 삶은 돌아다녀야 하는 것이었다. 이렇게 돌아다녀야 하는 삶을 선택할 수밖에 없는 이유는 사실 여러모로 였다. 우선은 고향으로 돌아가야 하는 여정의 불순이었다. 이때 설사 안사의 난이 끝났다고 하더라도 여전히 나라는 불안한 상태에 있었고 서쪽의 토번과 회흘의 세력들이 조정을 교란시키고 있었으며 또한 각지의 절도사와 토호세력들이 스스로 천하를 차지하기 위하여 서로 다투고 죽이는 상황이 계속되고 있었다. 또한 간신히 다른 사람의 도움에 의지하여 목숨을 연명해 나가는 처지에서 고향과 장안으로 돌아갈만한 충분한 여행경비가 없는 것도 문제였다. 뿐만 아니라 고향에 돌아가보았자 무슨 특별히 그의 운명이 바뀌어질 만한 그러한 환경이 되겠느냐 하는 것도 그의 머릿속에서 사라지지 않았다. 돌아가 중앙관직을 새로이 갖는다는 것도 사실상 쉽지 않은 문제였다. 또한 설사 관직을 가졌다고 하더라도 이전의 자신의 경험으로 보아서 얼마를 견디지 못하고 사직을 하고 나온 터라 얽매인 생활이 자신에게 어울리지 않다는 것을 실제적인 경험을 통해서 너무나 잘 알고 있는 바 였다. 때문에 이러한 여러 요인이 그로 하여금 계속적으로 유랑을 하게 하는 것으로 인도 하고 있었던 것이었다.

운안에서 배에 올라 다시 장강 동쪽을 어느쯤 흘러 이른 곳이 바로 기주(夔州)였다. 그는 기주에 도착하여 다음과 같은 시의 일성을 남겼다.

운안현에서 베개에 엎드려 병을 앓다가
기주의 백제성으로 옮겨와 살게 되었다
伏枕雲安縣　　遷居白帝城

그가 운안현에서 머문 것은 거의 반년이었다. 병 때문에 오도 가도 못하고 정체되어 있었던 것이다. 그러므로 운안 생활에 대한 염증은 이루 표현할 수 없었던 것이다. 병은 사람을 괴롭혔고 또한 한 곳에 오래 머문, 환경에 대한 지루함이라는 두 가지 요소가 동시에 사람을 혐오스럽게 한 것이었다.

그가 새로이 도착한 기주라는 곳은 매우 색다른 의미를 띠는 곳이었다. 훗날에 그가 기주를 떠나면서 기주의 "경치는 뛰어나지만, 풍토가 사납다(形勝有餘, 風土惡)"고 한 것 처럼 기주는 산수가 수려한 곳이었다. 경치가 뛰어나다는 것은 그만큼 관자로 하여금 여러모로 시선을 끌게 하고 많은 생각을 하게 하는 곳이었고 때문에 기주라는 곳은 그의 문학인생에서 가장 중요한 한 시점이라 해도 틀린 말이 아니었다. 어쩌면 성도 생활보다 더 중요시 되어야 하는 것이 기주였다. 그는 이곳에서 고작 이년이 안된 세월을 머물렀지만 무려 사백수가 넘는 시를 썼고 수다한 명편들이 줄을 이었다. 일단 이렇게 많은 시를 썼다는 것으로 보아 생각할 수 있는 첫 번째는 다소의 정착된 생활로 인하여 심리적 안정을 얻어 시를 쓸 수 있는 시간이 허락되었다는 것이며, 또한 이러한 가운데서 수심이 여러모로 첩첩히 일어나 이 수심들이 그로 하여금 시를 쓰게끔 재촉하였다는 것이다. 왜 시를 써야 하는가의 문제에 있어서는 더 이상의 말이 필요치 않지만 시라는 것은 수심에 의해서 그 창작의 욕구가 채찍되며 수심이 일어나지 않는다면 쓰여질 수 없는 것이었다.

그가 이렇게 풍광이 뛰어난 기주에 당도하여 강 기슭에 배를 매고 처음으로 거주한 곳은 바로 서각(西閣)이었다. 서각은 바로 장강이 흘러가는 것이 눈 앞에 보이고, 백제산과 백제성을 배경으로 하는 산 중턱에 있는 누각이었다. 누각이라는 것은 본래 산수가 가장 뛰어나고 이 뛰어난 산수를 가장 요긴하게 볼 수 있는 곳에 위치하기 마련이었다. 때문에 그가 서각에 머무르면서 본 자연환경을 다음과 같이 썼다.

> 창해에서 가장 먼저 해가 떠오르고
> 은하의 별 무리 끝없이 펼쳐지는 곳
> 일생동안 빼어난 경치를 찾아 다녔지만
> 처음 이 곳을 지날 적엔 참으로 놀라 탄성지었다네
> 滄海先迎日　　銀河倒列星
> 平生耽勝事　　吁駭始初經

그가 무엇 때문에 한 평생을 떠돌아야 하는 가는 여러 이유가 있을 수 밖에 없지만 그 중에 가장 중요한 한 가지는 역시 위대한 자연환경을 보는데 있었다. 그는 빼어난 경치를 볼 때마다 스스로 갖은 고생을 하며 떠돌아 다니는 삶의 의의를 찾는다고 말하기도 하였다. 일찍이 청년기에 제나라와 조나라를 여행하면서 천하에 더 없이 우뚝 솟은 태산을 보았을 때 그것은 경악이었다. 그 경악심은 중앙관직에서 좌천되어 화주에 와 관청앞에서 바라보이는 화산을 보았을 때로 이어졌다. 이때 그는 관직에 대하여 스스로 속박된 몸을 푸는 것도 결국 자기 마음인데 무엇 때문에 현실에 얽매여 있어야 하느냐며 과감히 관직을 버리게 된 것도 결국은 위대한 경물을 보고자하는 호기심의 작동이었다. 그 이후로 진주, 동곡, 성도, 그리고 성도에서 장강 지류인 민강과 가릉강을 타고 남하하여, 또 여기서 장강 본류를 따라 이어지는 수없이 연속되는 풍경과 산악과 협곡을 관상하며 지금의 기주에 이르렀다고 할 수 있었다.

　기주에서 가장 빼어난 명승은 백제산위에 세워진 백제성과 뭇산을 작다하고 강을 배경으로 하늘을 찌를 듯이 솟아있는 백염산과 장강유역에서 협곡을 사이에 두고 가장 강폭이 적어 물살이 세기로 유명한 구당협이었다. 그는 백염산에 대하여 역시 다음과 같이 썼다.

　　여러 봉우리 밖으로 빼어나게 솟아
　　물 첩첩한 강변에 뿌리를 서려 두었네
　　다른 산은 모두 두터운 땅에 맡기고 있는데
　　너는 홀로 빼어나 높은 하늘에 솟아 있구나
　　감격의 시인이 아름다운 구절을 이용하여
　　그림처럼 지어내어도 결국 누가 전하리
　　卓立群峰外　　蟠根積水邊
　　他皆任厚地　　爾獨近高天
　　詞人取佳句　　刻畵竟誰傳

　그러나 서각의 풍경이 아무리 절경을 거느리고 있다고 하여도 늘 보는 장면은 처음 보았을 때에 비해서 그 감격이 무디어지고 일상화되기 마련이었다. 세상을 떠돌아다니면서 바라보는 이색적인 풍경은 그의 평소의 지병을 잊게 하는데 다소간의 효과가 있었다. 그러나 시간이 흐르자 그의 병은 다시 하나 둘씩 밖으로 드러나기 시작하여 고통이라는 이름으로 그의 앞에 나서는 것이었다. 기주의 구당협(瞿塘峽)에는 염여퇴라는 암초가 있었는데 이 암초는 물의 수위가 증가하면 물속으로 사라졌다가 수위가 낮아지면 다시 드러나는데 마치 이것과도 같은 것이었다.

아득히 산 위의 높은 서각에서
한밤 중에 비단 창가를 거니노라
유성이 물위를 지나가며 밝은 빛을 내고
지는 달빛이 모래밭에서 움직이며 일렁인다
나무를 골라 새가 그윽이 깃들였음을 느끼게 되고
파도에 잠겨 있는 큰 물고기를 생각해 본다
친한 친구들 온 천지에 가득하여도
전쟁으로 인해 오는 편지는 적구나
西閣百尋餘　　中宵步綺疏
飛星過水白　　落月動沙虛
擇木知幽鳥　　潛波想巨魚
親朋滿天地　　兵甲少來書

　　서각에서의 머무름도 수개월이 지나자 다시 그는 그의 본질로 깊어지고 있었다. 밤에 새가 소리없이 잠들어 있는 것을 생각하고 물속 깊이에 가라앉아 있을 큰 물고기와 같은 이른바 졸박한 사물에 다시 그의 생각이 다다르고 있는 것이었다. 또한 밤이 되어 기주성에서 시각을 알리는 딱따기 치는 소리가 들려 올 때 마다 추위에 딱딱이 치는 사람의 노고에 대해서도 그는 잠을 이루지 못하고 생각하였다.

　　딱따기 치는 가련한 사람은
　　추위에 옷도 없이 어느 마을에 사는 사람인가?
　　擊柝可憐子　　無衣何處村

　　어쩐지 서각에서 보내는 밤은 좀 더 특이 하였다. 밤이라는 것은 지상의 모든 것을 삼키는 것이었다. 하늘 높이 솟은 백염산도 그리고 거세게 흘러가는 삼협의 물길도 그리고 낮의 새 울음 소리와 벼랑의 원숭이 울음도 모두 그 속에 잠식될 수 밖에 없는 것이었다. 이렇게 낮 동안의 삼라만상이 기이하면 기이할 수록 밤은 오히려 더욱 적막에 빠져 드는 것 같았다. 그러면 시인의 오래 잠 못드는 밤의 사상은 더욱 깊고 공고해질 수 밖에 없었다. 이때 불현듯 성안에서 야밤의 시각을 알리는 딱따기 치는 소리가 은밀히 어둠을 타고 흐르는 것이었다. 이 나이 때 그의 귀는 노화로 인하여 이미 많이 어두워진 상태였지만 그러나 심야에 딱따기 소리가 들려올때 만큼은 마치 새로이 귀가 밝아져 그 소리가 한껏 귓속으로 후벼드는 것 같았다. 그리고 그 소리는 마치 자기의 떠돌아 다니는 삶의 서러움 그리고 전쟁과 분란에 시달리는 현 시국에 대한 서러움인양 한 없이 구슬프게 들리기만 했다. 그러나 중요한 문제는 역시 한 위대한 시인으로써의 그의 사고의 방식이었다. 즉 이 밤중에 딱따기를 치는 사람에 대한 동정이었다. 세상 만물의 모든 것이 잠들었지만 오직 그 자신만이 여러 수심 때문에 잠들지 못하고 있는데, 그러나 알고 보니 잠들지 못하고 있는 것은 또 더 있었으니, 바로 딲따기 치는 사람인 것이었다.

서각에서 여름을 보내고 가을이 될 무렵에 백무림(柏茂林)이 기주도독으로 부임해왔다. 운안에서 기주로 와 서각에 머무른 것도 이전 도독의 배려에 힘 입은 것이었고, 그 동안의 생활 역시 마찬가지였다. 때문에 전근되어 오는 사람이 누구인가에 따라서 그의 인생이 달라지곤 하는 것은 지금까지 그의 삶의 일관된 모습이었다. 경우에 따라서는 배려심이 있는 좋을 사람을 만나기도 했고 혹은 그와 반대로 잔뜩 기대하고 있었는데 오히려 냉대를 하는 사람도 있었다. 어쨌든 새로 온 관직자에게 자기의 절박한 사정을 알리고 도움을 요청해야하는 것은 필수적인 일이었다. 다행히 백무림은 그에게 온정주의로 나왔다. 그리고 그가 부임해오고 얼마있지 않아 연회에 참석해달라는 연락도 받았다. 그러나 지금의 상황에서 그에게 중요한 것은 한 번의 연회가 아니었다. 시속적으로 그에게 도움을 주기를 바랬던 것이다. 뿐만 아니라 운안에서 심각해진 그의 병은 기주로 옮겨 와서도 좀처럼 완쾌되지도 않았다. 이런 저런 상황을 감안하여 그는 백무림의 초청에 가지 않았다. 그 대신 자신을 향한 도움이 간절하다는 호소를 다시 백무림에게 시를 써 보냈다.

조금이라도 백중승께서 가련히 여겨 주시길 바랍니다
萬一故人憐

그의 절박한 호소가 통하여 백무림은 수시로 양식을 공여하는가 하면 생활을 영위할 수 있도록 관심을 가져 준 탓에 일단 궁핍한 생활은 그런 대로 피할 수 가 있는 상황이었다. 그러나 지금의 상황에서 그러한 도움을 받기는 하였지만 마음의 수심은 또 다른 구석에서 일고 있는 듯 하였다. 하나가 해결되었다고 해도 그 해결을 대신하여 또 다른 수심이 머리를 쳐 들고 그의 마음속에서 일어나는 것이었다. 결국 시인의 마음은 언제 어떤 상황에서도 늘 수심에 붙잡혀 헤어날 길이 없었던 것이다. 이때 그 수심의 뿌리는 스스로에 대한 만년(晩年)의식과 늘 자신을 괴롭히고 있는 병마였다. 다시 말해서 만년에 이른 지금까지도 다른 사람의 손에 의해서 살아가야 하는 헤어날 수 없는 자신의 정체된 삶에 대한 걱정이 끝이 없었던 것이다. 이러한 걱정스러움은 그해 겨울이 다가고 호시절 봄이 와 꽃이 피어서도 진정 그의 마음속에는 꽃과 잎들이 피지 않았다.

강가의 버들은 시절이 아닌데도 때 이르게 피고
강의 꽃들은 차가운 바람 속에서도 여기저기 피네
남방의 하늘 끝 필히 풍토병이 돌 것이고
납일이 가까워져 이미 봄 기운을 머금었구나
배움을 잃은 자식 아이는 어리석은 대로 두고
집없이 타향에서 늙은 그대로 지내는구나
江柳非時發　　江花冷色頻
地偏應有瘴　　臘近已含春
失學從愚子　　無家任老身

봄이 봄 답게 느껴질 때는 마음속에 그것을 진정으로 받아들일때이다. 이전에 그의 나이 46세 이던 해, 안녹산의 반군에 의해 장안에 억류되었을 때, 일찍이 그는 "봄이 와도 봄 답지 않다(春來不似春)"라고 읊었다. 즉 빼앗긴 국토에 봄이 왔지만 그것은 한낱 자연현상으로서의 수심으로 밖에 눈에 비치지 않았다. 특히나 기주땅은 이역만리 남쪽이라 그의 고향인 중원땅 보다도 훨씬 더 빨리 봄이 오기 마련이었다. 그러나 남방에서 떠 돌며 말년에 이르러서까지 다른 사람에 의지하며 살아가는 지금의 상황이라 일찍 꽃이 피고 강이 풀려도 오히려 이러한 앞당겨 지는 시절이 오히려 그에게 이상하고 비정상적인 상황으로 받아들여지고 더운 날씨에 풍토병이 일어날 조짐으로 받아들여졌다.

서각에서 일 년 정도를 머문 끝에 어쨌든 앞의 시에서 본 바와 같이 봄이 다시 찾아오자 그 서러움으로 비치는 꽃과 강물에도 그의 마음이 전혀 움직여지지 않을 수는 없는 노릇이었다. 계절이 바뀌자 다시 거처를 옮기고 싶은 욕정이 마음속에서 일어난 것이다. 그러나 또 한편으로는 이러한 잦은 이거의 욕정에 저항하는 회의의 생각이 역시 마음 한 곳에서 일어났다. 더군더나 서각이라는 곳은 절경의 요처에 위치하고 있었으며 더할 나위 없이 그윽한 곳이라 떠나는 것이 아쉬웠던 것이다. 이러한 습성화된 듯한 잦은 이거는 그 자신이 생각해보아도 참으로 어떠한 혐오감을 불러일으키는 정도였다. 때문에 서각이라는 한 무생물체의 집터를 대상으로 삼아 여기에 진의를 물어보는 상황에 이를 정도로 거처를 옮겨야 하는 갈등심에 휩싸였다.

서각의 뜻을 알지 못하노라
떠나도 좋을지 아니면 반드시 머물러야 하는지
不知西閣意　　肯別定留人

그러나 어쨌든 그는 생리적으로 한 곳에 살 수 없는 사람이었다. 한 시기에 거대하게 살았던 공룡처럼 늘 어디든지 헤매고 다녀야 하고 그 지나가는 자리마다 시의 발자국을 남겨야 하는 것이었다. 그리하여 다시 적갑(赤甲)으로 이사하였다. 적갑은 산빛이 붉은 갑옷의 형상을 하고 있다고 하여 붙여진 이름으로 기주의 동쪽에 있는 산으로 비록 산이 험하고 가파른 낭떠러지 이며 또한 앞으로는 절벽에다 강물을 앞두고 있었지만 이 산에는 많은 인가들이 모여 있었다. 아마도 인가들이 모여사는 것은 그만큼 절경이었기 때문인 듯하였다. 그 역시 적갑으로 거처를 옮기고는 만족스러운 한 순간을 느끼지 않을 수 없었다.

떠돌아 다니는 늙은 나이를 한스러워만 할 수 없는 것은
빼어난 경치가 늘 서로 함께 하기 때문이다
衰年不敢恨　　勝槪欲相兼

적갑의 생활은 나름 또 다른 어떤 생활로 다가왔다. 앞의 서각에서의 생활은 주위에 인가가 없는 어디까지나 누각에 해당하는 집으로써 그만큼 적적하였고, 또한 이러한 분위기는 본래 그가 추구하는 생활환경이기도 했다. 하지만 적적하고 그윽한 생활이라는 곳은 그만큼 사유의 공간으로써 더할 나위 없는 좋은 분위기였지만 그러나 그에게 이러한 것들은 모두 수심을 불러오는 환경이라고 해도 과언이 아니었다. 시인으로써 끝없이 사유하고 고민하며 이러한 분위기를 가급적 애호하는 것도 어쩔 수 없는 일이지만 결국은 이러한 고독한 생활은 스스로에게 모두 병이 되고 마음의 해악이 되는 것도 부정할 수 없는 것이었다.
　어쨌든 서각에서의 그러한 생활에서 벗어나 적갑에서 살게 되자 그의 여기에서의 생활은 자못 사람 살아가는 분위기에 젖어드는 것 같았다.

등에 내리는 밝은 봄 빛살은 임금께 드릴만 하고
아름다운 미나리는 예전부터 사람들이 알지

웃으며 낭중과 평사를 맞아 술 마시고
병 있어도 흠뻑 취하며 나의 진실을 말하도다
炙背可以獻天子　　美芹由來知野人
笑接郎中評事飮　　病從深酌道吾眞

 그야 말로 사람이 모여 사는 곳에 함께 살게 되니 이웃과 서로 어울리게 되고 유들유들하고 부드러운 맛 좋은 미나리를 안주로 삼아 주거니 받거니 술잔을 기울이는 가운데서 삶의 정취를 한껏 느끼게 되는 것이었다. 그러나 새로 이사해와서 일시적으로 이웃과 어울릴 수는 있을지 몰라도 진실로 평인의 생활을 그가 받아들일 수 있을지는 의문이었다. 위의 넷 구절의 시에서도 곳곳에서 그의 사대부적 계급의식이 흐르고 있음을 부정할 수 없는 것이었다. 우선 첫 구절에서 기주의 좋은 봄 햇살을 표현하고 있다고 볼 수 있지만 그러나 이것을 임금께 드릴만하다고 표현함으로써 이전에 스스로가 궁궐에서 임금을 모시고 있었던 것을 과시하고 있고, 두 번째구는 싱싱한 봄 미나리를 표현하여 색과 향이 뛰어난 것에 대한 이미지 집착의 모습을 보여준다. 그리고 세 번째는 웃으며 이웃을 만나 술을 마신다는 것은 평소에 사대부의 신분으로 일반 사람들과 계급의 한계를 짓고 잘 어울리지 않았다는 것을 역시 내포하고 있다. 네 번째 구도 역시 마찬가지이다. 평소에는 다른 사람들과 한계를 긋고 있다가 술을 마셔야 비로소 자기의 진실을 말하게 되며 그리고 이 진실이라는 것도 결국은 이전에 그가 무엇을 했고, 또한 자기가 누구인지를 다른 사람에게 과시하는 것일 수 밖에 없었다는 것이다. 결론적으로 그는 평인도 귀족도 아닌 이 양 계급을 스스로의 마음속에 동시 병존시키며 이 동시 병존의 구조를 기틀로 삼아 수심의 가닥을 끊임없이 자아내고 있었던 것이다.
 결국 적갑에서의 생활은 얼마 있지 못하고 끝이 났다. 봄이 시작 될 무렵에 서각에서 거처를 옮겨와 봄이 끝나갈 무렵에 양서의 초당으로 다시 거처를 옮겼다. 그가 이렇게 짧은 시간의 적갑생활을 마감한 것은 역시 이런 저런 사정이 작용하였다. 무엇보다도 사람들의 내왕이 잦은 곳에서 살기가 그리 편치 않다는 것이었다. 일반 사람들을 교제한다는 것은 그에게 있어서 마음속에 그어져 있는 계급의식의 금도를 스스로 무너뜨리는 것이며 이것은 자기자신만의 어떠한 울타리가 제거되는 것을 의미하기도 하였으며, 그 울타리가 사라진다는 것은 그만큼 자기에게 어떠한 불편함, 가치상실 혹은 자기 마멸감으로 다가와 심기가 편치 않았다는 것이다. 그리고 사람이 많은 적갑의 생활이 적절치 않은 또 다른 본질적인 요소는 바로 뿌리깊은 타향의식이었다. 즉 이웃과 사람들과의 내왕과 접촉이 많아지면서 기주인들의 생활과 풍속을 접하게 되고 이것은 그로 하여금 한없는 이질감을 갖게 하였고 결국 그들과는 함께 살 수 없으며 서로 격리되어 조용한 곳에 살아야 한다는 마음을 더욱 부채질 한 것이었다.

   이역의 기주의 풍속 아 참으로 이상하나니
   이 사람들과는 함께 살아가기 힘들어라
   집집마다 까마귀 귀신을 키우고
   끼니마다 빠짐없이 황어를 먹는다
   면식이 있는 사람들은 거짓 체면에만 능하고
   새로 안 이들도 이미 마음 닫혀지고 멀어지도다
   스스로 살기 위하여 오직 밭 갈고 우물 팔 뿐이지
   그들과는 한사코 소통하지 않으리라
   異俗吁可怪　　斯人難并居
   家家養烏鬼　　頓頓食黃魚
   舊識能爲態　　新知已暗疏
   治生且耕鑿　　只有不關渠

기주인들에 대한 그의 태도는 이러하였다. 풍속으로 말할 것 같으면 지방에 따라 같을 수가 없는 것이었다. 기주는 장강 중류에 위치하고 있는 지역으로 그의 고향인 낙양과 장안의 황하강 유역과는 사실 여러모로 차이가 날 수 밖에 없었다. 그러므로 문제는 기주인들의 생활풍속이 아니라 그 자신의 문제였다. 즉 시인으로써 그의 정신상의 문제는 태어나고 자랐던 유년의 추억이 서린 고향이외에는 그 어떠한 곳도 진정히 살 곳으로 받아들이지 않는다는 것이었다. 그가 지금까지 떠 돌아다녔던 지역으로 말할 것 같으면 어느 한 곳도 뿌리 내리고 영구히 살아갈 곳으로 받아들이지 않았다. 그것은 고향이라는 어떤 토착적인 의식이 마음속에 완고하게 자리잡고 있었기 때문이었다. 지금까지 그가 거쳤던 곳을 보자면, 진주, 동곡, 성도 이러한 모든 지역은 북쪽의 황하와 남쪽의 장강 사이에 위치했던 땅으로 결코 변방이라고 할 수 없는 중국의 중심권역의 가장자리에 해당하는 지역이었다. 그러나 그는 이러한 지역과 사람들에 대하여 오랑캐의 땅 혹은 오랑캐라 불러 그의 고향과 차별의식을 여실히 드러내었다. 그러나 그의 시심의 우물이라고 할 수 있는 모든 것들이 이러한 대립과 갈등의 지반위에서 용솟음 치는 샘물이라고 볼 때 발길 들여 놓는 곳마다 느끼는 타향의식과 그리고 끝끝내 고향을 잊지 못하는 의식의 양대 갈등의 구조는 그의 마음에서 역시 무너뜨릴 수 없는 시적 구조가 됨에는 두말할 필요가 없었다.

이렇게 짧은 적갑에서의 생활을 그는 더 이상 견딜 수 없게 되자 그는 다시 기주도독이었던 백무림에게 자신의 절박한 마음을 하소연하였다. 그의 하소연에 귀를 기울이고 있던 백무림은 자기가 가지고 있는 양서의 과수원 사십무와 그 과원안에 지어진 초당을 그에게 증여하여 거처를 옮겨 살게 하였다. 백무림이 이러한 호혜을 베풀 수 있었던 것은 무엇보다도 불우하게 살아가는 그에 대한 온정이었지만 또 한편으로, 당시는 각 지역의 절도사와 토호의 세력들이 서로 패권을 차지하기 위하여 다투던 시절이라 자기들이 소유하고 있던 사유지나 혹은 공전을 막론하고 직접 관리하고 경작할 정황이 없는 상태였다. 백무림 역시 이러한 세력 다툼에 뛰어들고 있었던 터라 그에게 증여하여 관리하게 하였던 것이다. 그럼에도 불구하고 확실히 백무림은 성도 시절의 엄무 못지 않게 그에게 보살핌을 해주어 다달이 월봉에서 일정액을 떼어서 그에게 주기도 하였다.

백증승께서 자주 월봉에서 돈을 떼어 주었다.
主人柏中丞頻分月俸

어쨌든 그는 백무림의 도움으로 적갑에서 양서로 다시 거처를 옮겼다. 일단 거처를 새로 옮기고 나니 늘 그러했던 것 처럼 우선은 바뀌어진 환경이 주는 어떠한 새로움으로 마음이 한결같이 위로되는 것 같았다. 더군더나 사십무나 되는 과수원에는 귤과 유자나무가 심어져 있어, 그가 하기 나름에 따라서 그 동안의 궁핍한 생활을 물리치고 유복한 생활을 할 수 있는 기회를 얻은 것이나 마찬가지였다. 그리고 백무림이 그에게 준 것은 과수원 뿐만 아니라 동둔(東屯)에 있는 공전 백경에 이르는 전답도 있었다. 이렇게 그에게 과수원과 토지가 주어진 경우는 사실 이전에 어떠한 사례가 없었다. 그러므로 기주 생활은 비록 그가 만년에 이르러 만난 호기였지만 살아 나갈 수 있는 더 없이 좋은 기회가 생긴 것이었다. 이렇게 살아갈 환경이 되자 그의 마음속에 고질적으로 자리잡고 있었던 고향에 대한 생각과 그리고 장안에서 관직을 갖고자 하는 생각 등등의 수심들이 자기도 모르게 사라지고 현실을 어느정도 받아들이기 시작했다.

이 몸 궁궐에서 명성세우기를 바랐는데
그러나 조정의 신하의 무리 되기에는 늙은 나이
身許麒麟畵　　年衰鴛鷺群

양서 초당에 봄이 지나고 서서히 여름으로 접어들기 시작하자 과수원의 과일 나무들은 본격적으로 잎을 내기 시작하고 하루가 다르게 전원이 푸르러 가자 이에 따라 그의 마음도 조금씩 바빠지기 시작했다. 그리하여 그는 영농에 차질을 빚지 않게 하기 위하여 몇 명의 노복들도 더 들였다. 그들로 하여금 밭에 김을 매게 하고, 우거진 잡초를 제거하니 과수원은 보기 좋게 말끔하게 정리되었다. 그리고 초당주위에 채소를 심었다. 호미를 들고 채소를 심고 나니 때 맞춰 가는 비가 내리기 시작하였다. 이렇게 농사를 지으며 농사꾼이 되니 그에 맞춘 시가 그대로 나왔다.

가랑비 아래 호미 메고 서 있으니
푸르름 둘러쳐진 곳에 강의 원숭이가 운다
細雨荷鋤立　　江猿吟翠屛

그의 삶에서 호미자루를 든 적은 사실 여러번 있었다. 특히나 동곡시절에는 먹을 것이 없고 굶주린 상태에서 끼니를 연명하고자 산에 올라 도토리를 줍는가 하면 겨울 눈 밭을 헤치고 약초를 캐러 다녔다. 그리고 그때 자기의 운명이 호미 한 자루에 달려 있다는 시를 그 유명한 천지진동의 〈동곡칠가〉를 통해서 남기기도 했다. 또한 성도에 이르러서는 초당을 짓고 가꾸고, 정원에 복숭아나무와 오얏나무를 심기 위해서 묘목을 구하러 다니기도 하였으니 사실 관직을 버리고 이래저래 세상을 떠돌아 다니면서 호미라는 도구는 결코 낯선 연장이 아니었다. 더군다나 위의 시에서 보여지는 첫 구절의 가랑비와 호미는 절묘한 조화를 이루어서 어깨에 농기구를 맨 한 농인으로써의 그의 모습을 전형적으로 보여주고 있는 것이었다. 그가 만약 농사짓기에 게으른 사람이었다면 아마도 비가 내리는 가운데 연장을 매고 들판을 나서지는 않았을 것이기 때문이다. 그만큼 그는 사대부의 신분으로써 그러나 사대부다운 누리는 삶을 살아오지 못하였기에 농촌일에도 한결 관심과 적응심을 가지고 양서 초당에서의 여름 날들을 보냈다고 할 수 있었다.

   한 여름에 수로를 타고 풍성하게 많은 물 흘러
   푸른 새벽에 작은 과수원을 향하였다
   푸른 시내는 배 흔들리며 넓게 흐르고
   붉은 과일은 가지 휘어지도록 많이도 달렸다
   처음에 조용한 전원의 분위기 때문에 여기 왔는데
   마침내 세상의 시끄러움도 막을 수 있게 되었네
   밭 두둑의 채소가 초가집을 두르고 있으니
   스스로 만족하여 소반의 밥상 즐거이 대하네
   仲夏流多水　　淸晨向小園
   碧溪搖艇闊　　朱果爛枝繁
   始爲江山靜　　終防市井喧
   畦蔬繞茅屋　　自足媚盤飧

  그가 이 기주땅에 처음 도착했을 때만 해도 악화된 건강은 그로 하여금 끼니도 제대로 들지 못하게 할 정도였다. 서각에 있을 때 한 친구가 그를 초대하여 강에서 금방 건져 올린 물고기를 잡아 싱싱한 회를 내 놓았다. 그러나 그는 그것을 먹지 못하고 데리고 간 두 아들을 배불리 먹이는 것에 만족해야 했다. 그런것에 비하여 지금 양서에서 이렇게 직접 농사를 짓고, 또한 농사를 관리하면서 살아 가니까 건강은 한결 좋아지는 것 같기도 하고 마음 또한 유쾌해지는 것도 사실이었다. 때문에 끼니도 즐거운 마음으로 대할 수 있었다.
  여름이 되자 그의 일은 초당의 과수원을 경작하는 일에만 머물지 않았다. 동둔에 있는 공전 백경까지도 경작을 해야 했다. 때문에 여름 우기가 닥치자 노복들을 데리고 나가 논을 갈고 써레질을 하고 모를 심을 준비를 하였다.

기주땅 오나라의 소는 힘이 좋아 부리기 좋고
나란히 채찍질 하여 분주히 논을 오가며 써레질 한다
吳牛力容易　　幷驅紛遊場

　열심히 소를 몰아 써레질을 끝내니 평평한 논물에 하늘의 구름이 흘러 갔다. 여러 노복과 사람들을 시켜 모심기를 끝내고 며칠이 지나자 벼는 논 바닥에 튼실하게 뿌리를 내리고 점점 푸르게 자라기 시작하여 자못 들판 전체가 푸른 바다 처럼 짙어져 갔다. 벼가 자라면서 잡초 또한 함께 자라기 시작하여 농사일이 많아지자 아침 일찍 심복인 노복 아단을 산 넘어 동둔으로 보내 벼 관리가 소홀하지 않도록 하였다.
　이렇게 양서와 동둔의 과수원과 농토를 가지고 분주히 애쓴 까닭에 시인으로써 그의 한해의 농사는 자못 큰 실패없이 이루어져 가고 있었다. 운좋게 이 해에는 심각한 한발이 한 철 내내 계속된다든지 혹은 끊임없이 비가 내려 농사를 망치는 일도 없었다. 기주의 여름 날씨는 따뜻하여 풍성한 햇볕을 받은 과일은 탐스럽게 굵어 가고 있었고 벼들도 하루가 다르게 들판을 채우며 가을을 기약해 가고 있었다.

동생 두관이 장안에서
기주로 오고 있다는 편지를 받고
매일 물가에 나가 초조하게 동생을 기다리다.

　이상에서 처럼 농사를 짓고 살아가는 기주에서의 그의 생활은 자못 의미가 있는 날들이었다. 무엇보다 기주 도독 백무림이 생활을 도와주고 있었고 또한 농토를 얻어 농사를 지을 기회를 갖게 되었음으로 인하여 삶의 경험도 더욱 다양해졌다고 할 수 있었다. 그러나 그가 땅과 과수원을 가지고 노복들을 이끌고 농사를 지어간다고 해도 전적으로 순수한 농인이 될 수는 없는 문제였다. 이것은 그가 이전에 장안에서 천신만고의 세월 끝에 좌습유라는 관직을 갖고 궁궐에서 임금을 가까이서 모시는 신분이었지만 그 당시에 쓰여진 시는 그 어떤 시기에도 비견할 수 없는 관직에 대한 이질감과 얽매여 살아야 하는 자신의 신세의 답답함들 드러내고 있는 그러함에서도 잘 알 수 있듯이 그에게 어떠한 생활환경이 주어지더라도 마음에서 천성적으로 일어나는 수심을 끊을 수는 없는 사람이었고 그리고 이 수심을 시로 써 내는데는 그 어떠한 것도 우선시 될 수 없는 문제였다. 기주에서의 생활 역시 마찬가지였다. 궁핍에서 벗어나 생활환경은 좋아졌지만 오히려 수심의 강도는 더욱 더 거세지게 그에게 물리칠 수 없는 것으로 다가왔다. 이때 이러한 수심을 일으키는 그 마음의 발원은 무엇보다 만년의식에 있었다. 즉 스스로 늙고 병들어 머지 않아 자기에게 죽음이 다가오고 있다는 것을 의식 무의식으로 느끼는 것이었다. 아시는 바와 같이 이때 그의 나이는 불과 죽음을 삼년여 앞둔 오십여섯이었다.

타향의 무산에서 늙고 병들어
초나라의 객이 되어 머물러 있구나
老病巫山裏　　稽留楚客中

  일반 사람이라 할지라도 나름의 예지 능력은 있기 마련이었다. 그러나 만약에 시인이라면 더 더욱이 당대 문학에서 아니 중국 시사를 통해서 가장 첫 손에 꼽아야 할 시인이라면 모든 느낌과 생각들이 비범할 수 밖에 없었고, 오직 눈 앞에 보이는 주어진 환경에 의해서 자신의 생각이 지배될 수 없는 것은 당연하였다.
  이 만년의식에서 수심의 핵심이 되는 것은 위의 시 구절에서 보는 바와 같이 무엇보다 고향으로 돌아가지 못하고 타향에서 이름이 묻힌채 객사할 수 있는 것에 대한 우려감이었다. 그러므로 기주의 땅은 자기의 죽음을 받아들이는 땅, 혹은 자기의 죽음의 배경이 될 수도 있는 곳이라 해도 과언이 아니었기에 이 환경을 진심으로 받아들일 수는 없는 것이었다. 그렇다면 그가 어떠한 방식으로 고향에 돌아갈 수 있는가가 문제였는데, 스스로의 힘으로 고향으로 돌아가기에는 사실 역부족이었다. 얼마 전에 장안으로 돌아가다가 낭주에서 세상을 마친 방관의 죽음은 그에게도 하나의 타산지석이 되었다. 그럼에도 불구하고 고향으로 돌아갈수 있는 첩경은 무엇보다 장안 궁궐에서 그를 불러 주는 것이었다. 때문에 여전히 그의 마음속에는 장안에 대한 생각으로 머리가 빌 시간이 없었다.

지금 강남에서 사는 이 늙은이는
지난날 젊었을때 장안에서 살았었다
조정의 관리들은 즐거이 궁궐에서 퇴조하였을 것이지만
누가 기주에서 병들어 있는 이 노인을 불쌍히 여길까?
今日江南老　　他時渭北童
鴛鷺回金闕　　誰憐病峽中

그러니까 인생은 어느덧 만년에 이르렀고 게다가 병까지 있는 상황에서 지금이라도 조정에서 불러주어 일생동안 떠 돌며 살았던 날들을 마무리 짓고 싶었던 것이 그의 간절한 바람이었던 것이다. 이러한 과거에 대한 그리움과 지금 돌아가지 못하는 딱한 사정은 기주의 생활이 좀 나아졌다고 하더라도 이것이 본질적으로 그의 마음을 돌릴 수 는 없게 하였던 것이다.

그리고 그의 이러한 만년의식과 더불어 마음속에 강렬하고 일어나고 있었던 또 한 가지는 바로 형제들 생각이었다. 십년전 안녹산의 난이 일어났을 때 그의 형제들은 뿔뿔이 흩어졌다. 때문에 지금에 이른 시점에서 동생들을 찾고 싶은 본능은 전에 없이 강했던 것이다.

동생이 사는 장갈에서는 편지도 받기 어려운데
강주에 사는 누이는 흐르는 눈물 여전히 금할 수 없겠지
長葛書難得　江州涕不禁

그리하여 기주에 도착하여 생활이 비교적 나아지고 서신을 보내고 받을 거처가 정해지자 그는 백방으로 사람을 시켜 동생들을 찾는데 힘을 기울였다.

다행히 가족을 만나야 한다는 그의 절박한 뜻이 마침내 이루어져 이해의 늦봄에 동생 두관으로부터 천금과 같은 편지를 받았다. 동생 두관은 기주에 살고 있다는 그의 편지를 받고 그가 살고 있었던 장안땅을 떠나 이미 기주를 향하여 오고 있던 중도에서 편지를 부쳐온 것이었다.

무협의 수많은 산들은 어두워 보이는데
장안의 종남산 천지에는 봄은 왔겠지
병중에 내가 동생을 만나게 되었으니
편지 와서야 네 살아 있음을 알게 되었구나

배가 정박하여 갖은 슬픔과 기쁨을 나눈 후에
진지하게 고향에 돌아갈 이야기 나누자꾸나
巫峽千山暗　　終南萬里春
病中吾見弟　　書到汝爲人
泊船悲喜後　　款款話歸秦

그의 형제 의식은 남달랐다. 이제 성장한 자식이 있고 가족이 있는 이상 이전의 형제의 정은 다소 소원해질 수 있는 것이 사람의 마음이었다. 그러나 그의 형제의 정은 어린 시절이나 늙어서나 마찬가지였다. 과거의 정이 그대로 끝까지 유지 될 수 있다는 것은 어쩌면 미련스럽고 우둔한 것일 수도 있지만 그만큼 시의 정조가 될 수 있는 것이 변함이 없었다는 것이고 한 순간의 짧은 시인으로 끝나지 않았다는 것을 의미하기도 하였다. 그의 시들에서 형제나 가족에 대한 것을 읊고 있는 시는 처음부터 끝까지 가장 중요한 주제사항이었고 늘 마음속에서 그리움을 일으키는 핵심요소였다. 때문에 진주시절에 쓰여졌던 〈월야억사제〉를 비롯한 여러 명시들이 또한 동생들을 생각하고 있는 시들이었다.

동생이 기주를 향하여 오고 있다는 소식은 그의 마음을 거의 일종의 망부석과 같은 상태로 만들어 놓았다.

너는 이미 지금쯤 강릉을 지나왔을 것 같은데
언제쯤이면 기주에 도착할 수 있을 것이냐
난리중에 살아서 서로 이별을 하였지만
형제 함께 모여 있으면 마땅히 병도 나으리라
홀연히 울던 눈물 거두고 일어나
날마다 물가 누각에 올라 너를 기다리노라
爾過江陵府　　何時到峽州
亂難生有別　　聚集病應瘳
颯颯開啼眼　　朝朝上水樓

그에게 원래 병이라는 것은 전쟁으로 인하여 형제가 흩어져 생사를 알지 못하는 수심 때문에 생겨 난 것이고 이제 형제들이 다시 모일 수 있게 되었으니 그 병이 나을 수 있을 것 같다고 생각한 것이었다. 이로 보면 당시에 그의 병은 이미 회복할 수 없을 정도로 깊어 있었으며, 또한 그로 인한 고통이 매우 컸다는 것을 말해주며, 동생을 만나게 되는 즐거움을 통해서 병이 나아지기를 바라는 그의 절박한 마음을 보여주는 것이기도 했다.

그러나 어떻게 된 것인지 동생의 편지를 받고 여러날이 지났고 그는 매일 물가에 가서 노심초사하여 배를 기다렸지만 동생은 쉬이 오지 않았다. 이렇게 그가 동생을 기다림에 있어서 조급한 마음을 견디지 못한 것은 어서 빨리 만나고 싶음의 표현이기도 했지만 한 편으로 동생이 도중에 무슨 변고를 당할 것에 대한 우려스러운 마음 역시 누를 수 없기 때문이었다. 이러한 화는 일찍이 그가 경험한 바였다. 즉 그의 나이 45세이던 때 안녹산의 난을 피해 가족을 이끌고 부주에 피난해 있을 때 숙종이 영무에서 즉위했다는 소식을 듣고 가족을 두고 영무를 향하다가 중도에서 반군에 붙잡혀 함락된 장안으로 압송된 일이 있었다. 지금 역시 사회의 혼란이 진정되고 있지 않은 것은 그때나 마찬가지여서 사방에서 도적이 끓고 있었으며 길 가는 행인은 화를 당하기 일쑤였다. 이러한 여러 우려스러움이 생기자 그의 마음은 더욱더 불안해지고 조바심은 극에 달하였다.

너를 기다리다가 까마귀와 까치에 성을 내고
너의 편지를 던져 할미새 더러 읽어 보게 하였다
나뭇가지의 까치 요란히 짖으며 날아가지 아니하니
오던 길 위에서 위험스러움은 이미 지났는가 보다
강가 누각에서 너를 기다리다 눈 가리는 포구의 버들이 짜증나고
돛배가 거쳐 올 역과 정자들을 세어 보았노라

만나서는 응당 십년동안의 이별의 일 얘기하게 될 것이니
시름으로 죽을 것 같다가 다시 살아나게 되는 구나

待爾嗔烏鵲　　抛書示鶻鵃
枝間喜不去　　原上急曾經
江閣嫌津柳　　風帆數驛亭
應論十年事　　愁絶始惺惺

　결국 시인의 마음은 다른 어떤 무슨 특이한 것이 될 수 없었다. 그들은 천하를 차지 하기 위하여 칼을 휘두르는 제왕의 담대한 마음을 가지지 못했고, 술수와 음모에 능한 지략가도 아닌 사람이며 큰 소를 한 칼에 쓰러뜨릴 수 있는 백정도 아닌 그저 이렇게 만남과 이별이라는 것에 모든 혼육을 걸며 눈물을 바치는 사람일 뿐이었다. 또한 예지의 능력으로 말할 것 같으면 굿판을 흔드는 무당과도 일맥을 같이했지만 그러나 무당과도 달랐다. 다만 현실을 애착하고 사랑할 뿐이었고 그에 따라서 울거나 웃을 뿐이었다.

수확철이 되어 논에 나가 벼 베기를 하고
난생 처음으로 곳간에 알곡을 채우고
먹을 양식을 충분히 갖다.

　마음속의 수심은 수심이었고, 눈 앞의 생활은 생활이었다. 아무리 마음속에 어떠한 걱정거리가 있다고 하여도 이 걱정을 안은채 현실의 삶 역시 도외시 할 수는 없는 것이었다. 지금 그는 한 농인으로써 양서 초당앞에 익어가는 과일과 동둔에서 벼가 자라고 있는 상황을 관리하고 돌보는 사람이었다.
　그러나 이 해 여름, 초당 앞 대추나무에 대추가 점점 익어갈 무렵에 그는 다시 거처를 동둔으로 옮기고자 하였다. 봄에 적갑에서 이사해와 몇 개월을 머문 끝에 또 이거의 마음이 일어난 것이었다. 이번에 거처를 옮겨야 겠다고 그의 마음을 작용시키는 데는 역시 다음과 같은 이유가 있었다. 첫째로 동둔의 거처지가 좀 더 그의 취향에 맞는 안식처라고 생각하였다. 즉 사람소리와는 좀 더 거리가 있는 조용한 곳이었다는 것이다. 두 번째로는 벼를 관리하고 수확하기위해서는 아무래도 동둔의 현장에 가서 사는 것이 낫다는 것이었다.

동둔과 양서 모두
맑은 시냇가에 사는 것은 같았다
여기나 거기나 모두 모옥에 불과하지만
동둔에 머문 것은 벼를 심은 들판때문이었네
저자는 시끄러워 소익을 따르는데는 좋지만 동둔은

숲마저 외지고 길 조차 없어 그윽하여 좋아라
노쇠한 늙은이를 찾아와 말 하려면
분명히 사람들 길을 못 찾아 헤매겠지
東屯復瀼西　　一種住淸溪
來往皆茅屋　　淹留爲稻畦
市喧宜近利　　林僻此無蹊
若訪衰翁語　　須令勝客迷

　　세상과 길을 끊고 사람을 물리치는 것이 그에게 사실 이로울 것이 없었다. 이것은 그를 더욱 외롭게 하였고, 또한 타향의식을 북돋움의 이유가 되는 것은 물론이었고, 그만큼 수심을 더욱 증가시켰다. 그럼으로써 자신의 병마에 대한 생각도 더욱 되살아나기 마련이었다. 그러나 시인은 어쩔 수 없었다. 수심이라는 것이 그의 삶에 좋든 싫든 함께 해야할 동반이라면 기꺼이 그러한 본성 쪽으로 늘 방향을 잡아 살아가기 마련이었다.
　　그러나 동둔으로의 이거는 무엇보다도 미작에 대한 중요성 때문이었다. 과일이라는 것은 한 시절의 부산물로 밖에 될 수 없었다. 그것은 허기질 때 굶주림의 대용이 될 수는 있었지만 주곡이 될 수는 없는 것이었다. 그러나 알곡을 수확한다는 것은 일년치의 삶을 준비하는 것이나 다름 없었다. 농사를 짓고 그가 직접 곡식을 소유한다는 것은 참으로 일찍이 없었던 일이었다. 마치 황금 노다지를 갖게 되는 것과 다를 바 없는 것이었다. 늘 가난과 궁핍에 못 이겨 남에게 생활을 기탁하여 살아온 터이라 제대로 된 미질의 쌀을 구해본 적도 없었고, 또한 푸짐하게 먹어본 적도 없었다.
　　양서 초당을 떠나면서 과일밭 40무는 친척인 오랑(吳郞)에게 증여하였다. 백무림이 그에게 증여한 만큼 그 또한 다른 사람에게 어떠한 아낌의 마음 없이 증여하였다. 그런데 동둔으로 거처를 옮기고 며칠이 지나지 않아 양서초당에서 알고 지내던 한 과부가 그를 찾아왔다. 그 여인은 바로 초당앞에 있는 대추나무에 와서 가끔씩 대추를 따 가던 사람이었다. 그를 찾아 온 이유인 즉은 양서초당을 오랑에게 증여한 뒤 오랑이 대추를 따 가지 못하게 그물을 치고 그의 접근을 막은 것이었다. 때문에 그에게 하소연하기 위해 온 것이었다. 그 여인은 본래 전쟁에 남편과 자식을 잃고 홀로 사는 여자였다. 또한 관의 가렴주구에 모든 것을 빼앗기고 끼니조차 연명하지 못하는 처지에서 이런 일을 행한 것이었다. 그가 양서초당을 오랑에게 줄때 이러한 사실을 오랑에게 전하였지만 오랑은 그렇게 하지 않은 것이었다. 때문에 그는 다시 오랑에게 시를 지어 여인의 하소연을 들어주기를 부탁하였다.

> 초당앞의 대추 따는 일을 서쪽 이웃에게 맡겨 둔 것은
> 먹을 것도 없고 아이도 없는 한 여인 때문이었네
> 곤궁하지 않았다면 어찌 이런 일이 있었겠나
> 그 여인 두려워 하였기에 나는 오히려 친히 대해야 했네
> 바로 막아 버린 그대가 비록 일 많았겠지만
> 울타리를 친 것은 너무 한 일이 아니었나 싶네
> 가렴주구가 뼈에 사무쳤다고 이미 하소연하였으니
> 모든 것이 전쟁 때문이라 생각하니 눈물만 나네
> 堂前撲棗任西鄰　無食無兒一婦人
> 不爲困窮寧有此　秖緣恐懼轉須親
> 卽防遠客雖多事　使揷疏籬卻甚眞
> 已訴徵求貧到骨　正思戎馬淚盈巾

이러한 이야기는 하나의 일화에 불과한 사실일 수도 이지만 그러나 그의 이러한 동정심은 매우 중요하였다. 시를 산생시키는 그의 마음밭이 바로 그러하였다는 것이다. 도적이 물건을 훔치고도 아무 수심이 없는 것은 잃은 사람의 마음을 헤아리지 않기 때문이고, 민을 삭탈하는 벼슬아치가 늠름하기만 한 것은 착취를 당하는 자의 마음을 알지 못하기 때

문이다. 때문에 그들에게는 수심이라는 어떠한 감성이 일어날 여지가 없었다. 그러나 그의 생각과 사상의 내면에는 타인이어도 타인이 아니었고, 새가 새이어도 다만 새가 아니었고, 제비는 제비이어도 오직 제비로만 보지 않았다. 세상 만물의 가치를 자기와 동일시 하였다. 때문에 그 모든 것들의 상처는 자기의 상처로 받아들였고, 여기서 광범위하고 폭넓은 시적 감성이 일어났으며, 그의 시인됨의 위대성이 바로 여기에서 나왔다는 것은 그 누구도 긍정하지 않을 수 없는 것이었다.

새로이 거처를 옮김으로 인하여 심신의 전환으로 인한 위안의 기간이 얼마나 지속될 것인지는 다시 의문이었지만 그러나 이때의 거처의 옮김은 정말로 그에게 어떠한 새로운 청량감을 주기에 충분하였다. 아직 늦여름 열기가 남아 있었지만 동둔의 집은 하늘 높은 흰 구름 아래 층층의 집에 사방의 열린 창으로 신선한 바람이 불어들고 있었고, 그리고 벼가 자라고 있는 들녘에는 이제 한 창 벼꽃이 피어 그 향기로움은 이루 말할 수 없을 정도였다.

하늘 높은 가을이 되니 폐병에서 회복될 것 같고
백발도 스스로 말끔히 빗질할 수 있겠네
高秋蘇肺氣   白髮自能梳

벼 꽃에서는 그야말로 이상향의 냄새가 풍겨온 듯 하였다. 다들 어떤 무엇이라도 그 나름의 고유의 향기가 풍기기 마련이지만 벼 꽃이 피어서 풍겨오는 냄새는 그야말로 흰 쌀빛으로 들이치는 그윽한 냄새였다. 개화기를 마친 벼는 점점 이삭이 나오고 누린 가을 빛 살 아래 낟알들이 여물어가기 시작하고, 수확을 앞두고 매일 들판앞에 서는 그도 생전 처음으로 자기 손으로 지은 햅쌀을 먹어볼 수 있다는 생각으로 가을이 여물어 가고 있었다.

기다린 끝에 마침내 벼 베기의 때가 다가왔다. 그러자 그는 여러 노복들을 데리고 낫을 들고 들판에 나가 벼베기를 시작하였다. 마치 저울추의 무게 처럼 잘 익은 낱알에 한 껏 고개를 숙이고 있는 벼 포기들은 서슬푸른 낫질에 싹둑 싹둑 밑동이 잘려나갔다. 이렇게 한 동안의 벼 베기를 마치고 나니 가을 들판은 어떤 새로운 하늘로 채워지는 것 같았다.

벼를 베고 나니 구름과 물이 비어 있는 듯 하다
稻穫空雲水

그리고 다시 타작이 시작되었다. 타작을 하기 전에는 본래 널찍하게 마당의 공간을 잡고 타작을 할 장소를 닦기 마련이었다. 그러나 이렇게 일련의 바쁜 추수과정에서도 시인으로써의 그의 마음은 어쩔수가 없는 노릇이어서 타작 마당을 치우다 보니 땅속의 개미굴이 드러나 그들의 집이 파헤쳐지는 경우가 일어났다.

타작마당을 닦다가 파 헤쳐진 개미굴이 불쌍하구나
筑場憐穴蟻

사람의 발 아래 사는 개미들이라 해서 그들의 세계가 없을리 없었다. 그들은 그들끼리의 집단생활속에서 다른 그 어떠한 것에도 비할 데 없는 사회생활과 조직을 구성하고 있을 수 있고, 때문에 그들의 세계가 파헤쳐진다는 것은 어쩌면 인간사회에서 난리나 전쟁을 만나 모두 갈 곳을 잃고 우왕좌왕 뿔뿔이 흩어지는 참상을 당하는 것이나 마찬가지였다. 시인으로써 그의 한 생을 불우하게 하였고, 온 세상을 떠돌며 살게 했던 근본 원인도 사실은 안녹산의 난으로 나라와 국토가 파괴되는 전란에 있었다. 개미굴을 보면서 그는 이것을 유추하여 생각하였고, 또한 미물이지만 그들의 아픔에도 마음을 놓치 못하는 그의 박애주의가 여기서도 다시 드러났다. 그러나 불행하지만 세상이라는 것은 한 온전한 사상을 가지고 있는 시인이 살아가기에는 너무나 비정한 곳이었다. 세상이라는 곳은 남을 죽이지 않으면 자기가 살아갈 수 없는 곳이었고, 남을 착취하지 않으면 자기가 착취되어야 하는 곳이었다.

때문에 타작마당에 파 헤쳐진 개미굴에 까지 아픔을 보이는 시인의 마음은 어쩌면 세상에서 가장 저주 받은 목숨이었고, 또한 사람들이 보기에는 그만큼 부질없고 못난 생각에 불과할 따름이었다.

그러나 그에게도 스스로의 목숨이 바라는 원초적인 것이 없을리 없었다. 그는 타작을 끝내고 자기의 곳간에 알곡이 가득차고 또 그 알곡을 정미하는 과정에서 생긴 그 즐거움 역시 또 한수의 시를 쓰게 하리 만큼 충분하였다.

절굿공이로 방아를 찧으니 흰 빛이 나고
껍질을 벗기니 곡식이 붉어 보이네
밥을 좀 더 먹어야 늙은 몸을 지탱할 수 있고
창고에 곡식이 가득하니 떠도는 신세 위안이 되네
落杵光輝白　　除芒子粒紅
加餐可扶老　　倉廩慰飄蓬

그도 물질을 가짐으로써 마음이 편안해지고 수심도 어느만큼 줄일수 있는 것이 되었다. 목숨이라는 것을 좀 더 나은 환경에서 부지할 수 있게 되었기 때문이었다.

붉은 햅쌀은 종일 먹어도 아직 있으니
옥 같은 쌀을 나는 아끼지 않는다
紅鮮終日有　　玉粒未吾慳

그러나 그에게 소유라는 것은 그의 근본을 바꾸리만큼 절대적인 것이 될 수는 없었다. 아직은 후일의 일이지만 그는 이해의 겨울을 넘기고 또 다른 어떤 곳을 향하여 떠나기 위하여 꿈꾸고 있었기 때문이었다. 스스로의 삶을 위해서라면 그는 이 기주의 땅에서 몇 년이나 좀 더 농사를 짓고 그리하여 곳간을 더 채웠어야 했고 그렇게 했다면 자신과 가족의 생활을 좀 더 나은 환경에서 살아 가도록 할 수 있었을 것이다. 그러나 그것은 일반인의 사고방식과 일반인의 생각일 뿐이었다. 시인의 마음속에는 세상사람들이 보기에는 훌륭한 길, 출세할 수 있는 길, 성공했다고 부를 수 있을 만큼의 순탄한 길을 두고도 반드시 어떠한 삶을 가야만 하는 천명이 주어져 있었기 때문이었다.

채 이년이 안 되는 기주생활속에서
바쁜 농사일과 함께
그의 시의 삼분의 일이 여기에서 지어지는
그의 문학인생중 가장 의미 있는 시기를 보내다.

　일단 가을 수확이 끝나자 여러모로 분주했던 그의 한 해는 끝난 셈이었다. 그는 기주에 도착하여 거의 일년 새에 네 번이나 거처를 옮겼다. 또한 양서와 동둔에서 과수원과 논농사를 지으면서 스스로 농사에 참여함은 물론이고 노복들을 거느리고 하루 하루를 살아왔다.　이러한 일련의 기주에서의 바빴던 생활이 곳간에 곡식이 채워지는 것을 마지막으로 일단락 되자, 이 해의 깊어가는 가을은 이전에 볼 수 없었던 여러 많은 생각을 하게 했다. 으레이 하나의 사건과 힘든 고비가 지나가면 그 사건이 끝나고 난 뒤에는 그에 따른 소회가 물밀듯이 일어나기 마련이었고 여기에다 가을이라는 특별히 시인들로 하여금 시상을 자아내게 하는 계절적 특성, 그리고 여러 병과 만년의식 등 여러 가지가 한없이 중첩되어서 일어나는 수심으로 시 창작의 폭발성을 가져왔다는 것이었다. 그 결과 그의 천오백여수의 시 가운데서 채 이년이 안되는 기주생활속에서 무려 삼분의 일이 여기에서 지어지는 결과를 낳았다. 뿐만 아니라 하나의 제목을 두고 시를 써도 그저 한 수의 시를 쓰는데에 그치지 않았다. 맨 처음에 서두의 시가 나오게 되면 이 서두의 시를 대표로하고 여기서 돋구어진 시상은 계속적으로 제이수, 제삼수하여, 끊임없이 필묵의 연장을 가져오는 것이었다. 그러한 시들 가운데는 기주의 가을풍경을 읊은 〈추흥팔수〉라는 여덟편의 연작시가 가장 대표적이지만 그에 앞서 기주시기의 창작에 있어 시흥의 극치를 올려 촉매시켜 놓은 것은 무엇보다 여름 무렵에 동생 두관이 장안에서 살다가 그를 찾아 기주로 오게 되는 것이 가장 결정적이라 해도 과언이 아니었다.

  어쨌든 두관은 전쟁이 일어나 헤어진지 수년만에 그를 만나게 된다. 그리고 두관은 얼마간 양서 초당에서 머무르다 따뜻한 기후와 산물이 풍부한 남쪽땅이 더 좋다고 생각하여 장안에 있는 처자를 데리고 오기 위하여 다시 북쪽으로 길을 나서는데 그는 동생을 보내면서 다시 다음과 같은 시를 쓴다.

  너는 돌아가 처자를 데리고
  가을 되면 돌아올 생각을 하여라
  지금 이미 반딧불이 어지러운 여름이니
  가을 기러기와 함께 돌아오면 좋을 것이다
  동쪽으로 서강이 유유히 흘러가는 것 바라보며
  남쪽으로 내려가 북쪽 창문을 열고 기다리마
  汝去迎妻子　　高秋念却回
  卽今螢已亂　　好與雁同來
  東望西江永　　南遊北戶開

  이 시는 앞으로 어디에서 살아야 할지 그의 속마음을 보여주는 중요한 시 이다. 이전에 동생 두관이 기주로 온다는 소식을 받고 그의 마음속에서는 두관이 오면 그를 따라 장안에 돌아가는 생각을 하였다. 타향생활을 청산하고 싶었던 것이다. 그런데 동생 두관의 생각은 오히려 달랐던 것이었다. 오히려 그가 남쪽으로 와 살고 싶어 했던 것이다. 때문에 두관을 만나고부터 그의 귀향생각은 일단 꺾인 상태였다. 그리고 위의 시에서 보여주는 또 다른 것은 그는 처음부터 기주에 오래 머물 생각을 하지 않았다는 것이다. 계절이 바뀌고 해가 바뀌면 또 다른 타향으로 떠날 생각을 하고 있었던 것이다. 왜 그가 여러모로 상황이 살기가 좋은 기주를 버리고 떠날 생각을 또 하고 있었는지는 사실 많은 이유가 있었다. 그만큼 그의 마음속에는 여러 갈등심이 복잡하게 얽혀 있었다는 것이다.

그런데 동생 두관을 고향으로 보내놓고 나서 늦가을을 맞은 그는 또 한명의 동생에 대한 근황을 알게 되었다. 바로 다섯째 동생 두풍(杜豊)이었다. 두풍은 근래 삼, 사년동안 연락이 끊긴채 홀로 강동의 어느 한 사찰에 살고 있었는데 사람을 시켜 여러모로 탐문을 한 끝에 마침내 연락이 된 것이었다. 그리하여 그는 동생을 그리워하는 시 두 편을 연작으로 써서 다시 인편에 보냈다. 그 첫 수는 다음과 같았다.

전쟁후에 내가 살아있음을 탄식하고
떠 돌며 사는 너의 힘든 삶 아노라
가을풀 시드니 천리마도 병들고
모래밭 저녁 물가에 할미새가 추워보이는구나
초 땅이 치고 있는 관문과 성은 험난하고
오 땅이 삼키고 있는 물들은 넓기만 하리라
동생 생각하며 십년을 한결같이 눈물 흘리며
옷 소매 일찍 말라본 적 없었노라
亂後嗟吾在　羈棲見汝難
草黃騏驥病　沙晚鶺鴒寒
楚設關城險　吳呑水府寬
十年朝夕淚　衣袖不曾乾

다섯째 동생 두풍은 그의 유년시절을 돌아 볼 때 이복형제일 수 밖에 없었다. 즉 그는 어려서 어머니를 잃은 관계로 네 살때 낙양 건춘문에 사는 고모댁에서 자라났고, 아버지는 계모를 들였다. 이복형제에 대한 정 역시 동복형제에 비해서 그 형제감은 떨어질 수 밖에 없었다. 그러나 그는 그러한 소외감을 가질 사람에 대한 동정심 역시 특별한 사람이었다.

위의 시의 다섯째구에서의 초땅은 그가 있는 기주이고, 여섯째 구의 오땅은 동생 두풍이 살고 있는 강동땅이다. 그러므로 서로 관문이 험난하고 물길이 광평하여 형제가 서로 만나기 힘들다는 것을 표현하고 있는 것이었다.

위의 시 역시 그의 시 가운데 빼 놓을 수 없는 중요한 한 편의 시가 될 수 밖에 없지만 그러나 사람들에게 그리 알려져 있지 않을 뿐이다. 한 시인의 시에서 모든 작품이 빼어날 수 없지만 그의 천 오백여수의 시 가운데서는 이렇게 잘 거론되지 않는 시들 조차 충분히 명시 계열에 들 수 있을 정도로 다수의 시가 모두 내용상의 깊이를 지니고 있어 이것이 그의 명성을 중국최고로 올려 놓는데 역할을 하고 있다는 것은 물론이다.

연작의 두 번째 시에서는 그는 다시 다음과 같은 구절로 동생을 찾아 나서겠다고 다짐한다.

내년에 봄물이 흘러 오나라 땅으로 내려갈 때
동쪽 다한 곳 흰 구름 이는 곳에서 너를 찾으리라
明年下春水　東盡白雲求

즉 해가 바뀌고 따뜻한 봄이 되면 기주를 떠나 동쪽으로 떠나겠다는 것이다. 이렇게 여름과 가을에 걸쳐 동생들과의 만남과 이별을 통해 절정으로 오른 시흥은 마침내 〈추흥팔수〉라는 장쾌한 연작시의 창작을 불러왔다. 본래 그의 연작은 처음부터 연작을 쓰겠다고 마음 먹고 쓴 것이 아니었다. 또한 한 제목의 시 아래 몇 수를 쓰겠노라고 정해놓고 쓰는 것도 아니었다. 일단 한 수의 시가 격정적인 감정에 의해서 쓰여지고 나면 마치 배가 지나고 난 뒤 일어나는 물포처럼 또 다른 시가 계속적으로 쓰이게 하는 것이었다. 일찍이 그 유명했던 〈진주잡시〉와 〈동곡칠가〉가 그러했고 〈추흥팔수〉 역시 마찬가지 였던 것이다. 때문에 연작시의 요체는 이러한 여러 연작을 이끌어 올만한 절대적으로 감정을 선도하는 첫 수가 어떻게 쓰여지느냐에 따라 달려 있었다. 그렇다면 〈추흥팔수〉의 시는 어떠하였는가?

옥 같은 이슬이 단풍나무 숲을 시들게 하니
기주의 산과 골짜기에는 바람이 쓸쓸하다
강의 파도는 하늘 바람 더불어 솟구쳐 오르고
변방의 바람과 구름은 땅에 잇대어 음산하다
국화꽃 두 번 피도록 이 곳 타향에서 눈물 흘리고
외로운 배는 고향 가고 싶은 마음으로만 묶여 있다
겨울 옷 짓느라 집집마다 자와 칼을 재촉하고
백제성 높은 곳에 저녁 다듬이 소리 급하다
玉露凋傷楓樹林　　巫山巫峽氣蕭森
江間波浪兼天湧　　塞上風雲接地陰
叢菊兩開他日淚　　孤舟一繫故國心
寒衣處處催刀尺　　白帝城高急暮砧

이향인에다 늙음과 병에다, 흩어져 사는 형제들과, 그리고 전쟁이 끝난 후에도 여전히 수습되지 않는 국가의 혼란에다, 그의 마음속에는 이래 저래 수심을 일으키지 않는 구석이라고는 하나도 없었다. 세상 만사 모든 것이 생각하기 나름이고, 살아가기 나름이지만 그는 유독 슬프게 살아왔고, 따라서 모든 것을 슬프게 바라보았으며, 또한 그 자신이 기꺼이 슬픔을 창조하는 생활을 해 왔다고도 할 수 있었다. 이 방식의 삶이 사람이 잘 살아가는 방식이라고는 결코 말할 수 없었지만 그러나 시인으로써 마음속에 일어나는 수심이 없고 그 결과 시를 쓸 수 없게 된다면 그에게는 그 보다 의미 없는 삶은 없었다.

그렇다면 위의 시가 여덟편의 연작을 가져 올 만큼 초두시로써 흥의 폭발을 일으킨 이유는 무엇인가 이다. 일단 위의 시는 전체적으로 보아도 매우 빼어나다. 그 가운데서도 후반 넷구가 그러하고 다시 이 넷구 가운데서도 마지막 두 구절이 더욱 그러하다. 즉 겨울이 다가옴에 따라서 집집마다 옷을 짓기 위하여 옷감을 재단하는 칼과 가위 놀림질 하는 것, 그리고 기주의 초저녁 하늘에 울려 퍼지는 다듬이 방망이 소리를 표현하는 것에 의해서 그의 감정은 절정에 이르게 되었다는 것이다. 이 문제는 결국 그 자신이 어떠한 사항에 의해서 감정이 격화되고 예술적 정열의 극치를 가져오는가 인데, 결론적으로 그가 궁극적으로 애착을 가지고 있는 것은 역시 일반적인 서민의 삶에 관한 것이었다는 것이다. 다듬이 소리, 베틀 디디는 소리, 혹은 옷을 만드는 것 이 모든 것들은 귀족이나 왕후저택 혹은 궁궐에서 이루어지는 것이 아니라 가장 평범한 백성들의 집 안에서 아녀자들이 밤을 세워가며 하는 일이다. 이전에 그의 시에서 궁궐에서 왕이 신하들에게 나누어 주는 비단도 가난한 가정의 여인들의 손에 의해서 나온 것이라 했던 것은 일찍이 그의 마음이 두고 있는 곳이 어디인지를 보여 준 것이었다. 그러나 그의 관심은 이러한 소시민적인 것에만 있는 것이 아니었다. 첫 수에서 이렇게 옷 짓기와 다듬이 소리에 의해서 고조된 흥이 상기하는 것은 바로 장안의 궁궐이었고 첫 수 이후에는 장안과 기주의 가을 풍경이 계속해서 번갈아 거론된다.

어쨌든 〈추흥팔수〉의 첫수의 마지막 구절에 의해서 절정에 오른 감정은 이 한편의 시로써는 다하지 못 할만큼의 시상이 계속 떠 올라 여덟편의 시가 쓰여지는데 특별한 것은 이 여덟편이 각각 한 수씩의 독립된 형태가 아니라 모두다 사슬처럼 연결되어 있다는 것이다. 즉 앞의 시가 뒤의 시와 연결되고 뒤의 시가 다시 그 다음의 시로 연결되어 어떠한 단절감없이 시가 구성되어져 있다는 것이다. 이것은 결국 보통의 시인으로써는 할 수 없는 그만큼 감성이 계속적으로 풍부하게 일어나고 있다는 것을 보여주는 것이었다.

절제할 수 없이 일어나는 마음속의 격렬함은 위의 시처럼 더할 나위 없는 고조된 내용을 가진 시를 쓰게 하고 있으나 또한 이와 정반대의 시적 경향을 가지면서도 천하를 아우르는 명시가 이 기주시기에 쓰여지기도 하였다. 마치 격렬한 파도가 일어나고 난 뒤의 한결 조용해진 수평선과 같은 것이었다. 다음의 시는 역시 이 해 가을에 쓰여 진 이른 바 그의 시의 최고작이라고 불리는 시이다.

바람 빠르고 하늘 높은데 원숭이 울음 소리 슬프고
물가 맑으며 모래 흰데 새는 날아서 돌아 내린다
가없이 지는 낙엽은 쓸쓸하게 떨어져 내리고
다함 없는 장강은 도도하게 흘러온다
만리의 슬픈 가을에 항상 떠 도는 객이 되어
인생 백년 동안 병 많은 몸으로 홀로 누대를 오른다
가난과 한 맺힌 고생으로 서리가 된 귀밑머리 성성하고
늙은 몸으로 새로이 탁주잔을 멈추노라
風急天高猿嘯哀　　渚淸沙白鳥飛廻
無邊落木蕭蕭下　　不盡長江滾滾來
萬里悲秋常作客　　百年多病獨登臺
艱難苦恨繁霜鬢　　潦倒新停濁酒杯

그의 인생 전체를 보면 기주 시기는 사실 그의 인생의 끝무렵이자 절정이나 마찬가지였다. 비록 기주에 도착하여 서각에서 적갑으로 적갑에서 양서로 그리고 다시 동둔으로 잦은 거처를 옮겼지만 그래도 기주에서는 옮길만한 장소가 있었고, 또한 도와 주는 사람이 있어 옮길 여력도 있는 상태였다. 그러므로 스스로의 거처지를 가지고 돌아갈 집을 가지고 있었던 것은 이 시기가 마지막이었다고 할 수 있는 것이었다. 그 이후의 시기는 그야말로 배를 타고 이곳 저곳 사방 정처없이 삶의 마지막 고난을 부표처럼 떠돌다 죽었을 뿐이다.

까치와 까마귀가 위대한 것은 상황에 맞는 예감으로 소리를 낼 수 있기 때문이다. 더군다나 한 위대한 시인으로 스스로의 인생이 어느 시점에까지 이르렀으며, 또한 자기가 살아가야할 날이 얼마나 남아 있을 지 그 예감이라는 것이 가슴에 밀려 들지 않을 수가 없었다. 때문에 위의 〈등고〉시는 자기의 인생을 총괄하듯이 누대에 올라 유유히 흘러가는 장강과 만리의 슬픈 가을을 바라보면서 숙연한 자세로 시를 읊었던 것이다.

그렇게 기주의 가을을 마지막으로 보내고 다시 겨울이 깊어지기 시작했다. 마치 짐승들이 굴 속 깊숙이 동면으로 들어가는 것 처럼 겨울이라는 계절은 사람들 역시 외출을 삼가고 스스로의 지난날에 대한 사상을 더욱 안쪽으로 밀폐시킬지 모를 일이었다. 이렇게 되자 그는 지금까지 살아온 날들과 그리고 일생을 살면서 만났던 사람들과 겪었던 일들을 거슬러 반추하기에 이르렀다. 그 가운데서도 역시 그의 마음의 중심부에 떠 오른 것은 일생을 살면서 가장 추앙했거나 혹은 어려울 때 가장 인간적으로 밀접하게 교류를 가졌던 사람들에 대한 그들의 죽음을 슬퍼하는 것이었다. 여기서 쓰여진 것이 〈칠애시〉였다. 즉 그의 마음속에 담긴 일곱사람에 대한 소회와 감정을 읊은 것이었다. 이 일곱사람은 바로 이광필(李光弼), 엄무(嚴武), 왕사례(王思禮), 이진(李璡), 이옹(李邕), 장구령(張九齡), 소원명(蘇源明), 정건(鄭虔)이었다. 이 사람들 가운데는 당대의 유명한 장군이 있는가 하면, 그의 평생의 지기도 있었고, 또한 그의 시에 영향을 준 사람도 있었다. 그 가운데 장구령은 그의 칠애시 가운데 다소 의외감이 드는 사람이었다. 장구령은 초당의 시인으로 재상의 위치에 까지 올랐던 사람이었다. 그가 장구령의 죽음을 슬퍼해야할 대상으로 꼽았던 것은 당조가 쇠퇴의 길로 접어들기 시작할 무렵의 태평성대의 마지막 재상으로 간신 이임보에 의해서 하야를 하여 역시 인생말년을 비운 속에 보냈기 때문이고 또한 장구령의 서정시는 그에게 미친 영향이 매우 컸기 때문이었다. 다음의 장구령의 시는 그러한 면을 분명히 보여준다.

바다위에 밝은 달 뜨고
지금 하늘 끝에서 서로 헤어져 있구나
님은 아득한 밤 한탄하고
밤 다하도록 일어나 서로 생각하누나
촛불을 끄니 연정의 빛 가득차고
옷을 입고 밖을 나서니 이슬이 생겨나는 것 느끼누나
海上生明月　　天涯共此時
情人怨遙夜　　竟夕起相思
滅燭憐光滿　　披衣覺露滋

　다소의 감상적인 분위기가 묻어 나는 가운데 님과 서로 헤어져 그리워하는 애틋한 심정을 노래하고 있는 장구령의 시는 그의 직전 시기의 시인으로써 그에게 일정분의 영향을 주었다 해도 과언이 아니었다. 더군다나 평생동안 관직을 그리워하며 장안으로 돌아가기를 고대하고 있었던 그는 시인으로 재상까지 오른 장구령에 하나의 본보기적인 사람으로 칠애시의 한 주인공까지 되었다고 할 수 있었다.

기주생활도 버리고
다시 배를 타고 강릉으로 향할 생각을 하다.

　서기 768년, 그의 나이 57세의 새해가 되자 그는 기주를 떠나려고 준비하고 있었다. 그가 기주를 떠나려고 마음 먹고 있었던 것은 어제 오늘의 일이 아니었다. 백무림이 그에게 양서초당의 과수원을 주어 경작하게 하고 또 동둔의 공전 백경이나 되는 넓은 들을 주어 관리하게 하였지만 이것이 그의 마음을 정착으로 이끄는데는 불가하였다.
　그는 일찍이 동둔의 논농사를 짓기 시작하기 전부터 가을 수확을 마치고 계절이 바뀌면 기주를 떠나겠다고 여러시에서 토로하고 있었다.

　시월이 되어 강이 평온해지면
　가벼운 배 타고 나아갈 수 있겠지
　十月江平穩　　輕舟進所如

　그가 떠돌아야 하는 것은 차라리 하나의 습성이 된 것이라고 할 수 있어서 굳이 새로이 어떤 유랑의 이유를 설명할 필요가 없겠지만 그러나 기주의 상황은 그 동안의 오랜 궁핍과 가난에서 벗어나는 의식주의 해결을 가능하게 하였고, 일찍이 지난날의 선례가 없었던 때라 또 어디로 떠나야 한다는 것은 선뜻 이해가 되지 않는 문제가 포함되어 있었다.
　그러나 유랑을 해야 하는 시인의 마음으로써는 환경과 조건이 어떻게 바뀌더라도 그 바뀐 환경 역시 또한 그를 떠돌아다니도록 하는 수심의 심령을 마음속에서 일으킨다는 것이었다.

  기주 생활에서 가장 그의 마음속에 걸림돌로 작용하고 있었던 것은 바로 자기의 조력자인 기주도독 백무림에 대한 것이었다. 백무림에 대해서는 그의 어느 한 수의 시에서 부주로 밝히고 있듯이 자주 자기의 봉록에서 일정분을 떼어 그에게 건넸다. 이러한 백무림의 호의적인 행위는 이전에 성도에 있을 때 엄무도 그렇게는 하지 않은 베품이었다.

  그의 지금까지의 사람의 교제는 사실 잠시 잠깐의 일시적인 도움을 청하기 위한 교제였다. 특히 이르는 곳의 그 곳 현령과 자사, 절도사들에게는 한 두 번의 도움을 받아 연회에 동석하거나 임시 기거할 장소를 마련하거나 하는 그런 식이었다. 그러므로 이러한 짧은 만남속에서는 서로 간에 어떠한 얽히고설키는 사적인 인간 교유의 문제가 생길 수가 없었다. 그런데 어떤 경우에는 일단의 기간동안 교제가 지속되는 경우도 있었다. 바로 성도 시절의 엄무가 그러했다. 그러다가 결국은 엄무와의 관계는 파국으로 끝났고, 연회에서 함께 동석했던 재주 자사 장이가 엄무에게 죽음을 당하고, 그 또한 장이와 친밀하게 지냈다는 이유로 죽을 뻔하다가 가까스로 현장을 벗어날 수 가 있었다. 이것은 그에게 마음속에 두고 두고 교훈을 주었다. 그들은 도움을 주다가도 마음에서 어긋나면 쉽게 상대방을 척결하는 태도를 취했다. 그 자신도 또한 술 좌석에서 사담을 나누다가 시인 특유의 격하고 직설적인 성격 때문에 자기도 모르게 상대방의 심기를 거슬리게 하는 발언을 종종하기도 하였다. 그러므로 그의 생각에서는 그들과는 오래도록 관계를 지속하지 않는 것이 좋다는 생각을 하고 있었다. 이러한 면은 그의 평생의 지기였던 정건과 소원명, 그리고 처음 만나자 마자 서로가 서로를 알아보고 함께 손 잡고 놀러 다니며 술에 취해 가을 밤에 한 이불 덮고 잠을 잤던 시선 이백과의 그러한 관계와는 차원을 달리했다. 결과적으로 시인의 교제는 시인이 될 수 밖에 없었다는 것이다.

결국 백무림에게 자주 돈을 받고 공전을 위탁받아 관리한다는 것은 그에게 예속되는 것이며 또한 공전의 관리가 잘 되고 있는지 늘 주시의 대상이 된다는 것이었으며 그만큼 항상 비굴함과 조아리는 자세를 취해야 하는 것도 사실이었다. 게다가 노복들을 데리고 공전을 관리한다는 것 자체가 그에게는 손 쉬운 일이 아니었다.

기주땅의 호랑이 막느라 잠들지 못하고
생을 위해 초나라 아이와 가까이 지낸다
不寢防巴虎　　全生狎楚童

여기서의 호랑이는 짐승으로써의 호랑이가 아니었다. 그를 둘러싼 모든 주위의 사람들을 가리키는 것이었다. 특히 서로 지역 패권을 차지하기 위해 각 지역의 토호세력과 절도사들이 합종연횡하여 끊임없이 싸움을 벌이는 인사들을 말하는 것이며 여기에는 백무림 역시 포함되어 있음은 물론이었다. 초나라 아이를 가까이 한다는 것은 한 해의 농사를 위해서는 여러 모로 많은 일손이 필요하므로 노복들을 데리고 이런일을 해 나간다는 것이었다. 그러나 본래 시인이라는 사람들은 대인 관계가 원만하지 않을뿐더러 다른 사람에 앞장서서 일을 이끌어나가는 것과는 거리가 먼 사람들이었다. 그들은 유달리 자기 자신의 내부에 마음을 쓰는 사람들일 뿐이었다. 때문에 관직과 공무는 그에게 맞지 않았고, 얼마를 가지 못하고 사직을 하고 스스로 자유의 몸을 선택하곤 했었다.

때문에 모든 이러한 제반의 문제, 정착하여 어쩌면 잘 살아 갈수도 있는 기회가 왔음에도 불구하고 스스로 그러한 세상살이에 자신을 적응시키지 못하고 또 다른 선택을 하지 않을 수 없는 불가피한 상황이 이래 저래 갑절로 수심을 배가시켜 신세 한탄을 금치 못하게 하였던 것이었다.

종제 두위에게 의지할 생각을 하며
강릉에서 아름다운 전원생활을 꿈꾸다.

　이전에 그는 사천땅에 대해서 산수는 뛰어나지만 사람들 인심이 사납다고 하였다. 그렇다면 그가 기주를 떠나 가고자 했던 곳은 어디라 말인가? 그의 말처럼 풍광도 뛰어나고 또 사람들의 마음까지 좋아 기꺼이 교류하며 살아 갈 수 있는, 시인이 생각하는 천국이라는 곳은 세상에 과연 있다 말인가? 그가 가고자 했던 곳은 바로 강릉이었다. 굳이 강릉을 새로운 거처지로 생각했던 것은 다음과 같은 사연이 있었다. 물론 그러한 사연들은 그가 장소를 옮길 때마다 언제나 마찬가지였지만 지인이 있고 의탁할 만한 어떤 무엇이 있느냐가 기준이었다.
　우선 강릉에는 친척 동생인 두위(杜位)가 관직을 수행하고 있는 곳이었다. 그가 두위를 처음으로 알게 된 것은 사실 오래전의 일이었다. 이전에 장안에서 관직을 모색하며 동분서주하며 이 사람 저 사람 가리지 않고 만날 때 그때 두위를 처음알게 되었다. 두위는 당시 재상이었던 이임보의 사위였다. 당시 이임보는 나라의 권력을 한 손에 쥐고 있었던 사람으로 때문에 그의 사위라는 것은 그것 자체로 대단한 위용을 지닐 수 있었고 그리하여 그는 두위를 통해서 관직을 얻어보고자 하는 차원에서 그와 교류가 시작되었다고 할 수 있었다. 그때 두위는 한 해의 마지막 제야의 날에 굶주려 사는 그를 연회에 초대하여 풍성한 술과 음식으로 화려하게 즐거운 하루 밤을 보내기도 하였다. 그러나 이임보가 죽고 양국충이 재상에 오르자 두위 역시 쫓겨나 지방을 전전하다가 강릉에서 겨우 관직을 얻어 살아가고 있는 상태였다. 그러다가 거의 이십년 가까운 세월이 흘러 그가 막 기주에 도착했을 때 군 막부에서 두위를 만나게 되는 기회를 갖게 되었고 얼마 후 두위가 다시 강릉으로 돌아가자 시를 지어 그에게 보냈다.

    겨울해는 처마 지나니 곧 지고
    초라한 원숭이는 의지할 나무 없어 슬프다
    무협에서 객이 되어 산지가 오래 되었고
    마침 강 위에서 그대를 생각하게 되는 구나
    세상에 이 한 몸 어디에 두고 있을 것이며
    전쟁 속에서 병은 어떻게 떨칠 수 있나
    편지 봉하여 그대에게 보내려니 두 줄기 눈물 흐르고
    새로 지은 시에 마음 젖어 드는 구나
    寒日經簷短   窮猿失木悲
    峽中爲客久   江上憶君時
    天地身何在   風塵病敢辭
    封書兩行淚   霑灑裛新詩

    서로가 불운한 운명속에서 장안을 떠나 객지에서 살고 있는 심정을 매우 감상적인 표현방식을 이용하여 두위에게 전달하였다. 이것은 결국 강릉으로 가 두위에게 의지하고 싶다는 속내를 기주에 살 때부터 품고 있었던 것이었다.
    두위뿐만 아니라 그에게 강릉행을 품게 한 사람은 또 한 사람이 있었으니 바로 정심(鄭審)이라는 사람이었다. 정심은 바로 그의 일생의 지기였던 정건의 조카였던 사람이었다. 정심 역시 중앙에서 관직을 수행하다 지방으로 좌천되어 강릉에서 은거지를 마련하여 생활하고 있었다. 절친했던 친구의 조카에다 생활의 불운 역시 그와 닮은 점이 있어 어쩌면 좋은친구가 될 수 있을 것이라고 생각했던 것이다. 때문에 그는 기주를 떠날 준비를 하면서 미리 정심에게 시를 보내어 그러한 교유를 가질것을 넌지시 말해 놓았다.

관직의 길은 반악처럼 형편 없었지만
재주의 명성은 가의처럼 많으셨다
배를 버리고 응당 살 곳을 점쳐
이웃으로 가까이 하고 싶은데 뜻이 어떠하신가?
官序潘生拙　　才名賈傅多
捨舟應卜地　　隣接意如何

정심은 그의 이러한 제안을 받고 기꺼이 좋다는 응답을 역시 그에게 보냈다.

이렇게 강릉으로 떠나고자 하는 마음이 무르익고 있는 가운데 동생 두관으로부터 다시 편지가 왔다. 그가 양서 초당에 있을 때 두관은 그를 만나기 위하여 장안에서 왔다가 오히려 남쪽 땅이 살기 좋다는 것을 알고 처자를 데리고 오기 위하여 다시 북쪽으로 갔다가 재차 강릉에 돌아왔다는 서신이었다. 동생 두관이 강릉으로 미리 방향을 잡았던 것은 그가 기주에서 미리 두관에게 훗날에 강릉으로 갈 것이라고 말해 두었기 때문이었다. 두관의 편지를 받자 그는 다시 억제할 수 없는 희열의 감정이 북받쳐 올랐다. 형제가 다시 만나게 되었다는 기쁨과 그의 강릉행에 대한 기대가 섞인 것이었다. 그 결과 세 편의 연작시가 쓰여졌다. 이 세 편의 연작시는 한결같이 즐겁고 근심 풀린 마음을 노출하고 있어 동생에 대한 그의 사랑의 마음을 다시 한 번 엿보게 하고 있다. 그 첫수는 동생이 돌아오는 길에 무슨 변고를 당하지 않을까 노심초사했던 마음을 역력히 드러내고 있다.

네가 가족을 데리고 강릉에 도착했다는
그 소식은 진실로 나의 근심을 풀어 주었다
길조의 붉은 기러기 그림자 기주에까지 이어지고
할미새는 소식 안고 급히 날아 모래 언덕에 이르는구나
험하고 두려웠던 관문과 길은 지금은 부질없이 아득해 보이고

우임금이 뚫었던 차가운 강은 비로소 조용히 흐르는 구나
汝迎妻子達荊州　消息眞傳解我憂
鴻雁影來連峽內　鶺鴒飛急到沙頭
嶢關險路今虛遠　禹鑿寒江正穩流

　세계는 고정불변의 것이 아니었다. 시인이 어떠한 시각으로 보느냐에 따라 그것은 언제나 다른 모습으로 보일 뿐이었다. 설사 백화제방의 아무리 화려한 봄이 와도 시인의 마음에 멍들고 상처가 있다면 그것은 한낱 부질없는 자연현상으로 보일 것이고, 그와 반대로 희망이 있어 보인다면 엄동한설에 한 자락 맑은 햇살이 내리쬐여도 그것은 봄이 곧 다가오는 것으로 희열의 광경으로 보이는 것이었다.
　그는 동생 두관이 북쪽에서 무사히 강릉에 도착했다는 소식을 듣자 그 동안 우려스럽고 근심스럽게 보였던 모든 것들이 비로소 제자리를 잡아 강은 조용히 흐르고 있는 것 같았고, 동생이 왔던 먼 길은 아득해 보일 뿐이었다.
　이 처럼 동생의 도착에 대한 즐거움의 감정을 사물에 기탁하는 방식으로 시 한 수를 써 놓고 나니 다 하지 못한 말들이 아직도 역시 많았다. 그만큼 즐거움이 컸고 그 동안의 걱정이 매우 컸다는 것이었다. 그리하여 제 이수는 동생이 돌아오는 과정에서 겪었을 여러 고통을 상상하며 좀 더 구체적으로 썼다.

말 타고 진산을 넘을 때는 눈이 깊었을 테고
북쪽에서 오느라 뼈 시린 추위에 고통스러웠겠지
타향은 나에게 봄 색을 피워내는데
고향에서 옮겨와 살게 되었으니 객의 마음 알게 되겠지
기뻐서 손 잡고 여의무도 추고 싶고
기쁨 주체할 수 없으니 앉으나 서나 노래한다
처마를 돌며 매화의 웃음도 찾는데

싸늘한 꽃 술과 성긴 가지도 반 쯤은 피려고 하는구나
馬度秦山雪正深　　北來肌骨苦寒侵
他鄕就我生春色　　故國移居見客心
歡劇提携如意舞　　喜多行坐白頭吟
巡簷索共梅花笑　　冷蕊疏枝半不禁

　나이 사십중반이 넘어 비로소 본격적인 시를 쓰기 시작한 그는 천오백여수의 시를 남겼다. 이 천오백여수의 시 가운데 대부분의 시가 슬프고 우울하고 근심과 걱정이라는 것이 마치 천둥이 치는 여름하늘의 짙은 먹구름 처럼 엉겨 있는 것이 그의 시였다. 혹자는 그의 이 모든 시 가운데 즐거움을 읊은 시는 이전에 안녹산의 난이 진압되었다는 소식을 들었을 때 쓴 시가 유일하다고 말하였다. 그 때 그는 그 소식을 듣고 비로소 고향에 돌아갈 수 있게 되었다며 발광하며 소리쳤다. 그러나 그러한 즐거움을 읊은 시는 단지 한 수뿐이라고 할 수는 없었다. 위의 시도 역시 기뻐서 어쩔줄 몰라 발을 구르고 있는 시에 해당한다. 일반인의 생각이라면 어쩌면 뭐 그리 대수롭지 않은 일이 될 성 싶기도 한 문제에 마치 천진한 어린아이 처럼 행동할 수 있다는 것은 그만큼 시인으로써 마음의 순수를 보여주는 것이었고, 또한 수많은 시인들 가운데서도 그만이 이러한 감정을 가질 수 있었다.
　제 삼수는 다시 다음과 같은 이야기로 동생과의 이후의 즐거운 강릉 생활을 꿈꾸었다.

옛 시인 유신과 나함의 집이 모두 강릉에 있었는데
세월이 흘러 지금은 누구의 집이 되었을까?
낮은 담이라도 남아 있다면 잔 풀이라도 밟고 싶고
큰 나무가 남아 있다면 꽃은 없어도 되리
우리가 집을 지으려면 응당 장후처럼 길을 내고
정원은 마땅히 소평이 오이를 심은 것 처럼 해야지

근래에 병으로 술은 거의 마시지 못했는데
동생이 권하고 형이 받으면 무슨 한이 있겠나
庾信羅含俱有宅　春來秋去作誰家
短牆若在從殘草　喬木如存可假花
卜築應同蔣詡徑　爲園須似邵平瓜
比年病酒開涓滴　弟勸兄酬何怨嗟

 연작의 마지막 이 시는 이제 기주를 떠나 강릉에서 동생과 함께 살아갈 수 있는 기쁨을 너무나 낭만적이도록 표현하고 있으며 그 곳에서 정원에 오이도 심고 옛날에 장후가 그러했던 것 처럼 대 숲 사이로 길도 내겠다는 소박한 심정을 보여주고 있다. 그리고 시의 전반부를 보면, 그는 그 누구도 부정할 수 없는 대 시인이었지만 그 자신이 살아서는 옛 시인이 살았던 곳을 그리워했다는 사실은 참으로 묘한 감정을 느끼게 한다.
 돌아보면 그는 이전에 이미 전원생활의 꿈을 이루었다. 특히 성도의 완화계에서는 그 자신이 집 터를 잡고 지붕을 올리고 텃밭에 오얏나무와 복숭아나무 묘목을 구해 심기도 했다. 그리고 마당에 소나무도 심었다. 시인의 삶은 별 다를게 없었으며 그저 그렇게 한적한 분위기 속에서 꽃과 나무를 심고 가꾸며, 정원에 채소를 가꾸고 그리고 오이를 심으면 오이줄이 올라 노란 꽃이 피고 점점 과체가 굵어져 가는 것을 신기하게 바라보고, 또한 밤이면 달이 떠 올라 줄 것이고 이것이 전부였다. 그러나 그의 이러한 꿈들은 아직은 진정하게 한 번도 이루어진 적이 없었다. 전란과 어지러운 사회상황으로 늘 떠돌아 다녔으며, 기주의 삶은 그가 생전에 한 번도 경험치 못한 일종의 지주노릇 같은 것이었지만 그러나 오히려 그러한 생활은 그에게 더욱더 수심을 더하여 줄 뿐이었다. 기주생활은 전원생활이 아니라 백무림으로부터 공전을 부여받아 지은 농사였기에 결코 마음이 편치 않았다는 것이며, 강릉으로 가 동생과 함께 진정으로 터를 잡고 전원생활을 마음껏 즐기겠다는 것이었다.

강릉에서 정착을 시도하나 아무도 도와주는 사람이 없어 더없이 절박한 상황에 빠지다.

　봄이 다가오고 이른 꽃이 피기 시작하자 그는 마침내 준비해오던 강릉행을 위하여 다시 장강에 배를 띄웠다. 앞에서 본 바와 같이 그의 강릉행은 여러모로 기대가 걸린 행보였다. 동생 두관이 미리 강릉에 도착해 있었고, 그리고 먼 친척이지만 두위가 관직을 수행하고 있었으며, 또한 이전의 옛 시인들이 강릉에서 살았던 터라 정신적으로 일종의 고향과 같은 향수심을 갖게 하였던 것이었다. 그러나 이러한 가슴부푼 희망과 기대가 뜻대로 이루어질지는 역시 미지수였다. 본래 이 세상에는 시인이 마음속으로 바라고 기대하는 이상의 세계는 있을 수가 없는 곳이었고, 옛 시인이 살았던 어떠한 향수가 묻어나는 곳이라 해도 특별히 무슨 다른 점이 있을 수가 없었으며, 삶의 현실은 늘 지뢰밭 같기만 한 곳이었기 때문이다.
　결론적으로, 그가 이번에 기주를 떠나는 것은 실제적으로 죽음을 향한 인생 최후의 마지막 행선지를 찾아가기 위한 것이나 다름없었다. 저물고 비 오는 가운데 처마밑 등잔의 불빛을 향하여 스스로의 죽음도 알아차리지 못하고 천리 만리서 날아드는 불나방과 다를바 없었던 것이다.
　그럼에도 이번에 기주를 떠나면서는 그의 손에 쥐어진 삶의 보따리라는 것이 좀 있었다. 즉 기주생활을 통하여 얻어진 얼마간의 곡식과 돈이었다. 동둔에서 한 해 농사를 지어 얻어진 것이었다. 물론 동둔에서 거둔 곡식들의 모두가 자기 차지는 아니었다. 공전이었던 까닭에 관청에 바치는 것도 있었을 것이며, 또한 기주도독이었던 백무림에 넘겨진 것도 역시 있었을 것이다. 그렇지만 겨울 내내 먹고서도 쌀은 여유가 있었다.

그러므로 이 번의 강릉행의 배 위에는 지난날 처럼 먹을 것이 없어 주린 배를 안고 배를 탔던 그러한 것과는 상황이 달랐던 것이다. 또한 백무림이 수시로 그에게 돈을 주었던 까닭에 그렇게 해서 모아진 돈 역시 남아 있었다. 아마도 여행이 순조롭게 진행되고 또한 강릉에 도착하여 정착을 하게 된다면 어느 정도 도움이 될 만한 그러한 살림살이였던 것이다.

백제역을 출발한 배는 가벼운 봄 바람을 타고 마침내 동남쪽을 향하여 돛을 올렸다. 기주에 도착한지 거의 이년만에 다시 타는 배였다. 늘 배를 타고 떠돌아 다녔던 사람인지라 신천지를 향하여 오랜만에 타는 배의 느낌은 그로하여 새삼스러이 다시 여행의 흥을 돋우기에 충분하였다. 떠나는 배 위에서 바라보는 기주의 산천은 여전히 어떠한 수려함을 갖추고 있었다. 강의 협곡 사이로 빼어나게 솟은 백염산도 그리고 백제성도 그리고 그가 처음으로 머물렀던 산 중턱의 서각의 모습 등 모든 것이 어떠한 아쉬움과 서느러운 생각들을 뒤로하고 점차적으로 배는 나아가고 있었다.

배가 무산현(巫山縣)에 이르자 그곳에서 며칠을 머물며 여독을 풀고 그리고 또 예외없이 숙소의 벽에 자기의 느낌을 시로 남겼다. 그는 살아서는 자기의 문명에 대한 어떠한 주목도 세상으로부터 받지 못했다. 또한 죽어서도 그 자신이 중국문학사에서 가장 위대한 시인의 위상에 오를 것이라고는 생각하지 못했다. 그러나 어떠한 무의식에서 나오는 행위는 그가 결국 미증유의 역사적 시인이 될 것이라고 알고 있었기에 그렇게 가는 곳마다 자기의 족적을 글로 남기는지 몰랐다.

무산현에서 다시 배에 오른 그는 계속해서 동으로 흘러가는 물살에 몸을 맡겼다. 때로 예상치 못한 봄 바람이 거세게 부는데다 기슭의 양안은 깎아지른 절벽과 협곡, 이루다 말할 수 없을 정도의 높고 낮은 변화 무쌍하게 펼쳐지는 산천 사이로 흐르는 강은 물살의 거세기가 실로 위험천만하였다. 이러한 자연환경을 보면서 지나가는 시인의 마음속엔 흥분감, 긴장감이 뒤섞여 여행의 흥취를 주게 마련이었지만 또한 그만큼 어떠한 자연에 대한 강박감, 그리고 물살에 배가 뒤집어질 수 있는 위협감에 사로잡히게 했다. 특히 물살의 세기가 유명한 구당협등 기주 땅 삼협을 빠져나가는 일은 정말 일종의 목숨을 거는 것이나 마찬가지였다. 그가 기주의 산천에 대해서 산수는 뛰어나지만 풍토는 악하다고 한 것은 어쩌면 당연한 말인지도 몰랐다. 사람 역시 자연속에서 태어나고 자연의 일부일 수 밖에 없었고 기험한 자연환경은 틀림없이 사람들로 하여금 기악한 성격을 가지게 할 수밖에 없었기 때문이다. 중원지역인 그의 고향 낙양은 사천 즉 지금 촉땅의 자연환경과는 달랐고, 더욱이 그의 태생지의 마을인 하남(河南)의 요만촌(瑤灣村)은 뭐 하나 특별하게 내 세울것이 없는 그저 평범하기 이를데 없는 야트막한 산촌에 불과한 곳이었다. 때문에 기주의 자연환경이 본질적으로 그의 마음과 어긋나는 곳이 있음은 부인할 수 없는 사실이었고 이 점 역시 그가 기주를 떠날 수 밖에 없는 요소로 작용한 것 역시 거짓이라 할 수 없었다.

여러 날들을 흘러 어느덧 그를 태운 배가 협주(峽州)에 이르렀다. 지금의 지명으로 말하자면 기주와 무산은 여전히 사천동쪽의 땅으로 분류되나 협주는 호북(湖北) 땅으로 분류되는 곳이었다. 어느 나라를 막론하고 지역경계는 산과 내의 흐름에 따르기 마련이었다. 호북땅으로 접어들자 점차적으로 배의 유속이 느려지고 첩첩한 산들이 말끔히 사라진 대신 광평한 평야가 시야 앞으로 홀연 나타났다. 확연하게 달라진 자연환경은 분명 그에게도 어떠한 새로운 느낌을 주기에 충분하였다. 특히 시인이라는 사람들은 얼마나 주위 분위기에 자신의 감정이 동화되는 사람들인가? 서기 759년 그의 나이 48세때의 한 겨울에 동곡을 떠나 검문관을 거쳐 성도에 도착한 이후 줄곧 촉땅 즉 사천땅에 살다가 거의 십년만에 촉땅을 벗어나 새로운 미지의 땅에 도착한 것이었다. 그렇게 지형이 바뀌는 한 지역을 벗어나니 그 옛날 삼국이 서로 패권을 차지하기 위해 싸우고 다투며 어지러웠던 형국이 마치 새로운 통일의 시대를 맞아 분란이 종식된 것 같은 안도감이 어느새 그에게 찾아온 것 같았다.

협주를 떠나 마침내 이해 음력 삼월에 강릉에 도착하였다. 그런데 늘 좋았던 날씨가 강릉에 도착하자마자 비가 내리기 시작했다. 짓궂은 날씨 속에 옷이 젖어드는 가운데서도 그는 한 친구의 집을 향하여 길을 재촉하였다. 바로 강릉 절도사의 막부에서 일을 하고 있는 먼 친척 동생인 두위의 집으로 가기 위한 길이었다. 두위와는 이미 기주에서 만난적이 있었고 또한 예전에 장안에 있을 때 그의 환대를 받은 적도 있기 때문이어서인지 가장 먼저 그에 대한 의탁의 마음이 생겨 여기를 찾아든 것이었다. 비를 맞고 두위의 집에 들면서 그는 다시 이에 대한 시를 남겼다.

```
영특한 동생은 막부의 보좌역에 탁월하지만
보잘 것 없는 재주의 이 사람은 관직을 더럽혔다
부평초처럼 떠 다니는 삶 흐르는 눈물 참으며
늙어서야 동생의 훌륭한 집에 가까이 하게 되었네
令弟雄軍佐    凡才汚省郞
萍漂忍流涕    衰颯近中堂
```

늘 하는 말이지만 그는 가는 곳 마다, 그리고 생활의 일이 있을때마다 시를 남기는 사람이었다. 이렇게 할 수 있다는 것은 언제 어디서든 느낌이 생겨난다는 말과 같은 말이다. 실로 그는 어떠한 특별한 사건이 있어야 시를 쓸 수 있고, 또한 시를 써야 되겠다고 마음먹어야 비로소 시를 쓸 수 있는 그러한 일반적인 시인이 아니었다. 때문에 그의 시는 일상적인 삶속에서 어디를 가나 무엇을 만나든지 시상이 생겨났다. 그럼에도 불구하고 마치 일점쇄선이 지면위에 점점이 찍히어 전체가 연결되어 한 원을 그리는 것 처럼 그 점점이 내려앉는 강조점은 있기 마련이었다. 즉 일상생활 속에서도 좀더 그의 느낌이 강해지는 경우가 있어서 이 때는 틀림없이 시를 남긴다는 것이다. 그 곳이 절집의 벽이든지 아니면 고택을 지나다 사색에 젖어 걸어가는 벽담이든지 그 어떠한 곳도 다 그러한 경우였다.

결론적으로, 두위의 집에 들면서 시를 지었다는 것은 기주에서 강릉으로 옮겨와 누군가에 의해서 의탁해서 살아갈 수 밖에 없는 자기의 삶, 그리고 게다가 비까지 내려 몸이 젖게된 그렇게 처량한 자기의 인생 모습등등이 대비되어서 마음속으로 피할 수 없는 어떤 느낌이 일어나 이것이 시를 짓지 않을 수 없는 동기가 되었다는 것이다.

그런데 강릉에 도착하자 그의 의탁의 마음은 기주에서와는 조금 다른 점이 있었다. 기주에서 그가 처음 머물렀던 것은 다른 곳으로 가기 위한 중간 기착지나 다름없었다. 그러다가 어떻게 서각에 머물다 보니 거처의 환경이 비교적 좋아 근 일 년간을 머물렀고 그러다가 적갑과 양서, 동둔으로 옮겨 다니며 이년 가까이 살게 되었던 것이다. 그러므로 기주에서는 어쩌면 꼭히 어떤 정착의 마음을 갖고 있지 않았던 것이다. 때문에 특별히 누군가에게 어떤 큰 도움을 기대하고 있었던 것도 아니었다. 그럼에도 불구하고 백무림이라는 기주 도독이 그를 위하여 많은 도움을 주었었다. 하지만 강릉은 그의 생각이 다른 곳이었다. 강릉에서 그가 머물고 싶어했던 것은 이전에 재주시절 부터였다. 돌이켜보면 그때 재주에서 강릉행을 준비하다가 엄무가 촉으로 다시 온다는 소식을 받고 성도로 돌아갔었던 것이다. 결국 강릉이라는 곳은 떠돌아 다니는 중간 과정이 아니라 정착지로 생각하고 있었던 것이다.

이러한 정착의 부담은 전에 없이 그를 초조하게 하였다. 때문에 관직을 가진 사람들에 대한 도움의 호소와 자세는 다른 곳에서와는 성격을 달리하였다. 그저 연회에 초대받아 한 번 술을 마시고 즐기는 그러한 환대가 아니었다. 그러나 사람들의 마음은 참으로 이상하였다. 긴급한 마음을 가지고 호소하면 호소할 수록 조력자들은 더욱더 인색하였고 그 앞에 옹벽을 굳게 치고 나왔다. 그는 본래 두위에게 많은 기대를 하였다. 그러나 두위 역시 어떠한 상황이 되자 냉정하게 나왔다. 강릉 절도사 위백옥에게도 간청을 하였으나 엄무나 백무림 같은 사람과는 성격이 달랐다. 그렇다고 정건의 조카 정심 역시 지금 은거생활을 하고 있는 처지라 남을 도와줄만한 여력이 없는 것은 말할 필요가 없었다. 이렇게 아무에게도 도움을 받을 수 없게 되자 그의 심정은 참담하기 이를데 없는 상황 속으로 빠져들기 시작했다. 다음의 시 구절은 이때의 그의 목타는 심정을 절절하게 보여주는 것이었다.

내가 큰 바다에서 어찌 낚시질 할 수 없겠으며
아득히 높은 구름에 오를 수 있는 사다리 역시 있습니다
巨海能無釣　　浮雲亦有梯

즉 지금은 비록 형편없는 상황이지만 결국 자신은 큰일을 하게 될 것이며 그 때 보은을 할 테니 좀 도와 달라는 이야기였다. 그러나 사람들은 바보가 아니었다. 세상을 떠돌아 다니며 남에게 기탁하며 살아가는 한 시인의 궁색한 요구에 응해줄 사람은 그리 있지 않았다. 이렇게 되고 보니 기주를 떠나면서 동생 두관과 함께 행복한 이상세계를 꿈꾸며 은거하려했던 생각은 너무나 판이한 상황으로 변해버렸다. 이렇게 되자 그의 마음속에 다시 일어나는 마음은 고질적인 귀향의식과 장안궁궐에 대한 그리움이었다. 이러한 의식은 지방에서 중앙관직으로 복귀하는 사람을 위하여 환송할 때 더욱 강렬하게 일어났다. 그럴때마다 조정에서 자신을 소환해주기를 부탁하는 말을 전하곤 하였다. 그러나 옛 친구들인 방관과 고적, 엄무와 같은 사람들이 모두 고인이 된 터라 그를 사려해주고 기억해줄 사람이 없었다.

생활의 막막함을 하소연하며 다시 강릉을 떠나다.

　잔뜩 기대하고 왔던 강릉땅에도 절망으로 보낸 봄과 여름이 지나고 가을이 왔다. 가을이라면 이 계절은 으레이 시인들로 하여금 시를 쓰게하는 때 였다. 그러나 생활의 절박함은 그러한 운치마저 빼앗아 버리는 것 같았다. 낱알의 곡식 한 톨 거두어 들일 수 없는 그에게 가을이라는 것이 좋은 계절로 느껴질 수가 없었다. 그에게 인생최고의 시흥이 있었던 계절은 바로 직전시기 기주에서의 가을이었다. 그때는 힘들여 한해 농사를 지어 곳간에 곡식도 채웠고, 양서 초당에서 거둔 과일들도 있었다. 또한 바깥 나들이에서 돌아갈 거처지가 있었고, 엎드려 시를 쓸 서궤도 집 안 한 귀퉁이에 놓여 있었다. 그에 따라 시흥 또한 미처 절제할 수 없이 일어나 엄청난 양의 시가 쓰여졌고, 질적으로도 수다한 명작들이 줄줄이 이어졌다. 그러나 강릉에 도착한 이후 그는 별다른 시를 쓰지 못하였다. 그러므로 결과적으로 시흥이라는 것도 어느 정도의 생활 기반이 있는 상태에서 여러 연줄로 치렁하게 얽힌 생활의 갈등심이 일어날 때 비로소 그것이 지면을 향한 절정으로 불타오르는 것이었다. 반면에 생활의 근본적인 문제가 해결되지 않은 막다른 상황에서는 시흥도 한낱 부질없는 사치심으로 여겨지다시피 했다.
　강릉에 도착한 이후 이러한 시의 흉작은 그의 창작 방식에서도 그 여파가 그대로 따랐다. 그는 시 가운데서도 정형시인 율시를 가장 잘 쓰는 시인으로 유명하였다. 중국 고전 시가는 크게 나누어 두 가지 형식이 있었다. 하나는 비교적 자유롭게 쓰는 고체시가 있었고 또 하나는 근체시가 있었다. 이 근체시가 바로 율시를 말하는 것이었다. 율시라고 지칭하는 것은 시를 쓸때 규정된 형식을 어길 수 없다고 하여 붙여진 이름이었다. 마치 율법을 지키듯 엄격하게 형식에 맞추어 시를 지어야 하는 것이었다. 그러나 이런 식으로 율시를 설명하면 오직 형식에 따라 지어져야 하는 율시가 어떻게 시가 될 수 있느냐고 반문 할 수 도 있다. 그러나 이것은 잘못된 이해이고, 율시의 형식이라는 것은 시라는 것이 문학의 한 장르로써 그 자체의 고유의 본질과 특성이 구현된 하나의 결정체에 해당하였다. 하나의 좋은 시, 시 다운 시가 쓰여졌을 때 시가 갖는 대표적인 형식전범이라고 할 수 있는 것이었다. 즉 길이는 너무 길지 말아야 하고, 시란 또한 원래가 노래의 가사였기에 각 글자의 소리는 잘 어울리도록 해야 한다는 등의 요건을 정해 놓은 것이었다.

그러나 그가 율시로 성공했다고 하는 것은 어려운 형식을 아주 잘 지킨데서 온 것이 아니었다. 그의 창작과 율시의 관계는 마치 성격이 아주 잘 맞는 남녀가 서로 격의없이 잘 지내는 관계나 마찬가지였다. 결과적으로 그는 처음부터 타고난 시인이었으며 시 다운 시를 짓는 목청을 근본적으로 가지고 있었다는 것이다.

이러한 그의 정식에 맞는 시 지음이 그의 창작 환경이 좋을 때는 여전히 그대로 지켜졌다. 성도에서 초당을 짓고 제 집을 가졌을 때와 또한 기주시절에 농사를 지으며 의식주가 다소의 여유있는 상태에서 살 고 있었을 때는 시도 많이 지었고, 그 많이 지어진 시 가운데서 훌륭한 시라고 꼽을 만한 시는 모두 형식에 있어서 조금의 모서리도 흠이 없었다.

그러나 기주를 지나 만년에 이르러 생활이 되지 않자 시 형식에 있어서도 여러 변칙이 생겨나게 되고 제대로 지켜지지 않는 모순이 대폭적으로 일어나게 되었다.

결국 그는 방법이 없었다. 강릉을 떠나는 수 밖에 별다른 도리가 없었다. 강릉에서 그가 교제했던 사람들에게는 더 이상 어떤 기대할 것이 없었다. 그럴 바에야 새로운 곳을 찾아다니며 다른 사람들과의 교제를 시도해보는 수 밖에 없었다. 강릉을 떠나면서 그는 그동안의 강릉에서 느낀 생활의 소회와 살아갈 길이 막막한 앞으로의 절망스러움을 절절하게 털어 놓았다.

다시 어디로 정처없이 가고자 하니
표표히 이곳을 떠나게 되는구나
백년의 인생 버려진 물건과 다를바 없고
온 세상 떠 돌며 막다른 길 다하였다
의지하여 사는 삶 좋은 방에서 편히 잠들기 힘들고
굶주림과 추위가 세상 끝을 향하여 채찍하는 구나
남쪽으로 가 날 위해줄 사람을 찾아보거나
동쪽으로 가 뗏목 타고 살 생각도 하는구나
更欲投何處　飄然去此都
百年同棄物　萬國盡窮途
棲託難高臥　饑寒迫向隅
南征問懸榻　東逝想乘桴

다른 사람에게 의지하여 산다는 것도 아무나 할 수 있는 것이 아니었다. 이른바 영웅이란 온 천하가 자기 집이라는 말이 있는 것 처럼 남에게 기대려면 그만한 유화와 자기 자신만의 당당함이 있어야 비로소 가능한 일이었다. 사기꾼으로 살아가려면 사기에 대한 신념과 재주가 있어야 하고, 바람둥이로 살아가려면 바람피우는 일에 역시 능해야 비로소 사람들의 마음을 사로잡을 수 있는 것과 같았다. 그러나 그는 그렇지 못하였다. 전쟁과 궁핍을 피해 어쩔 수 없이 세상을 떠 돌아 다니며 이 사람 저 사람을 통하여 기대고 살았지만 그것은 본질적으로 자기와 맞는 일이 아니었다. 장안에서의 궁궐을 벗어나 화주로 좌천되면서 그는 자신은 얼굴 두껍지 못하여 오래 임금의 곁에 있을 수 없다고 하였다. 엄무의 막부에서 얼마를 견디지 못하고 사직했던 일이나 또한 기주에서 백무림의 도움을 받으면서도 그 곳에 오래 머물 수 없었던 것은 모두 다 지나친 그의 양심과 진실, 그리고 여린 마음을 이기지 못한 것에 이유가 있었다. 하여 그에게 양심과 진실이라는 것은 시를 쓰게 하고 위대한 시인이 되게 한 본 바탕이었지만 이것은 또한 평생토록 떠 돌아 살게 했으며 그로 하여 수심을 일으키는 근거와 바탕이 되는 것도 어쩔 수 없는 일이었다.

강릉을 떠나 공안에 머무나 얼마있지 않아
새벽에 다시 공안을 떠나다.

그는 이해 가을에 다시 강릉을 떠났다. 봄에 기주에서 와서 여름 한철을 보내고 또 떠나야 하는 것이었다. 이처럼 삶의 마지막 무렵에 이르자 한 곳에서 머무는 시간은 더욱 더 짧아져 갔다. 그만큼 도와줄 사람이 적어지고 늙어 보잘 것 없는 몸이 되자 사람들은 쉽게 배신을 하거나 따 돌렸으며, 이에 따라 살 곳을 물색하는 시간이 더욱 가속화 되는 것이었고, 결과적으로 떠돌아다니느라 배에서 표박하는 시간이 더욱 많아지는 것이었다.

그는 다시 장강의 물살에 자신을 맡기자 불현듯 이러한 생각이 떠 올랐다.

병든 이 몸 끝내 움직이지 못하면
어쩔 수 없이 떨어져 강물에 맡겨지겠지
病身終不動   搖落任江潭

이런 생각이 들 때면 간신의 참언에 의해서 왕에게 쫓겨나 귀양살이를 하다가 끝내 억울함을 이기지 못하여 물에 빠져 죽은 시인이 생각났다. 바로 초나라의 시인 굴원이었다. 시 문학의 역사를 보면 고대의 〈詩經〉에서 비롯되어 당나라의 그 자신에 이르러 최고의 절정에 이르렀다고 할 수 있는데, 그러한 역사의 과정에서 굴원이라는 시인은 원시시대나 다름

없는 초나라 시대에 태어난 보기 드문 천재적인 시인이었다. 흔히들 천재적인 구변 능력을 갖춘 시인으로 그와 동시대인인 이백이 손꼽혀지지만 그러나 이백과 그 자신은 과거의 여러 수많은 시인들이 시의 발전에서 끊임없이 공헌을 해 온 그 바탕에서 마침내 번성한 시인이었고, 그러한 과거의 시인들 중에서도 굴원의 은유와 상징법을 통한 시적 전개는 참으로 선례가 없었던 하나의 예술적 극치의 본보기를 보여주었다는 데서 그 자신 역시 굴원에 대한 추숭과 존경심을 갖지 않을 수 없는 것이었다.

때문에 지금 이렇게 삶의 정착지를 찾지 못하고 강물위에서 흔들리고 있는 그의 마음속에 굴원의 서러운 혼 한 가닥이 이미 들어와 자리 잡지 않을 수 없었던 것이다.

그러나 지금의 상태에서 그가 어디로 가야할지는 그 자신도 모르는 상태였다. 설사 어느 곳에 어떤 지인이 있다고 하더라도 그 곳에 꼭 닿고 싶은 마음도 사실 없어진 상태였다. 지금까지 찾아 다니는 곳 마다 잔뜩 기대를 하였지만 많은 경우가 뜻과는 어긋났기 때문이었다.

강릉을 떠나 배 위에서만 한 백리쯤을 흐른 그는 공안(公安)에서 내려 배를 기슭에 묶었다. 공안현위에게 미리 서신을 하여 그의 당도 계획을 알려 놓았기 때문이다. 때문에 공안현위는 그를 맞아 역시 연회를 베풀었다. 그러나 공안 역시 그가 오래 머물 수 있는 곳은 아니었다. 그리하여 한 계절이 미처 다 가기전인 늦가을 어느 새벽녘에 다시 공안을 떠야 했다.

    북쪽 성에 딱따기 치는 소리 또 끝나려 하고
    동쪽의 새벽별 역시 어김없이 뜬다
    들판에서 들려오는 이웃집 닭울음소리 어제와 같고
    내 생애 자연의 변화를 몇 번이나 더 볼 수 있을까
    노 저어 아득히 이로부터 또 떠나갈 것이니

세상 먼 길을 가는데 앞날을 알 수 없구나
문을 나서 고개 돌려 보니 있었던 곳은 이미 옛 자취 되고
삼킨 약 기운이 다 할 때까지 정처없이 길을 간다
北城擊柝復欲罷　東方明星亦不遲
鄰雞野哭如作日　物色生態能幾時
舟楫眇然自此去　江湖遠適無前期
出門轉眄已陳跡　藥餌扶吾隨所之

  설령 배를 타고 떠 돌아 다녀야 하는 삶임에도 불구하고 새벽시간을 재촉하여 길을 나서야 할 때가 있었던 것이다. 그렇지 않다면 하루의 목적지까지 가는 다음 역에 도달 할 수 없기 때문이었다. 겨울의 초입에 들기전 이미 늦가을이라 서린 내린 새벽 아침의 기온은 정처없이 떠나는 시인의 마음을 처량하게 하다 못해 비장한 슬픔으로 마을의 닭이 울고 동녘에 새벽별이 가슴시리도록 떴다.
  어쩌면 시인은 떠나는 슬픔을 먹고 살며, 이별의 아쉬움으로 흘리는 눈물 때문에 살며, 서리 맞아 시들어 가는 갈잎을 바라 보는 애통함 때문에 살며, 한 시대의 슬픈 하늘에 비장하게 울려 퍼지는 새벽닭 울음 소리 때문에 살아가는 사람인지도 몰랐다. 공안에서 그가 머물렀던 시간은 짧았다. 그러나 그 시간이 짧았다고 해서, 그리고 자기가 머물렀던 집과 벽이 아무리 누추하고 임시적인 거처지였다고 해도 그 때문에 돌아 보여지지 않고 기억에 남지 않는 것은 없었다. 시인의 머묾은 우주의 머묾이었고, 숭고한 생명과 영혼의 지체였기 때문이었다.

악주에 이르러 말로만 들어왔던
그 유명한 동정호를 보게되며,
그러나 동정호를 보며 신세한탄으로
슬픔의 눈물을 금치 못하게 된다.

공안을 떠난 배는 좀 처럼 멈추려 하지 않았다. 수 많은 역을 지났지만 그는 뭍에 올라 성에 들어가지 않았다. 때로 어떠한 역에 당도해서는 배를 묶고 여사에 들어 숙박을 하기도 했고, 또 어떠한 역에서는 배를 대고 그 위에서 밤별을 이불과 천장으로 삼아 노숙이나 다름없는 날들을 보내기도 했을 뿐이다. 추위와 고생과 굶주림과 한 맺힌 서러움, 그리고 병마에 대한 고통은 그가 일생동안 마치 매일을 뜨는 해와 달처럼 함께 하였고 오히려 아프지 않고 서럽지 않음이 이상하게 생각되어질 정도로 모든 고통은 일상화 되다시피 했다.

배는 계속해서 동쪽을 나아가다 어느덧 장강 지류를 타고 남쪽으로 흘러들기 시작했다. 그러자 그는 어느덧 악주(岳州)가 다가 오고 있다는 것을 알게 되었다. 악주가 가까워지고 있다는 것은 동정호가 멀지 않았다는 것을 의미하기도 했다. 동정호는 중국 남부의 호남(湖南)에 있는 호수로 역대로 그 물의 광평함에 감탄을 하지 않은 시인묵객은 아무도 없었다. 그러자 그는 자신도 모르게 마음속에 어떠한 새로운 기운이 솟아오르는 것 같은 느낌을 받았다. 그 유명한, 말로만 들어왔던 동정호를 보게 되었다는 기쁨 때문이었다.

괴롭고 위태로운 지금 기개는 갈수록 더하여지는 구나
艱危氣益增

천생 시인은 시인이었다. 세상 사람들은 모두가 그가 그렇게 평생 떠돌아 다녔던 것은 전쟁 때문이었다고 말했고, 또 어떤 사람들은 가난과 궁핍을 이기지 못해 구차히 삶을 도모하기 위하여 그렇게 했다고도 말했다. 그러나 어쩌면 이것은 진짜가 아니었는지도 몰랐다. 모든게 다 구실이고 변명인지도 몰랐다. 그에겐 마음속으로 궁극적으로 추구하는 그 무언가가 있었고, 그것은 바로 세상을 마음대로 순유하면서 천지의 산수를 보는 것이었고, 여기서 흥의 감화를 받아 끊임없이 자기의 일생 일대를 모두 시로 장식하는 것이었다. 동정호를 앞두고 악주에 이른 그는 마치 젊었을 적에 제조(齊趙)의 땅에 가서 태산을 보게 되는 그러한 설렘이 다시 솟구쳤던 것이다.

그러나 그는 강릉과 공안을 떠난 이후로는 아예 뭍에 들어가 거처지를 마련할 생각을 하지 않았다. 그러므로 삶의 막바지에 있어서는 아예 그의 삶의 거처지는 기슭에 묶여서 늘 물살에 흔들리는 작은 배가 집이 되었다. 여기를 고정장소로 삶고 여독을 풀거나 병으로 시달리는 몸을 지체시켰으며, 그런 가운데 건강이 좀 나아지면 사람을 만나거나 아니면 명승지를 찾아보거나 고적지를 유람하다 다시 배로 돌아오곤 하였다.

어쨌든 배 위에서의 일상의 생활이 영위되어 악주에서 머무르고 있는 가운데 그 유명한 명승지 동정호를 볼 수 있는 악양루에 올랐다. 동정호를 볼 수 있게 되었다는 기쁨은 그의 여러 만년의식도 잠 재울 만큼 잠시나마 그를 기쁘게 하였다. 그러나 그 광활한 물 천지의 동정호가 자신의 눈에 어떻게 보여질지는 미지수였다. 훌륭한 산수를 찾아 다니며 지금 이 날 이때껏 한 평생 떠 돌아 다녔다고 할 수 있지만 그의 산수 유람에 대한 의식과 시각은 일반인의 그러한 자세와는 상당히 달랐다. 심지어 같은 시인들끼리와 견주어 보아도 산수를 바라보는 그의 생각은 차이가 났다. 즉 다른 모든 사람들은 바라보이는 외물이 높으면 높다고 경탄하고, 기이하다면 기아하다고 경탄하고, 오직 자기 눈에 보이는 시각대로 느끼는 편이었지만 그러나 그는 단지 눈으로 사물을 보는 것이 아니고 눈에 들어온 사물은 마음이라는 프리즘을 통하여 굴절시켜서 바라보는 자기만의 주관적인 사물이었다. 일찍이 청년시절에 친구였으며, 당대의 유명한 변새 시인이었던 고적, 잠참 등과 장안의 자은사 탑에 올라 그가 읊었던 시는 그러한 면을 충분히 보여준 것이었다. 즉 그는 하늘 높이 솟아 있는 자은사 탑에 경탄한 것이 아니라 그 자은사 탑 위에 불길하게 머물고 있는 하늘의 먹구름을 보았으며, 이를 통하여 안녹산의 난이 일어나 나라가 전대미문의 대전란의 상황으로 빠져 드는 것을 예언하였으며, 그 옛날 태평성대였던 요순의 시대를 소리 높여 외쳐댔다. 그렇다면 악양루에서 바라본 동정호는 과연 어떻게 그의 눈에 비칠까였다.

일찍이 옛날에 들었던 그 유명한 동정호
오늘 비로소 악양루에 올라 보노라
오나라와 초나라가 동남쪽으로 갈라지고
천지의 밤낮이 저 위에 떠 있다
친한 친구는 한 자 소식도 없고
늙은 몸은 외로운 배 한 척 뿐이다
관산의 북쪽에서 전쟁은 계속되고
누각의 난간에 기대어 눈물 하염없이 흘리노라
昔聞洞庭水　　今上岳陽樓
吳楚東南坼　　乾坤日夜浮
親朋無一字　　老病有孤舟
戎馬關山北　　憑軒涕泗流

동정호를 보게 되었다는 것에 대하여 그는 기뻐했지만 정작 악양루에 올라서 바라보는 그의 마음에 비친 동정호는 감탄이 아니라 절망과 자신의 신세한탄만 나오게 하였다. 오나라와 초나라가 갈라져 있다는 것은 세상을 지배하리만큼 동정호가 그만큼 넓다는 것을 의미하지만 그 보다 마음속에 자리잡고 있는 어떤 항구적인 분리의식에서 비롯된 표현이었다. 친한 친구에게서 한 자의 소식도 없다는 것은 이후에 유랑하게 될 지역인 당시 형주(衡州) 자사로 있던 위지진(韋之晉)에게서 연락이 없다는 것이었다. 위지진은 그의 나이 열아홉이던 소년시절에 사귀던 옛 친구였다.

  그는 소년시절에 고모가 살고 있었던 절강(浙江)지역과 강소(江蘇) 땅을 몇 년간 여행해본 적이 있었다. 그 곳은 바로 양자강 하류지역으로 옛 오나라와 월나라의 땅이었다. 그는 그때 동정호의 유명함에 대하여 말을 듣고 언젠가 한 번 여행해보리라 마음먹었다. 세월이 흘러 중국 서북지역의 진주와 동곡, 그리고 촉땅을 거쳐 다시 양자강 유역으로 남하한 기나긴 떠돌이 생활을 거쳐 마침내 이전에 꿈꾸었던 곳을 보게 되었던 것이다. 비록 꿈은 이루어졌으나 과거의 젊은 시절 오나라에서 꾸었던 아름다웠던 꿈, 그러나 지금은 비참하기 이를데 없이 변해버린 상황에서 초나라였던 누각에 올라 동정호를 보며 한없이 눈물을 쏟았던 것이다.

  그러나 처음으로 악양루에 올라 동정호를 바라본 이 비참한 느낌은 다시 며칠을 지나 악주자사 배은(裴隱)과 함께 재차 악양루에 올랐을 때는 그 절망적이고 비참했던 감정이 상당히 완화되어 있었다. 이른바 점쟁이가 처음에는 영험한 점괘를 내 놓았지만 이 후에는 상황에 따라 이리저리 그 변이 틀리는 것과 같았다.

    호수는 광활하여 운무가 가득 끼어 있는데
    외로운 누각에 맑은 저녁빛이 내립니다
    눈 쌓인 언덕에 매화꽃이 피어나고
    봄 흙속에 여러 새로운 풀들이 돋아 납니다
    湖闊兼雲霧　　樓孤屬晚晴
    雪岸叢梅發　　春泥百草生

마음이 다소 나아진 것은 역시 나름의 어떤 절박한 생활이 조금 완화되어 그에게 어떤 정상심을 가져다 주었기 때문이었다. 즉 그는 악주자사 배은(裵隱)을 만나 역시 자신의 어려움을 절절히 호소한 까닭에 그의 도움과 배려를 받게 되자 동정호는 또 다른 모습으로 그에게 다가온 것이었고, 그의 눈에 매화가 보이고 새로운 풀들이 돋아나는 것이 보이는가 하면, 하늘도 맑아 보이는 것이었다. 더불어 이때 그는 기다리고 있었던 형주자사 위지진으로부터 편지를 받았다. 위지진은 자신의 어려움을 방관할 그러한 사람이 아니라는 어떤 믿음은 다시 심적인 소생의 활기를 되찾게 한 것이었다.

형주자사를 하고 있던 옛 친구
위지진에게 의탁하기 위하여
다시 희망을 갖고 형주를 향하여 배를 몰다.

그러지 않아도 일정한 곳에 오래 머물지 못하는 시인의 삶이 게다가 일정한 거처지가 없이 흔들리는 배를 집으로 삼아 머문다는 것은 표박의 삶을 더욱 더 상시화하는 것에 지나지 않을 뿐이었다. 떠나기 위한 어떠한 준비나 채비도 없이 언제라도 떠날 수 있고, 어디서든 머물 수 있기 때문이었다.

그리하여 악주에서 그의 나이 오십팔세의 새해를 배 위에서 보낸 그는 형주로 가기 위하여 묶여 있던 배를 풀고 다시 물살에 자신을 맡겼다. 악주자사는 그에게 인정을 베풀어주는 자세를 취하였으나 그러나 악주에 머물 뜻이 없음을 그는 단연코 말했다.

여기서 다시 남쪽으로 가렵니다
從此更南征

언뜻 그의 유랑의 행보는 끝이 없는 듯 하였다. 되돌아보면 그가 장안 십년동안 관직을 추구하고 있을 때에 사방팔방 동분서주하며 지위고하를 막론하고 천거를 원하는 이른바 간알의 글을 수많은 사람들에게 보낸 적이 있었다. 그때 그는 자신의 재능을 자신하며, 끝까지 자기를 붙잡아 주지 않으면 한 번 날개를 쳐 만리를 나는 붕새처럼 누가 자신을 길들일 수 있겠느냐며 천리만리로 떠나버리겠다는 말들을 공공연히 한 바가 있었다. 결과적으로 그의 일생은 그렇게 자기가 말한대로 되어 갔다고 할 수 밖에 없었다.

그러나 이번에 악주를 떠나는 이 시점에서 두 갈래의 어떠한 생각들이 되어지고 있었다. 형주자사 위지진이 아주 이전 시절의 옛정이 남아 있는 절친했던 친구로서 분명히 뭔가 그에게 확실한 도움을 줄 것이라는 생각아래서, 그러한 도움을 받아 첫째는 자기의 남아 있는 삶을 편안히 보내리 만큼의 확실한 은거지를 마련하는 것이었고 그리고 또 하나의 가능성은 노자돈을 마련하여 고향으로 돌아간다는 것이었다. 그는 이때 어떠한 선택의 여지가 없었다. 몸은 늙고 기력은 쇠하였으며, 병은 한 두가지가 아니었다. 폐병에다 소갈증, 귀는 멀어져 갔고, 눈은 침침해져 앞의 사물을 제대로 분간 할 수 없는 정도가 되었기 때문에 더 이상의 유랑을 지속할 수 없었다. 그러나 고향으로 돌아간다는 생각의 깊이는 수시로 상황에 따라 그 정도를 달리했다. 그에게 귀향의식이 강해질때는 집도 없고 먹을 것도 없으며 도와줄 사람도 없이 세상속에 적막고도처럼 남겨질때였다. 그와 반대로 형편이 조금 나아졌을 때는 사실 고향생각도 옅어졌다. 때문에 위지진을 만나기 위하여 희망을 갖고 형주로 떠나는 도중에 굳이 고향에 돌아갈 생각이 없음을 그는 슬쩍 내 보였다.

난리로 스스로 구하기도 어려우니
결국은 호남에서 늙어 가리라
亂離難自救　　總是老湘潭

그러나 문제는 위지진의 도움을 받는데 어떤 운명적인 장애가 없겠느냐였다. 한 평생 떠 돌며 시인으로 살아가게 하는 운명의 사주는 모질게도 그의 인생 요처 요처에서 덫을 치고 살 길을 막아 왔기에 이번에도 역시 그 덫을 피할수 있겠느냐였다.

그러나 분명 위지진은 그가 악주에 있을 때 형주자사로 있었고, 서로 연락도 되었으며 절친했던 옛 친구였기 때문에 어떤 믿음을 갖지 못할 상황은 아니었다.

악주를 떠난 그의 배는 동정호의 물결을 타고 청초호를 향하여 나아가고 있었다. 청초호는 동정호에 잇닿아 있는 강으로 계절적으로 증수기에 있을 때는 강이 되어 동정호와 이어졌다가 갈수기나 한발이 지속될때는 강바닥이 드러나 풀이 돋아나는 곳이라 하여 붙여진 이름이었다. 그는 이 묘한 지대를 지나가면서 저녁이 되자 청초역에 배를 대고 숙박하면서 역시 시를 남기지 않을 수 없었다.

동정호는 아직도 눈 앞에 있는데
청초호라 이어서 이름지어지네
洞庭猶在目　青草續爲名

청초역은 농가를 가까이 하고 있었고, 역사의 물시계 듣는 소리가 무어라 말할 수 없을 정도로 세상 끝없이 떠 도는 객의 마음을 사로잡아 왔다. 다음날 여정을 계속하여 다시 상강(湘江)으로 거슬러 올라가며 해 저물자 다시 백사역에 배를 대었고, 배 위에서 다시 〈백사역에서〉라는 시를 남겼다.

배에서 묵으려 하니 여전히 낙조가 비치고
인가의 연기가 이 정자에 자욱하구나
역 가까이 모래는 옛날처럼 희고
호수 밖의 풀들은 새로 돋아 푸르다
만상이 모두 봄 기운으로 가득하고
외로운 배 위에 떠 돌이 별이 뜨는구나
물결을 따라 무한한 달빛 내리고
분명 남쪽의 형주땅은 멀지 않으리라
水宿仍餘照　人煙腹此亭

驛邊沙舊白　　湖外草新靑
萬象皆春氣　　孤槎自客星
隨波無限月　　的的近南溟

　악주를 떠나 형주를 향하면서 그의 마음은 사실 그리 어둡지 않았다. 그에게 마음이 어둡지 않다는 것은 무슨 좋은일이 있어서가 아니었다. 지금 삶의 막바지에 접어든 그에게 무슨 웃을 일이 있을 리가 만무하였다. 그러나 형주에 가면 그래도 옛 친구가 있고, 더 이상 그 누구에게도 의탁시킬 수 없는 늙은 몸과 마음이 안식을 받을 수 있다는 생각이 하나의 위안이 되었기 때문이었다. 때문에 백사역에서 쓴 그의 시도 마치 일종의 전원시를 연상시킬 정도로 시의 호흡은 매우 안정되어 있고 차츰 본래의 시흥을 찾아가는 모습이었다.
　그런 가운데서도 그의 마음속엔 어떠한 생각들이 자꾸만 떠 오르고 있었다. 그것은 아무래도 자기가 머지않아 처해질 상황에 대한 어떠한 무의식적인 작용때문인듯 하였다. 그리하여 그는 자신도 모르게 자기의 죽음을 암시하는 듯한, 인생 전체를 개괄하는 시가 드물지 않게 쓰여지기도 했다.

　　나라가 태평이었던 시절에 나는 초라하였고
　　전쟁이후는 세상 떠돌며 병이 들어 버렸다
　　오직 가는 곳 마다 젊은 사람들만 만나고
　　절친했던 옛 친구들은 만나기 어렵다
　　처량히 머리 숙이고 이향을 떠 돌때
　　친구들은 나를 잘 이끌어 주었었다
　　젊은 사람들은 혈기가 좋아
　　늙고 추한 나를 싫은 듯이 하였다
　　외로운 배에 봄 꽃이 어지럽게 날리고
　　늙은 나는 물가 버들 옆에 서 있구나

我衰太平時　　身病戎馬後
但遇新少年　　少逢舊親友
低頭下邑地　　故人知善誘
後生血氣豪　　舉動見老醜
孤舟亂春華　　暮齒依蒲柳

위의 글은 그의 과거 현재 그리고 미래의 모습까지 모두 보여주고 있다. 첫 두 구절에서 보면 그는 젊었을 때나 장년이 되었을 때나 모두 불우하고 처량한 생을 보냈다는 것을 토로하고 있다. 사람들은 종종 그의 젊었을 때를, 마음껏 여행하고 세상천지를 순유했다하여 좋은 시절을 보냈다고 말하고 있지만 사실 그것은 올바른 생각이 되지 못했다. 훗날에 시를 쓰거나 시인이 된다는 것은 분명 성장기와 관계가 있는 것이었고 정상적인 성장기를 살아온 사람들은 본질적으로 그러한 글들을 쓸 수 없는 사람들이었다. 어린 시절에 마음의 상처가 있는 사람들이 그 상처를 잊지 못하여 취하는 길이 시의 길이었다. 그의 불운은 그가 태어날 때부터 시작되었다. 어머니는 그가 태어나 얼마있지 않아 죽었고, 그는 자신의 생모의 얼굴을 알지 못하는 사람이었다. 이것은 그에게 일종의 고아의식을 심어주었고, 그리고 친어머니가 아닌 친척의 도움에 의해서 성장을 하였고, 그리고 계모와의 따뜻하지 못했던 가정관계는 그로 하여금 늘 가정을 벗어나 어디 천리 만리를 훌쩍 떠나버리고 싶은 욕정을 심어주기에 충분했다.

　그리고 이 시점에 이르러, 그와 동시대를 같이했으며 함께 여행을 했거나 관직에서 함께 길을 같이 했거나 그러한 관계로 도움을 주었던 사람들은 모두 세상을 떠났다. 젊은 시절 함께 손잡고 여행했던 이백이 죽은 것은 벌써 십년전의 일이었고, 사천 절도사였던 엄무와 고적, 재상이었던 방관, 그리고 일생의 지기였던 정건과 소원명 이런 모든 사람들이 세상을 떠났다. 그리하여 그는 종종 다음과 같은 적막감을 호소하곤 했다.

어렸을 적부터 서로 알던 친구들 모두 사라지고
세상에 이 인생만 뜬구름 처럼 남아 있습니다
兒童相識盡　　宇宙此生浮

이렇게 자기 자신의 인생 전체를 총괄하는 듯한 시가 빈번히 쓰여지는 것 외에 사회현상에 대해서도 역시 그러한 표현들이 자꾸만 자기도 모르게 쓰여졌다.

천하의 모든 지역 수 많은 성이 있지만
한 곳도 전쟁이 없는 곳이 없구나
天下郡國向萬城　　無有一城無甲兵

담주에서 잠시 머무르고 다시 상강을 거슬러가
형주에 도착하지만 오히려 형주자사 위지진이
담주자사로 전근을 하게 되고 얼마가지 않아
위지진이 담주에서 죽게되고, 담주로 되돌아와
물가의 배위에서 정박한 생활을 하는 가운데
소환(蘇渙)과 교제를 하게 되다.

상강을 거슬러올라간 배는 이 해 삼월에 담주(潭州)에 도착하였다. 담주에서는 배를 묶고 뭍에 올라 며칠을 보내고 다시 배에 올라 마지막으로 형주를 향하여 출발하였다. 남방의 음력 삼월의 날씨는 배 위에서의 노숙도 그리 무리가 없을 정도로 따뜻하였고, 여정의 가운데서도 다소 심기가 나아진 바가 있어 비록 일시적이기 했지만 그의 건강은 조금의 회복을 보이고 있었다. 그리하여 다시 〈담주를 출발하며〉라고 쓴 시에는 슬픈 가운데서도 즐거운 감정이 여백 사이로 드러나고 있다.

지난 밤에 장사의 술을 마시고 취하였다가
새벽에 상수의 봄 강에서 묶인 배를 푼다
기슭의 꽃은 떠나는 객을 위하여 분분히 날리고
돛대 위에 앉은 제비는 머물라고 말한다
夜醉長沙酒　　曉行湘水春
岸花飛送客　　檣燕語留人

아무리 형주자사 위지진이 그의 절친했던 친구라고 하더라도 남에게 의지하는 삶은 사실 어떻게 될지 종잡을 수 없는 것이었다. 이러한 전망의 불투명성은 사물을 바라보는 것도 달리하여 기슭의 꽃은 자기의 떠남을 환영하고 있는 것 같기도 하고, 그 반면에 돛대 위에 앉은 제비는 가도 별 수 없으니 더 이상의 여정은 이제 그만두라고 지저귀는 것 같았다. 그러나 막상 형주로 향하는 물길위에서 그의 마음은 어쩐지 그렇게 즐거워오지 않았다. 고향으로 돌아가고 싶은 마음이 다시 심심찮게 일어나기 시작하고 어려운 시국에 임금에게 조금의 보탬이 되는 일도 하지 못하고 남방의 세상 끝에서 늙은 몸으로 전전하는 것에 부끄러워지기도 하였다.

어쨌든 늦봄에 그는 마침내 형주에 도착하였다. 그런데 형주에 도착하고 나서야 분명히 상황은 자기가 원하는 바와 다르다는 것을 알았다. 형주 자사 위지진 역시 그와 마찬가지로 만년에 접어들어 와병 상태에 있었기에 그를 만나는 것 자체가 쉽지 않았다. 게다가 당시에는 각 지방의 군벌들이 서로 싸움을 벌이고 있었기 때문에 중앙에서는 이들의 토착화를 막기 위하여 수시로 관직을 이동시켰다. 그리하여 사월이 되자 위지진은 되려 담주자사로 전근을 하게 되었다. 이렇게 되고 보니 담주를 떠날 때 돛대위에서 그만 머물라고 지저귀던 제비의 울음 소리가 그에게는 영험한 말을 해 준 것이나 다름 없었다.

형주에 도착하자마자 치러진 위지진을 전송하기 위한 연회를 마치고 그는 어쩔 수 없이 다시 한 수의 시로 그를 이별하였다.

세상 어지러워 왕실에서는 여전히 여러 사유 있나니
세상 다스리는 일은 역시 큰 신하에 의지해야 하리라
王室仍多故　　蒼生倚大臣

믿었던 친구를 찾아 큰 기대를 걸고 형주땅에 왔으나 이렇게 뜻과는 다시 어긋나게 되자 다소의 당혹스러운 느낌이 드는 것은 어쩔 수 없었다. 그러나 형주와 담주는 이동에서 큰 힘이 들 정도의 거리가 아니었기에 여전히 위지진에 대한 기대는 버리지 않고 있었다.

그러나 그러한 기대마저 빼앗아 갈 일이 또 일어났으니 바로 위지진이 담주에 부임하여 얼마가지 않아 병사하게 되었던 것이다. 위지진의 도움을 얻어 그나마 만년이나마 수심없이 보내고자 했던 바람은 운명의 사주에 의해서 철저히 가로막힌 것이나 마찬가지였다. 때문에 위지진의 사망소식을 듣고 애도의 시를 짓기 위하여 필을 들었으나 좀 처럼 시흥이 일어나지 않았다. 그 역시 한 사람으로서 위지진에 대한 슬픔 보다는 의탁이 없어지는 자기 자신의 운명에 대한 절망감이 필대를 움켜쥘 힘까지 꺾어 놓았던 것이었다.

  이 해 여름으로 접어들자 그는 다시 형주를 떠나려고 하였다. 그러나 이제 떠나기는 하지만 더 이상 어떤 낯선 곳으로 방향을 잡지 않았다. 이향을 돌아다니는 것도 이제 그에게는 넌더리가 났고 뿐만 아니라 자기 자신의 건강도 더 이상의 유랑은 허락하지 않았다. 의탁할 사람도 더 이상 있지 않을뿐더러 또 설령 있다고 하더라도 반드시 그를 도와 줄 것이라고 확신도 되지 않았다. 그리하여 그는 다시 배를 타고 이전의 담주로 돌아와 강가에 배를 묶고 선상생활을 지속하였다. 그가 지금까지 본래 있었던 곳으로 돌아간 것은 성도 시절이 유일하였다. 그러나 그때는 엄무가 다시 촉으로 온다는 소식을 듣고 더 할 나위 없이 기쁜 마음으로 돌아갔다. 그러나 지금의 상황은 어떠한 희망도 없는 상황에서 어쩔 수 없는 담주로의 귀환이었다.

  이렇게 담주의 물가에서 하루 하루를 보내고 있는 가운데 소환(蘇渙)이라는 한 사람이 그를 찾아왔다. 그를 찾아온 이유는 시 창작에 대한 배움을 청하기 위하여서였다. 소환은 특이한 이력을 가진 사람이었다. 그는 젊었을 적에는 주위 사람들을 마음대로 해하고 나쁜 짓을 서슴지 않는 사람이었다. 그러나 후에는 이것을 깨닫고 열심히 공부에 몰두하여 향시에 발탁되어 관직을 두루 돌아다니다가 호남의 막부에서 임무를 수행하였다. 이후에는 막부직도 버리고 은거생활을 하고 있는 중에 그를 찾아온 것이었다.

배 위에서 소환의 방문을 받은 그는 매우 기뻤다. 그는 평생을 살아오면서 늘 입버릇 처럼 하는 이야기가 몇가지가 있었다. 즉 지음(知音)한 이가 없다는 것이었다. 자신을 알아주는 사람이 없다는 것이었다. 그리고 또 한가지는 자기의 시를 누가 후대의 사람들에게 전해줄 것이냐는 것이었다. 세상을 떠 돌아다니면서 가는 곳마다 있었던 곳 마다 시를 써서 남겼으며, 지금 한 척의 돛단배에 그와 함께 실려 있는 그의 시는 그의 생활꾸러미 가운데서도 가장 많은 부피를 차지하고 있었고 또한 가장 소중하게 생각하고 있는 그의 자산이라고 할 수 있었다.

소환의 방문 목적과 소환이 살아온 이력을 한 참이나 귀를 기울여 듣고 있었던 그는 일단 소환의 사람됨에 대하여 매우 큰 흥미를 가졌다. 본래 시를 잘 쓰는 사람들중에는 그 자신처럼 조용하고 진실된 성격에다 따뜻한 인정미를 가진 사람도 있었지만 또한 그와 반대로 젊었을 적에는 매우 협기를 가졌다가 후에는 개과천선하여 시 창작에 정열과 재능을 발해 내는 사람도 있었다. 그 대표적인 예가 바로 시선 이백과 같은 사람이었다. 그리하여 그는 소환에게 시를 한번 읊어 볼 것을 청하였고, 이에 소환은 예의 힘 있고 격렬한 문체로 그의 청에 답을 하였다.

독벌이 하나의 위용찬 벌집을 지어
흉칙한 나무 가지에 높이 매달아 놓았네
길 가는 행인들은 백보 밖에서
눈으로 보니 혼은 역시 혼비 백산하였네
장안의 큰 길가 주변에
탄환을 끼고 용감하게 바라보고 있는 사람은 누구인가
오른 손으로 금빛 탄환을 잡고
거리낌 없이 활 시위 팽팽히 잡아 당겼네
한 번에 명중되어 벌집 분분히 떨어져 내리니
그 벌들의 기세 마치 비 바람 처럼 흩날리도다

몸에 달라붙는 벌들은 마치 만개의 화살이 꽂히는 것 같고
이리 저리 날뛰며 갈 곳을 몰라 하노라

毒蜂成一窠　　高挂惡木枝
行人百步外　　目斷魂亦飛
長安大道邊　　挾彈誰家見
右手持金丸　　引滿無所疑
一中紛下來　　勢若風雨隨
身如萬箭攢　　宛轉迷所之

　소환의 시 읊음을 들은 그는 기쁨을 감출 수 없었다. 늘그막에 이르러 자기 자신의 대를 이을 사람 하나를 발견한 그런 기분이었다. 우선 소환의 시는 구절 하나 하나 모두 매우 사실적이었고, 생동감을 가지고 있었고, 시인의 기백이 넘쳐 보였다. 그 자신의 시와 비교해보아도 뭐 그리 못할게 없었다.
　그러나 소환의 작품이 좋고 나쁨을 떠나 그의 다른 사람의 시에 대한 평가는 언제나 이렇게 후했다. 고적의 시를 보면 고적의 시를 극찬하였고, 엄무의 시를 보면 엄무의 시를 극찬하였고, 이백의 시를 보면 이백의 시를 세상 둘도 없는 천재로 격찬하였다. 다른 사람에 대한 그의 이러한 찬사와 격려는 사실 시 구절에 대한 그의 애정을 엿 볼 수 있는 면모였고, 동시에 자기 자신의 시에 대한 사랑이기도 했다. 자신이 시를 좀 쓴다고 하여 다른 사람의 글을 안하무인격으로 대하고 홀시하는 그러한 사람들은 사실 시를 대하는 숭고한 자세와 문학 정신이 부족한 사람들이었으며, 그런 사람들이 크게 좋은 글을 쓴다는 것은 사실 드물었다.
　담주의 배 위에서 그는 이렇게 소환과의 교제 그리고 때때로 뭍에 올라 사람을 만나는 등의 생활로 58세의 한 해도 거의 다 보내고 있었다. 배를 떠나 뭍으로 거처지를 옮기고 싶은 마음이 생길때도 있었으나 그는 그렇게 하지 않았다. 정착을 할 만큼 조력자도 나타나지 않았고, 또한

집을 얻어 살더라도 호구지책이 마련되지 않는 이상 그러한 정착은 크게 의미가 있는 것도 아니어서 차라리 언제라도 어디를 향하여 떠날 수 있는 배 위에서의 생활을 고수한 것이었다. 그만큼 그의 만년의 생활은 어떠한 살 방도를 찾을 수 없을 만큼 막막하였다.

  해마다 머무는 곳이 옛 곳이 아니지만
  이르는 곳마다 모두가 막다른 길이구나
  평생토록 가졌던 마음 이미 꺾여지고
  늘그막의 행로는 날마다 황폐하구나
  年年非故物   處處是窮途
  平生心已折   行路日荒蕪

  시인이 꿈 꾸는 세상은 어쩌면 보통인의 것과 다를지 몰랐다. 그가 세상을 떠 돌아 다니는 것은 근본적으로 세상이 싫어서가 아니라 그만한 자기 마음속의 이상향을 찾아다닌 과정이었고, 그러한 이상의 세계에 머물 수 없음으로 인하여 한 평생 유랑을 지속한 것이었다. 그의 마음속에 품고 있었던 이상세계의 실현은 역시 다음과 같은 세상이었다. 우선은 전쟁이 없는 곳이었고, 그리고 왕은 요순의 시대처럼 태평의 정치를 하는 것이었으며, 가는 곳마다 사람들의 인심은 순후하고, 부유한자 가난한 자의 구별없이 모두다 먹고 사는 일에 걱정이 없는 그러한 세상이었다. 그러나 이러한 그의 바램이 이루어진 세상은 어디 한 곳이라도 없었다.
  비록 남방이지만 호남 장사의 땅 담주에도 겨울이 오자 그 바람과 눈발은 적적하기 이를데없는 선상생활의 시인에게 더할 나위없는 계절의 혹독함으로 다가왔다.

  북풍한설이 장사의 땅에 몰아치니

변방의 구름이 온 세상을 차갑게 하는구나
北雪犯長沙　　胡雲冷萬家

　밖의 한기 속에서 살아가는 것은 조수나 동물들의 기식방법이었다. 그러나 그는 어떻게 된 것인지 사람이면서도 따뜻한 훈기가 감도는 집을 가지고 그러한 곳에서 오래 살지 못하였다. 겨울 강의 물살은 차갑게 시인이 살고 있는 최후의 집인 돛단배에 몰려들고 있었고, 아무리 어떠한 방풍과 방한의 막을 쳐 보았자 시린 몸이 기탁될 어떠한 분위기가 되지 않는 것은 어쩔 수 없었다. 시인의 삶의 환경이 본래 그럴 소지의 가능성을 지니고 있다고 하여도 한 때 좌습유의 신분으로 임금의 곁에서 정사를 돌보았고, 또한 원외랑의 관직으로 군 막부에서 절도사의 참모로 일했던 사람이 이렇게 만년이 되어 가혹한 겨울 북풍과 눈발을 노숙이나 다름 없는 상태에서 살아간다는 것은 쉽게 상상할 수 없는 일이었다.

삶에서 마지막 해인 59세의 새해를
배위에서 맞이하게 되고, 늦봄에 옛 낙양땅에서
보았던 명창 이구년과 뜻밖에 재회하게 되다.

    이런 냉혹한 환경속에서 58세의 세모를 보내고 마침내 59세(서기 770년)의 새해를 맞았다. 안타깝게도 이 59세의 해는 그가 세상에서 살아온 삶의 마지막이 되는 해였다. 사람이 언제 죽을지는 알수 없는 것이지만 그 역시 이 해가 마지막 생년이 될 것이라고는 상상할 수 없었다. 그러나 깊어가는 병과 집도 절도 없는 삶의 환경 등 여러 정황으로 보아 그가 살아갈 수 있는 날이 얼마 남지 않았다는 것은 이미 오래전부터 생각해온 사실이었고, 또한 이러한 병의 고통과 유랑의 지친삶속에서 목숨을 지탱하는 것이 무슨 의미가 있는지 그러한 회의감도 사실 뿌리칠 수 없는 것이었다. 그러나 한 시인으로써 그가 살아온 날들, 그리고 그간 일관되게 가지고 있었던 국가와 나라에 대한 마음, 임금에 대한 변함없는 사군의 충성심 등을 생각해볼 때 고향이나 장안땅을 돌아가지 못하고 이향의 흔들리는 배위에서 목숨이 진다는 것은 쉽게 받아들일 수 없는 사실이었다.
    그렇게 새해를 맞이한 가운데 며칠이 지나 인일(人日)이 되었다. 인일이란 정월 칠일을 말하는 것으로 옛 한나라 때부터 시작된 명절로 이날 사람들은 아무 일도 하지 않고 쉬는 풍습이 있었다. 그만큼 사람을 중시하는 의미를 띠고 있었으며, 당시에는 일종의 명절과 같이 여겨지는 날이었다.

이 날 그는 다소 진정된 마음으로 그동안 한 평생을 살아오면서 보관해왔던 글집들을 정리하고 있었다. 그가 써 왔고 그가 모아왔던 글들은 그 수와 양을 짧은 시간안에 다 정리할 수 없을 정도로 큰 꾸러미를 이루고 있었다. 지금까지 그가 써 온 시들은 천오백여수의 시에 가까웠다. 이 천오백여수의 시들은 대개가 그의 나이 사십대 중반 즉 안녹산의 난이 일어날 무렵부터 본격적으로 쓰여진 시들이었다. 그러니까 십 몇 년 간의 세월속에서 그렇게 많은 시가 쓰여진 것이었다. 그 이전에 젊은 시절에 쓰여졌던 시는 따로이 모으려고 생각을 하지 않아 보관되지도 않았다. 만약에 사십 중반 이전의 시까지 다 모아두었다면 아마도 천문학적인 양의 시가 될게 틀림없었다. 이로 보면 그는 정말로 동서양을 막론하고 한 평생 한 순간도 시심을 잃지 않고 살아왔던 어쩌면 유일한 시인일지 몰랐다.

이미 큰 꾸러미를 이룬 시들은 그가 옮겨 다닐 때마가 가장 무거운 짐이 되었고, 또한 옮겨 다닌 거처지가 무려 수를 헤아릴 수 없을 정도로 많았지만 그때마다 그는 그의 글들을 무슨 금궤라도 되는 양 어깨에 지고 메고 수많은 첩첩산중을 넘고 가는 곳마다 동행시켰다. 배를 타고 뭍에 올라 성안에 거처할 때면 글들 또한 성안에 들었고 배에서 유랑을 할 때는 글들 역시 그와 함께 배에 올라 무슨 빈한한 삶의 한 구석을 차지하고 있었다.

담주의 땅에 다시 봄이 오고 있었다. 봄이 오자 제비는 다시 돌아오고 돌아온 제비들은 물가에 매인 그의 배위의 노대에 앉아 깃을 접고 있었다. 제비들은 본래 어떠한 집에 들어 집을 짓거나 쉴 때는 늘 지저귀곤 했지만 그러나 그의 배위에 앉은 제비들은 이리저리 머리를 돌리며 사람을 쳐다 보기만하고 좀체 지껄이지 않았다. 그의 수심을 이상하다는 듯이 알아보는 듯 했다.

호남의 나그네 되어 봄이 지나가니
제비가 진흙물고 나는 것 두 번이나 보았다
옛날에 고향에 온 제비는 주인을 알아보더니
오늘 사일에 보는 제비는 멀리서 사람을 보기만 하는구나
가련하게도 곳곳에 나처럼 집을 짓고
떠 돌아 다니며 몸 맡기는 것 나와 무엇 다른가?
잠시 돛대에 앉아 지껄이다 또 날아가
꽃을 지나고 물을 치는 모습이 나로 하여 눈물을 적시게 하는구나
湖南爲客動經春　　燕子銜泥兩度新
舊入故園嘗識主　　如今社日遠看人
可憐處處巢君室　　何異飄飄托此身
暫語船檣還起去　　穿花貼水益霑巾

　그는 본래 시심이나 사상, 사람들간의 우정 같은 모든 것들이 일반의 시인과는 그 차원의 깊이가 달랐다. 위의 시 마지막 구절, 제비가 잠시 돛대에 앉았다 날아가 꽃을 지나고 물을 치는 모습이 슬퍼보여 눈물을 적시게 한다는 것은 언뜻보면 별로 큰 의미가 없는 듯 보이지만, 제비라는 것이 한 목숨을 가진 것으로 그 나름대로 삶을 위하여 도모하는 행위가 가련하고 가슴아프게 보인다는 것이었다. 이 만년에 들어 그가 느끼는 세상삶이라는 것은 목숨이 살아 있을 때는 살기를 위하여 온갖 행위를 다하지만 결국은 비참해지고 죽음에 이른다는 생각 때문에 제비의 사는 모습을 보자 눈물까지 흘러나오게 한 것이었다.
　제비가 돌아오고, 새로이 꽃이 피어 덩달아 사람의 마음까지 바꾸어놓았던 이 해의 짧은 봄도 거의 다 가고 꽃이 져 내리기 시작하는 늦봄이 되어 갔다. 어쩌면 人事와 自然事는 꼭히 맞물려 함께 하지 않는 것 같아도 역시 동일궤도위에 있는 듯 했다. 지난날 그가 좌습유의 관직에서 박탈당하고 화주로 좌천 당할 무렵, 당시 그 시절은 바로 봄의 호시절이 지나 꽃이 지는 늦봄무렵이었고 이 분위기 속에서 얼마있지 않아 화주로

쫓겨 나는 슬픔을 당하였다.

 이 마직막해의 늦봄에 그는 또 다시 참으로 삶의 슬픔을 느낄만한 한 누군가를 만났다. 바로 아주 옛날 그의 나이 십대 중반이었을 때 고향 낙양에서 자주 보고 자주 노래를 들었던 명창 이구년과의 만남이었다. 만리 이향의 땅에서 서로 떠돌며 살아가다 이렇게 만나기란 정말 어려운 것이었다.

 기왕의 집 안에서 늘 그대를 보았고
 최구의 집 앞에서 몇 번인가 노래 들었었다
 바로 강남의 풍경 좋은 이 계절에
 꽃 지는 시절에 다시 그대를 만나게 되었네
 岐王宅裏尋常見　　崔九堂前幾度聞
 正是江南好風景　　落花時節又逢君

 그와 이구년의 만년, 그리고 좋은 계절이 다 지나가는 봄이 절묘하게 어우러져 시 구절에서 어떠한 무리나 작위의 흔적도 없이 절로 훌륭한 구절이 된 시였다. 그러고 보면 시인도 별게 아니었고 시를 쓰도록 그 질료를 제공하는 것은 늘 자연이었고, 이 자연과 묘하게 어우러져 진행되는 인간사가 시인으로 하여 시를 쓰게 할 뿐이며, 그렇게 시인은 변화무쌍한 자연과 인간사를 따라 일생동안 몇 구절의 시를 읊다가 저 세상으로 사라질 뿐이었다.

인생유력의 한 생을 마치고 회향의 배 안에서 최후의 시를 쓴 후 타향의 강물위에서 목숨이 지다.

어느 한 유명 문학평론가는 다음과 같이 말했다. 당시 당나라에 전대미문의 전쟁의 일어나 중국 전체에 살아남아 있는 사람이 그리 없을 정도로 처참하였지만 그러나 그러한 전쟁의 대가로 한 위대한 시인을 얻었다고 말한 적이 있었다. 크게 보면 그의 시 천오백여수는 세상을 돌아다니며 보고 느낀데 대한 기행시였고 또한 전쟁의 참상으로 파괴되고 망가진 나라의 구석 구석을 살피며 지은 시라고 할 수 있었기에 위의 말이 맞지 않다고 할 수는 없었다.

그러한 전쟁의 여파는 전쟁이 끝나고도 여전히 남아 그가 이 만년에 이향의 호남땅을 전전하며 배 위에서 유랑의 생활을 하는 가운데서도 지속되어 그의 삶이 끝나는 순간까지 그로 하여금 이곳 저곳을 피난다니게 하였다.

즉 그가 담주의 배위에서 지내고 있을 때 호남 관찰사 최관과 호남병마사 장개 사이에 알력이 일어나 성 전체가 싸움의 불길에 휩싸인 것이었다. 그리하여 장개가 최관을 죽이는 일이 일어나고 이에 분개한 이웃 절도사들이 모두 들고 일어나 장개를 토벌하기 위하여 나서자 호남일대는 다시 큰 전쟁에 휩싸이게 되었다. 때문에 화급히 담주를 떠나지 않을 수 없었다. 그리하여 그는 이해 사월에 다시 이전의 형주로 피난을 하였다.

나이 오십의 흰 머리 노인이
남북으로 세상 피하여 살기 어렵구나
남루한 옷으로 마른 몸을 감싸고
바쁘게 도망다니느라 고통으로 몸 따뜻할 날 없구나
이미 몸은 쇠하여 병은 몸에 들고
세상은 하나같이 전쟁의 도탄에 빠져 있구나
아득한 만리의 하늘과 땅 사이에서
몸을 맡길 곳 하나 보지 못하는 구나
五十白頭翁　　南北逃世難
疏布纏枯骨　　奔走苦不暖
已衰病方入　　四海一塗炭
乾坤萬里內　　莫見容身畔

　　형주에서 잠시 몸을 피신한 그는 사방 팔방으로 자신이 의지할 사람을 물색해보았으나 마땅히 그의 처지를 돌봐줄 사람이 없는 듯 했다. 이때 그에게 실낱같은 의탁의 희망을 전해온 사람은 침주(郴州) 자사 최위(崔偉)였다. 최위는 그의 외가와 관련된 친척이었다.
　　그리하여 그는 다시 형주를 떠나 뇌수(耒水)를 따라 남으로 침주를 향하였다. 그러나 이번 뱃길은 우기가 겹쳐 쏟아진 빗줄기가 모두 강으로 유입된 탓에 방전역(方田驛)에 다다른 그의 배는 더 이상 나아갈 수 없었다. 그는 지금까지 여행을 하여왔지만 무턱대고 길을 떠나거나 강에 배를 띄우지 않았다. 늘 계절과 장소를 가려 이동이 편리할때를 찾아 이동을 하였다. 그러나 그러한 것도 어느 정도 상황이 허락할 때 그럴 수 있는 것이었다. 더욱 상황이 절박해진 것은 배가 나아가지 못할 뿐만 아니라 먹을 식량도 모두 떨어져 반순(半旬) 즉 닷새를 굶주린채 지내야 했다. 굶주림이라는 인간 최후의 상황에 다다르자 그의 절박한 호소의 목소리가 뇌양현령에게 전달되었다. 뇌양현령 역시 그와의 일면식도 없었지만 그의 전직과 경력등을 고려해볼때 단 한번에 그칠지라도 도와주지 않을 수 없는 상황이었다. 그리하여 위로의 글과 함께 술과 고기를 인편으로 보내 그를 구조하였다.

굶주림과 홍수로 인하여 홍역을 치룬 그는 더 이상의 뱃길을 지속한다는 것은 어렵다는 것을 알고 여기서 마침내 배를 돌렸다. 침주에 가 최위에게 의지하겠다는 생각을 포기한 것이다.

뇌양을 떠난 회귀의 배는 가을에 접어들 무렵 다시 담주에 도착하였다. 담주에 도착하니 사회분란은 다소 진정되어 안정을 찾고 있었으나 그러나 더 이상 담주에도 머무르고 싶지 않았다.

오갈데 없는 이러한 최후의 순간에 그의 마음속에서 향하고 있었던 곳은 바로 고향에 돌아가는 것이었다. 그러나 고향인 낙양땅에 돌아간다는 것은 무리한 일이었다. 그만한 노자돈도 없을뿐더러 그의 건강도 허락하지 않는 일이었다. 그 대신 호북 양양땅에 가서 살고자 하였다. 그가 양양땅을 마음속에 두고 있었던 것은 어떠한 이성적인 생각 이상이었다. 양양땅은 본래 그의 옛 선대의 본적지가 있었던 곳이었고 할아버지 두심언이 태어난 곳이었다. 결국 그가 양양땅으로 가자고 마음먹고 있었던 것은 죽음에 임박하게 되자 더욱더 아득한 옛날의 자기의 고향으로 돌아가고자 하는 것이었으니 이른바 고향속의 고향을 찾아가는 것이나 마찬가지였다. 일종의 죽음의 본능이기도 했던 것이다. 이러한 행위에서도 알 수 있지만 그의 마음속에는 고향이라는 어떠한 원초적인 의식이 일반의 상상을 불가능하게 할 정도로 깊게 남아 있었으며, 그만큼 시적 본질이 깊고 강했다는 것을 보여주는 것이었다.

담주를 떠나기에 앞서 그는 장사의 막부에 있는 여러 지인들에게 글을 올려 자기의 북상에 대한 도움을 주기를 원하는 글을 지었다. 양양까지 가더라도 상당한 여비와 식량이 필요하였던 것이다.

내가 가야할 길 궁하니 어찌 울음 면할 수 있으며
몸이 늙어서 수심을 금할 수 없습니다

훌륭한 관청엔 재능 뛰어난 사람들 있고
여러분들의 덕업은 빼어납니다
이제 북으로 돌아가는 길 비와 눈 무릅쓰야 하는데
누더기된 담비 갖옷 입은 나를 누가 불쌍히 여기리요
途窮那免哭　身老不禁愁
大府才能會　諸公德業優
北歸衝雨雪　誰憫敝貂裘

　이 짧은 시를 지어 호남막부의 여러 관리들에게 보냈지만 아무런 효과도 없자 다시 그는 삼십육운의 기나긴 배율의 시를 지어 막부의 사람들에게 간절하게 호소하였다. 이 호소의 글에서는 자기가 지금까지 살아온 전 인생의 총체를 모두 담았다. 이 글에서 그는 그동안 자기의 시에서도 전혀 밝혀지지 않은 새로운 사실까지 말하였다. 즉 자기의 딸아이가 죽은 사실이었다. 그가 본래 아이를 잃었던 것은 장안에서 미관말직이었던 관직을 수행하다 봉선으로 돌아갔을때 돌을 지나지 않은 어린 유아가 굶어죽은 것이 처음이었다. 그러나 사실은 이 이후에도 또 한 번의 참상이 있었다. 즉 그의 나이 52살 때 재주 지역을 떠 돌때 딸 아이가 병이 들어 위험하다는 편지를 아내에게서 받고 급거 재주의 집으로 돌아갔을 때였다. 이미 자랄 만큼 자란 딸 아이는 제대로 먹지 못한 가난과 풍토병에 걸려 죽음을 맞이하였고, 그리하여 그는 이전의 시인 반악(潘岳)이 자기의 죽은 아이를 숲 속 외진 곳에 묻었던 것 처럼 자기 역시 그러했음을 고사를 빌려 은유적으로 말하였다. 그러나 그때 그는 이에 대해서 어떠한 시도 남기지 않았다. 시라는 것이 목숨의 아픔에 대하여 토로하는 것이라면 딸 아이의 죽음은 그러한 토로와 울음의 경지를 넘어섰기 때문이었고, 이후의 시에서 두 아들인 종문과 종무에 대해서는 언급하고 있었지만 더 이상 딸 아이에 대한 말은 시에서도 사라졌다.
　그러나 고향으로 돌아가기 위한 이러한 호소에도 세상은 아무 말이 없었다. 시인의 마음처럼 따뜻하고 온정적이고 동정심에 강하다면 무슨 문제가 있을 리 없었다. 그렇게 비정한 것이 세상 사람들의 인심이었다.

가을이 되면서 일어나기 시작한 강의 바람은 겨울에 접어들기 시작하자 부쩍 그 세기가 강하였다. 그 누구의 도움도 없었지만 북으로 돌아가기 위한 그의 배는 담주를 떠나 악양으로 향하고 있었다. 머나먼 세상 천지의 유력을 마치고 이제 고향으로 돌아가는 것이었다. 그러나 이 최후의 행로는 그의 시인인생이 끝남과 동시에 자기의 운명도 이제 끝났다는 것을 의미하는 것이며, 죽음이 곧 임박했다는 것이나 마찬가지였다. 그는 본래 어디 유력을 하지 않고는 안 되는 운명을 가진 사람이었다. 왜냐하면 유력이라는 것은 그에게 시라는 것을 늘 공여해주는 물건과 같았기 때문이고 또한 시인임을 유지하게 하는 행위였기 때문이었다.

돈도 없고 먹을 것도 없고 그리고 건강이 되지도 않은 상황에서 하루 이틀도 아닌 천리 만리 머나먼 길의 고향으로 돌아간다는 것은 그 어느 누가 보아도 불가능한 일이었지만 그러나 이 불가능성은 죽어도 고향에서 죽어야 한다는 최후의 귀향적 본능을 이길수는 없었다.

상강의 강물위로 더 세찬 겨울 바람이 불고 있었고, 이 세찬 바람속에 한 시인의 최후를 태운 작은 돛단배가 힘겹게 북상하고 있었다. 아마도 그의 여러병은 이 질풍을 이겨내지 못할 것 같았다. 그러나 목숨보다 강한 것은 역시 그의 의지였고, 그가 일생동안 해왔던 일이었다. 그리하여 촛불처럼 가물거리며 흔들리는 숨길 가운데서도 그는 엎드린 채 필묵을 꺼내어 목숨이 허락하는 최후의 힘을 모아 글을 짓기 시작하였고, 늘 그러했던 것처럼 죽음의 순간까지도 시인의 행위를 잃지 않았다. 마지막 필을 놓자 이제야 모든 것이 끝났다는 듯이 한 바람 더 크게 불어왔고 가녀리면서도 위대했던 시인평생의 혼 한 가닥이 육체를 떠나 북풍의 바람속으로 혼입되어 아득히 이향의 하늘로 사라지고 있었다.

杜甫年譜(簡明勇, 杜甫七律研究與箋注참조)

1세, 서기 712년, 예종광천원년(睿宗光天元年)
　　하남공현요만(河南鞏縣瑤灣)에서 출생
2세, 서기 713년, 현종개원원년(玄宗開元元年)
3세, 서기 714년, 현종개원이년(玄宗開元二年)
4세, 서기 715년, 현종개원삼년(玄宗開元三年)
　　낙양건춘문(洛陽建春門)의 둘째 고모아래서 양육되다
5세, 서기 716년, 현종개원사년(玄宗開元四年)
6세, 서기 717년, 현종개원오년(玄宗開元五年)
　　낙양언성(洛陽鄾城)의 집에 돌아오다.
7세, 서기 718년, 현종개원육년(玄宗開元六年)
　　처음으로 시 창작을 하다.
8세, 서기 719년, 현종개원칠년(玄宗開元七年)
9세, 서기 720년, 현종개원팔년(玄宗開元八年)
10세, 서기 721년, 현종개원구년(玄宗開元九年)
11세, 서기 722년, 현종개원십년(玄宗開元十年)
12세, 서기 723년, 현종개원십일년(玄宗開元十一年)
13세, 서기 724년, 현종개원십이년(玄宗開元十二年)
14세, 서기 725년, 현종개원십삼년(玄宗開元十三年)
　　한묵장에 드나들며 사람을 사귀기 시작하다
15세, 서기 726년, 현종개원십사년(玄宗開元十四年)
16세, 서기 727년, 현종개원십오년(玄宗開元十五年)
17세, 서기 728년, 현종개원십육년(玄宗開元十六年)

18세, 서기 729년, 현종개원십칠년(玄宗開元十七年)

19세, 서기 730년, 현종개원십팔년(玄宗開元十八年)
만년에 형주자사로 있었던 위지진(韋之晉)과 교유하다.

20세, 서기 731년, 현종개원십구년(玄宗開元十九年)
낙양을 떠나 외지로 여행을 나서다.

21세, 서기 732년, 현종개원이십년(玄宗開元二十年)
강소소주(江蘇蘇州)를 여행하다.

22세, 서기 733년, 현종개원이십일년(玄宗開元二十一年)
절강(浙江)의 회계(會稽)를 여행하다.

23세, 서기 734년, 현종개원이십이년(玄宗開元二十二年)
강서, 절강의 여행에서 낙양으로 돌아오다.

24세, 서기 735년, 현종개원이십삼년(玄宗開元二十三年)
공거(貢擧)에 응시했으나 불합격하다.

25세, 서기 736년, 현종개원이십사년(玄宗開元二十四年)
옛 제나라와 조나라 땅을 여행하다. 소원명(蘇源明)과 교제하다.

26세, 서기 737년, 현종개원이십오년(玄宗開元二十五年)
제나라와 조나라를 여행하다.

27세, 서기 738년, 현종개원이십육년(玄宗開元二十六年)
제나라와 조나라를 여행하다.

28세, 서기 739년, 현종개원이십칠년(玄宗開元二十七年)
제나라와 조나라를 여행하다.

29세, 서기 740년, 현종개원이십팔년(玄宗開元二十八年)
계속해서 제나라와 조나라를 여행하다.

30세, 서기 741년, 현종개원이십구년(玄宗開元二十九年)
여행지에서 고향낙양으로 돌아오다. 아내를 맞이하고, 낙양 언사(偃師)의 수양산(首陽山) 아래 육혼산장(陸渾山莊)을 짓고, 한식일에 먼 선대인 두예(杜預)께 제를 올리다.

31세, 서기 742년, 현종천보원년(玄宗天寶元年)
어린 시절에 그를 양육했던 고모가 유월에 세상을 뜨고 직접 묘지명을 짓다.

32세, 서기 743년, 현종천보이년(玄宗天寶二年)
낙양의 고향에 여전히 머물다.

33세, 서기 744년, 현종천보삼년(玄宗天寶三年)
오월에 조모가 돌아가고, 팔월에 언사에서 장사를 치루고 역시 직접 묘지명을 짓다. 여름에 이백(李白)을 처음으로 만나다. 가을에 옛 양나라와 송나라로 이백과 여행을 했으며, 황하강을 건너 왕옥산(王屋山)으로 가서 도사 화개군(華蓋君)을 만나려하다.

34세, 서기 745년, 현종천보사년(玄宗天寶四年)
이백과의 여행을 마치고 석문(石門)에서 이별을 하였으며, 그 이후 더 이상 이백을 만나지 못하다.

35세, 서기 746년, 현종천보오년(玄宗天寶五年)
고향 낙양으로 돌아왔다가, 관직을 위하여 장안으로 가 장안생활을 시작하다.

36세, 서기 747년, 현종천보육년(玄宗天寶六年)
장안에서 진사에 응시하였으나 이임보의 농간으로 모든 응시생이 낙방을 하다.

37세, 서기 748년, 현종천보칠년(玄宗天寶七年)
위제(韋濟)에게 글을 올려 관직 천거를 부탁하였으나 어떠한 답도 받지 못하다.

38세, 서기 749년, 현종천보팔년(玄宗天寶八年)
가족이 있는 낙양으로 돌아와 일단의 시간을 머무르다.

39세, 서기 750년, 현종천보구년(玄宗天寶九年)
봄에 다시 장안으로 돌아가다. 그리고 장게에게 글을 올려 관직 천거를 부탁하였으나 아무런 답도 받지 못하다. 그리하여 연은궤(延恩櫃)에 글을 올리다. 장자 종문(宗文)이 이 해에 태어나다.

40세, 서기 751년, 현종천보십년(玄宗天寶十年)
    <삼대예부(三大禮賦)>를 현종에게 바쳐, 궁궐에서 문사 시험을 받았으나, 집현원대제(集賢院待制)의 명을 받다. 연말에 종제 두위(杜位)의 집에서 제야를 보내다.

41세, 서기 752년, 현종천보십일년(玄宗天寶十一年)
    여전히 관직을 얻지 못한 상태에서, 친구이자 시인인 고적(高適)이 군 막부에 들어가자, 그도 역시 여기에 뜻을 두어 투증시를 쓰다.

42세, 서기 753년, 현종천보십이년(玄宗天寶十二年)
    차남 종무(宗武)가 태어나다.

43세, 서기 754년, 현종천보십삼년(玄宗天寶十三年)
    현종에게 다시 글을 올리고, 낙양의 가족을 장안으로 옮겨, 하두곡(下杜曲)에서 거주하다. 장계에게 다시 천거의 글을 올리고, 현종에게 또 <조부(雕賦)>를 지어 올리다. 이 글 에서는 더할 나위 없는 슬픔과 간곡함의 뜻을 담고 있었다. 가을이 되며 계속해서 비가 내려 물가가 폭등하고 생계가 막막해지자 가족을 봉선으로 이주시키다.

44세, 서기 755년, 현종천보십사년(玄宗天寶十四年)
    시월에 마침내 하서위(河西尉)라는 관직을 받았으나 받지 않았고, 우위솔부(右衛率府)라는 관직이 주어지자 마침내 받게 되었다. 십일월에 여산(驪山)을 지나 봉선의 가족에게 이르고, 어린아이가 굶어 죽었다는 것을 알게 되다.

45세, 서기 756년, 숙종지덕원년(肅宗至德元年)
    연초에 가족을 이끌고 봉선에 남았다가, 이월에 장안으로 돌아와 우위솔부의 업무에 복귀하다. 안녹산(安祿山)의 난이 일어나 장안마저 함락될 위기에 처하자, 사월에 장안을 떠나 봉선의 가족에게 돌아가 다시 가족을 이끌고 백수(白水)의 외가댁에 머물다. 동관(潼關)이 무너지자 유월에 다시 가족을 이끌고 백수를 떠나 부주(鄜州)의 삼천현 동가와(三川縣同家窪)에 이르러 친구 손재(孫宰)의 집에 머물다. 숙종이 영무(靈武)에서 즉위하자, 가족을 남기고 행재소로 향하다, 도중에 적에 붙잡혀 장안으로 압송되다.

46세, 서기 757년, 숙종지덕이년(肅宗至德二年)
: 봄에도 여전히 억류중에 있다가 사월이 되자 장안성서쪽의 금광문(金光門)으로부터 탈출하여, 봉상(鳳翔)의 왕의 행재소에 이르다. 오월에 좌습유(左拾遺)의 관직을 받았고, 얼마 있지 않아 재상 방관(房琯)이 파직을 당하자, 이를 변호하다 숙종의 노여움을 싸 삼사(三司)의 심문을 받다. 신임 재상 장호(張鎬)와 환관 위척(韋陟)이 그를 구하기 위하여 노력하여, 겨우 원위치로 돌아오게 되다. 유월에 잠참(岑參)을 우보궐(右補闕)에 천거하다. 유월에 휴가를 얻어 부주의 가족으로 돌아가다. 시월에 숙종이 궁궐에 돌아 왔고, 십일월에 부주의 가족을 이끌고 장안으로 돌아와 좌습유에 복직하다.

47세, 서기 758년, 숙종건원원년(肅宗乾元元年)
: 봄에 관직에 있으면서, 가지(賈至), 왕유(王維), 잠참(岑參)등과 서로 수창하다. 그러나 방관이 빈주자사(邠州刺史)로, 가지가 여주자사(汝州刺使)로, 엄무가 파주자사(巴州刺使로, 그는 화주사공참군(華州司功參軍)으로 좌천의 명이 내려지다. 겨울에 동생들을 찾기 위하여 낙양에 가다.

48세, 서기 759년, 숙종건원이년(肅宗乾元二年)
: 봄에 낙양에서 화주로 돌아오면서 신안(新安), 석호(石壕), 동관(潼關)을 지나다. 이해에 화주지역에 대기근이 들어, 마침내 관직을 버리고 진주(秦州)로 가다. 진주에서 은거지를 물색하여 초당을 지으려하였으나, 뜻을 이루지 못하고, 시월에 동곡(同谷)에 이르다. 얼마있지 않아 다시 동곡을 떠나 검문관(劍門關)을 거쳐 연말에 성도에 이르러 초당사(草堂寺)에 머무르다.

49세, 서기 760년, 숙종상원원년(肅宗上元元年)
: 봄에 성도(成都) 완화계(浣花溪)에 집을 짓다. 삼월에 갑자기 이약유(李若幽)가 성도윤이 되어 조력자가 사라지자 당시 촉주자사(蜀州刺使)를 하고 있던 고적에게로 가 도움을 청하다.

50세, 서기 761년, 숙종상원이년(肅宗上元二年)
: 성도 초당에 머물며, 신진(新津)과 청성(青城)을 다녀오다. 고적이 임시로 성도윤을 하면서 원래의 촉주자사로 돌아가면서 초당을 방문하다.

51세, 서기 762년, 대종보응원년(代宗寶應元年)
　　엄무(嚴武)가 사천절도사로 오게 되면서, 마침내 생의 조력자가 생기게 되나, 칠월에 엄무가 다시 조정으로 돌아가게 되자, 면주(綿州)까지 환송을 나갔고, 때마침 회천병마사(會川兵馬使) 서지도(徐知道)의 반란이 일어나 초당으로 돌아오지 못하고 재주(梓州) 등지를 떠돌며 지내다. 늦가을에 초당으로 돌아와 가족을 재주로 옮기다. 십일월에 사홍현(射洪縣)으로 가 진자앙(陳子昂)의 고택을 방문하여 추도하다.

52세, 서기 763년, 대종광덕원년(代宗廣德元年)
　　재주주위의 여러지역을 떠 돌다. 팔월에 방관이 낭주(閬州)의 한 사찰에서 목숨을 거두자 가서 조문을 하다. 늦가을 무렵에 딸 아이가 병이 들어 걱정하고 있다는 아내의 편지를 받고 급히 재주로 돌아오다.

53세, 서기 764년, 대종광덕이년(代宗廣德二年)
　　봄에 가족을 이끌고 낭주에 이르러 남하할 계획을 하다. 조정으로부터 경조참군(京兆參軍)의 관직으로 소환을 명 받으나 이미 남하할 계획을 세워 놓은 상태라 응하지 않다. 그러나 이때 엄무가 다시 촉으로 온다는 소식을 듣고 크게 기뻐하여 남방으로의 계획을 접고 성도로 돌아오게 되다. 유월에 엄무의 표에 의해서 검교공부원외랑(檢校工部員外郞)이라는 관직이 조정에서 주어지고, 비어대(緋魚袋)가 하사되다. 엄무의 막부에서 관직을 수행하나 매우 불편한 마음을 가지다. 그리하여 휴가를 얻어 초당에 돌아와 잠시 쉬게 되다. 이때 동생 두영(杜穎)이 초당을 방문하다. 평생의 지기였던 정건(鄭虔)과 소원명(蘇源明)이 세상을 떠나다.

54세, 서기 765년, 대종영태원년(代宗永泰元年)
　　삼월에 막부직을 사직하고 초당으로 돌아오게 되다. 사월에 엄무가 죽게 되고, 오월에 가족을 이끌고 초당을 떠나게 되다. 민강(岷江)을 타고 가주(嘉州)를 거쳐, 시월에 융주(戎州)에 이르게 되고, 다시 유주(渝州)를 거쳐 충주(忠州)에 이르게 되다. 가을에 운안에 이르게 되고, 그러나 병으로 운안현령이 마련해준 수각(水閣)에서 반년 가량을 요양하게 되다.

55세, 서기 766년, 대종대력원년(代宗大曆元年)
　　늦봄에 기주(夔州)로 옮겨서 서각(西閣)에 머물다.

56세, 서기 767년, 대종대력이년(代宗大曆二年)
　　봄에 서각에서 적갑(赤甲)으로 옮기다. 삼월에 다시 양서초당(瀼西草堂)으로 옮기다. 기주도독 백무림이 증여한 과원 사십 무(畝)를 경작하고, 또 동둔(東屯)에 공전을 경작하다. 늦봄에 동생 두관이 기주에 오다. 가을에 양서초당을 친척에게 주고, 거처를 동둔으로 옮기다.

57세, 서기 768년, 대종대력삼년(代宗大曆三年)
　　종제 두위가 강릉에서 막부직을 수행하고 있어 여기에 의탁하고자 봄에 기주를 나와 백제성(白帝城)에 배를 띄우다. 삼월에 강릉에 이르러 종제 두위(杜位)의 집에 들다. 강릉(江陵)에 몇 달을 머물렀으나 모든 것이 뜻대로 되지 않아 가을에 공안현(公安縣)으로 옮기게 되고, 연말에 다시 악주(岳州)에 이르다.

58세, 서기 769년, 대종대력사년(代宗大曆四年)
　　정월에 악양루(岳陽樓)에 올라 동정호(洞庭湖)를 보게되고, 삼월에 담주(潭州)에 이르다. 늦봄에 형주(衡州)자사 위지진을 만나기 위하여 형주에 이르게 되고, 그러나 형주자사위지진이 오히려 담주(潭州)자사로 전근을 하게 되고, 또 임지에서 죽게 됨에 따라 의탁의 마음을 잃게 되다. 여름이 되자 무더위를 피하여 다시 담주로 돌아오다.

59세, 서기 770년, 대종대력오년(代宗大曆五年)
　　봄에 담주에 있다가 난이 일어나자 다시 형주로 피신을 하게 되고, 침주(郴州)자사 최위(崔偉)에게 의지하기 위하여, 뇌양(耒陽)을 지나는 동안 강물이 불어나 방전역(方田驛)에 배를 대다. 이때 며칠간 음식을 먹지 못하여 굶게 되자 뇌양현령에게 도움을 요청하여 현령이 위로의 편지와 쇠고기와 술을 보내주다. 여기서 침주에 가 최위에게 의지할 생각을 버리고 고향으로 향하기 위하여 북쪽으로 배를 돌리다. 가을에 담주에 이르고, 북상중 겨울에 담주와 악주사이에서 목숨이 지게 되다.

◦위대한 시성 두보(杜甫)의 삶과 시◦
[시인생평]

초판 인쇄 : 2010년 6월 16일
초판 발행 : 2010년 6월 21일
저　자 : 김두근
발행자 : 김동구
발행처 : 명문당(1923. 10. 1 창립)
서울시 종로구 안국동 17~8
우체국 010579-01-000682
 Tel　(영)733-3039, 734-4798
　　　(편)733-4748 Fax 734-9209
Homepage : www.myungmundang.net
E-mail : mmdbook1@kornet.net
등록 1977. 11. 19. 제1~148호
・낙장 및 파본은 교환해 드립니다.
・불허복제
값 13,000원
ISBN 978-89-7270-953-4　　03820